Die Arbeit: eine Re-Vision

Le travail: une re-vision

D1719606

Brigitta Danuser, Viviane Gonik (Hg./éd.)

Die Arbeit: eine Re-Vision

Le travail: une re-vision

CHRONOS

Informationen zum Verlagsprogramm:
www.chronos-verlag.ch

Umschlagbild: Der Mensch als Industriepalast, Fritz Kahn (1888–1968).
© von Debschitz, www.fritz-kahn.com

© 2013 Chronos Verlag, Zürich
ISBN 978-3-0340-1092-4

Inhaltsverzeichnis / Table des matières

Einführung

Brigitta Danuser

Warum organisieren zwei Spezialistinnen der Forschung zu Arbeit und Gesundheit, eine Arbeitsmedizinerin und eine Ergonomin, einen Workshop und das vorliegende Buch über Arbeit? Ist uns die Arbeit fremd geworden?

Die Beziehung des Menschen zur Arbeit, ob bei oder ausserhalb der Arbeit, seine Anstellungs- Verhältnisse und die Natur und Bedingungen seiner Arbeit beeinflussen sein Leben und seine Gesundheit weit über die Erwerbsphase hinaus stark. Arbeit kann physische, psychische und soziale Kompetenzen fördern, eine schlechte Gesundheit reduziert die Chancen, einen Job zu erhalten oder zu behalten, und ohne Arbeit zu sein wird heute als Gesundheitsrisiko verstanden. Mit ungefähr diesen Worten beginnt die Aufforderung von Sir Marmott an die Arbeitsmediziner und andere Spezialisten von Arbeit und Gesundheit, eine aktive Rolle einzunehmen, um die soziale Ungleichheit der Gesundheit zu reduzieren.[1] Sir Marmott ist als Initiator und Leiter einer der ältesten und umfassendsten Kohortenstudien von Angestellten der britischen Administration betreffend psychosoziale Faktoren, der sogenannten Whitehall-Studies, bekannt.

Arbeit ist wieder zu einem wesentlichen Topos oder Kritikansatz der neueren sozialkritischen Literatur geworden. So untersucht Bröckling im *Unternehmerischen Selbst*[2] die Managerliteratur nach dem Arbeits- und Anforderungsbild im Sinn von Foucaults Spätwerk: zu untersuchen, wie zwischen Macht und Subjektivität vermittelt wird. Es resultiert das unternehmerische Selbst, das in Eigenverantwortung und Selbstbestimmung sein Leben an die Erfordernisse des Arbeitsmarkts und an betriebliche ökonomische Effizienzkriterien anpasst. Die Risikovorsorge gegen Krankheit, Jobverlust oder Armut wird individualisiert. *Der neue Geist des Kapitalismus,*[3] worin Boltanski und Chiapello den Wandel der Arbeitswelt in einer Langzeitanalyse untersuchen, zeichnet ein ähnliches Bild des neuen Arbeiters, das des Projektarbeiters: autonom, flexibel, innovatorisch, kommunikativ, kompromissfähig, kreativ, immer verfügbar, vernetzt, selbstsicher, risikobereit, selbstkritisch. Richard Sennett wählt einen fast litera-

---

1   Marmott 2010.
2   Bröckling 2007.
3   Boltanksi/Chiapello 2003.

rischen Zugang zum Wandel der Arbeitswelt und zu deren Bedeutung für das Individuum und die Gesellschaft.[4]

In der arbeitsmedizinischen Forschung erleben wir aktuell einen Bedeutungswandel der Beziehung zwischen Arbeit und Gesundheit von *Arbeit macht krank* zu *Arbeit erhält (macht) gesund.*[5]

Eine steigende Anzahl von Studien zeigt, dass keine Arbeit zu haben krank macht. Menschen, die ihre Arbeit verlieren und längere Zeit keine neue finden, erleben mit jedem Monat ihrer Arbeitslosigkeit eine Verschlechterung ihrer wahrgenommenen Gesundheit. Männer und Frauen im Alter von 50–65 Jahren, die nicht mehr arbeiten, weisen einen schlechteren subjektiven Gesundheitszustand auf als jene, die in den Arbeitsmarkt integriert sind, auch wenn die Ersteren diesen nicht aus gesundheitlichen Gründen verlassen haben.[6] Wir wissen zudem, dass die Angst, seine Arbeit zu verlieren, einen bedeutenden Stressor mit psychischen und physischen Auswirkungen darstellt.[7] Arbeit weist gesundheitsfördernde Eigenschaften auf: sie gibt Identität, Selbstachtung, Tagesstruktur, ist ein sozialer Kontaktort (nicht wenige Liebschaften, auch dauernde, werden bei der Arbeit oder in einem Arbeitszusammenhang geknüpft), und bei der Arbeit werden soziale Rollen und Verhalten eingeübt. In einer Arbeitsgesellschaft – und wir leben, meine ich, immer noch in einer Arbeitsgesellschaft – stellt die Arbeit ein wesentliches Bindeglied zwischen dem Individuum und der Gesellschaft dar, und Arbeit kann als Vorbedingung für Gesundheit begriffen werden, wie Dame Carol Black dies in ihrem berühmten Bericht *Working for a Healthier Tomorrow* tut.[8]

Die Angst vor Jobverlust macht krank, keine Arbeit zu haben macht krank, da ist es nur ein kleiner Schritt zur Folgerung, dass Arbeit therapeutischen Wert hat, wie Waddell, der Papst der muskuloskelettalen Beschwerden, sagt: "[…] work is mainly therapeutic."[9] Diese Idee drückt sich auch in der 5. und geplanten 6. Revision des schweizerischen Invalidenversicherungsgesetzes aus, bei der die Rückkehr zur Arbeit zugleich die Geldnöte dieser Sozialversicherung lösen soll. Die Tabelle 1, die in einem genealogischen Forschungsansatz entwickelt wurde,[10] gibt einen Überblick über die Entwicklungen der Beziehung zwischen Arbeit und Gesundheit seit dem Beginn der Industrialisierung, indem das dominierende ökonomische Paradigma, das Verständnis des Körpers bei der Arbeit und die dominanten Forschungsthemen stark synthetisiert dargestellt werden.

4 Sennett 2002; Sennett 2007.
5 Danuser 2011.
6 Alavinia/Burdorf 2008.
7 Domenighetti et al. 2000.
8 Black 2007.
9 Waddell/Burton 2005.
10 Danuser 2011.

Die aufgelisteten Transformationen müssen auf der Basis der Technisierung unserer Welt, unserer Arbeit, unserer Freizeit, … unseres Seins auch in Form von Selbsttechnisierungen gelesen werden.

Tab. 1: *Evolution von Arbeit und Gesundheit*

	Ökonomisches Paradigma	Der arbeitende Mensch	Arbeit – Gesundheit	Dominante Forschungsthemen
1750–	Produktion dauerhafter Güter	Körper = Maschine	Keine Fabrikarbeit als Vorbedingung für Gesundheit	
		Körper = Motor	Arbeit macht krank	Energieaufwendung, Müdigkeit, Toxikologie,
1930–	Massenproduktion		Gesundheit als Vorbedingung für Arbeit	Industriehygiene, respiratorische Erkrankungen,
1960		Körper und Intellekt		Lärm, Prävention
	Administration		Risikomanagement	Untersuchung auch nicht industrieller Arbeit, Ergonomie, Schichtarbeit
1980–	Dienstleistung, Wissen und Information	biopsychosozialer Körper	Interaktion zwischen Arbeit und Gesundheit	Stress und psychosoziale Faktoren, arbeitsassoziierte Gesundheitsbeschwerden
		Produktion oder Realisierung des Selbst bei und durch Arbeit	Arbeit ist eine Vorbedingung für Gesundheit	Arbeitsfähigkeit, ältere Arbeitnehmer, gesundheitsförderliche Arbeit, betriebliches
			Arbeit ist therapeutisch	Gesundheitsmanagement, zurück zur Arbeit

Arbeit und Gesundheit steht also in einem umkehrbaren Spannungsverhältnis, und wir erleben gerade eine solche Umpolung. In einem solchen Moment sollten eigentlich die Kräfteverhältnisse, die sich einer Sache bemächtigen, die an den Polen wirken und die Mehrfachbedeutung erzeugen,[11] sichtbar zu machen sein. Es wird ersichtlich, dass das Verständnis der Arbeit, des Körpers bei der Arbeit und die Forschungsthemen eng verknüpft sind. Wie verstehen wir heute den Körper bei der Arbeit? Als fühlenden und gefühlten Körper, der die Welt mit anderen teilt, also immer schon ein soziales Wesen ist und seinem Erleben Sinn gibt (verkürzt als biopsychosozialer Körper bezeichnet), oder als Cyborg, als denkende Mensch-Maschine, die sich selbst optimiert wie in der Anrufung des Selbstunternehmers gezeichnet?[12] Die Arbeitsanforderungen haben sich von der muskulären Kraft und motorischen Geschicklichkeit zu kognitiven, emotionalen und kommunikativen Kompetenzen verschoben; die heutige Arbeit ist vorwiegend «immateriell», wie Hard und Negri es bezeichnen, oder «intellektuell» wie bei Milner.[13] Immer mehr Arbeiten sollen virtuos ausgeführt werden, die Interpretation eines Musikstücks, die Präsentation einer Studie, selbst der Kauf eines Kleidungsstücks mutiert zum Event. Es wird kein Werk, sondern eine Performance produziert, wie Foltin schreibt: «Und die Virtuos_in kann nur mit Körpereinsatz auftreten, der Körper wird nicht nur wie in der Arbeit vernutzt, sondern wird auch in seiner Ausformung präsentiert.»[14] Der Körper, auch in seiner sexuellen Ausformung, wird durch und in der Arbeit produziert: die Selbstverwirklichung (in der Arbeit) wird zur reproduktiven Aufgabe für das Selbst.[15]

Die Tabelle ist zudem additiv zu lesen: Arbeit kann auch heute krank machen oder töten (wie wir es aktuell bei den Atomkraftwerkarbeitern in Fukushima erleben), und Arbeit kann die Gesundheit erhalten, ja fördern. Gerade heute, wo die IV zurück zur Arbeit drängt, müssen die Fragen «Zurück zu welcher Arbeit?»[16] sowie «Was ist ‹gute Arbeit›, die solche Anforderungen erfüllen kann?» gestellt werden.

Ja, was ist Arbeit? Ein notwendiges Übel, eine den Menschen erst zum Menschen machende Notwendigkeit, ein Mittel, sich selbst zu verwirklichen, eine notwendige Struktur, die den Menschen gesund hält, ja sogar therapiert, oder bloss eine unter vielen anderen Möglichkeiten, mit dem Leben etwas anzufangen? Arbeit wurde schon immer mehrdeutig gefasst, bereits die Griechen und

---

11 Schmidgen 2008.
12 Bröckling 2007.
13 Milner 1997.
14 Foltin 2010.
15 Lorey, zitiert nach Foltin 2010.
16 Danuser 2007.

Römer kannten zwei Wortstämme für Arbeit: *ponos (labor)* und *ergon (opus)*. Das Erstere wurde zu «Pein» und neugriechisch zu «Schmerz», das zweite zu «Werk». Durch die gesamte philosophische und soziologische Diskussion zieht sich die Spaltung zwischen Pein, Mühsal, Subordination und Kreation, Selbstverwirklichung und Befreiung. Foucault sagt, dass Arbeit eine «quasi transzendentale Norm» ist, und er vermeidet es damit, Arbeit eigentlich zu definieren. Bei der Erforschung der Wortstämme finden wir überdies «Pein» *(labour)*, «Mühsal», «Folterwerkzeug» (franz. von *tripalium*), «Dienstbarkeit» (deutsch: *arebeit = servitude*) aber auch «Kreation», ja die Geburt des menschlichen Wesens ist *labor* (in Englisch und im Französischen wird *travailler* für den Vorgang des Gebärens gebraucht). Durch Arbeit haben wir unsere Welt und unsere Kultur geschaffen und dieses Schaffen wird als Mühsal und schmerzhaft erlebt. Ein anderer Begriff, der eng mit der Arbeit verknüpft ist, ist Technik. So definiert Dejours Arbeit als «un acte technique coordonné».[17] Er versteht die Technik nicht einfach als Maschine oder als menschliche Konzeption, sondern gerade auch als eine Technik des Körpers.

Wir betrachten dieses Buch als Grundlagenforschung. Forschung beginnt immer mit einer Auslegeordnung, mit dem Gewinnen eines Überblicks, um dann die relevanten Fragen zu stellen. Daher ist das primäre Ziel dieses Buchs eine Auslegeordnung: die Arbeit, ihre Definitionen, ihre Aufscheinungen, ihre Ausdrucksformen und ihre Bedeutungen zu beleuchten, und dies nicht nur mit naturwissenschaftlichen Methoden, sondern auch mit den Methoden der *sciences humaines* und der Philosophie. In Anlehnung an die Ideen Canguilhems, wie ein wissenschaftlicher Begriff zu untersuchen ist, machen wir uns Gedanken, wo sich die Arbeit heute ausdrückt oder nicht ausdrückt, wo und wie der Begriff eingegrenzt wird, um einen möglichst unverstellten Blick auf das aktuelle Verhältnis von Wissenschaft, Nichtwissenschaft, Forschungspraxis und Gesellschaftspraxis zu werfen. Es werden vier Hauptschwerpunkte identifiziert: die Sichtbarkeit oder Sichtbarmachung der Arbeit, die Arbeit der Frau, das Verhältnis von Arbeit zu anderen menschlichen Tätigkeiten sowie die Erforschung des Sinns und Erlebens der Arbeit und der allgegenwärtige Stress, mit dem die heutige Arbeit verknüpft wird.

Das Verschwinden der Sichtbarkeit des Arbeiters wird von Schultheis als Schlüssel zum Verständnis der Arbeitstransformationen der letzten 30 Jahre verstanden.[18] Die fast zeitgleich mit der Entstehung der modernen Arbeit entwickelte Fotografie hat sich von Anfang an mit der Arbeit beschäftigt: als Industriefotografie, die einen Arbeitsplatz, an dem nicht gearbeitet werden

17 Dejours 1995.
18 Schultheis 2008.

kann, mit tausenden Blitzen ausgeleuchtet darstellt, als Produktfotografie oder später als freie Fotografie. Im 19. Jahrhundert gingen die Fotografen fruchtbare Allianzen mit den aufkommenden Arbeitswissenschaften ein, zum Beispiel für die sogenannten *time motion studies*. Wie wird die Arbeit in der Fotografie dargestellt oder ausgeblendet, kann die heutige Fotografie die moderne Arbeit fassen? Arbeitswelten werden heute von Künstlern ausgestaltet und Arbeitsräume, Arbeitskleidung und Arbeitsanweisungen durchziehen zunehmend die zeitgenössische Kunst. Canguilhem meint, dass Kunst Einsicht in wissenschaftliche Zusammenhänge vermitteln kann, ohne dass sie darauf abzielt, diese zu erklären.[19] Vermittelt uns die moderne Kunst solche Einsichten, wie geht die Kunst mit der «quasi transzendentalen Norm» Arbeit um, stellt sie die Arbeit dar, stellt sie die Arbeitenden dar? Im Weiteren transportiert die soziopolitische Literatur Bilder: Menschenbilder und Arbeitsbilder.

Wenn am Ende der Massenproduktion, der fordistischen Periode, der Arbeiter männlich, zu 100% und quasi auf Lebenszeit angestellt ist, so ist der heutige Arbeiter zu einem grossen Teil weiblich und meist teilzeitbeschäftigt. Die Berufsarbeit der Frau und ihr potenzieller Emanzipationswert werden seit Jahrzehnten kontrovers diskutiert. Einerseits wird die Berufsarbeit als emanzipatorischer Prozess verstanden, als Vorbedingung der Emanzipation der Frau und begleitet von den Forderungen nach einer konsequenten Politik der Gleichstellung, andererseits wird die Berufsarbeit als von männlichen Werten beherrscht und als überschätzt kritisiert, und es werden andere Kriterien gesucht, um die sogenannten weiblichen Aktivitäten zu valorisieren, gerade um die doppelte Ausbeutung (Berufsarbeit und reproduktive Arbeit) der Frau zu limitieren. Die Diskussionen um die Berufsarbeit der Frau machen deutlich, dass Arbeit nicht losgelöst von anderen wesentlichen menschlichen Tätigkeiten diskutiert werden kann.

Hanna Arendt, die sich am Übergang der Moderne in die Postmoderne über das tätige Leben Gedanken machte und unsere Arbeitsbesessenheit analysierte, weist auf die tragische Ironie des Traums vom Ende der postindustriellen Arbeit in unserer Arbeitsgesellschaft hin: «Was uns bevorsteht, ist die Aussicht auf eine Arbeitsgesellschaft, der die Arbeit ausgegangen ist, also die einzige Tätigkeit, auf die sie sich noch versteht. Was könnte verhängnisvoller sein?»[20] Die Freizeit, diese freie Zeit, die der Mensch anderen Aktivitäten widmet, wie dem Genuss von Kunst oder der Wissensvertiefung, dem persönlichen Hobby und dem Freundeskreis, repräsentiert für den Arbeitnehmenden nur noch die notwendige Erholung und Ablenkung, um wieder arbeiten zu können: alles

19 Schmidgen 2008.
20 Arendt 2005.

wird Arbeit oder der Arbeit unterstellt.[21] Die Anrufung eines sich dauernd weiterbildenden, sich selbst entwickelnden kreativen Individuums, das sich zum Wohl seines Arbeitgebers und seiner Anstellungsfähigkeit selbst reguliert und kontrolliert, ein Individuum, das für alles die Verantwortung trägt, für den Erfolg, aber vor allem für das Scheitern, wie es in der Managerliteratur[22] wie in der «Re-Sozialisierungsliteratur»[23] entwickelt wird, trifft sich mit der Analyse von Arendt. Woraus ausser aus Arbeit bestehen denn die menschlichen Tätigkeiten und welchen Wertesystemen unterliegen diese?

Wie lebt es sich denn in der heutigen Arbeitswelt, wie wird dieses Erleben oder der Sinn der Arbeit für die Arbeitenden erforscht. Der naturwissenschaftliche epidemiologische Ansatz arbeitet mit grossen Umfragen und analysiert wie auch die neuere sozialkritische Literatur die Arbeit *top-down*. Unzählige statistische Indikatoren aus soziologischer, arbeitsmedizinischer und arbeitspsychologischer Optik erarbeitet, belegen meist mit dramatischen Szenerien die Paradoxe der Arbeit und deren Wandel; das Hauptresultat kann kurz gefasst werden: die Arbeit und das Wertesystem der Arbeit wie auch der Arbeitende stehen unter Stress. Das Wort «Stress» wird inflationär gebraucht und hat sich schon lange von seinem wissenschaftlichen Theoriegebäude in die Populärkultur verschoben und wird hier auch teilweise positiv umbesetzt. Erhellt ein *bottom-up*-Ansatz, wie die qualitative Forschung ihn verfolgt, die Sichtweisen, Erfahrungen und Deutungen der vom Wandel der Arbeit betroffenen Arbeitenden und kann ein solcher für die Gesellschaftsanalyse fruchtbar gemacht werden?

Das vorliegende Buch unternimmt eine Revision der Arbeit: es schaut zurück, visioniert und interpretiert die Arbeit, auch die Suche nach der Liebe zur Arbeit. Mit dem Titel *Re-Vision* soll aber auch kenntlich gemacht werden, dass neue Visionen, neue Entwürfe, mögliche Neuinterpretationen unternommen und dargestellt werden sollen, ein Unternehmen, das in vielen der vorliegenden Beiträge aufscheint, dies im Bewusstsein, dass Arbeit als Epiphänomen oder quasitranszendentale Norm nicht nur normiert (im Sinn Foucaults), sondern auch normativ ist (im Sinn Canguilhems, wie von Maria Muhle herausgearbeitet),[24] eine normative Kraft darstellt und sich gerade durch Kritik und Neuentwürfe transformiert, wie Chiapello und Boltanski dies im *Neuen Geist des Kapitalismus* mit anderen Argumenten darlegen.[25]

Wir möchten uns ganz herzlich bei der Commission des sciences humaines der Fakultät Biologie und Medizin der Universität Lausanne bedanken, unter

---

21 Arendt 2005.
22 Vgl.: Bröckling 2007; Boltanski/Chiapello 2003.
23 Haugg 2008.
24 Muhle 2008.
25 Boltanski/Chiapello 2003.

deren Patronat der Workshop und das vorliegende Buch entstanden sind. Auch dem Schweizerischen Nationalfonds gilt unser Dank, welcher den Workshop finanziell unterstützt hat. Die Arbeit von Marie Cécile Monin, welche die eigentliche Organisations- und Administrationsarbeit geleistet hat, gebührt hier gleichfalls gewürdigt zu werden.

Bibliografie

Alavinia S. M., Burdorf A. (2008): «Unemployment and Retirement and Ill-Health: A Cross-Sectional Analysis Across European countries», International Archives of Occupational and Environmental Health 82, S. 39–45.

Arendt H. (2005): Vita activa oder vom tätigen Leben. 3. Auflage, München, Piper (Orginalausg. University of Chigaco 1958).

Black D. C. (2007): «Working for a Healthier Tomorrow», www.workingforhealth. gov.uk/Carol-Blacks-Review/.

Boltanksi L., Chiapello E. (2003): Der neue Geist des Kapitalismus. Konstanz, UVK Verlagsgesellschaft (Orginalausg.: Le Nouvel esprit du capitalisme. Paris, Gallimard).

Bröckling U. (2007): Das unternehmerische Selbst. Soziologie einer Subjektivierungsform. Frankfurt a. M., Suhrkamp (STW 1832).

Danuser B. (2011): «Arbeitsmedizinische Forschung – Erforschung der Schnittstelle zwischen Arbeit und Gesundheit», Medizinische Mitteilungen, SUVA, S. 32–44.

Danuser B. (2007): «Maladies chroniques, maladies liées au travail: réussir la reprise professionnelle», Revue Economique et Sociale 65, S. 37–46.

Dejours C. (1995): Le facteur humain. Paris, Presse universitaires de France.

Domenighetti G., D'Alvanzu B., Bisig B. (2000): «Health Effects of Job Insecurity Among Employees in the Swiss General Population», International Journal of Health Services 30, S. 477–490.

Foltin R. (2010): Die Körper der Multitude. Von der sexuellen Revolution zum queer-feministischen Aufstand. Stuttgart, Schmetterling Verlag.

Hardt M., Negri A. (2003): Empire. Die Neue Weltordnung. Frankfurt a. M., Campus.

Haug F. (2008): «‹Schaffen wir einen neuen Menschentyp› – von Ford zu Hartz». In: R. Eicklepasch, C. Rademacher, P. R. Lobato (Hg.): Metamorphosen des Kapitalismus und seiner Kritik. Wiesbaden, Verlag für Sozialwissenschaften, S. 80–92.

Lorey I. (2007): «VirtuosInnen der Freiheit. Zur Implosion von politischer Virtuosität und produktiver Arbeit», grundrisse 23, S. 4–10.

Marmott M., Bell R. (2010): «Challenging Health Inequalities – Implications for the Workplace», Occupational Medicine 60, S. 162–166.

Milner J.-C. (1997): Le salaire de l'idéal. Paris, Le Seuil.

Muhle M. (2008): Eine Genealogie der Biopolitik. Zum Begriff des Lebens bei Foucault und Canguilhem. Bielefeld, Transcript.

Schmidgen H. (2008): Fehlformen des Wissens. Einleitung zu G. Canguilhem: Die Herausbildung des Reflexbegriffes im 17. und 18. Jahrhundert. München, Wilhelm Fink.

Schultheis F. (2008): «What's left? Von der Desorientierung zur selbstreflexiven Standortbestimmung linker Gesellschaftskritik». In: R. Eicklepasch, C. Rademacher, P. R. Lobato (Hg.): Metamorphosen des Kapitalismus und seiner Kritik. Wiesbaden, Verlag für Sozialwissenschaften, S. 21–29.

Sennett R. (2002): Der flexible Mensch. Berlin, Berlin Verlag.

Sennett R. (2007): Handwerk. Berlin, Berlin Verlag.

Waddell G., Burton A. K. (2005): «Concepts of Rehabilitation for the Management of Low Back Pain», Best Practice and Research in Clinical Rheumatology 19, S. 655–670.

Introduction

Brigitta Danuser

Pourquoi deux spécialistes de la recherche sur la santé au travail, une médecin du travail et une ergonome, réalisent-elles un atelier, et le présent ouvrage, sur le travail? Le travail serait-il devenu un concept aliénant?

Le rapport de l'être humain au travail, que ce soit durant celui-ci ou en dehors, les conditions d'engagement, de même que le contexte et la nature du travail, marquent sa vie et sa santé, bien au-delà de la période de vie active. Le travail peut favoriser des compétences physiques, psychiques et sociales alors qu'une santé déficiente réduit les chances de décrocher un job ou de le conserver, et qu'être sans travail est aujourd'hui considéré comme un risque pour la santé. C'est avec de tels propos que commence l'injonction de Sir Marmott (2010) aux médecins du travail et autres spécialistes de la santé au travail.[1] Il leur demande de jouer un rôle actif afin de réduire les inégalités sociales dans le domaine de la santé. Sir Marmott est connu comme étant l'initiateur et le directeur de l'une des plus anciennes et des plus vastes études de cohorte, les Whitehall-Studies, menées auprès d'employés de l'administration britannique et visant à révéler des facteurs psychosociaux.

Le travail est redevenu une approche critique, ou topos, fondamentale dans la littérature sociocritique moderne. Ainsi, dans son ouvrage *Das unternehmerische Selbst*,[2] Bröckling examine dans la littérature managériale les représentations du travail et de ses exigences. Cette étude va dans le sens préconisé par Foucault dans son œuvre tardive, c'est-à-dire qu'elle examine comment autorité et subjectivité communiquent. Il en résulte un soi entrepreneur qui, sous sa propre responsabilité et disposant librement de lui-même, adapte sa vie aux exigences du marché du travail et aux critères d'efficacité économique fixés par les entreprises. La prévoyance des risques contre la maladie, la perte de l'emploi ou la pauvreté est individualisée. *Le nouvel esprit du capitalisme*[3] où les auteurs, Boltanksi et Chiapello, mènent une analyse sur le long terme de la transformation du monde du travail esquisse une image semblable du travailleur nouveau: le travailleur de projet. Il est autonome, flexible, innovant, communicatif, apte au compromis, créatif, toujours joignable, connecté, sûr de soi, prêt à prendre un risque, autocritique. Richard Sennet, quant à lui, a une

[1] Marmott 2010.
[2] Bröckling 2007.
[3] Boltanksi/Chiapello 2003.

approche presque littéraire de la transformation du monde du travail et de sa signification pour l'individu et la société.[4]

Dans la recherche en médecine du travail, nous vivons actuellement un changement significatif dans la manière d'envisager le rapport entre travail et santé: du «travail qui rend malade», on est passé au «travail qui maintient en bonne santé».[5]

Un nombre croissant d'études montre qu'être sans emploi rend malade. La santé des personnes qui perdent leur emploi et n'en retrouvent pas durant une longue période se péjore à chaque mois de chômage supplémentaire. Les hommes et les femmes entre 50 et 65 ans qui ne travaillent plus présentent un état de santé subjectif plus mauvais que ceux qui sont encore sur le marché du travail, et ce même si les premiers ne l'ont pas quitté pour des raisons médicales.[6] Nous savons aussi que la peur de perdre son emploi est un facteur de stress entraînant des conséquences psychiques et physiques.[7] Le travail présente des qualités qui favorisent la santé: il donne une identité, une estime de soi-même, règle la journée; on y étudie les rôles et les comportements sociaux; enfin, c'est un lieu de contact (plus d'une relation amoureuse a été nouée sur le lieu de travail ou dans un contexte professionnel). Dans une société fondée sur le travail, telle que l'est encore, je crois, la société dans laquelle nous vivons, le travail crée un lien essentiel entre l'individu et la société. Il peut dès lors être considéré comme condition préalable à une bonne santé, comme le fait Lady Carol Black dans son célèbre rapport *Working For a Healthier Tomorrow*.[8]

La crainte de perdre son emploi rend malade, être sans emploi rend malade: à partir de ces constatations, il n'y a qu'un pas pour conclure à une vertu thérapeutique du travail et Waddell, le pape des douleurs musculo-squelettiques, le fait en disant: "… work is mainly therapeutic."[9] Cette idée se manifeste aussi dans la 5e et la 6e révision en préparation de l'assurance-invalidité (AI), puisque le retour au travail doit en même temps résoudre les problèmes de financement de cette assurance sociale.

Le tableau 1 a été développé dans une perspective de recherche généalogique.[10] Il donne un aperçu de l'évolution du rapport entre santé et travail depuis le début de l'industrialisation, en présentant de façon très synthétisée le paradigme économique dominant, la conception du corps au travail, et les thèmes de recherche dominants. Avec en tête la technicisation de notre monde,

---

4 Sennet 2002; Sennet 2007.
5 Danuser 2011.
6 Alavinia/Burdorf 2008.
7 Domenighetti et al. 2000.
8 Black 2007.
9 Waddell/Burton 2005.
10 Danuser 2011.

de notre travail, de nos loisirs, de notre existence, les transformations exposées doivent aussi être lues comme une forme de technicisation de nous-mêmes.

Tab. 1: *Évolution de la santé au travail*

	Paradigme économique	L'homme au travail	Travail – santé	Thèmes de recherche dominants
1750–	Production de biens durables	Corps = machine	Ne pas travailler en usine est une condition pour être en bonne santé	
		Corps = moteur		Dépense d'énergie, fatigue, toxicologie, hygiène industrielle, affections respiratoires, bruit, prévention
			Le travail rend malade	
			Etre en bonne santé est une condition	
1930–	Production de masse		pour pouvoir travailler	Etude des travaux non industriels, ergonomie, travail posté, hygiène du travail
1960	Administration	Corps et intellect		
			Gestion des risques	
1980–	Services, savoir et information	Corps bio-psychosocial	Interaction entre travail et santé	Gestion des risques, stress et facteurs psychosociaux
		Construction ou réalisation du moi dans et par le travail	Travailler est une condition pour être en bonne santé	Capacité de travail, travailleurs âgés, études de cohorte, troubles de la santé associés au travail, travail favorisant la santé, gestion de la santé en entreprise, retour au travail
			Le travail est thérapeutique	

Travail et santé sont donc dans un rapport de tension inversible et nous sommes justement en train de vivre un renversement. Dans un tel moment, nous devrions pouvoir percevoir les forces qui s'emparent d'une chose, agissent sur ses pôles et engendrent ses multiples significations.[11]

Il est évident que la conception du travail et du corps au travail d'une part, les sujets de recherche d'autre part, sont étroitement liés. Comment concevons-nous aujourd'hui le corps au travail? Est-ce un corps qui éprouve et est éprouvé en partageant le monde avec d'autres corps, c'est-à-dire qui se comporte en être social et donne un sens à son vécu? (Ce que nous avons abrégé en corps biopsychosocial). Ou est-il un cyborg: un homme-machine capable de penser, qui s'optimise lui-même, comme esquissé dans l'image de celui qui entreprend par lui-même.[12] Les exigences professionnelles sont passées de la force musculaire et de l'habilité motrice à des compétences cognitives, émotionnelles et communicatives. Aujourd'hui, le travail est de plus en plus «immatériel» comme le décrivent Hard et Negri, ou «intellectuel», selon l'expression de Milner.[13] De plus en plus de travaux exigent une exécution virtuose: l'interprétation d'un morceau de musique, la présentation d'une étude, et même l'achat d'un vêtement est transformé en événement. Nous ne produisons pas un ouvrage, mais une performance, comme l'écrit Foltin: «Et le/la virtuose ne peut que se produire par l'intervention de son corps; le corps est non seulement abîmé dans le travail, mais il est aussi présenté dans sa forme.»[14] Le corps, parfois dans sa forme sexuelle, est produit à travers et dans le travail: l'épanouissement personnel par le travail devient un devoir reproductif pour le soi.[15]

Il convient de faire une lecture additive du tableau: aujourd'hui aussi, le travail peut rendre malade ou tuer (nous en faisons l'expérience actuellement avec les employés de la centrale nucléaire à Fukushima) mais il peut aussi entretenir la santé, voire l'améliorer. C'est précisément aujourd'hui, alors que l'AI pousse à un retour au travail, qu'il faut se poser les questions suivantes: «Un retour à quel travail?»[16] Et qu'est-ce qu'un «bon travail», qui remplira de telles attentes?

Mais oui, qu'est-ce que le travail au fond? Un mal nécessaire, une nécessité pour faire des hommes des êtres humains, un moyen de se réaliser, une structure indispensable qui maintient les êtres humains en santé, voire même les soigne, ou simplement une possibilité parmi d'autres de faire quelque chose de sa vie? Le terme de travail comprend un large éventail de significations. En grec (et en

---

11 Schmidgen 2008.
12 Bröckling 2007.
13 Milner 1997.
14 Foltin 2010.
15 Lorey cité selon Foltin 2010.
16 Danuser 2007.

latin), on distingue deux termes pour désigner le travail: *ponos (labor)* et *ergon (opus)*. Le premier a donné *Pein* en allemand, la peine, et dénote la douleur en grec moderne; le second signifie œuvre. Dans l'ensemble des discussions sociologiques et philosophiques, on assiste à une décomposition de ce terme en douleur, fatigues, subordination et création, épanouissement personnel, libération. Foucault affirme que le travail est «une norme quasi transcendantale» et évite ainsi à vrai dire de le définir. De même, en cherchant l'origine du mot dans différentes langues, nous trouvons des idées variées: la tourmente (*labour*), la pénibilité, l'instrument de torture (*tripalium*, dont dérive le mot français «travail»), la servitude (*arebeit*, à l'origine d'*Arbeit* en allemand), mais aussi la création, et même la naissance de l'être humain est un *labor* (en anglais et en français, le terme de travail est utilisé pour le processus d'enfantement). Par le travail, nous avons donné le jour à notre monde et à notre culture et cette création est vécue comme quelque chose de pénible et de douloureux. Un autre concept étroitement lié à celui de travail est la technique. Dejours, par exemple, définit le travail comme «un acte technique coordonné».[17] Pour lui, la technique n'est pas seulement une machine ou une conception humaine, mais justement aussi la technique du corps.

Nous considérons cet ouvrage comme de la recherche fondamentale. Au début d'une recherche, il s'agit toujours de mettre les cartes sur la table et de s'en faire un aperçu, afin de poser ensuite les questions pertinentes. Le but premier de cet ouvrage est bien de mettre cartes sur table: le travail, ses définitions, ses utilisations, les manières de l'exprimer et ses significations. Nous souhaitons les mettre en perspective non seulement avec les méthodes des sciences naturelles, mais aussi avec les méthodes des sciences humaines et de la philosophie. En nous appuyant sur les idées de Canguilhem relatives à l'étude d'un concept scientifique, nous nous sommes demandé où le travail s'exprime aujourd'hui ou ne s'exprime pas, où et comment le concept est délimité. Cela doit permettre de jeter un regard le moins biaisé possible sur son rapport actuel avec le domaine scientifique et non scientifique, avec la pratique de la recherche et la pratique de la société. Quatre sujets principaux ont été identifiés: la visibilité ou la mise en évidence du travail, le travail des femmes, le lien entre le travail et les autres activités humaines, la recherche de sens, le vécu du travail, et le stress quotidien qui est aujourd'hui étroitement lié au travail.

La disparition de la visibilité du travailleur est pour Schultheis une clef de compréhension des transformations du travail au cours des trente dernières années.[18] La photographie, qui s'est développée presque en même temps que

---

17 Dejours 1995.
18 Schultheis 2008.

naissait le travail moderne, s'est occupée dès ses débuts du travail: il y a la photographie industrielle, qui représente le poste de travail, illuminé de 1000 flashs, où l'on ne peut pas travailler, la photographie de produit et plus tard la photographie indépendante. Au XIXe siècle, les photographes ont noué des alliances fructueuses avec les sciences du travail naissantes, comme par exemple pour les *Time Motion Studies*. Comment le travail est-il représenté ou gommé par la photographie? La photographie actuelle peut-elle saisir le travail moderne? Les environnements de travail sont aujourd'hui développés par des artistes et on retrouve de plus en plus les espaces, les vêtements et les directives de travail dans l'art contemporain. Canguilhem pense que l'art peut amener un éclairage sur certains contextes scientifiques sans avoir l'ambition de les expliquer.[19] L'art moderne nous transmet-il de tels éclairages? Comment l'art appréhende-t-il le travail, cette «norme quasi transcendantale»? Représente-t-il le travail? Représente-t-il les travailleurs? La littérature sociopolitique véhicule aussi des images du travail et de l'être humain.

A la fin de la période fordiste de la production de masse, le travailleur était un homme, engagé à 100% presque à vie. Aujourd'hui, le travail est souvent féminin et la plupart du temps exercé à temps partiel. Le travail professionnel des femmes et son potentiel émancipateur sont controversés depuis des décennies. D'une part, le travail professionnel est considéré comme un processus émancipateur et comme une condition à l'émancipation des femmes. Il s'accompagne de revendications pour une politique ferme en matière d'égalité des sexes. D'autre part, le travail professionnel est critiqué pour être dominé par des valeurs masculines et surestimé. D'autres critères sont alors recherchés pour valoriser les activités dites féminines et justement limiter la double exploitation des femmes (travail professionnel et travail de reproduction). Les discussions sur le travail professionnel des femmes montrent clairement qu'on ne peut débattre du travail en le dissociant des autres activités humaines fondamentales.

Entre modernité et post-modernité, Hannah Arendt a réfléchi à la vie active et a analysé notre obsession pour le travail. Elle pointe du doigt l'ironie tragique du rêve de la fin du travail postindustriel dans la société du travail: «Ce que nous avons devant nous, c'est la perspective d'une société de travailleurs sans travail, c'est-à-dire privés de la seule activité qui leur reste. On ne peut rien imaginer de pire.»[20] Les loisirs, ce temps libre que l'être humain consacre à d'autres activités comme jouir de l'art, approfondir ses connaissances, pratiquer son hobby ou voir des amis, ne représentent pour les salariés qu'une détente nécessaire, une distraction avant de pouvoir retourner travailler: tout devient

19 Schmidgen 2008.
20 Arendt 2005.

travail ou lui est soumis.[21] Au travers de l'analyse de H. Arendt, on rencontre l'appel à un individu créatif, en formation continue, qui se développe lui-même, qui se règle et se contrôle lui-même pour le bonheur de son employeur et de sa capacité d'embauche. Responsable des réussites comme des échecs, cet individu est tel que le développe la littérature managériale,[22] mais aussi la littérature de resocialisation.[23] Si ce n'est du travail, de quoi sont composées les activités humaines et de quel système de valeurs dépendent-elles?

Comment vit-on dans le monde du travail actuel? Comment ce vécu ou le sens que prend le travail pour les travailleurs sont-ils étudiés? L'approche épidémiologique propre aux sciences naturelles travaille avec de vastes sondages et analyse aussi, comme la littérature sociocritique moderne, le travail dans une dynamique *top-down*. D'innombrables indicateurs statistiques élaborés par la sociologie, la médecine du travail ou la psychologie du travail, témoignent des paradoxes du travail et de sa transformation. Le résultat principal peut être formulé en quelques mots: le travail et son système de valeurs sont soumis au stress, comme les travailleurs. Le terme de stress est utilisé de façon exponentielle et s'est depuis longtemps déjà déplacé du domaine de la théorie scientifique vers la culture populaire, où il a en partie pris une signification positive. Une approche *bottom-up* telle que pratiquée par la recherche qualitative éclaire-t-elle la perception, l'expérience et l'interprétation des transformations du travail qu'en ont les travailleurs? Peut-on rendre une telle approche fructueuse pour une analyse de notre société du travail?

Cet ouvrage entreprend de réviser la notion de travail. Il se tourne en arrière pour observer et interpréter le travail et la recherche de l'amour du travail. Cette ré-vision vise à signaler que de nouvelles visions, de nouvelles esquisses et de nouvelles interprétations possibles doivent être prises en compte. Cette volonté se reflète dans plusieurs contributions. Nous avons conscience que le travail, comme épiphénomène ou norme quasi transcendentale, non seulement normalise (au sens de Foucault), mais est aussi normatif (au sens de Canguilhem) (comme l'a fait ressortir M. Muhle).[24] Il présente une force normative, et se transforme précisément par la critique et les nouveaux projets, comme l'ont exposé avec d'autres arguments Chiapello et Boltanski dans *Le nouvel esprit du capitalisme*.[25]

Nous tenons à remercier très cordialement la Commission des sciences humaines de la Faculté de biologie et de médecine de l'Université de Lausanne, sous le

---

21 Arendt 2005.
22 Cf.: Bröckling 2007; Boltanski/Chiapello 2003.
23 Haugg 2008.
24 Muhle 2008.
25 Boltanski/Chiapello 2003.

patronage de laquelle est né l'atelier et ce livre. Nos remerciements vont aussi au Fonds national suisse qui a soutenu financièrement le projet. Marie-Cécile Monin, qui s'est chargée de tout le travail d'organisation et d'administration, mérite aussi d'être mentionnée ici.

Bibliographie

Alavinia S. M., Burdorf A. (2008): «Unemployment and Retirement and Ill-Health: A Cross-Sectional Analysis Across European countries», International Archives of Occupational and Environmental Health 82, p. 39–45.

Arendt H. (2005): Vita activa oder vom tätigen Leben. 3e éd. Piper (éd. originale: University of Chigaco 1958).

Black D. C. (2007): «Working for a Healthier Tomorrow», www.workingforhealth. gov.uk/Carol-Blacks-Review/.

Boltanksi L., Chiapello E. (2003): Der neue Geist des Kapitalismus. UVK Verlagsgesellschaft, Constance (éd. originale: Le nouvel esprit du capitalisme. Paris, Gallimard).

Bröckling U. (2007): Das unternehmerische Selbst. Soziologie einer Subjektivierungsform. Francfort-sur-le-Main, Suhrkamp (STW 1832).

Danuser B. (2011): «Arbeitsmedizinische Forschung – Erforschung der Schnittstelle zwischen Arbeit und Gesundheit», Medizinische Mitteilungen, SUVA.

Danuser B. (2007): «Maladies chroniques, maladies liées au travail: réussir la reprise professionnelle», Revue Economique et Sociale 65, p. 37–46.

Dejours C. (1995): Le facteur humain. Paris, Presses Universitaires de France.

Domenighetti G., D'Alvanzu B., Bisig B. (2000): «Health Effects of Job Insecurity Among Employees in the Swiss General Population», International Journal of Health Services 30, p. 477–490.

Foltin R. (2010): Die Körper der Multitude. Von der sexuellen Revolution zum queer-feministischen Aufstand. Stuttgart, Schmetterling Verlag.

Hardt M., Negri A. (2003): Empire. Die Neue Weltordnung. Francfort-sur-le-Main, Campus.

Haug F. (2008): «‹Schaffen wir einen neuen Menschentyp› – von Ford zu Hartz». In: R. Eicklepasch, C. Rademacher, P. R. Lobato (éd.): Metamorphosen des Kapitalismus und seiner Kritik. Wiesbaden, Verlag für Sozialwissenschaften, p. 80–92.

Lorey I. (2007): «VirtuosInnen der Freiheit. Zur Implosion von politischer Virtuosität und produktiver Arbeit», Grundrisse 23, p. 4–10.

Marmott M., Bell R. (2010): «Challenging Health Inequalities – Implications for the Workplace», Occupational Medicine 60, p. 162–166.

Milner J.-C. (1997): Le salaire de l'idéal. Paris, Le Seuil.

Muhle M. (2008): Eine Genealogie der Biopolitik. Zum Begriff des Lebens bei Foucault und Canguilhem. Bielefeld, Transcript.

Schmidgen H. (2008): Fehlformen des Wissens. Einleitung zu G. Canguilhem: Die Herausbildung des Reflexbegriffes im 17. und 18. Jahrhundert. München, Wilhelm Fink.

Schultheis F. (2008): «What's left? Von der Desorientierung zur selbstreflexiven Standortbestimmung linker Gesellschaftskritik». In: R. Eicklepasch, C. Rademacher, P. R. Lobato (éd.): Metamorphosen des Kapitalismus und seiner Kritik. Wiesbaden, Verlag für Sozialwissenschaften, p. 21–29.

Sennett R. (2002): Der flexible Mensch. Berlin, Berlin Verlag.

Sennett R. (2007): Handwerk. Berlin, Berlin Verlag.

Waddell G., Burton A. K. (2005): «Concepts of Rehabilitation for the Management of Low Back Pain», Best Practice and Research in Clinical Rheumatology 19, p. 655–670.

Frau und Arbeit und andere menschliche Tätigkeiten

Femmes, travail et autres activités humaines

Von der Erwerbsarbeitsgesellschaft zu einer Gesellschaft des Tätigseins

Theo Wehner, Stefan T. Güntert und Sascha Liebermann

Résumé:
D'une société où l'on travaille pour gagner sa vie à une société où l'on est actif

Dans un exposé en trois parties qui se répondent les unes aux autres, les auteurs discutent du problème de la reconnaissance dans le monde du travail actuel, de la recherche de sens au travers du travail d'intérêt public et de la création d'une société de l'activité grâce à une allocation universelle.

Tant les données quantitatives que qualitatives montrent que la reconnaissance sociale est centrale dans le travail rémunéré, mais qu'elle n'est, paradoxalement, guère concrétisée. Ces dernières années, on observe même une dégradation prononcée de la satisfaction liée à la reconnaissance financière et sociale. Un aperçu du travail rémunéré révèle qu'il est vrai qu'on ne peut pas expressément estimer sa valeur, mais qu'en même temps il existe des sentiments d'injustice dus au manque de reconnaissance. Ainsi la pratique courante de reconnaissance organisationnelle lance un double message.

Le Comité économique et social européen a recommandé, en 2006, de mieux valoriser la signification de l'engagement bénévole au sein de l'Union européenne. Il a entre autres formulé comme objectif la gratification et la reconnaissance de l'activité bénévole. L'aperçu du travail bénévole que donnent les auteurs montre qu'il a un effet compensateur par rapport au travail rémunéré. Cependant, il est exercé seulement lorsqu'il prend une signification particulière. D'un autre côté, le travail bénévole peut être menacé par une rémunération ou une reconnaissance inappropriée. Lors d'expériences de pensée chez des salariés bénéficiant d'une bonne situation, plusieurs accepteraient une diminution de salaire en échange d'une activité ayant plus de sens. Les résultats présentés et leur commentaire ne sont pas loin de l'observation que la capacité d'un travail de donner du sens est relativement indépendante du revenu qu'il procure.

Les auteurs discutent des arguments répétitifs contre l'allocation universelle et montrent que ceux-ci se fondent sur une profonde méfiance envers l'autonomie des citoyens. Pourtant, le bon ordre politique ne peut passer que par la confiance accordée aux citoyens, les individus formant la collectivité. Avec une allocation universelle, une séparation explicite s'effectuerait entre ces deux enjeux: donner un sens à sa vie et obtenir un revenu. Le marché du travail deviendrait ainsi un authentique marché.

Was ausser der Existenzsicherung erwirbt man noch in der Erwerbsarbeit?[1]

«Jede Arbeitswelt hat ihre Grammatik der Ungerechtigkeitsgefühle, ohne dass diese direkt mit einer bestimmten Stellung in der Sozialstruktur korrelieren muss.»[2] Zu diesem Schluss kommt der französische Soziologe François Dubet von der Universität Bordeaux, und er folgert weiter: Wir sind am Arbeitsplatz, in Organisationen und Firmen mit «gesellschaftslosen Klassen» und nicht mit einer klassenlosen Gesellschaft konfrontiert. Aber: In dieser ungerechten Welt «gibt [es dennoch] weit mehr Gründe, seine Arbeit zu lieben, als sie zu hassen. [...] Dass man seine Arbeit liebt [wegen ihrer Vielseitigkeit, ihrer Möglichkeit zur Eigeninitiative und soziale Beziehungen eingehen zu können], bringt freilich die Kritik an den damit verbundenen Ungerechtigkeiten [fehlende Anerkennung und unangemessene Machtausübung] nicht zum Verstummen; man kann sogar umso kritischer sein, je mehr man seine Arbeit liebt.»[3]
Gerade den letzten Halbsatz nehmen auch wir für unser tägliches Tätigsein in Anspruch und weisen in dem vorliegenden Text auf die *Anerkennungsproblematik* in der Arbeitswelt, das *Sinnerleben* in der frei-gemeinnützigen Arbeit und auf einen *Kulturimpuls* für die Gestaltung einer Tätigkeitsgesellschaft hin; eine Gesellschaft, die eine Diskussion um die Vision des bedingungslosen Grundeinkommens führt.
Die eher rhetorisch gemeinte Frage «Was ausser Einkommen erwirbt man eigentlich noch in der Erwerbsarbeit?» stellten wir über viele Jahre hinweg in Lehrveranstaltungen, Workshops mit Führungskräften sowie im Gespräch mit Bekannten und Freunden: *Anerkennung,* so lautet die spontane Antwort. Zumindest kommt dieser auf durchaus verschiedene Arten umschriebene Wunsch innerhalb der Rangplätze 1–5 einer sogenannten Prototypenliste vor. Was in der Gesellschaft und insbesondere in der Arbeitswelt anerkannt beziehungsweise nicht verkannt oder gar missachtet, was wertgeschätzt oder bewundert werden will, was Achtung oder Beachtung finden sollte, ist trivial: es ist die erbrachte Leistung, zunehmend der sichtbare (ökonomische) Erfolg.[4]
Selbstverständlich kommt die Frage auch in arbeitspsychologischen Konzepten, in Führungstrainings und in den meisten Mitarbeiterbefragungen vor. Schauen wir zuerst auf – hier erstmals veröffentlichte – Befunde aus der betrieblichen Lebenswelt und dann auf die konzeptionelle Einordnung.

---

1 Mit dem Aspekt der Existenzsicherung durch Erwerbsarbeit enthält der Titel eine Zuspitzung und unterstellt nicht, dass zur Berufsfindung und -aufrechterhaltung nicht auch zusätzliche Motive, soziale oder traditionelle Aspekte etc., eine wichtige Rolle spielen: der Erwerb von Einkommen jedoch ist in einer Erwerbsgesellschaft zentral!
2 Dubet 2008, S. 471.
3 Ebd., S. 466.
4 Zum Anerkennungsthema siehe v. a. Honneth 2008.

Über ein Vierteljahrhundert hinweg haben wir wissenschaftliche Beratung, zu der auch die Ergebnisbesprechung gehört, bei Mitarbeiterumfragen geleistet und immer auch darauf geachtet, dass die Anerkennungsdimension, differenziert nach finanzieller und sozialer Anerkennung durch Vorgesetzte und Kollegen aus der eigenen Gruppe oder aus Nachbarbereichen, berücksichtigt wird.

Auch wenn diese Befragungen meist nicht für wissenschaftliche Analysen und Publikationen zur Verfügung gestellt werden, bekamen wir Zugang zu den anonymisierten Daten. Für den Zeitraum von 1986–2007 liegen von 16 Grossunternehmen aus der BRD und der Schweiz (teilweise über vier Erhebungszyklen und damit einem Zeitraum von bis zu zehn Jahren) Mittelwerte und Prozentangaben vor, und zwar von über 65 000 Mitarbeitenden aus Industrie, Dienstleistungsbereichen, der IT-Branche und von Hochtechnologieunternehmen.

Diese Daten zeigen ein eindeutiges Bild. Soziale Anerkennung, und zwar solche, die Mitarbeitende von ihren Vorgesetzten erwarten, gehört in allen 34 Erhebungen zu jenen fünf (in 23 Befragungen gar zu den ersten drei) Fragen, welche bezüglich der Antworten (auf fünf- oder siebenstufigen Skalen) den geringsten Zufriedenheitswert aufweisen. Es gibt Firmen, Abteilungen und auch Teams, in denen mindestens zwei Drittel der Antwortenden, der Frage nach *Anerkennung* ihre Zustimmung verweigern. Ob dabei auch überhöhte Erwartungen eine Rolle spielen, lässt sich zwar nicht ausschliessen, objektivierbar dürfte der Anspruch auf Anerkennung ohnehin nicht sein. Dort, wo ein Längsschnitt betrachtet werden kann, hat sich die Bewertung über die Jahre hinweg verschlechtert; in einem Fall blieb sie auf dem tiefsten Niveau *stabil.* Es zeigt sich ebenfalls, dass zwischen 1986 und 2007 ein statistisch signifikanter Rückgang an subjektiv wahrgenommener (finanzieller und sozialer) Anerkennung gemessen wurde.

Die Querschnittsbetrachtung lässt erkennen, dass Branchenunterschiede minimal ausfallen. Im Hochtechnologie- und im IT-Bereich sind die Werte etwas positiver als in Industrie- und Dienstleistungsbetrieben. Hand- und Kopfarbeit hingegen erfahren unterschiedliche Anerkennung. An produktionsnahen Arbeitsplätzen sind die Werte deutlich geringer als an solchen mit planenden, anweisenden oder kontrollierenden Arbeitsanforderungen. Mitarbeitende mit festen Arbeitsverträgen empfinden ihre Leistungen besser wertgeschätzt als sogenannte Leiharbeiter oder Personen mit befristeten Arbeitsverträgen, was unzweifelhaft mit dem geringeren Status dieser Personen innerhalb der Erwerbsarbeitsgesellschaft zusammenhängen dürfte. Obwohl auch Alters- und Geschlechterunterschiede bestehen, geben diese doch kein einheitliches Bild ab, sondern variieren von Unternehmen zu Unternehmen und weisen grosse Schwankungen über den Betrachtungszeitraum hinweg auf.

Auffallend ist zudem, dass zwar der Faktor Kollegialität in Mitarbeitendenbefragungen überwiegend positiv bewertet wird, bei der Frage nach kollegialer

Anerkennung jedoch schlechtere Werte erzielt werden; sie liegen – für das eigene Team und erst recht für Nachbarbereiche – meist eine Standardabweichung unter der Gesamtzufriedenheit.

Ermittelt man – regressionsanalytisch – welchen Beitrag Anerkennung zur allgemeinen Arbeitszufriedenheit – und damit zu einem als gesichert geltenden Produktivitätsfaktor – leistet, so stellt man fest, dass soziale Anerkennung wichtiger ist als beispielsweise Bezahlung oder Kollegialität. Soziale Anerkennung (durch andere Personen, an mich als Person) ist ein moralischer Anspruch und ein kommunikativer Akt und wird genauso wenig mit dem Lohn abgegolten, wie sie sich in den konkreten Formen der kollegialen Zusammenarbeit erschöpft.

Was die Unzufriedenheit mit der finanziellen Anerkennung anbelangt, so stellen die berichteten Daten keine Ausnahme dar. In dem DGB-Index «Gute Arbeit» erreicht die Bezahlung (nach sozialer Anerkennung wird leider nicht gefragt) seit der ersten Erhebung 2007 jeweils den niedrigsten Wert (39 beziehungsweise 40 auf einer Skala von 1–100) und charakterisiert damit eindeutig «schlechte Arbeit», wobei ohnehin für alle 15 erfassten Wertedimensionen (erhoben an einer Stichprobe von knapp 8000 Arbeitenden, in welcher Gewerkschaftsmitglieder nicht überrepräsentiert sind) nur ein Gesamtwert von 59 beziehungsweise 58 ermittelt wurde. Dies bedeutet *Mittelmässigkeit* und liegt knapp über 20 Punkte unter dem, was der Index als «gute Arbeit» bezeichnen würde.

Jenseits der bei der Analyse von Arbeitsbewertungen zur Anwendung kommenden standardisierten Fragebögen überzeugt die Arbeit des eingangs zitierten Soziologen Dubet. Theoretisch postuliert und empirisch geprüft (durch Interviews, Gruppendiskussionen und Befragungen) wird die Hypothese, dass die Verhältnisse am Arbeitsplatz die aussagekräftigste Variable für die subjektiv erlebten *Ungerechtigkeitsgefühle* in der Gesellschaft bilden. Auch wenn es kulturelle Unterschiede zwischen den Gesellschaften geben mag (in Frankreich definieren sich Bürger noch stärker über ihre Erwerbstätigkeit), halten wir es für sinnvoll, die Frage zu übernehmen und Ergebnisse vorsichtig zu generalisieren: die Befunde werden auf drei zentrale Gerechtigkeitsprinzipien – *Autonomie*, *Gleichheit* und *Leistung* – bezogen.

Es zeigt sich auch hier, dass das Gefühl von Ungerechtigkeit – beispielsweise in Bezug auf das Autonomiebestreben des Subjekts – daraus erklärt werden kann, dass in der Arbeitswelt nicht angemessen mit Macht und Anerkennung von Leistung umgegangen wird.

Weniger bedeutsam (ermittelt durch logistische Regressionsmodelle) sind in diesem Zusammenhang etwa die jeweilige *Ausbildung* und die ausbildungsadäquate *Stellung*, das *Einkommen* und die *Vertragssituation* oder gar *Geschlecht*, *Alter*, soziale *Mobilität*, *Arbeitszeit* beziehungsweise die politischen *Einstellungen*, frühere *Arbeitslosigkeit* oder *Individualismus*. Die genannten elf Faktoren klären alle zusammen ein Drittel der Varianz auf; *Anerkennung* und *Macht* hingegen allein 46%!

Auch im Hinblick auf die erlebte Gleichheit in der Arbeitswelt führt das Gefühl fehlender Anerkennung mit einer Varianzaufklärung von 25% zu deutlichem Ungerechtigkeitsempfinden; wobei jedoch gilt: «Alle sind für die Gleichheit, aber nicht für die gleiche.»[5]

Verzichten wir auf die Auflistung weiterer empirischer Evidenz dafür, dass die Erwerbsarbeit, aus der subjektiven Einschätzung derer, die sie zur Existenzsicherung täglich verrichten müssen, weder durch die Bezahlung noch durch soziale Anerkennung der erbrachten Leistung volle Zufriedenheit stiftet und auch das erlebte Ungerechtigkeitsempfinden in der Gesellschaft zum Grossteil auf fehlende Anerkennung am Arbeitsplatz zurückgeführt werden kann. Wir fragen stattdessen nach der Bedeutung von Anerkennung in der (Arbeits-)Gesellschaft sowie danach, warum uns diese Frage beschäftigen sollte.

Bei den deutschen beziehungsweise französischen Naturalisten (Gerhard Hauptmann, Emile Zola) oder den italienischen Divisionisten (Plinio Nomellini, Emilio Longoni), in sozialkritischen Filmen und im engagierten Liedgut verschiedener Völker gibt es unzählige Beispiele dafür, und auch verschiedene Sozialphilosophen – von Ernst Bloch bis Axel Honneth – haben darauf aufmerksam gemacht, dass die Dynamik von Rebellion, Revolten und sozialen Umbrüchen keinesfalls ausschliesslich von der zugrunde liegenden materiellen Not der Menschen ausgeht, sondern immer auch Ausdruck von erlebten Kränkungen, Verletzungen der Würde, sozialen Erniedrigungen, Verkennung oder Missachtung von erbrachten Leistungen und erzieltem Erfolg sind.

In öffentlichen Auseinandersetzungen – auch in jener um die Höhe der Bonuszahlungen an Finanzmakler – kann man erkennen – und so hat es der symbolische Interaktionismus mit dem *Begriff der kontrafaktischen Antizipation* (George Herbert Mead) auf den Punkt gebracht –, wie die jeweiligen Aktivisten eine neue Gemeinschaft zu erwirken versuchen, in welcher die *faktischen* Anerkennungs- beziehungsweise Missachtungsverhältnisse umgekehrt werden. Was heute Missachtung findet und damit identitätsbedrohend wirkt, soll in Zukunft Anerkennung finden beziehungsweise so gewürdigt werden, dass für die Betroffenen hiervon eine identitätsstabilisierende Wirkung ausgeht.

Damit ist auch die theoretische Implikation, welche von Anerkennungspraktiken auf die Mitglieder einer Gemeinschaft oder Gesellschaft ausgeht und von Menschen in den verschiedensten Kulturen, Lebensphasen und sozialen Stellungen erwartet wird, genannt: Anerkennung ist für die Identitätsbildung elementar!

---

5 Dubet 2008, S. 467.

Dabei darf jedoch nicht übersehen werden, dass betriebliche, organisationale Anerkennungspraktiken keine standardisierten *one-way*-Akte sein dürfen, sondern den Dialog und die Interaktion benötigen. In der Anerkennung findet eine gegenseitige Rückversicherung über das statt, was an *Kenntnis* in die Verrichtung der Aufgabe geflossen ist und gemeinsam (unter Umständen mit Kunden, Kollegen, Vorgesetzten et cetera) als wichtig *erkannt* und entsprechende Anerkennung finden sollte. Nicht nur, wer Anerkennung bekommt, sondern auch, wer Anerkennung geben will, muss etwas *Kennen* von der Aufgabe, die es anzuerkennen gilt. Diese Sichtweise ist – nebenbei bemerkt – ein gänzlich anderer Akt als jener, der in gängigen Qualitätsmanagementsystemen zur Anwendung kommt: Prüfung beziehungsweise Kontrolle und Sanktion kennzeichnen diese Interaktion und verunmöglichen aufgrund unterschiedlicher Erkenntnisgrundlagen häufig einen Dialog.

Neben organisationalen Anerkennungspraktiken gibt es in der Gesellschaft weitere Anerkennungsinstanzen und -formen. Die Anerkennung, die der Person als solcher gilt und der beruflichen Sozialisation vorausgeht, dürfte dabei sogar grundlegender sein, da es hierbei um die Person «an sich» geht, wie sie ist, und nicht darum, was sie macht oder tut. Zwischen beiden Formen herrscht mitunter eine Asymmetrie. Wenn sozialisationsbedingt die Anerkennung der Person nicht vollzogen wird, hinterlässt dies unter Umständen Traumata, die man dann beruflich zu kompensieren versucht. Dies kann, sind die Traumata zu stark, gerade die berufliche Aufgabenbewältigung nicht nur stören, sondern auch unterminieren.

Wenn dem nun aber so ist (dass Anerkennung von solch zentraler Bedeutung ist) und wir die berichteten empirischen Befunde mit berücksichtigen, dann werden die beruflichen Identitätskrisen, wie sie sich in den Psychopathologien des Arbeitsalltags (vom Ausgebranntsein über Mobbing bis hin zum Boreout) zeigen, verständlich. Und damit nicht genug: der sich wandelnde, nicht juristisch ausgehandelte, meist implizit bleibende *psychologische Vertrag* zwischen Arbeitgebern und Arbeitnehmenden akzentuiert anderes als einen Dialog über Anerkennungskriterien. Hier nämlich wird auf das Subjekt – im Sinn eines *Arbeitskraftunternehmers* – fokussiert: für die *Vermarktlichung* und für die Bewirtschaftung seiner Leistungspotenziale – die *Employability* –, für die *Anpassungsfähigkeit* an sich verändernde Arbeitsbedingungen – die *Flexicurity* –, für neue *Qualifikations*- und *Wissensanforderungen* – Lernen und zwar lebenslänglich –, ja selbst für die Arbeitszufriedenheit ist der Einzelne zunehmend selbst verantwortlich.

Es ist, obwohl die Realisierung sicher nicht an allen angebotenen Arbeitsplätzen möglich ist, noch nie mehr an *Eigeninitiative* gefordert, an *Empowerment* zugestanden, an *Selbstverwirklichung* in Anspruch genommen worden als zurzeit.

Die meisten journalistischen Beiträge aus der Arbeitswelt sind heutzutage Darstellungen von Einzelporträts (nach dem Duktus: «Anton W. *[Name von der Red. geändert]* …*), in welchen wir den durch persönlichen Einsatz erzielten Erfolg bewundern und die – häufig nur am Rand berichteten – tatsächlichen Leistungen als Vorbild anerkennen sollen.

All das übersieht, dass eine arbeitsteilige Gesellschaft nicht nur die jeweiligen operativen, denk- oder handwerklichen Aufgaben – mehr oder weniger tayloristisch zerstückelt – an einzelne Akteure zur eigenverantwortlichen Verrichtung delegiert, sondern wertgeschätzte Arbeitserlebnisse nur durch Kooperationsprozesse, tragfähige Beziehungen (zwischen Kollegen, Vorgesetzten sowie Mitarbeitenden, Kunden und Dienstleistenden) und den Dialog über das, was an Anerkennenswertem geleistet worden ist, aufrechterhalten und weiterentwickelt werden kann.

Wer die Arbeitstätigen einer Gesellschaft auf das individuelle Leistungs-, Verantwortungs- und Durchhaltevermögen reduziert und nicht gleichzeitig das kollektive Eingebundensein, das Verwobensein mit anderen Akteuren und dem Wertekanon einer Gesellschaft hervorhebt, der konstituiert – im Sinn der Kommunikationstheorie von Gregory Bateson – *double-bind*-Situationen. Gemeint sind Beziehungsstrukturen, in denen doppelte, meist paradoxe Signale und Botschaften an den Einzelnen gesendet werden: vermarktetes Individuum!

Die Doppelbindungstheorie und auch der noch immer aktuelle Ansatz von Ronald D. Laing, nach dem verwirrende Botschaften zur *Mystifizierung* beitragen, gehen davon aus, dass die Opfer solcher Verwirrungen nicht ohne Weiteres in der Lage sind, den Zustand der Konfusion selbst zu erkennen und sich aus eigener Kraft aus dieser Situation zu befreien: Mystifizierte waren und sind manipulierbar!

In elaborierten, gesellschaftlichen Anerkennungspraktiken existieren Zeit und Raum, um Doppelbotschaften zu vermeiden oder aufzuklären, Mystifikationen zu verhindern und gegebenenfalls Entmystifikationen vornehmen zu können. Im Rahmen solcher Anerkennungspraktiken wird die bestehende Arbeitsteilung reflektiert und unter Umständen korrigiert, es werden (wenn auch nur kurzfristig) Hierarchien aufgehoben und Distanzen zwischen Akteuren abgebaut. Sie umspannen den Bogen vom Akt der persönlichen individuellen Bewertung der Arbeitstätigkeit bis hin zur Reflexion der gesellschaftlichen Relevanz des Erbrachten. Diese quasiobjektive Relevanz von Tätigkeiten kann Führungskräfte und Mitarbeitende dadurch entlasten, dass sie sich auf etwas Drittes beziehen und ihre Subjektivität in den Dienst des Vermittlungsprozesses stellen können. Nicht das Loben, sondern der Prozess der Vermittlung zwischen Leistung, Tätigkeit und gesellschaftlicher Bedeutung sollte im Zentrum stehen und von allen von uns beherrscht werden.

Auf diese Weise wird letztlich die gemeinsame Verantwortung für die erbrachte Leistung übernommen und sichtbar gemacht. In so verstandenen Anerkennungsprozessen werden Intersubjektivität und kollektives Sinnerleben hergestellt, selbstverständlich auf der Grundlage von eigenverantwortlich handelnden Personen, deren (Erwerbsarbeits-)Identität sich innerhalb dieses Prozesses – eben durch Anerkennung – konstituiert hat.

Freiwilligenarbeit gerät in den Fokus der Europäischen Union: Was an der Bürgertugend soll gewürdigt werden?

In einer Stellungnahme zum Thema Freiwilligkeit des Wirtschafts- und Sozialausschusses der Europäischen Union vom Dezember 2006 empfahl dieser Aktivitäten auf europäischer Ebene, um die Bedeutung des freiwilligen Engagements in der Europäischen Union stärker zu *würdigen* beziehungsweise anzuerkennen.[6] Diese Auffassung fand im Europäischen Parlament Unterstützung, woraufhin 2011 zum europäischen Jahr des freiwilligen Engagements ausgerufen wurde.[7]

Die Gründe für die Initiative, zehn Jahre nach dem *International Year of Volunteering* werden unmissverständlich genannt: «Die zuständigen Behörden und Organisationen der Zivilgesellschaft stehen in allen Mitgliedstaaten – wenn auch in unterschiedlichem Masse – vor der Herausforderung, mehr Menschen für Freiwilligentätigkeiten zu gewinnen, die Bedingungen hierfür zu vereinfachen und zu gewährleisten, dass die Tätigkeiten adäquaten Standards entsprechen. Sowohl für die einzelnen Bürger als auch für Unternehmen müssen geeignete Anreize geschaffen werden.»

Nicht nur von einem autonomen, zivilgesellschaftlichen Standpunkt aus können diese Gründe leicht als politische Instrumentalisierung und nicht nur als positive Wertschätzung missverstanden werden, vor allem dann, wenn man sich die intendierte Veränderungsrichtung genauer anschaut: «Eine verstärkte Professionalisierung und die Bewahrung von Freiheit und Flexibilität, die an der Freiwilligentätigkeit besonders geschätzt werden, müssen in ein ausgewogenes Verhältnis gebracht werden.» In der Forderung nach *Ausgewogenheit* (sie wird vielerorts von Funktionären und hauptamtlichen VermittlerInnen von Freiwilligenarbeit, nicht aber von den Freiwilligen geäussert) steckt ein impliziter Vorwurf an das

---

6 Stellungnahme des Europäischen Wirtschafts- und Sozialausschusses «Freiwillige Aktivitäten, ihre Rolle in der europäischen Gesellschaft und ihre Auswirkungen», Dok. SOC/243 – CESE 1575/2006.

7 Vorschlag für eine Entscheidung des Rates über das Europäische Jahr der Freiwilligentätigkeit (2011), Brüssel, 3. 6. 2009, {SEC(2009)725}.

freiwillige Engagement seit geraumer Zeit: zu wenig Professionalität und zu viel Selbstverwirklichung werden beklagt, wobei mit Selbstverwirklichung meist der Autonomieanspruch und die Souveränität der frei-gemeinnützig Tätigen gemeint ist, ein Anspruch, der von Freiwilligen in jedem Interview genannt wird und sicher auch das Sinnerleben des Tätigseins begründet. Mit dem Ruf nach Professionalisierung ist vieles gemeint: ein höheres Mass an Verbindlichkeit, Rollenklärung und Verpflichtung (zu festen Einsatz- beziehungsweise *Arbeits*zeiten, zur Aus- und Weiterbildung oder der Erarbeitung und Einhaltung einer Jobdescription), die Hervorbringung von Standards und Beurteilungskriterien beziehungsweise Kontrollmöglichkeiten!

Ohne die Professionalisierungsdiskussion und deren Auswirkungen auf die Motive Freiwilliger vertiefen zu können, schauen wir uns die konkreten Ziele des europäischen Jahres des freiwilligen Engagements an. Neben der *Sensibilisierung für den Wert und die Bedeutung von Freiwilligentätigkeiten,* der *Schaffung günstiger Rahmenbedingungen,* der *Stärkung der Freiwilligenorganisationen* und der *Verbesserung der Qualität von Freiwilligentätigkeiten* wird als viertes Ziel die *Honorierung und Anerkennung von Freiwilligentätigkeiten* genannt.

Damit wird das Kernthema des ersten Teils unseres Textes prominent hervorgehoben und sogar zu einem von vier Zielen erklärt, einem Ziel, welches in der Erwerbsarbeit – wie wir gezeigt haben – als «nicht erfüllt» eingestuft werden kann, dessen Bedeutung für die Identitätsbildung und Sinnerfüllung jeglichen Tätigseins jedoch ausser Frage steht und im Freiwilligenjahr eine Anerkennungspraxis hervorbringen könnte, die zur Re-Humanisierung des Arbeitslebens beitragen könnte.

Bevor wir unseren aus der Arbeits- und Organisationspsychologie begründeten Beitrag zum Gelingen des europäischen Jahres des freiwilligen Engagements leisten, wollen wir die wissenschaftlich ergründete Bedeutung frei-gemeinnütziger Tätigkeiten für das Individuum und die Gesellschaft diskutieren.

Die Datenlage (ausser in Nordamerika) ist uneinheitlich und schlecht.[8] Allenfalls genügt sie der Pflichterfüllung statistischer Bundesämter: messen, was messbar ist! Die Freiwilligen-Surveys in den verschiedenen Ländern gehen weder von einer einheitlichen Definition aus, noch haben sie eine gemeinsame Instruktion zur Erfassung der aufgewendeten Zeit und der eventuell berechenbaren Kosten erarbeitet. Allen gemeinsam ist lediglich, dass sie beispielsweise bei Fragen nach den Gründen des Engagements weder auf sozialwissenschaftliche Theorien noch auf psychologische Motivskalen zurückgreifen: Fragen werden *ex faustibus* generiert!

---

8 Die Europäische Kommission hat 2010 einen Bericht für alle Mitgliedsstaaten vorgelegt (Volunteering in the European Union), der die wenig vergleichbare und teilweise mangelhafte Datenlage eindrücklich beweist.

Dafür jedoch ist die Generalisierungsbereitschaft derer, die auf die maximal deskriptiv zu verwendenden Daten Bezug nehmen, von interpretativer Grosszügigkeit geprägt. In der Ratsbeschlussvorlage der Europäischen Union liest sich die Motivzuschreibung für die Freiwilligenarbeit – ohne Nennung von Quellen – so: «Trotz der unterschiedlichen nationalen Situationen fusst das freiwillige Engagement der Bürger in ganz Europa auf den gleichen Werten und Motiven. Für die Freiwilligen ist es wichtig, anderen zu helfen, und dies hat einen klaren gesellschaftlichen Nutzen.»[9]

In der Tat existiert in der Alltagstheorie und in Teilen der Sozialwissenschaft die dichotome Zuschreibung der Freiwilligkeitsmotive zu *Altruismus* oder *Egoismus.* Hier setzt unsere Begründung zur arbeits- und organisationswissenschaftlichen Erforschung der Freiwilligkeit ein: Frei-gemeinnütziges Tätigsein ist eine umfassende Tätigkeitsform und damit mehr als prosoziales Hilfeverhalten, wie es sozialpsychologisch beschrieben wird. Freiwilligenarbeit, ob als Nachbarschaftshilfe, Vereinstätigkeit oder in einer karitativen Einrichtung, folgt zudem Organisationsprinzipien und kann deshalb nicht nur als individuelles, selbstorganisiertes Handeln – wie beispielsweise bei der Ausübung eines Hobbys – beschrieben werden.

Dass es sich bei der Freiwilligkeit um eine Tätigkeit und nicht nur um Engagement[10] beziehungsweise eine Einstellung handelt, lässt sich leicht daran erkennen, wer es für wichtig erachtet, dass anderen in unserer Gesellschaft geholfen wird, und wer tatsächlich hilft; Zahlen übrigens, welche die Vorlage der Europäischen Union selbst zitiert: «Zwar sehen 80% der Europäer es als einen wichtigen Teil ihres Lebens an, anderen zu helfen, doch nur 30% üben eine Freiwilligentätigkeit aus. Bei jungen Menschen ist diese Lücke zwischen potenziellen und tatsächlich aktiven Freiwilligen noch grösser: Fast drei Viertel sprechen sich dafür aus, mehr Programme zur Förderung der Freiwilligentätigkeit aufzulegen, doch nur 16% der jungen Europäer engagieren sich freiwillig.»[11]

Unabhängig davon, dass die eindimensionale Motivzuschreibung nicht haltbar ist, wird, ohne eine Definition zugrunde zu legen, jeglicher Freiwilligenarbeit ein gesellschaftlicher, positiv konnotierter Nutzen unterstellt, wobei zusätzlich weitere Motive zum Zug kommen: «Freiwilliges Engagement ist gelebte Bürgerbeteiligung und Demokratie; europäische Werte wie Solidarität und Nicht-

---

9 Ebd.
10 Den Engagement-Begriff halten wir in der Freiwilligkeitsdebatte für ungeeignet, da er auch auf das Spenden von Geld oder das Unterschreiben einer Petition angewendet werden kann. Auch die Bereitschaft einer prominenten Person, für ein bestimmtes Anliegen mit dem eigenen Namen zu werben, wäre allein noch keine Freiwilligentätigkeit, solange die Person nicht selbst aktiv wird (Vorträge hält, als Gast an Wohltätigkeitsveranstaltungen auftritt und andere Lobby-Arbeit übernimmt).
11 Europäische Kommission: Volunteering in the European Union, 2010.

diskriminierung werden dabei in die Tat umgesetzt, und es wird ein Beitrag zur harmonischen Entwicklung unserer Gesellschaften geleistet. Zugleich bieten Freiwilligentätigkeiten auch die Chance hinzuzulernen, da die Freiwilligen neue Kompetenzen erwerben und zugleich ein grösseres Zugehörigkeitsgefühl zur Gesellschaft entwickeln. Freiwilligentätigkeiten haben somit einen zweifachen Nutzen: Zum einen tragen sie mit ihren Ergebnissen und den durch sie entstandenen solidarischen Verbindungen zum Zusammenhalt der Gesellschaft bei, und zum andern helfen sie den Freiwilligen dabei, ihre Kompetenzen zu verbessern, und bringen sie in ihrer persönlichen Entwicklung weiter.»[12]

Eine solche Rundumwürdigung der Freiwilligenarbeit verfehlt ihr Ziel: Auch eine Wehrsportgruppe ist freiwillig tätig und organisiert, Aktivisten gegen Tierversuche oder für die Züchtung von Kampfhunden sind es ebenfalls und haben ein gänzlich anderes Harmonieverständnis, als im Zitat unterstellt. Darüber hinaus kennen jene, die im Rahmen ihrer Erwerbsarbeit mit Freiwilligen zusammenarbeiten auch durchaus als egoistisch zu bezeichnende Motive, Gefühle des Alleinseins oder gar des Ausgegrenztseins, also «problematische» Motivlagen, denen in der Koordination von Freiwilligenarbeit immer mehr Bedeutung zukommt.

Alles in allem braucht es, um der Ideologisierung oder der Instrumentalisierung vorzubeugen, solide Forschung und ein gemeinsam erarbeitetes Begriffsverständnis.

Frei-gemeinnützige Tätigkeit – so wie wir sie definieren – umfasst unbezahlte, organisierte und informelle, soziale Arbeit.[13] Gemeint ist ein persönliches, gemeinnütziges Engagement, das mit einem (regelmässig aufgebrachten) Zeitaufwand verbunden ist, prinzipiell auch von einer anderen Person ausgeführt und potenziell auch bezahlt werden könnte.

Ausgeschlossen ist damit die professionalisierte, vertraglich geregelte bezahlte Arbeit, sei sie auch noch so schlecht bezahlt; ebenso ausgeschlossen sind die persönliche Beziehungspflege oder Arbeit in einer Selbsthilfegruppe sowie die Ausübung eines Hobbys, denn diese Tätigkeiten haben zwar unter Umständen sozialen Charakter, würden aber nicht bezahlt und könnten nicht von Dritten übernommen werden. Zur frei-gemeinnützigen Tätigkeit zählen nicht die Hausarbeit oder die Fürsorge innerhalb einer Familie, denn die Familie ist (noch) kein Element von Gemeinwesen und nicht selbst Gemeinwesen; auch nicht die (meist geforderte) gemeinnützige Arbeit von Sozialhilfeempfängern (Hartz IV) oder von Strafgefangenen, beiden Formen mangelt es an Freiwilligkeit; keine

---

12 Ebd.
13 Mit sozialer Arbeit ist hier nicht das Berufsfeld der «Sozialarbeit», sondern der Aspekt der gesellschaftlichen Arbeitsteilung gemeint, also die Tatsache, dass die Freiwilligentätigkeit im «sozialen Raum» stattfindet und von anderen Menschen genutzt und bewertet wird.

frei-gemeinnützigen Tätigkeiten sind Spenden oder das Errichten einer Stiftung, denn der persönliche Zeitaufwand kann als zu gering erachtet werden; hingegen fällt die ehrenamtliche Tätigkeit in einer Stiftung, die Organisation und Durchführung eines Spendenaufrufs sehr wohl in die Kategorie frei-gemeinnütziger Arbeit.

Vor dem Hintergrund dieser Begriffsauffassung haben wir die vorhandenen Befunde gesichtet und gut ein Dutzend eigene Studien durchgeführt. Fragen zur Anerkennungspraxis waren auch dabei, und die Ergebnisse zeigen, was als generelle Aussage formuliert werden kann. Betrachtet man Freiwilligenarbeit als gesellschaftliche, organisierte Tätigkeit, so müssen vorhandene sozialpsychologische Analyseinstrumente erweitert werden. Zusätzlich zeigt sich, dass die dann erzielten Ergebnisse zu einer differenzierteren Bewertung des Tätigseins führen; differenzierter, als es die Erwerbsarbeitspsychologie nahelegt. Organisationales Commitment beispielsweise, ein Zugehörigkeitsgefühl von Mitarbeitenden, um welches sich Unternehmen kontinuierlich bemühen, ist bei frei-gemeinnützig Tätigen nicht nur quantitativ ausgeprägter, es unterscheidet sich qualitativ dadurch, dass das wertebezogene Commitment den Ausschlag für die Fortsetzung des Engagements in den jeweiligen Vereinen oder Nonprofitorganisationen gibt. Ähnliches gilt für das Involvement und müsste auch für die Eigeninitiative, das freiwillige Arbeitsengagement (Extra-Rollenverhalten) im Arbeitskontext genauer untersucht werden;[14] für die Anerkennungsdimension haben wir es getan und die Ergebnisse zeigen auf den ersten Blick Erstaunliches: Anerkennung steigert nicht ohne Weiteres die Gesamtzufriedenheit mit der frei-gemeinnützigen Tätigkeit, sondern bringt diese ins Wanken. Zwei Argumente müssen bei der Interpretation herangezogen werden. Erstens: Anerkennung verpflichtet und schränkt damit das Autonomiestreben der Freiwilligen ein. Berücksichtigt man zusätzlich, dass der grösste Prozentsatz der Freiwilligen gut situiert ist (sie verfügen, im Gegensatz zu nicht freiwillig Tätigen, über die bessere Ausbildung, haben einen grösseren Freundeskreis, mehr Kinder et cetera), so ist bei diesen Personen nicht von einer Identitätskrise aufgrund fehlender Anerkennung in der Gesellschaft auszugehen. Zweitens hat sich Anerkennung, dies zeigt die elaborierte soziologische Forschung, in der Arbeitsgesellschaft von der *Anerkennung der Leistung* zur *Bewunderung des Erfolgs* gewandelt; bewundert werden wollen frei-gemeinnützig Tätige jedoch auf keinen Fall; die sogenannten Danktage gemeinnütziger Organisationen stellen für manche eher milden Stress als entspannte Teilnahme dar. Nicht der Erfolg verdient ihrer Meinung nach *Beachtung*, die Präsenz sollte *Achtung* erhalten. Mögen diese

---

14 In Muck/Wesche 2010 wird dies getan und es wird – übergeneralisierend wie wir meinen – freiwilliges Arbeitsengagement am Erwerbsarbeitsplatz mit den Motiven frei-gemeinnützig Tätiger gleichgesetzt.

Betrachtungen vorderhand spitzfindig anmuten, wer sie nicht beachtet, wird das oben genannte Ziel des europäischen Jahres des freiwilligen Engagements *(systematischere Anerkennung der Freiwilligentätigkeiten und der dabei erworbenen Kenntnisse und Kompetenzen)* nicht nur nicht erfüllen, sondern demotivierend unterwegs sein!

Wo aber, wenn nicht, wie oben zurückgewiesen, im blossen Hilfeverhalten, liegt das Motivzentrum frei-gemeinnützig tätiger Bürgerinnen und Bürger? Es liegt, trotz multikausalen Bedingungsgefüges, in dem Motive umspannenden Bedürfnis nach Sinngenerierung. In jedem Interview mit frei-gemeinnützig Tätigen gibt es hierzu Narrationen, in keinem standardisierten Erhebungsinventar und Freiwilligenmonitor fehlt hierzu ein Item – meist wird simplifizierend nach «Spass» gefragt – und es zeigt sich, dass auf diesen Items die höchsten Zustimmungswerte gemessen werden. Dies ist übrigens auch so bei Fragen zur Bedeutung der Erwerbsarbeit. Der DGB-Index «Gute Arbeit» fragt danach, ob die «Arbeit nützlich für die Gesellschaft» ist, und interpretiert in allen Verlautbarungen zu den Befunden, dass trotz mieser beziehungsweise «mittelmässiger» Jobs (der Index erzielte 2009 59 von 100 möglichen Punkten) der «Sinngehalt der Arbeit» den höchsten Wert (79 Punkte) erzielt. Auch wenn die Sinndimension in den Freiwilligenmonitoren wie im DGB-Index schlecht und mit jeweils nur einer Frage unzulänglich operationalisiert ist, weisen die Befunde doch auf eine Gemeinsamkeit, nämlich jene der Sinnsuche des Tätigseins hin. Dies kommt ebenfalls – um den Bogen zum ersten Teil des Textes zu spannen – in zwei internationalen Studien aus dem Jahr 2009 zum Ausdruck. Für den *Kelly Global Workforce Index*[15] wurden in 34 Ländern insgesamt 100'000 Personen zum «Wert ihrer Arbeit» befragt. Darunter befand sich die Frage, ob Mitarbeitende bereit wären, für eine anspruchsvollere und sinnvollere Aufgabe ihren Status in der Firma aufzugeben und sogar Gehaltskürzungen in Kauf zu nehmen. In Deutschland und der Schweiz beantworten dieses Gedankenexperiment (und mehr ist es vorläufig nicht) über 50% mit einem eindeutigen Ja, in China gar 63%!

Das gleiche Bild zeigt sich in der weltweiten Befragung von gut 1000 Top-Managern.[16] In Deutschland wären zwei von drei Spitzenmanagern bereit, weniger Einkommen für sinnvollere beziehungsweise anspruchsvollere Tätigkeiten «einzutauschen»; in der Schweiz sind es sogar 84%, wobei 10% sich nicht spontan entscheiden mochten!

Damit schliesst sich der Kreis: Sinnsuche hier wie dort, nur mit dem Unterschied, dass sie in der frei-gemeinnützigen Tätigkeit gelingt und wohl trotz

---

15 Kelly Global Workforce Index 2009, www.kellyservices.com.

16 Reward – das vielschichtige Spektrum zwischen Lohn und Erfüllung, 6. International Executive Panel von Egon Zehnder International, Juni 2009, www.egonzehnder.de.

Salärverzicht in der Erwerbsarbeit schwer zu realisieren sein dürfte; es sei denn, man nimmt sie doch ernster als geschehen, die Kriterien einer *persönlichkeitsförderlichen Arbeit* und der Anspruch *industrieller Demokratie* im Sinn der *Humanisierung des Arbeitslebens,* wie sie etwa von den sogenannten *Handlungsregulationstheoretikern* vertreten wurden und von vielen Kolleginnen und Kollegen weiterhin vertreten werden.[17]

Würden Menschen arbeiten, wenn sie über ein bedingungsloses Grundeinkommen verfügten? Ausblick auf einen Kulturimpuls

Gäbe es eine Einkommensgarantie, die von der Wiege bis zur Bahre jedem Bürger eines Gemeinwesens, Erwachsenen wie Kindern, gleichermassen gewährt würde und die so hoch wäre, dass man davon leben könnte – ja, wer arbeitete dann noch? Mit dieser Frage sieht sich konfrontiert, wer den Vorschlag eines bedingungslosen Grundeinkommens zur Sprache bringt. Die Vehemenz, mit der sie vorgebracht wird, ist erklärungsbedürftig, denn die Gewissheiten, auf denen der vehemente Einspruch beruht, sind voraussetzungsvoll. Er gründet in der Überzeugung, ohne geldwerte Gegenleistung sei niemand bereit, Leistung zu erbringen. Deswegen dürfe, so der Umkehrschluss, es auch keine Gegenleistung geben, ohne dass zuvor eine Leistung erbracht worden sei. Diese Überzeugung ist in allen politischen Lagern beheimatet, ebenso im Alltagsgespräch, und sie lag vielen Ausführungen in den öffentlichen Diskussionen der vergangenen Jahre unhinterfragt zugrunde. Mit der Aussicht auf ein Grundeinkommen, so ein weiterer Einwand, fehle Kindern und Jugendlichen jeglicher «Anreiz» sich zu bilden. Entsprechen die Befürchtungen den tatsächlichen Lebensvollzügen? In den vorangehenden Abschnitten ist deutlich geworden, dass Einkommenserzielung durch Arbeit zwar für den Einzelnen von ausserordentlich grosser Bedeutung ist, doch der Befund kann nicht überraschen, denn: ohne Einkommen kein Auskommen. Einkommenserzielung und Sinnstiftung im Beruf sind allerdings, wie die Belege zeigen, voneinander unabhängige Dimensionen, die heute nur durch die normative Verbindung von Einkommenserzielung und Erwerbstätigkeit als zusammengehörig erscheinen.[18] Daher auch die Schwierigkeit von Interviewten, sie in Befragungen analytisch zu trennen. In der Auswertung von Befragungsergebnissen und dem Bemühen, Schlussfolgerungen zu ziehen, sollte dies jedoch geschehen. Was für Erwerbsarbeit gilt, dass der Sinn, das Sinnhafte einer Tätigkeit, vor allen anderen Dimensionen rangiert, zeigt sich

17 Vgl. hierzu Höge/Weber 2009.
18 Max Weber unterscheidet schon zwischen «innerem» (der Berufung) und «äusserem» Beruf. Siehe: Weber 1986 (1920), S. 63 ff.

noch klarer an frei-gemeinnütziger Tätigkeit und familialer Fürsorge. Trotz unterschiedlichen Charakters sind beide gleichermassen unerlässlich für ein Gemeinwesen. Wie zahlreiche durch Freiwillige getragene Organisationen ohne sie nicht bestehen könnten, so würde es ohne Familien keine autonomen Bürger geben können.

Ob eine Tätigkeit für ein Individuum sinnstiftend ist, lässt sich jedoch nicht allgemein sagen. Denn, was ein Individuum für sich als sinnstiftend wahrnimmt, hängt von ihm ab, von seinen Neigungen und Interessen. Was den einen interessiert, interessiert den anderen gar nicht. Was der eine für eine Zumutung hält, gilt dem anderen als Herausforderung. Ob wiederum eine Tätigkeit, die der Einzelne als sinnstiftend wahrnimmt, auch Anerkennung findet, hängt vom Gemeinwesen ab, in dem er lebt. Sinnstiftung für den Einzelnen und Anerkennung einer für ihn sinnstiftenden Tätigkeit durch ein Gemeinwesen können weit auseinanderliegen. Eine Sache beharrlich zu verfolgen, die dauerhaft keine Anerkennung findet, der Einzelne aber für sinnvoll hält, kommt einem Handeln gegen den Konsens eines Gemeinwesens gleich. Das kostet Kraft und ist mühselig. Hingegen einer Tätigkeit nachzugehen, die gleich welchen Inhalts Anerkennung findet, entlastet von individuierten Entscheidungen. Genau das gilt für Erwerbsarbeit. Auch wo sie für den Einzelnen nicht sinnstiftend ist, gilt sie dennoch als anerkennenswürdig. Das lässt bei demjenigen, der ihr nachgeht, das Gefühl entstehen, zumindest einen Beitrag zum Gemeinwohl zu leisten und insofern etwas Nützliches zu tun. So erklärt sich auch, weshalb frei-gemeinnützige Tätigkeit oder familiale Fürsorge zwar für wichtig erachtet und in Sonntagsreden gewürdigt werden, aber, so umfangreich, aufreibend, kräftezehrend und erfüllend sie sein mögen, nicht als Beitrag zum Gemeinwohl gelten– zumindest im Vergleich mit Erwerbsarbeit. Zu erkennen ist dies an einer einfachen Tatsache: beide sind nicht beziehungsweise kaum (Erziehung) relevant für den Erwerb von Renten- oder anderen Transferansprüchen. Sie werden damit kollektiv zu einem Privatvergnügen erklärt, das als bedeutend gefeiert, nicht aber für die Lebenspraxis folgenreich anerkannt wird.

Wenn Sinnstiftung und Einkommenserzielung zwei voneinander unabhängige Dimensionen sind, dann, so muss gefolgert werden, würde Erwerbsarbeit auch bei der Gewährung eines Grundeinkommens nicht an Attraktivität verlieren.[19] Vielmehr träte die sinnstiftende Seite von Erwerbstätigkeit deutlicher hervor. Nicht einmal in der Einkommensdimension verlöre sie an Attraktivität – mit einem Grundeinkommen würde Erwerbseinkommen nicht abgeschafft, es käme hinzu. Ein Grundeinkommen höbe die Hierarchie zwischen Erwerbstätigkeit und anderen Tätigkeiten auf. Vielleicht würden manche ihr Ehrenamt zum

---

19 Siehe Liebermann/Loer 2009.

Hauptamt machen, womöglich würden mehr Eltern für ihre Kinder zu Hause bleiben, die Entscheidung könnte frei von Einkommenserwägungen getroffen werden. Wie erklären wir angesichts dieser naheliegenden Zusammenhänge die vehementen Einsprüche?

Dies zeugt von einem enormen Misstrauen, denn unterstellt wird, wer etwas erhält, ohne eine Leistung erbringen zu *müssen*, weil er vom Einkommen nicht mehr abhängig ist, der wird dies auch nicht erbringen. Dieses Misstrauen richtet sich vor allem gegen die anderen, nicht gegen sich selbst, wie Aufzeichnungen von Grundeinkommensdiskussionen, die im Internet zugänglich sind, ebenso erkennen lassen wie zahlreiche Publikationen zum Thema. Wird ein Kritiker gefragt, ob er denn sein berufliches Engagement einstellen würde, schallt dem Fragesteller ein vollmundiges «Nein» entgegen. Weshalb dann die Kritik? Wenn diese Antwort in der Regel für alle gilt, wäre die Sorge um eine durch das Grundeinkommen geförderte Untätigkeit nicht berechtigt. Ja, die anderen aber würden nicht mehr arbeiten, so der erläuternde Hinweis.[20] Gestützt wird diese Haltung noch durch eine andere. Bereitschaft dazu, sich ganz gleich wo zu engagieren, hängt ihr zufolge von Bildungszertifikaten ab. So wird zwar denjenigen mit höheren Bildungsabschlüssen zugestanden, dass sie wohl eher wissen, was sie mit einem Grundeinkommen anfangen würden. Anderen hingegen, die solche Abschlüsse nicht haben oder gar ohne Abschlüsse sind, wird diese Bereitschaft und Fähigkeit sogleich abgesprochen. Sie, so die Überzeugung, bedürfen der äusseren Anleitung, oder wie heisst es in der Debatte: Innerlich weniger gefestigten Menschen müsse der Tagesablauf «strukturiert» werden. Diese fürsorgliche Belagerung bescheidet sich nicht darauf, Angebote zu unterbreiten, die ausgeschlagen werden können; sie zieht Zwangsberatungen vor, denen Sanktionsdrohungen bei Zuwiderhandlung nicht beigesellt sind, wie die «Kunden» der Arbeitsagenturen in Deutschland erfahren. Aber auch in anderen Bereichen dominiert das Misstrauen. Die «Babybegrüssung», so werden kommunale Familienförderprogramme genannt, wird verordnet. Eltern werden mit dem Präventionsgeist konfrontiert, sie müssen sich ausdrücklich gegen den Besuch einer vom Jugendamt entsandten Hebamme aussprechen, wenn sie nicht unaufgefordert besucht werden wollen. Termine setzt das Jugendamt eigenmächtig fest. Prävention soll offenbar dazu dienen, die «Lufthoheit über den Kinderbetten» zu erobern, die im Jahr 2002 der Generalsekretär der SPD, Olaf Scholz, zum Ziel erklärte.

Begründet wird dieser Kontrollgeist, der gerade nichts mit dem Prinzip von Beratung – ihrer freiwilligen Inanspruchnahme – zu tun hat, mit den Ausnah-

20 Eindrücklich zu sehen in dem Film Kulturimpuls Grundeinkommen von Daniel Häni und Enno Schmidt. Er steht zum Herunterladen bereit unter www.kultkino.ch/kultkino/besonderes/grundeinkommen.

men von der Regel, gegen die vorgegangen werden müsse. Werden Ausnahmen zur Regel erhoben, kommt dies einem Generalverdacht gleich, obwohl die erfahrenen Mitarbeiter des Jugendamts kein Hehl daraus machen, dass sie diejenigen, die sie erreichen wollen, auch auf diesem Weg nicht erreichen. Der öffentliche Druck infolge medial hysterisierter Berichterstattung über Kindesmisshandlung trägt dazu bei.

Erklären lassen sich die vehementen Einsprüche gegen das Grundeinkommen also nur durch das Misstrauen in die Autonomie der Bürger. Allerdings klingt diese Diagnose einfacher, als sie ist. Denn im *Denken über* Lebensvollzüge, wenn also darüber gesprochen wird, wie die Menschen leben, ist es noch stärker ausgeprägt als im Handeln selbst. Wir erkennen diese Diskrepanz auf einfache Weise, wenn wir den Blick auf die Voraussetzungen und Implikationen politischer Ordnung richten. Sie kann ohne ein Generalvertrauen gar nicht bestehen. Loyalität von Bürgern zu konsensuell geteilten Entscheidungen ist nicht erzwingbar, sie muss vorausgesetzt und gegebenenfalls wieder gewonnen werden. Ein Gemeinwesen kann also gar nicht anders, als auf die Bereitschaft der Bürger zu vertrauen, ihr Leben auch zum Wohl des Gemeinwesens in die eigenen Hände zu nehmen. Das gilt ebenfalls für die Leistungserbringung in der Erwerbsarbeit. Bei allen Abhängigkeitsverhältnissen, die dort entstehen können, weil Mitarbeiter das Einkommen benötigen, ist Leistungserbringung nicht Ergebnis von Zwang oder Repression. Wo die Abhängigkeit unausweichlich wird, ist sie gerade leistungshemmend. Auch Bildungsprozesse von Kindesbeinen an beruhen auf dem Prinzip der Ermöglichung und Förderung, werden sie erzwungen, misslingen sie, wie wir aus der Sozialisationsforschung wissen. Entscheidungen darüber, wie der Einzelne konkret leben will, was er mit seinem Leben anfangen will, werden niemandem abgenommen oder kollektiv vorentschieden, im Gefolge von Enttraditionalisierungsprozessen weniger denn je. Das verbreitete Misstrauen im Denken hat also keine Bodenhaftung, tatsächliches Handeln und Deuten des Handelns klaffen auseinander. Während im Reden über Handlungsvollzüge Misstrauen obwaltet, beherrscht generalisiertes Vertrauen in der Regel den Alltag.

An dem Vertrauen, das für alltägliche Lebenszusammenhänge konstitutiv ist, setzt der Vorschlag eines bedingungslosen Grundeinkommens an; das macht ihn einerseits unspektakulär und trivial, andererseits aus demselben Grund umwälzend. Dabei unterscheidet sich das bedingungslose Grundeinkommen grundsätzlich von den meisten Vorhaben heutiger Sozialpolitik. Es schafft Möglichkeiten und verordnet keine Ziele, indem bestimmte Tätigkeitsformen normativ auf-, andere hingegen normativ abgewertet werden. Dabei bestärkt es die Struktur von Lebensführung, die für Wandel und Erneuerung konstitutiv ist: die Zukunftsoffenheit von Lebenspraxis. Stets ist ungewiss, ob das Gewollte auch erreicht werden kann oder Resultate zeitgt, die nicht antizipiert worden sind. Auch die Wissenschaft kann uns hierbei nicht weiterhelfen, denn mathematische Simulationen, die häufig für Prognosen benutzt werden, sind eben nur Simulationen, sie extrapolieren die Vergangenheit auf der Basis von Annahmen der Gegenwart in die Zukunft – ceteris paribus. Das wiegt besonders schwer bei solch weitreichenden Umgestaltungen, wie sie das bedingungslose Grundeinkommen mit sich brächte. Wenn also Vorhersagen unmöglich sind, was kann dann getan werden, ohne zugleich fahrlässig zu handeln? Die Wissenschaft kann uns darüber aufklären, nach welchen Überzeugungen in der Vergangenheit gehandelt wurde. Diese Einsichten haben wir oben schon genutzt. Wir können dann betrachten, ob ein Grundeinkommen im Verhältnis dazu die Möglichkeiten für den Einzelnen, etwas Sinnstiftendes zu tun, verbessern würde.

Zuallererst ist dabei zu nennen, dass ein Grundeinkommen die Bürger als Bürger in ihrer Stellung im Gemeinwesen würdigt. Sie sind das Fundament, wenn sie nicht wollen, geht gar nichts. Das Grundeinkommen beinhaltet ausdrücklich, dass jeder selbst am besten weiss, wo und wie er sich einbringen kann und will. Damit entspricht es den Bürgerrechten – auch sie gelten ohne Gegenleistungsverpflichtung. Auf diese Weise wird ausdrücklich, dass ein Gemeinwesen eine Solidargemeinschaft ist, in der jeder empfängt und jeder sich fragen muss, wie und was er beitragen kann, um gemeinschaftliche Aufgaben zu bewältigen. Verpflichtend einfordern würde ein Grundeinkommen diesen Beitrag allerdings nicht, wie auch heute freiwillige Beiträge nicht eingefordert werden, obgleich sie unerlässlich sind – das gilt selbst für Erwerbstätigkeit, ein tatsächlicher Zwang besteht nicht. Die Tatsache, dass es ein Grundeinkommen nur geben kann, wenn Güter und Dienste erzeugt werden, ist die Wegmarke für Entscheidungen des Einzelnen. Wo keine Wertschöpfung stattfindet, kann auch kein Grundeinkommen bereitgestellt werden. Familien würden durch ein bedingungsloses Grundeinkommen auf einfache Weise abgesichert, denn die Gewährung eines ausreichend hohen Grundeinkommens pro Kopf schafft ein ausreichendes Familieneinkommen. Statt eines komplizierten, bürokratisch aufwendigen Elterngelds, das erwerbstätige von nichterwerbstätigen Eltern diskriminiert, würde das Grundeinkommen die Gleichheit der Eltern schaffen. Es ermöglichte eine Vielfalt von Tätigkeiten und machte Programme der Europäischen Union zur Förderung von Freiwilligenengagement überflüssig. Erwerbsarbeit wäre nur eine Tätigkeit unter anderen. Familialer Fürsorge und frei-gemeinnützigen Diensten könnte man sich widmen, ohne Sorge um das Auskommen zu haben. Das Grundeinkommen vollzieht eine ausdrückliche Trennung der Dimensionen Sinnstiftung und Einkommenserzielung. Erwerbsarbeit kann nun ganz aus Berufung und Hingabe an eine Aufgabe erfolgen, zugleich würde sie ein weiteres Einkommen verschaffen. Durch das Grundeinkommen würde der Arbeitsmarkt ein wirklicher Markt, indem beide Seiten, Arbeitnehmer wie -geber, gleichermassen Verhandlungsmacht erhielten. Für Arbeitnehmer bedeutete dies, nur die Stelle annehmen zu brauchen, die sie ausfüllen wollen. Über die Arbeitsbedingungen könnte frei verhandelt werden. Arbeitgeber könnten offensiv automatisieren, dort Maschinen einsetzen, wo es vernünftig ist. Findet sich, selbst wenn attraktivere Löhne für bestimmte Aufgaben (die sogenannten einfachen Dienste), geboten werden, dennoch niemand, der sie erledigen will, dann muss Technologie eingesetzt werden. Wo das nicht möglich ist, wird nichts anderes übrig bleiben, als dass die Bürger diese Aufgaben selbst erledigen.[21] Das ist der Preis der Freiheit, und damit auch des Grundeinkommens. Arbeitsplätze müssten nicht deswegen erhalten werden, weil es der politische Konsens wünscht, ein Wunsch, der heute ein Automatisierungshemmnis darstellt.[22] Durch die Anerkennung der Bürger als Bürger werden Bildungsbestrebungen gefördert. Bildung könnte wieder zuerst um ihrer selbst und dann um der Qualifizierung willen erfolgen, statt das Verhältnis wie heute umzukehren: Bildung und Ausbildung würden wieder voneinander geschieden. Der enorme Druck, der auf Jugendlichen heute lastet, ist entmutigend. Er suggeriert ihnen, dass sie sich nicht Zeit nehmen sollen, um herauszufinden, was sie wirklich wollen, sondern das Erstbeste zu ergreifen haben. Das bedeutet in der Folge jedoch, gerade das Sinnstiftende am Beruf zu vernachlässigen. Das bedingungslose Grundeinkommen hingegen verschüfe ihnen Musse. Das Grundeinkommen wirkte wie ein lebenslanges Bafög und deckte die Lebenshaltungskosten während des Studiums oder anderer Weiterbildungsvorhaben. Wissenschaft und Kunst würden gefördert, indem Wissenschaftler und Künstler gefördert würden und nicht nur Institutionen. Auch ausserhalb ihrer könnten beide weiterbetrieben werden, was heute kaum möglich ist. Strukturschwache Regionen könnten sich auf ihre Stärken besinnen, da Bürger von dort nicht abwandern müssten, um ein Auskommen

21 Und die Pflegetätigkeiten, die überwiegend von Frauen im verwandtschaftlichen Nahbereich erbracht werden, was wäre mit ihnen? Wer keine pflegenden Verwandten oder Freunde hat, was macht er? Würden wir Menschen, um die sich keiner kümmern will, verkümmern lassen? Dieser Einwand spricht eine für ein Gemeinwesen elementare Frage an, die des solidarischen Generationenvertrags. Doch der Einwand suggeriert, diese Herausforderung könnte anders als durch eine freiwillig wahrgenommene Solidarverpflichtung oder durch professionalisierte Pflege gelöst werden – auch das gilt heute schon. Vorschläge, wie sie in den letzten Jahren immer wieder zu vernehmen waren, Langzeitarbeitslose zu Pflegediensten heranzuziehen, übersehen – bezeichnenderweise – eines vollkommen: wo es um die Würde des Menschen geht, das ist in der Pflege der Fall, ist eine besondere Bereitschaft des Einzelnen gefragt, freie Berufswahl also umso wichtiger. Eines allerdings macht der Einwand auch deutlich: die Wertigkeit von Tätigkeiten hängt von der gemeinschaftlichen Bewertung ab.

22 In Analysen von Interviews mit deutschen Vorständen international agierender Unternehmen konnte gezeigt werden, dass sie das Schaffen von Arbeitsplätzen in der Tat als Verpflichtung betrachten, obwohl sie zugleich wissen, dass Wertschöpfung und nicht Arbeitsplätze für den Fortbestand des Unternehmens massgeblich sind. Siehe Liebermann 2002.

zu haben. Statt zweckgebundener Strukturpolitik fördert das Grundeinkommen Entscheidungen der Menschen ohne vorgeschriebene Zweckbindung. Die dauerhafte Verfügbarkeit des Grundeinkommens wirkte wie eine Lebensrente. Investitionen können in der Gegenwart erfolgen und müssen nicht aus Vorsorgegründen aufgeschoben werden. Das stärkte die Binnenwirtschaft. Betrachtet man die Wahlkämpfe (siehe etwa in der BRD 2009), dann rückt keine Partei vom Ziel der Vollbeschäftigung ab, vielmehr wird ehern daran festgehalten. Vollbeschäftigung aber meint stets nur Erwerbstätigkeit, sie soll um beinahe jeden Preis erreicht werden. Eine ganz andere Vollbeschäftigung könnte erreicht werden, wenn die Bürger die Möglichkeit erhielten, sich dem voll und ganz zu widmen, was sie für wichtig erachten. Sie wären voll beschäftigt, ohne dass Vollbeschäftigung angestrebt werden müsste. Das Grundeinkommen gäbe die Möglichkeit, sich zu beschäftigen, statt beschäftigt zu werden. Erwerbslosigkeit verlöre damit ihre Bedeutung, denn wer erwerbslos wäre, könnte sich sogleich selbständig machen. Fänden seine Angebote keine Nachfrage, dann wäre er *nachfragelos,* aber dennoch abgesichert und imstande, andere Initiativen zu entfalten. Die stigmatisierende Wirkung heutiger Ersatzleistung würde aufgehoben, da alle das Grundeinkommen erhielten und keine Bedürftigkeit geprüft würde.[23]

Die Auswirkungen sind weitreichend, weil die Erwerbszentrierung der gegenwärtigen Organisation sozialer Sicherungssysteme aufgegeben würde. An der Vielfalt der Möglichkeiten erkennen wir auch, wie sehr die Deutung von Problemen heute davon abhängt, welche Möglichkeiten als Möglichkeiten überhaupt in Betracht gezogen werden. Sobald bislang ausgeschlossene Möglichkeiten erwogen werden, erscheinen bisher konstatierte Problemlagen in anderem Licht. Ein Grundeinkommen schafft Möglichkeiten, die heute nicht bestehen. Es schafft sie jedoch, ohne Leistungsbedingungen zu setzen. Einzig ein Status ist notwendig, die Angehörigkeit zu einem Gemeinwesen oder eine dauerhafte Aufenthaltserlaubnis, und zwar nicht nur aus buchhalterischen Gründen, sondern weil es die Angehörigen eines Gemeinwesens sind, die seine Ordnung tragen. Erst diese Loyalität erlaubt es, Personen aufzunehmen, die diese Loyalität nicht aufbringen müssen. Wer nicht Bürger ist, kann sich die Frage stellen, ob er einen Beitrag leisten will, er muss aber nicht. Von daher wäre es auch konsequent, das Grundeinkommen als Bürgereinkommen zu bezeichnen.

Während der Einblick in die Erwerbsarbeit empirische Belege dafür bereithält, dass man diese zwar besonders wertschätzen kann, gleichzeitig aber – aufgrund fehlender Anerkennung und unangemessener Machtausübung – Ungerechtig-

---

23 Erst in dieser Form, als Lebensrente, verlieren Transferleistungen den Charakter, Ersatzleistungen für den Fall zu sein, dass Erwerbseinkommen ausfällt. Jede noch so liberale Form von Ersatzleistungen zum Beispiel in Gestalt einer negativen Einkommenssteuer hingegen bewahrt eine Hierarchie zwischen Erwerbsarbeit und anderen Tätigkeiten.

keitsempfinden vorhanden ist sowie Doppelbotschaften gesendet werden, und der Einblick in die frei-gemeinnützige Tätigkeit zeigt, dass diese einerseits kompensatorisch zur Erwerbsarbeit wirkt, jedoch nur dann ausgeführt wird, wenn sie Sinngenerierung erlaubt, andererseits durch Bezahlung und unangemessene Anerkennung gefährdet wird, sollte der Ausblick auf eine Gesellschaft, deren Bürgerinnen und Bürger ihre Existenz nicht durch Lohnarbeit erwirtschaften und legitimieren müssen, sondern diese durch ein bedingungsloses Grundeinkommen gesichert ist, zeigen, dass in der zwar rhetorisch gestellten, aber ernst gemeinten Frage des Titels eine der spannendsten Herausforderungen für unser Gesellschaft steckt.

Bibliografie

Dubet F. (2008): Ungerechtigkeiten. Zum subjektiven Ungerechtigkeitsempfinden am Arbeitsplatz. Hamburg, Hamburger Edition.

Europäische Kommission (Hg.): Volunteering in the European Union, http://ec.europa.eu/citizenship/news/news1015_en.htm.

Höge T., Weber W. G. (2009): Demokratie und Partizipation in Organisationen, Wirtschaftspsychologie 4 (Themenheft).

Honneth A. (2008): Kampf um Anerkennung. Zur moralischen Grammatik sozialer Konflikte. 5. Auflage, Frankfurt a. M., Suhrkamp (stw).

Liebermann S. (2002): Die Krise der Arbeitsgesellschaft im Bewusstsein deutscher Unternehmensführer. Frankfurt a. M., Humanities Online.

Liebermann S., Loer T. (2009): «‹Überflüssige›, ‹Überzählige›, ‹Entbehrliche› – konstitutionstheoretische Leerstellen, diagnostische Verkürzungen», sozialer sinn 1, S. 153–179.

Muck P. M., Wesche, J. S. (2010): «Freiwilliges Arbeitsengagement: Bestandsaufnahme und Perspektiven für eine theoretische Integration», Psychologische Rundschau 61 (2), S. 81–100.

Weber M. (1986 [1920]): Die protestantische Ethik und der Geist des Kapitalismus. In J. Winckelmann (Hg.): Gesammelte Aufsätze zur Religionssoziologie I. Tübingen, J. C. B. Mohr.

Repenser le travail avec Hannah Arendt

Travail, citoyenneté et civilité

Marie-Claire Caloz-Tschopp

Zusammenfassung:
Mit Hannah Arendt die Arbeit neu denken. Arbeit, Staatsbürgerschaft und Bürgersinn

Wie lässt sich die heutige Arbeit angesichts von Leben und Tod denken? Im folgenden Text geht es darum, mit Hannah Arendt die Arbeit neu zu denken. Dabei werden das, was sie «das Recht, Rechte zu haben», nannte, die Staatsbürgerschaft und das, was Etienne Balibar als Bürgersinn bezeichnet, heute zu Beginn dieses 21. Jahrhunderts verknüpft. Ein Jahrhundertbeginn, der sich in einen Prozess des Übergangs, der Globalisierung gedrängt sieht, der durch «extreme Gewalt» und «globalen Krieg» (Tosel) geprägt ist. Es wird kurz auf die Begriffe «Kosmos», «Arbeit», *human superfluity* und «Recht, Rechte zu haben», eingegangen. In drei Schritten lässt sich so zunächst das Konzept Welt (Kosmos) der Wirtschaft gegenüberstellen. Danach folgt eine klassische Analyse einer ersten Auseinandersetzung von Arendt mit Marx über den *homo laborans* und den *homo faber*. Schliesslich, ausgehend von einer zweiten Auseinandersetzung mit Marx über die Reserve-Arbeitskräfte, wird die Arbeit in Verbindung mit dem Bürgersinn (Balibar) überdacht, dies unter Berücksichtigung der *human superfluity* und des Rechts, Rechte zu haben. Heute weisen das menschliche Leben, die Politik, die Arbeit eine tragische Dimension (Caloz-Tschopp) auf, selbst wenn es uns nicht mehr möglich ist, Tragödien wie der Antiker zu schreiben. Wir müssen begreifen, dass wir uns die Arbeit nicht mehr vorstellen und sie nicht mehr beschreiben können, ohne an den Widerstand und das politische Handeln zu denken, wie uns dies Hannah Arendt gelehrt hat.

«La loi qui maintient constamment l'équilibre entre surpopulation relative, ou l'armée industrielle de réserve, et l'ampleur et l'énergie de l'accumulation, rive beaucoup plus fermement le travailleur au capital que les coins d'Héphaïstos ne clouèrent jamais Prométhée à son rocher. Elle implique une accumulation de misère proportionnelle à l'accumulation du capital. L'accumulation de richesse à un pôle signifie donc en même temps à l'autre pôle une accumulation de misères, de torture à la tâche, d'esclavage, d'ignorance, de brutalité et de dégradation morale pour la classe dont le produit propre est d'emblée le capital.»[1]

«L'époque moderne s'accompagne de la glorification du travail et elle arrive en fait à transformer la société tout entière en une société de travailleurs. Le souhait se réalise donc, […] au moment où il ne peut que mystifier. C'est une société de travailleurs que l'on va délivrer des chaînes du travail, et cette société ne sait plus rien des activités plus hautes et plus enrichissantes pour lesquelles il vaudrait la peine de gagner cette liberté […]. Ce que nous avons devant nous, c'est la perspective d'une société de travailleurs sans travail, c'est-à-dire, privés de la seule activité qui leur reste.»[2]

«Les hommes, dans la mesure où ils sont plus que la réaction animale et que l'accomplissement de fonctions, *sont entièrement superflus* pour les régimes totalitaires. Le totalitarisme ne tend pas vers un règne despotique sur les hommes, mais vers un système dans lequel *les hommes sont de trop.* Le pouvoir total ne peut être achevé et préservé que dans un mode de réflexes conditionnés, de marionnettes ne présentant pas le moindre soupçon de spontanéité. Justement parce qu'il possède en lui tant de ressources, l'homme ne peut être pleinement dominé qu'à condition de devenir un spécimen de l'espèce animale homme.»[3]

Introduction

Le nouveau *managment* où il faut «travailler plus pour gagner moins»[4] dans plus d'insécurité (stages, CDD), où culpabilité se conjugue avec pénalité (performance, mérite, évaluation), où exclusion se traduit en expulsion,[5] en jetable, produit de nouvelles maladies du travail, des suicides. Le monde du travail a une philosophie drastique de l'exploitation, du tri, du déchet, du rebut. La perte d'emploi se

---

1 Marx K. (1983): Le Capital. Livre I. Paris, Editions Sociales, p. 724–725.
2 CHM, p. 37–38.
3 OT III, p. 197.
4 Voir à ce propos, Association de défense des chômeurs (2010): Courage 10 (février).
5 Il ne s'agit pas seulement d'expulsions d'étrangers mais aussi d'échelles de classification des chômeurs par exemple, impliquant une catégorie de gens non intégrables, comme j'ai pu le constater dans une recherche sur le service public.

conjugue en perte de soi,[6] s'interprète en dissonace identitaire.[7] L'épuisement se dit avec des termes comme *burn-out, kurashi* (Japon). Le travail trie, use, égare, brûle, tue. Comment penser l'activité, le rapport social du travail en lien avec la vie et la mort et quel type de vie, quel type de mort en ce début de XXIᵉ siècle?

Dans l'exposé qui suit, loin d'ignorer les faits précis du monde du travail, il s'agit de repenser le travail avec Hannah Arendt en intégrant dans le travail, la citoyenneté et la civilité en ce début du XXIᵉ siècle. Pour bien situer mon propos, précisons tout d'abord que les remarques concernent le cadre général d'évolution historique de «civilisation» où se situent à la fois les transformations du marché du travail et le travail lui-même (travail matériel, immatériel avec les analyses de Negri, notamment). Précisons ensuite en lien avec la démarche qu'il s'agit de relire depuis nos questions d'aujourd'hui l'œuvre de Hannah Arendt située au XXᵉ siècle en débat avec d'autres auteurs d'une autre époque (capitalisme industriel) pour dégager une problématique nouvelle à intégrer dans la philosophie du travail. Il m'est difficile dans l'espace de cet article d'illustrer par des exemples précis décrits par les économistes, les sociologues, les anthropologues, les juristes du travail comment intégrer le déplacement théorique que je propose dans cet article. C'est l'objet d'un autre article.

Lire Arendt, comme tout auteur, suppose de situer une pensée en mouvement, des dialogues tortueux, des débats croisés, des polémiques établies dans l'histoire et l'espace pour voir à partir de quelles préoccupations se construit une pensée qui articule politique et travail, et à quel endroit, comment, avec quels enjeux elle parvient à débattre avec nos propres préoccupations. Je me propose de sortir des sentiers battus des lectures classiques d'Arendt pour réfléchir au travail.

L'enjeu de la lecture d'Arendt que je propose est de penser le travail dans un contexte de transformation du pouvoir et de la guerre, de violence et de guerre totale[8] (XVIIᵉ–XIXᵉ siècles), de «guerre infinie dans un monde fini».[9] La violence est un thème récurrent dans l'œuvre d'Arendt. Dans un contexte contemporain de guerre globalisée et d'extrême violence (XXᵉ–XXIᵉ siècles) de moins en moins normalisée, convertie en conflit médiatisé par le droit, les institutions, l'idéologie, comment penser le travail dans un tel contexte? Les formes modernes de haine, d'extermination se conjuguent avec la sur-exploitation capitaliste, la production et l'élimination de la vie comme déchet. On peut postuler que ce

---

6 Linhart D., Rist B., Durand E. (2009): Perte d'emploi, perte de soi. Paris, Erès.

7 Boldrini E. (2010): «Una dissonanza identitaria?», in F. Merlini, L. Bonoli: Per una cultura della formazione al lavoro. Rome, Carocci, p. 221–236.

8 Caloz-Tschopp M.-C. (2010): «Hannah Arendt, le fil rompu entre violence et révolution», à paraître dans les Actes du colloque Violence et Révolution au XXe siècle, Editions d'en bas.

9 Tosel A. (2001): « Mettre un terme à la guerre infinie dans un monde fini? », Caloz-Tschopp M.C. (dir.), Colère, Courage, Création politique. La théorie politique en action, Paris, L'Harmattan, 2011, p. 129-163.

processus exige d'articuler citoyenneté et civilité, depuis le «droit d'avoir des droits» (Arendt) pour repenser radicalement le travail dans une perspective de résistance à la violence, de réappropriation de la puissance d'agir, en d'autres termes d'une création politique dans toutes les sphères de la société et donc dans le travail comme antiviolence, comme création démocratique (Castoriadis), ce qui implique de distinguer entre guerre et conflit.

S'il est vrai que les femmes écriraient moins d'essais que les hommes, ce que Belinda Cannone avançait en présentant son dernier livre, *La tentation de Pénélope*,[10] Hannah Arendt, essayiste par excellence, «inclassable», se distingue par une œuvre qui est tout entière un essai. Elle intéresse beaucoup les femmes et pas seulement les femmes par la hardiesse intellectuelle de ses questions, ses démarches, la provocation de ses interrogations et la nouveauté de sa thèse sur l'invention totalitaire (régime politique sans précédent). Ne rappelait-elle pas que l'étonnement est nécessaire à la philosophie et à la science? La barre est placée très haut dès lors qu'on la lit et qu'on l'interprète.

Dans l'histoire de longue durée, il existe des permanences et des ruptures. L'étape de globalisation, de «transition» que nous vivons depuis les années 1970–1980, nous oblige à élargir le regard à la fois historiquement, spatialement en relisant des auteurs qui ont vécu à des périodes charnières, de rupture, comme c'est le cas pour Hannah Arendt[11] au XXᵉ siècle. Qu'est-ce que Hannah Arendt qui a vécu dans le tragique et «court XXᵉ siècle» (Hobsbawm) peut nous apporter pour réfléchir au travail aujourd'hui, dans les conditions qui sont les nôtres? Que retirer d'une philosophe et théoricienne politique qui, à partir du constat de la faillite, de l'effondrement de la tradition, s'appuie sur des sources très diverses allant des Présocratiques, Socrate, Platon, Aristote, Augustin, Thomas d'Aquin, Kant, Nietzsche, Heidegger, Smith, Marx, Tocqueville, Rosa Luxembourg, etc., quand elle pense la condition humaine, le travail, la politique, la philosophie? Son œuvre n'est-elle pas dépassée, obsolète?

Partons de l'objectif d'Arendt après l'expérience de «domination totale» dont le «dessein n'est pas de transformer le monde extérieur, ni d'opérer une transmutation révolutionnaire de la société, mais de transformer la nature humaine».[12] En lisant la citation, on comprend mieux sa tentative de «redonner

---

10 Cannone B. (2010): La tentation de Pénélope. Paris, Stock.

11 Comme l'a souligné, Enzo Traverso, Arendt a disposé du privilège épistémologique de l'exil, ce qui a aiguisé sa perception des apories de son temps. Elle était aussi située historiquement (en plein XXe siècle, tout d'abord en Allemagne, puis aux Etats-Unis dans la période de la guerre froide, ce qui lui fera faire des parallèles discutables entre nazisme et stalinisme pour définir le totalitarisme). Elle a aussi été influencée par les travaux de Rosa Luxembourg sur l'impérialisme, par ses débats avec Marx, ce qui nous apporte des questions intéressantes sur le travail.

12 OT III, p. 200.

du sens au politique»[13] en mettant au centre de son œuvre l'agir humain s'appuyant sur la liberté et la pluralité dans la création incessante de l'espace public. Choisissons plutôt une autre voie que celle d'un dualisme fermé, d'une logique de territoire, d'adeptes, de détracteurs aveuglés ou d'évaluation normative visant à balayer un questionnement qu'il s'agit de laisser ouvert. La posture de recherche pour lire toute œuvre de théorie politique et de philosophie, et donc celle d'Arendt, n'est pas d'être pour ou contre Arendt, mais de se situer dans ce lieu de «l'inter-esse» (de l'entre-deux), de penser avec elle et à sa suite en n'éludant pas la curiosité critique, le dialogue, la polémique, le conflit.

Articulons donc pouvoir et activité de pensée critique en posant l'exigence créatrice consistant à penser le monde d'aujourd'hui pour construire la possibilité d'être contemporain du monde qu'il nous est donné de vivre (comme dirait Arendt). D'une certaine manière, nous sommes devant la même difficulté qu'elle a connue et décrite. La nouveauté et la rupture historique du XXe siècle (Auschwitz, Hiroshima)[14] et sa longue genèse historique (modernité capitaliste, colonisation, impérialisme), la rupture d'avec la tradition (Kierkegaard, Nietzsche, Marx) pour Arendt a été précédée et accompagnée par le fait que les outils, les catégories de la tradition, de la pensée, de la morale ne lui permettait plus de comprendre, d'analyser la nouveauté de l'invention totalitaire émergeant au XXe siècle. Dans la préface de *La crise de la culture*, elle s'en explique tout en construisant une position dans la brèche[15] «entre le passé et le futur».[16]

On peut lui appliquer une citation de Marx utile pour penser l'histoire.[17] Nos

13   Voir Enegrén A. (1984): La pensée politique de Hannah Arendt. Paris, Presses Universitaires de France.

14   C'est un régime politique «sans précédent» qui «n'a jamais servi de fondement à un corps politique» (OT III 204), un «principe qui détruit toute communauté humaine» (OT III 231); «[…] on dirait qu'un moyen a été découvert de mettre le désert lui-même en mouvement» (OT III 231). C'est un régime caractérisé non plus par sa stabilité, mais par la «loi du mouvement» (OT III 207) et par le fait qu'il prétend obéir aux lois de la nature et de l'histoire, dont les lois ont mis en cause radicalement le droit, les notions de bien et de mal. La terreur est la réalisation de la loi du mouvement. Elle fige et détruit l'inter-esse, l'espace entre les humains pour qu'ils puissent exercer leur liberté et la pluralité.

15   La brèche est «un petit non-espace-temps» et dans l'espace et l'histoire. Arendt s'en explique: «Il se peut qu'elle (la brèche) soit la région de l'esprit ou plutôt le chemin frayé par la pensée, ce petit tracé de non-temps que l'activité de la pensée inscrit à l'intérieur de l'espace-temps des mortels, et dans lequel le cours des pensées, du souvenir et de l'attente sauve tout ce qu'il touche de la ruine du temps historique et biographique», CC, p. 24 (dans l'histoire de la philosophie, on retrouve cette idée chez Augustin, Bergson par exemple).

16   Sans pouvoir parler ici de sa philosophie de l'histoire inspirée de W. Benjamin, on peut dire qu'elle est d'autant plus intéressante à lire qu'elle a réfuté l'utopie (à cause de sa critique de la philosophie de l'histoire de Hegel) et que toute son œuvre est une réfutation de la thèse de la fin de l'histoire et de la fin de la philosophie.

17   «Les hommes font leur propre histoire, mais ils ne la font pas arbitrairement, dans les conditions choisies par eux, mais dans des conditions directement données et héritées du passé. La

chaussures sont trop chargées de la boue du passé pour que nous puissions penser la création dans le présent et l'avenir. Par ailleurs, une citation de Castoriadis est éclairante pour tout travail intellectuel vivant: un penseur pense toujours au-delà des moyens dont il dispose pour penser. Le défi est alors de saisir le mouvement de la pensée en activité, comme celui d'un cheval au galop[18] dans un contexte historique et spatial, en n'ignorant pas ses limites.

Il nous faut nous souvenir aussi qu'Arendt pense par distinctions et par paradoxes (expression d'une crise majeure), mais qu'elle ne pratique pas la dialectique du matérialisme historique. Elle a souligné les limites, les obstacles épistémologiques de Hegel, ne l'a pas renversé comme Marx qui, dit-elle, après l'avoir renversé, est cependant resté prisonnier des limites de la dialectique hégélienne,[19] ne l'a pas dépassé pour nous offrir une théorie et une logique radicalement alternative de la modernité. Ce qui ne l'empêchera pas de mener un dialogue empathique et polémique serré avec Marx. Ses références théoriques ne sont pas périodisées explicitement dans l'histoire de la modernité (sa phénoménologie en ce qui concerne le travail se réfère à l'artisanat et à l'extraction de la valeur dans l'accumulation primitive en suivant Marx) mais dans une certaine tradition (la Grèce, la pensée libérale, Marx pour le sujet qui nous intéresse).

Depuis ce lieu du galop revenons aux questions de Hannah Arendt. Prenons-

tradition de toutes les générations mortes pèse d'un poids très lourd sur le cerveau des vivants. Et même quand ils semblent occupés à se transformer, eux et les choses, à créer quelque chose de tout à fait nouveau, c'est précisément à ces époques de crise révolutionnaire qu'ils évoquent craintivement les esprits du passé, qu'ils leur empruntent leurs noms, leurs mots d'ordre, leurs costumes, pour apparaître sur la nouvelle scène de l'histoire sous ce déguisement respectable et avec ce langage emprunté (1re partie) […]. La résurrection des morts, dans ces révolutions, servit par conséquent à magnifier les nouvelles luttes, non à parodier les anciennes, à exagérer dans l'imagination la tâche à accomplir, non à se soustraire à leur solution en se réfugiant dans la réalité, à retrouver l'esprit de la révolution et non à évoquer de nouveau son spectre. (1848–1851, réveiller le spectre de la Révolution française). La révolution sociale du 19e siècle ne peut pas tirer sa poésie du passé, mais seulement de l'avenir. Elle ne peut pas commencer avec elle-même avant d'avoir liquidé complètement toute superstition à l'égard du passé. Les révolutions antérieures avaient besoin de réminiscences historiques pour se dissimuler à elles-mêmes leur propre contenu. La révolution du 19e siècle doit laisser les morts enterrer leurs morts pour réaliser son propre objet. Autrefois, la phrase débordait le contenu, maintenant, c'est le contenu qui déborde la phrase.» Marx Karl (1964): Le 18 Brumaire de Louis Bonaparte. Paris, J.-J. Pauvert, p. 219.

18 «Nous utilisons ces termes, comme un cheval qui galope utilise des plages du sol; ce ne sont pas ces plages, c'est le galop qui importe. Qu'il y ait sol et traces, est condition et conséquence de la course; mais c'est la course que nous voudrions saisir. A partir des traces des sabots, on peut éventuellement reconstituer la direction du cheval, peut-être se faire une idée de sa vitesse et du poids du cavalier; non pas savoir qui était celui-ci, ce qu'il avait dans la tête et s'il courait vers son amour ou vers sa mort», Castoriadis C. (1975): L'institution imaginaire de la société. Paris, Le Seuil, p. 377.

19 Bidet J. (2005): La dialectique du Capital. Critique et reconstruction méta/structurelle. Paris, Espace Marx.

les au sérieux, y compris dans leurs limites et leurs apories. Inscrivons-nous dans sa démarche expérimentale pour penser «sans béquille» les incertitudes et les ténèbres d'aujourd'hui, nous dit Anne Amiel qui a décelé chez Arendt une non-philosophie.[20] Il faut (re)lire l'œuvre, décidons-nous en organisant un colloque à l'UNIL en 2007,[21] depuis ses constats sur la modernité, l'impérialisme, l'invention totalitaire, la guerre, la révolution, le pouvoir, l'action, la pensée, le jugement politique.

Prenons aussi au sérieux son avertissement quand elle analyse le système totalitaire dans les années 1950: «Les solutions totalitaires peuvent fort bien survivre à la chute des régimes totalitaires, sous la forme de tentations fortes qui surgiront chaque fois qu'il semblera impossible de soulager la misère politique, sociale et économique d'une manière qui soit digne de l'homme.»[22] Dans la foulée d'autres dispositifs et outils sécuritaires, des mesures «justifiant l'injustifiable»[23] peuvent très bien être prises à l'encontre des travailleurs et des chômeurs.

Pour comprendre ce que montre Arendt, nous dit Anne Amiel, en ouvrant une voie de travail, il nous faut partir des difficultés (qui émergent dans les débats d'Arendt avec d'autres auteurs, surtout Marx), «prendre acte de ces difficultés et les aiguiser, difficultés qui se manifestent dans l'économie même des textes, avec leurs auteurs et malgré eux, dans l'intégrité et le courage pour lesquels ils affrontent par-delà les textes de leurs adversaires, les problèmes mêmes que les textes pointent, tout cela en usant de notre très douteuse ‹sagesse rétrospective›, en essayant de ne pas trop démériter, de ne pas en revenir à ‹l'arc-en-ciel des concepts›».[24] Prenons en compte le conseil en nous inspirant du propre travail dans lequel se débat Arendt.

Mon interprétation de son œuvre à partir des sans-Etat et de la *human superfluity*[25] me fait avancer la thèse que ses apports sur le travail ne se trouvent pas seulement à l'endroit où elle en parle le plus explicitement – *Human Condition, Condition de l'homme moderne* –, en distinguant *travail, œuvre, action* à partir de la fameuse distinction empruntée à Aristote – nature, social,

20 Amiel A. (2001): La non-philosophie de Hannah Arendt. Révolution et Jugement. Paris, Presses Universitaires de France.
21 Caloz-Tschopp M.-C. (éd.) (2008): Lire Hannah Arendt aujourd'hui. Pouvoir, guerre, pensée, jugement politique. Paris, L'Harmattan (Actes du colloque).
22 OT III, p. 202.
23 Terestchenko M. (2008): Du bon usage de la torture. Ou comment les démocraties justifient l'injustifiable. Paris, La Découverte.
24 Amiel 2001, p. 167.
25 Caloz-Tschopp M.-C. (2000): Les sans-Etat dans la philosophie d'Hannah Arendt. Les humains superflus, le droit d'avoir des droits et la citoyenneté. Lausanne, Payot.

politique – bien embarrassante[26] par certains côtés.[27] Ancrée dans la *vita activa,* une telle catégorisation peut apporter des éléments, mais ne peut pas nous aider à cerner «ce que nous faisons», selon les propres termes d'Arendt dans la préface de *Human Condition,* l'activité humaine qui contient un rapport complexe à la nature, à l'économie, à la politique, au cosmos, à la dialectique du monde fini et infini, aux limites de notre planète, à la finitude humaine. Arendt ouvre une voie de questionnement sur le travail à reconsidérer comme agir humain, à interpréter dans un cadre plus large de rapport possible et souhaitable au monde. En effet, pourquoi avoir distingué, hiérarchisé ces activités? Qu'est-ce qu'Arendt cherchait en s'appuyant sur la hiérarchie d'Aristote et en la renversant? Une partie de la réponse à cette question réside dans la polémique d'Arendt avec Adam Smith et surtout avec Marx. La distinction travail-œuvre-action est la voie la plus parcourue par les chercheurs pour réfléchir sur le travail. Que faut-il en retenir pour notre propos avant de nous déplacer?

A partir de questions d'aujourd'hui, déplaçons-nous pour emprunter des voies transversales et chercher un angle de lecture, d'interprétation de l'œuvre d'Arendt qui articule histoire et théories politiques et actualité. Il devient alors possible de prendre en compte dans ce que l'on appelle *globalisation,* par exemple, les transformations du pouvoir et de la guerre, des facteurs nouveaux de l'économie, ce que devient l'activité humaine et donc le travail. L'enjeu du déplacement concerne l'agir donc l'activité de penser, la santé et le travail, surtout, comme nous l'a appris le BIT, depuis que les maladies psychiques prennent le pas sur les maladies physiques dans le travail et cela dans le monde entier.

Pour réfléchir au travail aujourd'hui, je me propose de lui appliquer la méthode innovante qu'elle a elle-même employée pour Kant au moment où elle travaillait sur le jugement pour mettre en place une nouvelle philosophie *de la* politique. La philosophie politique de Kant ne se trouve pas, dit-elle, dans la deuxième critique (action), mais dans la troisième critique (jugement). Sur cette base, Arendt construit sa philosophie du jugement qu'elle articule à sa philosophie de l'action et de la pensée. En m'inspirant de sa méthode, qu'on pourrait appeler de déplacement épistémologique, je postulerai que la philosophie de Hannah Arendt sur le travail ne se trouve pas forcément dans la partie de l'œuvre où elle en parle explicitement *(Condition de l'homme moderne,* distinction entre *Homo laborans* et *Homo faber),* mais qu'il faut la chercher dans son analyse philosophique

---

26 D'où découle le statut accordé aux femmes, aux esclaves et aux enfants classés dans la sphère de la nature chez Aristote donc éloignée de la politique, l'activité la plus élevée pour Arendt.

27 Les distinctions du début de son «essai» sur la CHM sont problématiques, même si Paul Ricœur souligne qu'Arendt inscrit les «facultés humaines générales qui naissent de la condition humaine et qui sont permanentes» (CHM, 39) dans la durée (voir préface) pour contrebalancer la fragilité, la finitude humaine et aussi la distinction entre vita contemplativa et vita activa (la fameuse séparation entre pensée et action).

aiguë de l'invention totalitaire à laquelle il faut soumettre aussi son débat avec Marx. La question qui m'a été posée: *La pensée de Hannah Arendt sur le travail et l'activité «Homo laborans» est-elle toujours d'actualité?* ouvre des voies de recherche, à condition d'effectuer une lecture de biais, transversale, du débat avec Marx articulée à d'autres parties de l'œuvre d'Arendt. La *vita activa* est la face visible d'une autre notion dans son ombre: la *human superfluity,* qu'il nous faut articuler au droit *d'avoir des droits* pour pouvoir penser comment la citoyenneté et la civilité définissent le travail d'aujourd'hui, si l'on désire avec Marx, qu'il soit expressivité émancipatoire, «l'essence» de l'homme.

Je vais procéder en trois temps en ne me limitant pas à une simple reprise de l'*Homo laborans* chez Arendt (c'est la lecture la plus connue à propos du travail). Le fil rouge de la « superfluité humaine » et du «droit d'avoir des droits» servira de «boussole» pour avancer. Premièrement, je vais partir du phénomène des «travailleurs sans travail» des années 1960 qui provoquent l'horreur et la crainte d'Arendt. Deuxièmement, je vais rappeler les grands axes de son débat philosophique sur le travail avec Marx (débat sur l'*Homo laborans* et l'*Homo faber,* main-d'œuvre de réserve et superfluité humaine). Troisièmement, je vais montrer ce qu'Arendt découvre dans l'impérialisme colonial qui prendra la forme d'une rupture «sans précédent» dans l'invention totalitaire. On verra que la coexistence impliquée de la violence, du travail et de la résistance est nécessaire pour penser le travail et ses transformations contemporaines dans le cadre de la citoyenneté et de la civilité.

Pour éviter toute équivoque, il n'est pas dans mon propos d'ajouter un discours de plus à ce que j'appelle une métaphysique de la catastrophe encourageant le déterminisme (les discours sur la fin du travail ont cette tendance) et la soumission. La perspective est celle du lien entre travail, résistance et création politique.

Cosmos, globalisation, (dé)mondialisation

«Le drame *(trouble),* c'est que cette catastrophe n'est pas née d'un manque de civilisation, d'un état arriéré, ou tout simplement d'une tyrannie, mais qu'elle était au contraire inéluctable, parce qu'il n'y avait plus un seul endroit ‹non civilisé› sur la terre, parce que, bon gré mal gré, nous avons vraiment commencé à vivre dans un Monde *(One World).* Seule une humanité complètement organisée pouvait faire que la perte de résidence *(loss of home)* et de statut politique *(political status)* revienne à être expulsé de l'humanité entière.»[28]

Faut-il partir du bien commun ou du monde pour comprendre le travail, se

---

28   OT III, p. 282.

demande-t-on en lisant Arendt? Pour Arendt, la question de la justice qu'elle formule en termes d'appartenance politique découle de la possibilité que subsiste un monde commun et que nous nous donnions les conditions pour le construire, le préserver et préserver une place à chaque être humain dans le monde. Pour Arendt, le concept de monde, de cosmos est le point nodal de sa réflexion philosophique et politique (condition de possibilité d'une appartenance politique). Il nous faut en comprendre les raisons profondes.

Arendt est un penseur de la modernité, dont l'expérience de vie a été ancrée dans le XXe siècle qui a été un siècle de guerre «totale», de destruction nihiliste inscrite dans une longue genèse (modernité capitaliste, colonialisme, impérialisme) et qui a conduit des millions d'humains à devenir sans appartenance, sans droits et être exterminés en se changeant dans ce processus en humains superflus qui a duré entre 80 et 10 ans (selon les catégories), à devenir a-cosmiques.

A partir de là, dans une période où la nouvelle étape de *globalisation* a pris le pas sur la *mondialisation,* en clair où les questions d'une économie globalisée occupent les corps et les esprits plus que notre place, notre rapport au monde, au *cosmos* qui nous est commun, qui ne se réduit pas à la planète Terre ou même au système solaire. Le cosmos est un concept au contenu philosophique ontologique bien plus radical et plus vaste, comme le rappelle Arendt tout au long de son œuvre. Bertrand Ogilvie[29] souligne que la globalisation est en fait une «dé-mondialisation», dans les termes d'Arendt, une forme «d'acosmie», trait qu'elle a utilisé pour décrire la conséquence et l'enjeu philosophique centraux de l'invention totalitaire.

Pour Arendt, la condition humaine est basée sur une triple appartenance terrienne, politique et mondaine, qui se déroule entre vie physiologique *(zoé)* et vie biographique mondaine *(bios).* Dès lors, ce qui est en jeu est la construction de chaque être humain dans un rapport articulé entre zoé et bios, entre un rapport au monde et un monde commun. Celui-ci peut être partagé grâce à la naissance,[30] à la promesse, à l'espace public, au récit assurant la stabilité, la permanence, la durabilité, face à notre fragilité et à notre mortalité. Nous sommes contemporains non seulement des êtres humains vivants qui nous entourent, mais aussi des

---

29 Ogilvie B. (2008): «Mondialisation, dé-mondialisation. Qu'est-ce que la modernité?». In M.-C. Caloz-Tschopp (éd.): Lire Hannah Arendt aujourd'ui. Pouvoir, guerre, pensée, jugement politique. Paris, L'Harmattan, p. 97–119.

30 L'appui ontologique sur la naissance s'effectue à deux niveaux: 1) un renversement de perspective existentielle, Arendt rappelle que la plupart des philosophes posent la mort comme question philosophique centrale, alors qu'elle pose, elle, la naissance comme question philosophique centrale; 2) l'accent sur la faculté d'initier, de commencer quelque chose de neuf qui ouvre des perspectives de renouveau politique qui rejoint des travaux sur les conseils, la démocratie «radicale», etc.

êtres humains qui nous ont précédés et de ceux qui viendront.[31] Le principe ontologique de natalité est à la base de la possibilité d'un tel monde commun bâti sur la faculté d'agir.[32] Après l'expérience totalitaire nihiliste et destructrice, il assure que tout nouveau commencement, que quelque chose de neuf est toujours possible, que la mémoire est sauvegardée, que la mortalité individuelle s'inscrit dans une immortalité commune (naissance, et théorie du récit).

D'où l'accent qu'Arendt met sur la vie, la naissance, la *liberté* (le sens de la politique est la liberté, la spontanéité est ce que la domination totale a voulu éliminer), la *pluralité vivante* et la parole, le récit comme activités et l'espace public comme lieu ouvert, fragile de la vie en commun (Arendt, contrairement à Habermas, n'a pas une vision procédurale de l'espace public). Dans une perspective post-nationaliste, universaliste et post-existentialiste, le problème est, pour Arendt, de construire une phénoménologie de l'action en retrouvant une telle distinction entre condition physiologue et condition politique, de les articuler, pour pouvoir penser les expériences humaines fondamentales, l'agir humain, la politique[33] dans sa liberté et sa pluralité et ne pas réduire le travail à un simple prolongement par l'homme de la nature[34] (influence de Darwin sur Marx, souligne-t-elle).

Le plus grand danger pour Arendt est de prendre comme question philosophique centrale la mort et non de partir de la natalité (où est ancrée la résistance et un nouveau commencement possible, le rapport au monde dans la durabilité rendue immortelle par la naissance et le récit). La condition humaine dans son ensemble – et donc aussi le travail – pour Arendt, doit se penser à partir du concept de *monde* où réside la stabilité, la permanence, la durée. Toute activité humaine inscrite dans la naissance a pour but la construction d'un monde

---

31 D'un tel constat, le philosophe Jonas, tirera son principe de responsabilité pour les générations futures.

32 Voir Kristeva J. (2003): Le Génie féminin (La vie, la folie, les mots). Vol. I: Hannah Arendt. Paris, Gallimard (folio), p. 13.

33 Habermas a souligné que la conception du pouvoir d'Arendt est insérée dans la toile des concepts aristotéliciens et qu'elle rate la modernité. A. Münster prolonge la critique habermasienne en soulignant qu'Arendt néglige la dialectique historique et l'analyse des conditions sociohistoriques du pouvoir politique et que, pourtant, elle a provoqué un réveil philosophique important en remettant en cause la distinction entre contemplation et action. Münster A. (2008): Hannah Arendt contre Marx. Paris, Hermann, p. 17–18.

34 Voyons Marx, par exemple, qu'Arendt n'avalise pas: «L'homme appartient à une espèce d'êtres qui, pratiquement et théoriquement, font d'eux-mêmes et de toute chose leur propre objet. […]. Concrètement, l'universalité de l'homme apparaît précisément dans le fait que la nature entière constitue son prolongement non organique, dans la mesure où elle est son moyen de subsistance immédiat et la matière, l'objet et l'outil de son activité vitale. La nature, pour autant qu'elle n'est pas le corps humain, est le corps non organique de l'homme.» Marx K. (1982): Ebauche d'une critique de l'économie politique, «Communisme et propriété», Œuvres, Economie. Tome II. Paris, Gallimard (Bibliothèque de la Pléiade), p. 62.

commun possible édifié par les hommes. Arendt fait une critique originale – qui n'est pas celle de Marx et des marxistes de l'époque – de l'économie orientée totalement dans sa logique vers l'accumulation primitive du capital et son expansion dans l'impérialisme qui contient un processus de guerre totale (en cela, elle suit Rosa Luxembourg).

Le spectre de la superfluité humaine derrière les travailleurs sans travail des années 1960

Quelle est la question philosophique qu'il lui faut «comprendre» et, le fil rouge qu'Arendt tisse tout au long de son œuvre et à partir duquel il faut la lire pour repenser le travail? Quel spectre se terre derrière l'horreur que tente de décrire Arendt en parlant des travailleurs sans travail des années 1960? C'est la superfluité humaine que Marx ne voit pas, car il n'a pas vécu au XXᵉ siècle, etc. Il est clair que pour saisir à la fois la question de recherche et son fil rouge, il ne faut pas s'arrêter au débat entre deux modes de production (artisanat, capitalisme).

La scène historique pour Arendt se passe entre le XVIIIᵉ siècle et le XXᵉ siècle. En arrière-fond, pour elle, nous avons l'ombre des humains superflus (qui accompagnent les capitaux superflus et leurs conséquences). Nous avons la référence de l'artisanat (dans l'œuvre) et sa perte de substance dans le capitalisme industriel, l'impérialisme colonial et l'invention totalitaire. Dans les années 1950, Arendt écrit, au début de son livre *L'impérialisme:* «Il se dégage de certains aspects fondamentaux de cette période une telle similitude avec les phénomènes totalitaires du XXᵉ siècle que l'on pourrait non sans raison y voir le germe des catastrophes qui devaient suivre, bien que, d'un autre point de vue, son calme la place encore tout à fait dans le XIXᵉ siècle. Comment ne pas observer ce passé si proche de nous, et cependant étranger, avec le regard trop averti de ceux qui connaissent déjà la fin de l'histoire et savent que ce passé devait aboutir à une rupture quasi totale dans le flux ininterrompu de l'histoire occidentale telle que l'homme l'avait connue durant plus de deux millénaires.»[35]

Si l'on veut comprendre ce qu'elle nous dit sur le travail, il faut avoir en mémoire le double but de son essai *Human Condition* et dans quelle époque vit Arendt quand elle l'écrit.

Dans le prologue, Arendt ouvre son essai par l'histoire du premier satellite lancé dans l'espace qui matérialise le rêve de «l'évasion des hommes hors de la prison terrestre»[36] pour «échapper à la condition humaine»[37] qui est une «révolte

---

35 OT II, p. 11.
36 CHM, p. 33.
37 Ibid., p. 35.

contre l'existence humaine telle qu'elle nous est donnée».[38] La question politique «primordiale» est donc, pour Arendt, les conditions de la prise en main par les humains de leur destin par la science et le devenir d'une condition de la parole, du langage pour rester capables de dire ce que nous faisons et lui donner ainsi un sens: «Toute action de l'homme, tout savoir, toute expérience n'a de sens que dans la mesure où l'on peut en parler. Il peut y avoir des vérités ineffables et elles peuvent être précieuses à l'homme au singulier, c'est-à-dire à l'homme en tant qu'il n'est pas animal politique, quelle que soit alors son autre définition. Les hommes au pluriel, c'est-à-dire les hommes en tant qu'ils vivent et se meuvent et agissent en ce monde, n'ont d'expérience de l'intelligible que parce qu'ils parlent, se comprennent les uns les autres, se comprennent eux-mêmes.»[39]

Elle évoque ensuite un autre problème directement lié au «conte de fées» de l'affranchissement par le travail et de la dévalorisation de l'œuvre et de l'agir au sens où elle définit ces activités: «L'époque moderne s'accompagne de la glorification du travail et elle arrive en fait à transformer la société tout entière en une société de travailleurs. Le souhait se réalise donc, […] au moment où il ne peut que mystifier. C'est une société de travailleurs que l'on va délivrer des chaînes du travail, et cette société ne sait plus rien des activités plus hautes et plus enrichissantes pour lesquelles il vaudrait la peine de gagner cette liberté […]. Ce que nous avons devant nous, c'est la perspective d'une *société de travailleurs sans travail,*[40] c'est-à-dire privés de la seule activité qui leur reste.»[41]

Arendt se propose alors de «reconsidérer la condition humaine du point de vue de nos expériences et de nos craintes les plus récentes».[42] Son projet d'anthropologie politique de la modernité qui est le thème central de son essai est alors de «penser ce que nous faisons»[43] à partir de la trilogie – travail, œuvre, action – inspirée par une autre trilogie empruntée à Aristote – nature, social, politique –; elle traite «des diverses ordonnances de la hiérarchie des activités telles que nous les connaissons d'après l'histoire de l'Occident».[44] Sa réflexion se développe dans un double contexte qu'elle périodise. Elle précise à la fin de son prologue qu'elle distingue époque moderne et monde moderne. L'époque moderne a commencé au XVIIe siècle et s'est achevé au XXe siècle, le monde moderne est né au XXe siècle avec l'ère atomique.

---

38 Ibid.
39 Ibid., p. 37.
40 Quand, au récent Salon de l'agriculture en France, un petit agriculteur dit que le plus difficile pour lui est de «vivre de son travail», il est un exemple contemporain parmi d'autres de ce que dit Arendt dans les années 1960.
41 CHM, p. 37–38.
42 Ibid., p. 38.
43 Ibid.
44 Ibid.

De nombreux commentaires du travail dans l'œuvre d'Arendt partent de sa fameuse phrase souvent sortie du contexte de son propos: «Ce que nous avons devant nous, c'est la perspective d'une société de travailleurs sans travail, c'est-à-dire privés de la seule activité qui leur reste. On ne peut rien imaginer de pire.»[45] Première précision pour éviter toute équivoque. Sa remarque ne s'inscrit aucunement dans les théories de la fin du travail, mais sur une interrogation plus radicale sur le devenir non seulement de l'activité humaine dans une société de «travailleurs sans travail», mais du danger de superfluité pour les travailleurs sans travail. Qu'est-ce qui reste du fil rouge d'Arendt en 1960 et qui était déjà inscrit dans le travail du capitalisme industriel, puis dans l'impérialisme colonial et le système totalitaire et que Marx a intuitionné mais pas traduit dans son approche du travail, pourrait-on dire? On va voir que leurs deux approches se conjuguent sur un point – la superfluité – par des chemins différents.

Dit autrement, loin d'interpréter hâtivement ce qu'Arendt décrit en termes de «fin du travail» à son époque, on entend une double frayeur et une préoccupation: la peur du chômage dans une société d'abondance, la peur d'être sans travail, inutile, insignifiant, privé de place, d'appartenance dans une société «où l'on est (plus) jugé pour ses actes et pour ses opinions» «droit d'avoir des droits». Sa préoccupation est de retrouver la *vita activa* dont il faut dépasser l'opposition avec la *vita contemplativa* pour redonner un statut à l'activité de penser et du jugement.

Le contexte de son analyse du travail est très différent de celle de Marx. Arendt écrit dans un contexte de société d'abondance. Marx écrit dans un contexte d'exploitation, de paupérisation extrême de la classe ouvrière en Angleterre.

A son époque, Arendt se confronte au primat de l'*animal laborans* en profonde transformation dans une société de consommation. Le travail crée l'homme, mais alors quel sens a une société sans travail, quelle activité définit la condition humaine? Sa question est bien: comment ne pas réduire la condition humaine, l'action humaine au travail, à la consommation,[46] la politique au social qui est une libération mais pas la liberté. Nous ne pouvons reprendre ici l'analyse du social par Arendt,[47] ni toute la complexité tortueuse de son débat avec Marx et aussi Locke et Smith. Arrêtons-nous, pour commencer, à sa critique de Marx concernant le travail et l'œuvre. Essayons donc de saisir à partir de quel contexte et de quelles questions elle réfléchit et ce qu'elle tente de montrer en choisissant des chemins tortueux dans le débat avec Marx sur le travail et l'œuvre.

La rupture du système totalitaire qui a suivi l'antisémitisme politique et

---

45 Ibid.
46 «[…] travail et consommation ne sont que deux stades du cycle perpétuel de la vie biologique […].» CHM, p. 145.
47 A ce propos, voir Amiel 2001, p. 138–150.

l'impérialisme colonial l'amène à formuler une question philosophique centrale, celle du passage de la non-appartenance aux droits, à la politique, aux humains superflus, à l'acosmie. Derrière son constat des travailleurs sans travail des années 1960, on peut voir plusieurs étapes de la construction des humains superflus, dans le débat avec toutes sortes d'auteurs, dont principalement Marx, que l'on peut résumer ainsi:

1) *Homo laborans, Homo faber,*

2) main-d'œuvre de réserve,

3) colonie, capitaux et humains superflus,

4) impérialisme, guerre totale et camps d'extermination.

En parcourant ces étapes, il faut nous rappeler qu'Arendt formule donc trois questions pour construire son anthropologie philosophique dont elle va débattre principalement avec Marx:

1) Le travail crée l'homme, mais alors que peut signifier une société où le travail est aboli?

2) La violence est la sage-femme de l'histoire, mais alors quelle distinction faire entre l'action et la violence, quelle est la place du *logos*?

3) Comment, en inversant la théorie et la pratique (inversion de la philosophie), donner toute leur place aux deux activités et à respecter la spécificité de la sphère de l'action?

Arendt et Marx: un débat tortueux entre capitalisme et impérialisme colonial. Le renversement d'Arendt

Nous savons que, pour Marx, le spectre qui hante la planète de la Révolution industrielle est celui du communisme. Pour Arendt, le spectre qui hante la planète du XXᵉ siècle est celui des humains superflus et d'une planète transformée en désert. Voyons pas à pas comment Arendt va débattre avec Marx à partir de là. Amiel rappelle qu'Arendt lit Marx dans toute une chaîne de lectures d'auteurs (Nietzsche, Kierkegaard, Adam Smith, Locke, Ricardo, Hegel, Aristote, Sartre, Fanon, Lénine, Robespierre.[48] Une théoricienne d'un XXᵉ siècle secoué par

---

48 Voir Amiel 2001, pp. 117–219, qui parcourt les différentes étapes de la lecture de Marx par Arendt. Elle rappelle les cadres formels d'une telle lecture en situant tout d'abord Marx (avec Kierkegaard et Nietzsche) dans une «rébellion consciente contre la tradition». Elle rappelle les deux éléments non utopiques de la réflexion marxienne sur la polis (saisie de la nouveauté de la polis, renversement matérialiste de l'idéalisme hégélien), décrit les trois «contradictions de Marx pointées par Arendt», puis revient sur la critique d'Arendt à Marx sur la «glorification de la violence» et sur son «déni du logos». Elle confronte le point de vue social et le point de vue du monde (cosmos), puis s'attache à décrire comment Arendt souligne le caractère antipolitique du travail et la fécondité politique du mouvement ouvrier, lit les analyses de

l'impérialisme colonial et ses conséquences totalitaires lit un auteur du XIXᵉ qui observe l'installation du capitalisme industriel. Pour Arendt, Marx n'a pas été assez critique avec l'économie politique libérale et le modernisme (Locke, Smith, Ricardo).

«Homo laborans» et «Homo faber» dans «pré-capitalisme» et le capitalisme industriel

Rappelons-nous tout d'abord que, pour comprendre Arendt, il faut se remémorer que, dans la totalité de son œuvre, elle articule une triade, *philosophie de l'histoire, philosophie politique, nouvelle science de la politique,* à la suite de Tocqueville. Ensuite, comme le montre amplement son *Journal de pensée,* entre 1950 et 1958, Arendt a lu très attentivement Marx, et elle a mené un long débat avec lui au moment où elle élabore *Les origines du totalitarisme* et plus tard en écrivant *La crise de la culture* et son manuscrit de la *Human Condition,* qui, pour elle, représente la reconstruction philosophique, anthropologique (post)totalitaire.

Son but est double. D'une part, elle élabore une critique de la modernité capitaliste à la fois inspirée par Marx et aussi largement par Rosa Luxembourg dont elle a lu *L'accumulation du capital* en prédisant son expansion aboutissant à la guerre, alors que Marx pense qu'il va s'écrouler sous le poids de ses contradictions. Arendt souligne cependant le fait que Marx a su penser ensemble l'accumulation du capital et l'expropriation. En 1972, elle précise: «Pour moi, il s'agit d'un seul mouvement. Et sur ce point Marx a parfaitement raison. Il est le seul à avoir vraiment osé penser analytiquement ce nouveau processus de production – ces modes de production qui se sont peu à peu imposés en Europe au XVIIᵉ, au XVIIIᵉ et finalement au XIXᵉ siècle.»[49] D'autre part, elle interroge «le monde moderne» à partir de ce qu'elle vit et observe dans le XXᵉ siècle.

Venons-en à sa phénoménologie de la *vita activa* dans la *Human Condition* par la distinction entre trois activités de la condition humaine:

1) «*Le travail* est l'activité qui correspond au processus biologique du corps humain, dont la croissance spontanée, le métabolisme et éventuellement la corruption, sont liés aux productions élémentaires dont le travail nourrit ce processus vital. La condition humaine du travail est la vie elle-même.»[50]

2) «*L'œuvre* est l'activité qui correspond à la non-naturalité de l'existence

---

la Commune de Paris faites par Marx et ses remarques sur l'électrification des soviets, pour montrer finalement comment Arendt «politise» Marx. Retenons ici certains points de sa lecture pour notre propos.

49 Arendt H. (2007): Edifier un monde. Paris, Le Seuil, p. 126.
50 CHM, p. 41.

humaine, qui n'est pas incrustée dans l'espace et dont la mortalité n'est pas compensée par l'éternel retour cyclique de l'espèce. L'œuvre fournit un monde «artificiel» d'objets, nettement différent de tout milieu naturel […]. La condition humaine de l'œuvre est l'appartenance au monde.»[51]

3) «*L'action,* la seule activité qui mette directement en rapport les hommes, sans l'intermédiaire des objets ni de la matière, correspond à la condition humaine de la pluralité, au fait que ce sont des hommes et non pas l'homme, qui vivent sur terre et habitent le monde. Si tous les aspects de la condition humaine ont de quelque façon rapport à la politique, cette pluralité est spécifiquement la condition […] de toute vie politique.»[52]

Arendt précise plus loin la perspective de son essai: «Ces trois activités et leurs conditions correspondantes sont intimement liées à la condition la plus générale de l'existence humaine: la vie et la mort, la natalité et la mortalité.» L'expression de *vita activa* qui à l'origine a un «sens spécifiquement politique»[53] est la synthèse de ces trois activités et, dans la tradition, elle est opposée à la *vita contemplativa* «d'où elle tire son sens».[54] Arendt précise qu'elle réfute la hiérarchie de cette tradition,[55] ce qui selon elle n'a pas été le fait de Marx ni de Nietzsche. «Le renversement moderne suppose comme la hiérarchie traditionnelle que la même préoccupation humaine centrale doit prévaloir dans toutes les activités des hommes, aucun ordre ne pouvant s'établir sans un principe compréhensif unique.»[56] Elle précise: «L'emploi que je fais de l'expression *vita activa* présuppose que les visées sous-jacentes à toutes les activités de cette vie ne sont ni identiques, ni supérieures, ni inférieures au dessein central de la *vita contemplativa.*»[57]

Ce qui intéresse en priorité Arendt dans la *vita activa* et la distinction des trois activités, ce n'est pas une «réflexion critique à l'égard des conditions matérielles, historiques et sociales de la constitution des richesses et de la propriété privée accumulées souvent à l'aide des guerres, des violences, d'appropriations illégitimes et de graves injustices».[58] En écrivant *Les Origines du totalitarisme* et dans son *Essai sur la révolution,* Arendt a réfléchi à la colonisation, à l'impérialisme et à la guerre. Elle n'a pas pris comme point d'appui le processus de production et d'accumulation par l'extraction de la valeur du travail du capitalisme industriel, ce que fait Marx, mais elle a travaillé dans le contexte de

51 Ibid.
52 Ibid., p. 42.
53 Ibid., p. 49.
54 Ibid., p. 51.
55 Ibid., p. 52.
56 Ibid.
57 Ibid., p. 53.
58 Münster 2008, p. 178.

l'invention totalitaire et de l'impérialisme. Sa perspective sur la *vita activa*, sur l'agir qui articule liberté et pluralité est plus générale et concerne le contenu, la place, le sens du travail dans une société de consommation. Elle réfléchit à la *vita activa* en distinguant trois notions – le travail, l'œuvre, l'action – dont l'importance est articulée et hiérarchisée dans le rapport à la nature, aux objets, au monde et selon le critère de la durabilité, de l'immortalité.

Pour Marx comme pour Arendt, mais sur des bases différentes, il n'y a pas de société possible sans travail, mais sa fonction et son but sont appréhendés dans un contexte historique et des perspectives différentes.

En résumé, dans la *Condition de l'homme moderne*,[59] elle critique sa vision productiviste de l'*Homo laborans* et «l'utilitarisme anthropocentrique de l'*Homo faber*» en sous-estimant ses descriptions sur l'exploitation et, surtout en ignorant le prolétariat en tant que «classe universelle», qui aurait pu lui faire reconsidérer sa lecture étroite du procès de travail chez Marx en lien à la loi d'accumulation,[60] plutôt que le lire comme un processus historique (société civile, société capitaliste, articulation économie et politique) appropriable par le processus, mais aussi avec un potentiel d'émancipation collective à partir des conditions matérielles. En d'aurtres termes, Arendt ne croit donc pas à l'émancipation à partir du travail industriel. Il y a tout un débat avec Marx chez Arendt autour de l'articulation entre action, fabrication et travail, entre le travail et l'œuvre et entre les sphères de la nécessité et de la liberté que je ne reprends pas ici.

Arendt reproche à Marx d'avoir négligé la distinction entre ce qu'elle appelle le travail et l'œuvre, de n'avoir pas pris en considération l'action, qui pour elle est l'agir politique par excellence. La distinction entre le travail et l'œuvre chez Arendt tient au fait que le travail est pour elle lié à l'activité de survie physiologique, tandis que l'œuvre renvoie à la production d'objets plus durables. De plus, loin d'exprimer l'essence de l'homme comme le dit Marx dans les *Manuscrits de 1844*, le travail n'exprime pas l'essence de la condition humaine. Son interprétation du travail et de Marx tient au fait que le travail dans l'Antiquité, puis dans le capitalisme industriel est inscrit et déterminé par la sphère de la nature *(zoé)* et qu'il ne prend pas en compte la sphère du vivant *(bios)*, de la vie vécue (biographie).

Elle dit de Marx, qu'il est tout à la fois critique et fasciné par la création

---

59 CHM, p. 109.

60 «La thèse du prolétariat ‹classe universelle› condense ainsi les arguments qui permettent à Marx de présenter la classe ouvrière, ou plutôt la condition du travailleur salarié, comme l'aboutissement de tout le procès de division du travail, la ‹décomposition› de la société civile.» Balibar Etienne (2001), La philosophie de Marx, Paris, La Découverte, p. 38. Il est vrai que la prise en compte d'une telle optique amènerait Arendt à utiliser d'autres textes politiques de Marx et non seulement ses œuvres économiques pour approcher «l'activité humaine» collective.

des forces productives «gigantesques» (voir la première partie du *Manifeste*), «grandioses» selon le mot d'Arendt.[61] Pour Marx, avec le capitalisme, on assiste à une sorte de démesure dans la domination de la nature, le développement des forces productives sociales, la création des conditions matérielles de production (productivisme). L'accumulation est la conquête du monde, de la richesse sociale. Le travail s'y inscrit comme un prolongement de la nature, ce que Arendt ne contredit pas. «Tout ce que produit le travail est fait pour être absorbé presque immédiatement dans le processus vital.»[62] Pour Arendt, le travail «nourrit le processus vital», il est enfermé «dans le même cercle que prescrivent les processus biologiques de l'organisme vivant, les fatigues et les peines ne prennent fin que dans la mort de cet organisme».[63] En se servant de sources grecques, Arendt conçoit que «travailler c'est s'asservir à la nécessité» et cet asservissement était pour les Grecs «inhérent aux conditions de la vie humaine».[64] La seule manière de se libérer pour les Grecs a été d'inventer l'esclavage, écrit-elle aussi.

Mais dans son analyse d'anthropologie politique, Arendt ne suit pas Marx quand il se déplace de l'*Homo rationale* à l'*Homo laborans*. On se souvient de sa mise en cause de la distinction *vita contemplativa – vita activa*. Si à partir de l'ancrage de la condition humaine dans le monde (cosmos) elle distingue l'*Homo laborans* de l'*Homo faber*, elle ne s'inscrit pas dans la distinction entre le travail productif et improductif[65] (comme Smith et Marx), le travail qualifié et le travail non qualifié, le travail manuel et le travail intellectuel, catégories qui ne sont pas centrales pour ses préoccupations à son époque.

Elle reproche à Marx d'assimiler l'*Homo laborans* à l'*Homo faber*: «Toute œuvre serait devenue travail, toutes choses ayant un sens non plus de par leur qualité objective de choses-du-monde, mais en tant que résultats du travail vivant et fonctions du processus vital.»[66] Certes, Marx a raison dans sa théorie de la valeur et quand il veut une société plus humaine. Mais Arendt trouve Marx trop utopique quand il dialectise la contradiction entre forces productives et rapports de production et qu'il préconise l'auto-organisation des travailleurs pour mettre fin au capitalisme et instaurer une société sans classes.

Locke, Adam Smith et Marx, en dépit de leurs divergences idéologiques partagent selon Arendt le postulat que le travail est «la plus haute faculté humaine d'édification du monde».[67] Marx décrit le capitalisme industriel comme

---

61 CHM, p. 126.
62 Arendt H. (2005): Journal de pensée. Paris, Le Seuil, p. 112.
63 CHM, p. 144.
64 CHM, p. 128.
65 Qui pour elle ne peut remplacer le passage d'animal rationale par l'animal laborans.
66 CHM, p. 134.
67 CHM, p. 148.

un puissant processus. Il a une vision darwinienne[68] du progrès et naturaliste, utopique, positiviste du travail qui, dans cette perspective, est une continuation de la nature. Dans son rapport à la nature, pour Marx, le travail, qui en est le prolongement, permet à l'homme de trouver son «essence» d'homme, exprime l'humanité même de l'homme. Mais le capitalisme sauvage replonge au contraire l'homme considéré comme une «bête de somme» dans une «condition animale», comme il l'écrit dans les *Manuscrits de 1844*.[69] Le travailleur subit l'aliénation et l'exploitation. Il s'agit donc pour Marx de lutter contre l'aliénation, l'exploitation et les conditions de travail pour retrouver l'essence positive du travail qui devrait être un moyen de libération, d'émancipation, d'humanisation.

Pour Arendt, Marx est pris dans une contradiction insurmontable, il confond l'œuvre et le travail et il attribue au travail des qualités qui n'appartiennent qu'à l'œuvre.[70] «L'attitude de Marx à l'égard du travail, c'est-à-dire à l'égard de l'objet central de sa réflexion, a toujours été équivoque.»[71] «La révolution selon Marx n'a pas pour tâche d'émanciper les classes laborieuses, mais d'émanciper l'homme, de le délivrer du travail; il faudra que le travail soit aboli pour que le ‹domaine de la liberté› supplante le ‹domaine de la nécessité›». Une «contradiction» aussi fondamentale sous la plume de Marx, qu'on ne peut pas soupçonner de ne pas être loyal et honnête, écrit Arendt, laisse «la triste alternative de choisir entre l'esclavage productif et la liberté improductive».[72] On entend la résonance de ces réflexions à l'époque d'une société de travail et de consommation dans laquelle vit Arendt.

Du point de vue d'Arendt, l'erreur de Marx provient du fait qu'il est prisonnier d'une contradiction entre naturalisme, productivisme, essence libre du travail et non-distinction de la complexité de la condition humaine se partageant entre travail, œuvre et action. Pour Arendt, il n'y a pas de philosophie propre du travail compris dans un contexte général de la condition humaine en prenant en compte l'expansion capitaliste puis impérialiste et ses conséquences néfastes au XXe siècle. Pour Arendt, il faut distinguer la reproduction de la vie (travail) et la production d'objets (œuvre), ou si l'on veut pouvoir distinguer entre l'*Homo laborans* et l'*Homo faber* et pouvoir ensuite prendre en considération l'action comme activité politique par excellence.

Certes, quand Arendt a des divergences avec Marx sur le travail et sur l'action, elle ne bascule pas pour autant dans un soutien aveugle du capitalisme, comme le

---

68 «Il y a une coïncidence frappante entre la philosophie du travail de Marx et les théories du développement et de l'évolution du XIXe siècle.» CHM, p. 164.

69 Marx K. (1972), Manuscrits de 1844. Paris, Editions Sociales, p. 60.

70 CHM, p. 148.

71 Ibid., p. 150.

72 Ibid., p. 152.

soulignent à la fois Collin, Amiel, Münster et Pouchol.[73] Bien que marquée par la pensée libérale (Locke, Tocqueville), Arendt se détache des «anti-marxistes professionnels».[74] Elle met à l'œuvre cependant une «violence interprétative» de l'œuvre de Marx que souligne Anne Amiel.[75] Certes, la polémique qui a lieu au XXᵉ siècle avec ses apories tord la lecture faite par Arendt de Marx qui voyait émerger la modernité capitaliste en étant à la fois subjugué et critique et avait d'autres questions (la sortie du capitalisme par la révolution collective). Certes, elle n'est pas économiste, mais l'argument du spécialiste suffit-il à balayer un travail de réflexion philosophique? Par ailleurs, Arendt n'a pas situé l'analyse du travail de Marx influencé par Hegel dans l'articulation historique concrète entre artisanat et révolution technique industrielle, ce que souligne aussi Dominique Méda.[76] Peut-on en rester à la thèse qu'Arendt aurait «raté la modernité» en s'appuyant trop sur les philosophes grecs et donc se serait privée de tout «fondement théorique socio-matériel», et n'a pas pris en compte des classes sociales de la révolution capitaliste industrielle?[77] Que nous montre le débat, la polémique, le conflit d'Arendt avec Smith et avec Marx par des voies paradoxales et contradictoires dans sa tentative, avec *Human condition* de créer une nouvelle anthropologie politique et au-delà d'avoir ouvert des voies pour refonder une philosophie anthropologique de la politique, de l'agir politique, et qui pourrait nous être utile aujourd'hui pour repenser le travail? Certes, par son renversement, Arendt ouvre de nouvelles perspectives pour considérer le travail avec d'autres yeux et d'autres critères.

Mais faisons alors un pas de plus pour intégrer un autre questionnement. Déplaçons-nous un instant sur un autre débat entre Marx et Arendt où André Tosel décèle la figure anthropologique négative dans le rapport Capital-Travail, pour cerner, non tant la fin du travail que les hommes jetables, les humains superflus. A notre avis, c'est la question philosophique et politique centrale d'Arendt qu'elle élabore à partir des sans-Etat et qui ouvre une nouvelle lecture de son œuvre pouvant éclairer les analyses du travail sous un jour neuf. Elle est essentielle pour comprendre non seulement l'invention d'un pouvoir naissant

---

73   Voir notamment: Collin Denis (2001): «Hannah Arendt, Marx et le problème du travail», Actuel Marx en ligne 2; Amiel 2001 (deuxième partie); Münster 2008 (chap. 9, Arendt critique du concept marxien du travail); Pouchol Marlyse (2010), «Arendt et le travail: la divergence avec Marx», Actes du 12e Colloque de l'association Charles Gide pour l'Etude de la pensée économique. Regards croisés sur le travail: histoires et théories, dir. C. Lavalle. Orléans, Presses Universitaires d'Orléans.

74   CHM, p. 89.

75   Amiel 2001, p. 149.

76   Méda D. (1998): Le travail. Une valeur en voie de disparition. Paris, Champs-Flammarion. Marx aurait hérité de Hegel «un concept de travail dont le modèle est profondément artisanal et technicien». Ibid., p. 102.

77   Münster 2008, p. 306–361.

au XXᵉ siècle, mais pour comprendre toute activité humaine, dont le travail. Travailleurs sans travail évoqués au début de son essai (CHM) par Arendt, Anne Amiel souligne avec acuité qu'il n'y a pas trace d'une analyse économique sur la production, sur la distribution et sur une possible limitation de la productivité, parce que son questionnement est ailleurs, au niveau de *la superfluité*.[78]

La main-d'œuvre de réserve (Marx) et ses éléments génériques de la *Human superfluity*

Revenons un instant à un autre débat avec Marx[79] dans le livre I du *Capital*[80] pour saisir plus en profondeur et en synthèse ce qu'Arendt nous dit par le biais de la notion de *Human superfluity*, du processus global de la modernité, de l'impérialisme aboutissant à l'invention totalitaire. Pour la comprendre, il faut garder à l'esprit que la lecture de Marx, penseur du XIXᵉ siècle, par Arendt au XXᵉ siècle, est «séparé de nous par la rupture de la tradition, par l'événement totalitaire; il n'appartient pas au même monde, au même âge, à la même constellation que nous».[81] Marx n'est donc pas un adversaire, c'est un *protagoniste* qui a perçu avec une intuition extraordinaire et analysé l'événement de la modernité capitaliste en observant de près le capitalisme industriel en Angleterre. Il est lu par Arendt qui a décrit la rupture totalitaire du XXᵉ siècle. L'histoire de leur époque leur pose des questions communes sur la modernité capitaliste, mais aussi divergentes. Ensuite, Arendt a lu attentivement Rosa Luxemburg, amie de sa mère. Elle a croisé Hilferding, auteur de *L'impérialisme financier*, dans le camps de Gurs, avant qu'il ne soit livré par la police de Vichy aux nazis et exécuté.

Quand elle écrit le deuxième tome des *Origines du totalitarisme*, *L'impérialisme*, elle reprend les descriptions de Rosa Luxembourg sur l'implantation des capitaux européens en Afrique à la fin du XIXᵉ siècle. Le capitalisme implique pour Arendt à la fois un processus d'accumulation et d'expansion, d'appropriation et de destruction de la planète et de la politique par la production d'humains superflus. En d'autres termes, pour Arendt «l'impérialisme naquit lorsque la classe dirigeante détentrice des instruments de production capitaliste s'insurgea

---

78 Amiel 2001, p. 149.

79 On pourrait postuler la nécessité d'une tout autre lecture de l'œuvre de Marx et aussi de Hegel pour y repérer la fameuse superfluité humaine. La tâche s'avère d'autant plus nécessaire avec les développements de la transformation du rapport Capital-Travail et aussi avec les innovations techniques en lien avec le développement du capitalisme (société de l'information et calcul de la valeur, par exemple).

80 C I, chap. 23.

81 Amiel 2001, p. 116.

contre les limitations nationalistes imposées à son expansion économique.»[82] «L'expansion pour l'expansion» fut le moyen de convaincre les gouvernements nationaux «d'entrer sur la voie de la politique mondiale».

Dans le texte de Marx, dans ce passage souvent cité en lien avec les humains superflus, s'agit-il de main-d'œuvre de réserve disponible ou de population jetable ou les deux à la fois? Pour Marx, la main-d'œuvre de réserve est liée non pas à l'évolution démographique, au début de l'industrialisation mais aux besoins de «la loi générale de l'accumulation», elle en est à la fois le produit et le levier, pour le travailleur «les dés sont pipés», le capital agit à la fois sur l'offre et la demande de main-d'œuvre:[83] «[…] si ce surplus de population ouvrière est le produit nécessaire de l'accumulation, du développement de la richesse sur des bases capitalistes, cette surpopulation devient inversement un levier de l'accumulation capitaliste, et, même, une condition d'existence du mode de production capitaliste. Elle constitue une armée industrielle de réserve disponible qui appartient de façon si entière et absolue au capital, qu'on pourrait croire qu'il l'a élevée au biberon, à ses propres frais. Elle crée le matériau humain constamment prêt et exploitable pour les besoins changeants de sa valorisation […].»[84]

Derrière l'armée industrielle de réserve, se profilent les «surnuméraires». Ils évoquent la « superfluité humaine » dont nous parle Arendt. La main d'œuvre de réserve, les surnuméraires «appartiennent de façon si entière et absolue au capital» – Marx décrit des exemples: la classe ouvrière anglaise de 1846 à 1866, les couches mal payées de la classe ouvrière industrielle anglaise, la population migrante «infanterie légère du capitalisme»,[85] la classe ouvrière la mieux payée touchée par la crise de 1866, les travailleurs en provenance de l'agriculture, les travailleurs morts de la famine de 1846 en Irlande –, que l'on voit se profiler «la loi générale de l'accumulation», qui prendra encore d'autres formes dans son développement (cas de l'Irlande). Les humains superflus sont à la fois un volet de réserve *relative* à la disposition du capital, et un résultat, une perte, un déchet du processus d'accumulation qui au bout du processus se traduit par la mort physique (épuisement, maladie, famine).

Les descriptions de Marx ont l'avantage d'être très concrètes. Ce chapitre de Marx que relit Arendt lui permet déjà de voir deux éléments génériques évoquant le thème des humains superflus qui la préoccupe – même si, pour Arendt, elle s'exprime chez Marx sur un registre différent:

1) La loi générale de l'accumulation, qui prend ici la forme de «l'armée de réserve», se développera sous d'autres formes plus tard avec la même logique

---

82 OT II, p. 16.
83 C I, p. 718.
84 Ibid., 708.
85 Ibid., 745.

d'appropriation «entière et absolue». Marx l'annonce à la fin du chapitre à propos de la propriété;[86]

2) Déjà à ce stade du développement capitaliste, le processus d'accumulation est double : l'exploitation de la main d'œuvre et la production de la superfluité humaine par la détérioration physique et la mort à échelle industrielle. Arendt relit Marx à partir de la question de la superfluité humaine qui est devenue pour elle la question centrale depuis les expériences du XXe siècle. Elle souligne que l'analyse de Marx est la description du capitalisme industriel dans un contexte d'industrialisation et de loi générale d'accumulation industrielle (époque de Marx). Elle note que les descriptions de Marx ne permettent pas de décrire les formes contemporaines concrètes d'humains superflus basés sur des faits du XXe siècle et que l'on se trouve dans ses propres textes. Ils indiquent cependant une caractéristique du processus capitaliste qu'il s'agit de dégager pour comprendre ce que le XXe siècle développe.

Lectrice de Marx observateur du capitalisme industriel, Arendt se trouve dans le double contexte de l'impérialisme colonial et de l'invention totalitaire. Il lui faut articuler histoire de la genèse du capitalisme industriel et la situation de la fin du XIXe siècle et du XXe siècle. On peut mieux saisir le questionnement d'Arendt à propos du productivisme et de l'impérialisme (colonial) en reprenant la lecture faite par Arendt de certaines parties de l'œuvre de Marx. La philosophe Anne Amiel s'attache à deux textes de Marx qu'elle relit avec Arendt.[87] Je ne reprends pas sa démonstration ici, mais j'en retiens l'idée centrale d'Arendt lisant Marx à propos du lien entre productivisme et humains superflus: dans la transformation de l'exploitation féodale en exploitation capitaliste, dans l'accumulation primitive du capital, *Arendt établit un lien entre le processus de production pour la production et sa violence destructive et expansive.*

La question commune d'Arendt et de Marx n'est pas tant celle de leur débat sur le travail ou alors de la propriété privée et/ou commune, que celle *d'un processus d'accumulation destructeur contenant dans son principe la production d'humains superflus,* qui rappelons-le est un fil rouge constant dans l'œuvre d'Arendt provenant d'une expérience politique et non d'une expérience d'exploitation.

Chez Marx, le fil rouge est le plus explicite dans le Livre 1 du *Capital,*[88] Marx écrit que le capitalisme industriel crée la «production progressive d'une surpopulation relative ou d'une main-d'œuvre de réserve».[89] Dans le Livre 3 du *Capital,* Marx décrit la concentration de la propriété foncière et du capital

---

86 Ibid., p. 801.
87 Livre I du Capital, chap. 24, § 7: Tendance historique de l'accumulation capitaliste, p. 854–858; et chap. 25, La théorie moderne de la colonisation, p. 858–569.
88 Marx K. (1993): Le Capital. Livre I. Paris, Editions Sociales, chap. 47 (chap. 3, § 3).
89 C I, p. 705.

industriel qui empêche les ouvriers «d'élire domicile sur terre».[90] Il doit payer un tribut «pour avoir le droit d'habiter sur terre». Marx rejoint le souci de la possibilité de résidence et d'appartenance d'Arendt qu'elle développe dans le chapitre V de *L'impérialisme* et autour du débat sur sa fameuse formule du «droit d'avoir des droits».

Que retirer à ce stade de ce débat tortueux d'Arendt avec Marx et d'autres auteurs dans la perspective que j'ai choisie pour nos interrogations actuelles sur le travail?

1) Tout d'abord, d'un point de vue épistémologique, toute révision critique radicale implique de situer les propos dans le contexte historique, de renverser une logique, des catégories, de déplacer des perspectives. Marx a été célébré pour son renversement de la logique de Hegel. Arendt peut être célébrée par son renversement des catégories d'Aristote et de points essentiels de la tradition philosophique (naissance plutôt que mort, «penser ce que nous faisons», c'est-à-dire articuler étroitement agir et penser, puis jugement). André Tosel, souligne que l'originalité d'Arendt est de renverser l'espace hiérarchique d'Aristote en subordonnant le travail, l'œuvre à l'autonomie de la praxis en «reposant à nouveau l'ordre juste, qui fait de l'œuvre le cadre et la servante de l'action et du travail l'esclave de l'œuvre».[91] La distinction entre *Homo laborans* et *Homo faber* inscrit pour Arendt la possibilité de s'arracher à la nature et de s'inscrire dans le monde des objets et d'ainsi préserver une richesse de la condition humaine qui permet de préparer la création politique par l'action.

2) Au XXᵉ siècle, le travailleur a établi un rapport plus complexe à la technique, aux outils avec les révolutions technologiques qui ont eu lieu depuis la modernité capitaliste. Certes, subsistent la plus-value de son travail extorqué, organisation de la production au service de la production industrielle de masse, division du travail, robotisation, concurrence, profit, délocalisation, domination du marché mondialisé, spéculation du capital détruisant les appareils de production, transformation de la consommation, gaspillage de la nature, etc. Dans un tel cadre, l'action humaine, le travail, la souffrance, l'aliénation, la désubjectivation, la déshumanisation et aussi l'émancipation globale sur une planète où se pose la question de l'autolimitation non seulement de l'exploitation des hommes, mais de la nature ne peuvent être décrits ni par Marx, ni par Arendt. Ces œuvres peuvent être pensées dans les questionnements qu'elles posent, d'un regard du présent sur deux périodes de l'histoire de la modernité (XVIIIᵉ–XIXᵉ et XIXᵉ–XXᵉ siècles).

En ce qui concerne le travail, Arendt a contribué à désacraliser cette notion érigée au rang d'une norme, voire d'un concept clé au courant du XIXᵉ et du XXᵉ siècle.

---

90 C III, chap. 46, p. 156.
91 Tosel A. (dir.) (1992): Les logiques de l'agir dans la modernité, p. 33.

Elle n'a pas emprunté les chemins du matérialisme historique mais ceux de la pensée grecque en débattant avec des auteurs de la pensée libérale (Locke, Smith) et avec Marx. Peut-elle «répondre aux interrogations que fait naître aujourd'hui, le développement sans limites du travail, tendant, par ce mouvement, non seulement à perturber l'ordre naturel mais à mettre en danger l'ensemble de la nature», écrit C. Rogue?[92] Peut-elle nous aider à saisir la problématique du travail, du prolétariat dans toute sa complexité? André Gorz[93] et Jean-Marie Vincent[94] ouvrent de nouvelles perspectives qui ne s'inscrivent pas forcément dans le rêve de Marx (et de bien d'autres depuis lors) de la fin du travail aliéné.

3) Quand Arendt revient au sens du travail lié à la contrainte, à la souffrance de l'Antiquité romaine et grecque, elle apporte des outils phénoménologiques qui ne sont cependant pas descriptifs et explicatifs du monde du travail d'aujourd'hui. Arendt s'en est tenue à identifier le travail dans le processus de production de la plus-value dans l'accumulation primitive du capitalisme industrielle (valeur). Ce choix l'a fait passé à côté d'autres distinctions marxiennes importantes (travail, procès de travail, production, procès de production, reproduction et procès de reproduction) souligne encore André Tosel. On a vu qu'elle ne rêve pas, comme Marx à une délivrance du travail et par le travail. Elle cite Marx le volume III du *Capital* pour le récuser: «Le domaine de la liberté ne commence que lorsque cesse le travail déterminé par le besoin et l'utilité extérieure.»[95] Marx ne pense pas à la fin du travail, mais à la fin de l'exploitation dans le travail, dans la production et par la révolution. Arendt n'a pas approfondi la notion de *praxis* chez Marx pour saisir sa perspective d'approche du travail articulée à sa préoccupation de l'émancipation. Pour approfondir ces questions, il faudrait mettre en débat les concepts d'action chez Arendt et de *praxis* chez Marx.

4) En vue d'une redéfinition du travail, à partir de ce qu'Arendt a appelé la *vita activa*, que Marx a appelé *l'essence de l'homme,* il est possible de mieux saisir l'apport d'Arendt en déplaçant le terrain d'observation de l'œuvre et du travail vers des questions sur la politique, la révolution quand Arendt réfléchit conjointement à la guerre et à la révolution dans le XXe siècle en prenant une distance critique à la fois avec la violence instrumentale et avec la bureaucratie. Emprunter une telle voie d'interprétation permet de trouver des éléments philosophiques sur l'organisation du travail.

Rappelons qu'Arendt s'est interrogée sur les rapports entre guerre et révolution

---

92 Cité par Münster 2008, p. 196.
93 Gorz A. (1983): Adieu au prolétariat. Paris, Galilée.
94 Vincent J.-M. (1987) : Critique du travail. Le faire et l'agir. Paris, Presses Universitaires de France.
95 CHM, p. 150–151. Münster 2008 dit que, dans L'idéologie allemande, Marx est encore plus explicite à ce propos: «La révolution communiste abolit le travail», p. 59.

dans son *Essai sur la révolution*.[96] Dans son essai et dans d'autres textes, elle a centré son intérêt pour les révolutions comme commencement dans l'agir libre et pluriel et pour les conseils des années 1920 et de 1956 à Budapest, sans pouvoir terminer son travail de théorie politique et philosophique sur *Qu'est-ce que la politique?* Ses remarques pourraient être utiles pour analyser non seulement des expériences politiques, mais le domaine du travail. D'autres penseurs, comme Castoriadis, le groupe *Socialisme ou Barbarie* mais aussi toutes les nombreuses recherches sur l'organisation la participation, l'autogestion dans le travail, et aussi les recherches actuels qui mettent en perspective travail, chômage et réorganisation complète de l'économie et de la vie urbaine et quotidienne, etc. vont dans ce sens.

5) Mais là où Arendt ouvre une piste critique radicale, c'est quand elle montre que la philosophie du travail et Marx et les théories de l'évolution du XIXe siècle se rejoignent. N'oublions pas qu'elle fait ce constat à partir de ses observations sur l'impérialisme et l'invention totalitaire. Le concept de processus fait mettre en équation par Marx le processus d'évolution biologique et celui du travail. On voit la réduction du travail au processus vital, la mutation profonde du travail pendant la première et la deuxième révolution industrielle (taylorisme, machinisme, robotisation, etc.) qui aboutit à une théorie «vitaliste» et «ontologique du travail problématique», souligne Münster.[97] Inépuisablilité de la force collective de travail et immortalité de l'espèce… le parallèle est à interroger radicalement à notre époque en nous amenant à ne pas oublier ses deux concepts, de cosmos, de *human superfluity, dont il faut maintenant clarifier la teneur.*

Impérialisme colonial, invention totalitaire, *human superfluity*

Au XIXe siècle, le fait que la politique peut être détruite, que les humains puissent devenir superflus par le fait des humains est une réalité attestée par une invention historique qui a germé dans la longue histoire de l'Occident: l'invention totalitaire. La double menace de destruction politique totalitaire et des armes atomiques est toujours une réalité avec le danger nucléaire et les nouvelles technologies liées aux marchés et aux guerres actuelles. En ce qui concerne le mouvement des populations, à la suite des camps coloniaux et nazis, la nouvelle géographie des camps en Europe[98] et ailleurs dans le monde suffit à montrer l'étendue et la banalisation de l'enfermement sécuritaire des populations.

96 Arendt Hannah, Essai sur la révolution, Paris, Telgallimard, 1963.
97 Münster 2008, p. 211.
98 Clochard O. (2007): Le jeu des frontières dans l'accès au statut de réfugiés. Une géographie des

En quoi, l'expérience historique durant l'impérialisme colonial et le nazisme aurait-elle un lien avec des formes contemporaines, non pas d'exclusion, mais *d'expulsion* de la politique et du monde d'individus (travailleurs, chômeurs, populations déplacées, réfugiés, sans-papiers, etc.) dans une sorte de mouvement et d'effet de boomerang pour ce qui est de l'arrivée des sans-papiers de l'époque contemporaine? En quoi le système totalitaire d'enfermement et d'extermination des camps nazis dont l'invention se rattache aux pratiques coloniales pourrait-il connaître une sorte de continuité dans les dispositifs de rétention et les réseaux de camps aux frontières de l'Europe, et quelle serait cette continuité dès lors qu'il serait naïf de plaquer une expérience historique sur une autre par un processus analogique faisant fi de l'histoire en sachant que les faits exigent d'être distingués avec soin? En quoi le fait que des dispositifs, outils appliqués aux étrangers sont appliqués à d'autres groupes de population, dont les chômeurs, est-il préoccupant? Un débat d'Arendt avec Marx nous laisse entrevoir l'imbrication économique et politique de la modernité capitaliste et en quoi l'exploitation, la surexploitation contiennent une culture politique d'humains superflus et ont des liens multiples et complexes avec l'extrême violence.

Sans reprendre ici, la genèse historique de la notion d'humain superflus,[99] rappelons qu'Arendt l'a mise en avant à la fois dans son débat avec Marx dont il a été fait état, en analysant l'expulsion de la force de travail d'Europe dans les colonies, puis la mise en place du nazisme, les camps d'extermination. Sa préoccupation hante sa mémoire au moment où elle réfléchit à ce que deviennent les travailleurs sans travail de la société de consommation des années 1960 comme on l'a rappelé.

Revenons un instant à l'impérialisme colonial avant de nous arrêter à l'invention totalitaire et à ce qu'elle écrit dans le volume *L'impérialisme*. Quel type d'humains superflus produit l'impérialisme colonial? Pour Arendt, le capital superflu et les humains superflus vont ensemble comme l'alliance entre la foule et le capital pourtant «manifestement en désaccord avec la doctrine de la lutte des classes».[100] «Ironie du sort, le pays où richesse superflue et hommes superflus se trouvèrent réunis pour la première fois était lui-même en passe de devenir superflu» (l'Afrique du sud).[101] Sa description de l'impérialisme colonial repère la superfluité dans un processus d'expulsion des capitaux et d'humains superflus

politiques européennes d'asile et d'immigration, Thèse Université de Poitiers (voir la carte des camps en Europe faite pour Migreurop).

99 Voir Caloz-Tschopp M.-C. (2000): La philosophie de Hannah Arendt. Les humains superflus, le droit d'avoir des droits et la citoyenté. Lausanne, Payot, 2000.

100 OT II, p. 57.

101 Ibid., p. 55.

et de colonisation brutale où s'inventent des dispositifs de violence et de guerre qui vont revenir en boomerang en Europe.

Dans le cadre de l'émancipation politique de la bourgeoisie, «Force noire: chair à canon produite en série.» Pour la France par exemple, «les colonies étaient considérées comme terres à soldats susceptibles de fournir une force noire capable de protéger les habitants de la France contre les ennemis de leur nation». La fameuse phrase prononcée par Poincaré en 1924: «La France n'est pas un pays de quarante millions d'habitants; c'est un pays de cent millions d'habitants», annonçait purement et simplement la découverte d'une «forme économique de chair à canon, produite selon des méthodes de fabrication en série».[102] Il s'agissait de pouvoir lever des «troupes noires» pour défendre la France en cas d'agression de l'Allemagne. Dans le cadre d'une coexistence entre invention de la race et de la bureaucratie coloniale qui invente des dispositifs de violence qui, rapatriés dans les pays impériaux, transformeront leur structure politique en profondeur, humains superflus, rejetés par le capitalisme industriel, «des hommes de la mêlée pour l'Afrique» que «l'Europe entière avait contribué à [les] fabriquer».[103] Arendt en fournit deux exemples: les chasseurs d'or et les Boers en Afrique du Sud.

Dans la chasse à l'or, «‹les bohémiens des quatre continents› (qui) se ruèrent au Cap où rejoindre cette foule de ‹toutes les nations et de toutes les couleurs› n'était pas leur affaire; ils n'avaient pas quitté la société, mais ils avaient été rejetés par elle […]. Ils étaient déracinés. Leur seul choix avait été un choix négatif, une décision à contre-courant des mouvements de travailleurs par laquelle les meilleurs de ces humains superflus, ou de ceux qui étaient menacés de l'être, établissaient une sorte de contre-société qui leur permît de trouver le moyen de réintégrer un monde humain fait de solidarité et de finalités. Ils n'étaient rien en eux-mêmes, rien que le symbole vivant de ce qui leur était arrivé, l'abstraction vivante et le témoignage de l'absurdité des institutions humaines. Ils n'étaient pas des individus, comme les vieux aventuriers, ils étaient l'ombre d'événements avec lesquels ils n'avaient rien à voir.»[104] «Le monde des sauvages était le décor idéal pour des hommes qui s'étaient échappés des réalités de la civilisation».[105]

Une partie des chasseurs d'or se groupèrent dans la partie sud du continent pour tenter de s'enrichir rapidement où ils rencontrèrent les Boers, groupe séparatiste hollandais qui fuyaient l'industrialisation, que l'Europe avait presque oublié mais qui allait maintenant se révéler utile. Dans la transformation d'un peuple en horde, déracinement des Boers avec leur «émancipation précoce du travail»

102   Ibid., p. 21.
103   Ibid., p. 121.
104   Ibid., p. 117–118.
105   Ibid., p. 120.

allait devenir «une expérience de laboratoire»[106] dans l'invention de la race et du racisme exterminateur que l'on retrouvera plus tard en Europe. La réaction de la «racaille»,[107] des hommes superflus, fut en grande partie déterminée par celle du seul groupe européen qui avait jamais eu à vivre, bien que dans un isolement complet, «dans un monde de sauvages noirs».[108] Dans ce monde, «les esclaves noirs devinrent rapidement la seule fraction de la population à travailler réellement».[109] «Les Boers furent le premier groupe européen à abandonner l'orgueil que l'homme occidental trouvait à vivre dans un monde créé et fabriqué par lui. Ils traitaient les indigènes comme une matière première et se nourrissaient d'eux comme on pourrait se nourrir des fruits d'un arbre sauvage [...] ils se contentaient de végéter»,[110] en méprisant le travail. Ils ne réussirent à se maintenir «que par le biais du racisme».[111]

L'expérience de la société de race d'Afrique du Sud «devait se révéler beaucoup plus importante pour les gouvernements totalitaires (d'Europe): elle apprit que les raisons du profit ne sont pas sacrées et qu'on peut leur faire violence, que les sociétés peuvent fonctionner selon d'autres principes qu'économiques, et que de telles circonstances peuvent avantager ceux qui, dans les conditions de la production rationalisée et du système capitaliste, appartiendraient aux couches défavorisées. La société de race d'Afrique du Sud enseignant à la foule la grande leçon, dont celle-ci avait toujours eu la prémonition, à savoir qu'il suffit de la violence pour qu'un groupe défavorisé puisse créer une classe encore plus basse, qu'une révoluton n'est pas nécessaire pour y parvenir mais qu'il suffit de se lier à certains groupes des classes dominantes, et que les peuples étrangers ou sous-développés offrent un terrain idéal pour une telle stratégie.»[112]

Arendt montre plus loin comment la bureaucratie coloniale inventa des formes de violence qui allaient revenir en boomerang dans l'Europe des années 1920–1930 et suivantes. Elle montre notamment que les nazis n'inventèrent pas les camps mais s'inspirèrent des méthodes coloniales (le grand-père de Goering). Elle montre comment la superfluité humaine en vint à être pleinement achevée dans l'invention totalitaire et les camps d'extermination. Au XXe siècle, «la fabrication massive et démentielle de cadavres est précédée par la préparation historiquement et politiquement intelligible de cadavres vivants».[113] Elle a été précédée par la fabrication de populations flottantes, les sans-Etat.

106 Ibid., p. 129.
107 Ibid., p. 132.
108 Ibid., p. 121.
109 Ibid., p. 125.
110 Ibid.
111 Ibid., p. 130.
112 Ibid., p. 144.
113 OT III, p. 185.

«Les individus sans-Etat représentent le phénomène le plus nouveau de l'époque contemporaine. On ne retrouve en eux aucune des catégories ni des règlements issus de l'esprit du XIXe siècle. Ils sont tout aussi éloignés de la vie nationale des peuples que les luttes de classe de la société. Ils ne sont ni des minoritaires ni des prolétaires, ils sont en dehors de toutes les lois.»[114]

Dans le contexte de l'invention totalitaire, la *Human superfluity*, a été préparée:
1) en tuant en l'homme la personne juridique (amalgame entre les innocents et les criminels dans les camps), l'arrestation d'innocents (majorité de la population des camps) et la sélection arbitraire des victimes par exemple,
2) le fait de tuer en l'homme la personne morale,
3) le fait de tuer toute individualité.

A partir de son observation des camps, Arendt décrit la superfluité en ces termes: «Les hommes, dans la mesure où ils sont plus que la réaction animale et que l'accomplissement de fonctions, sont entièrement superflus pour les régimes totalitaires. Le totalitarisme ne tend pas vers un règne despotique sur les hommes, mais vers un système dans lequel les hommes sont de trop. Le pouvoir total ne peut être achevé et préservé que dans un mode de réflexes conditionnés, de marionnettes ne présentant pas le moindre soupçon de spontanéité. Justement parce qu'il possède en lui tant de ressources, l'homme ne peut être pleinement dominé qu'à condition de devenir un spécimen de l'espèce animale homme.»[115]

A propos du travail et du chômage, on peut mettre ses remarques dans le processus qu'elle a décrit en lien avec ce qu'elle a déjà écrit au moment où elle écrit sur le système totalitaire: «On réalise aisément à quel point la propagande et même certaines des institutions totalitaires répondent aux besoins des nouvelles masses déracinées; mais il est presque impossible de savoir combien d'entre eux, exposés plus longtemps à la perpétuelle menace du chômage, acquiesceraient avec joie à une ‹politique de la population› qui consiste à éliminer régulièrement ceux qui sont en surnombre; combien, après avoir régulièrement pris conscience de leur inaptitude croissante à porter les fardeaux de la vie moderne, se conformeraient de gaieté de cœur à un système qui, en même temps que la spontanéité, élimine la responsabilité.»[116]

Ou encore: «La tentative totalitaire de rendre les hommes superflus reflète l'expérience que font les masses contemporaines de leur superfluité sur une terre surpeuplée. Le monde du mourir, où l'on enseigne aux hommes qu'ils sont superflus à travers un mode de vie où le châtiment n'est pas fonction du crime, où l'exploitation se pratique sans profit, où le travail ne produit rien, est une usine à fabriquer quotidiennement de l'absurde. Pourtant, dans le cadre de

114 OT II, p. 253.
115 Ibid.
116 OT III, p. 172.

l'idéologie totalitaire, rien ne pourrait être plus sensé ni logique: si les détenus sont de la vermine, il est logique qu'on doive les tuer avec des gaz toxiques; s'ils sont dégénérés, on ne doit pas les laisser contaminer la population; s'ils ont des ‹âmes d'esclaves› (Himmler) personne ne doit perdre son temps à tenter de les rééduquer. Du point de vue de l'idéologie, le défaut des camps de concentration est presque d'avoir trop de sens, et que l'exécution de la doctrine est trop cohérente.»[117]

Pour le dire brièvement en conclusion de cette partie, nous sommes arrivés au point où il est possible de voir en suivant le fil rouge d'Arendt qu'il existe une certaine continuité historique entre le début du capitalisme, l'impérialisme colonial qui a abouti à une rupture totalitaire au XXe siècle. Une autre figure qui prend le relais de l'*Homo laborans* et de l'*Homo faber,* celle de l'*Homo superfluens* dans une ère de capital superflu conduisant à la guerre «totale» qui implique son renversement en «droit d'avoir des droits», comme nous le montre Arendt.

Arrivés à ce stade, ce n'est plus Arendt qui lit Marx et d'autres théoriciens, mais c'est nous qui lisons Arendt lisant Marx à partir des apories qu'elle nous a montrées sur le XXe siècle avec l'enjeu de devoir nous situer sur les brèches de la rupture historique qu'elle a décrite, en sachant que les transformations du travail accompagnent aujourd'hui des transformations du pouvoir et de la guerre. Avec l'exigence de prolonger et d'enrichir ses apports.

A partir de l'ombre des humains superflus, de la figure des sans-Etat, le fil rouge à tenir en main pour analyser philosophiquement un processus qui va du capitalisme industriel, vers l'impérialisme colonial puis vers l'invention totalitaire la *Human superfluity*[118] permet de continuer à penser, à débattre avec Arendt tout en ouvrant d'autres chemins. Il ne s'agit pas de trouver chez Arendt une explication historique, économique du processus appuyée sur une analyse économique pointue. Il s'agit de prendre en compte un questionnement existentiel et philosophique, politique, qui me semble-t-il garde toute sa valeur pour penser le monde d'aujourd'hui.

Pour Arendt, l'autre face de la superfluité est le «droit d'avoir des droits»: «Nous n'avons pris conscience de l'existence du droit d'avoir des droits *(ce qui signifie: vivre dans une structure où l'on est jugé en fonction de ses actes et de ses opinions)*

---

117 Ibid., p. 198.

118 Au moment de ma thèse (2000), j'ai eu beaucoup de peine à voir et à penser la notion et à lui résister en m'interrogeant et en transformant ce qu'Arendt a dit à propos de la compréhension en postulat exploratoire du total-libéralisme, puis j'ai repris une réflexion plus large, après avoir travaillé sur les camps d'étrangers en Europe. Voir: Caloz-Tschopp M.-C. (2004): Les étrangers aux frontières de l'Europe et le spectre des camps. Paris, La Dispute; Caloz-Tschopp M.-C. (2008): Résister en politique et en philosophie avec Arendt, Castoriadis et Ivekovic. Paris, La Dispute.

et du droit d'appartenir à une certaine catégorie de communauté organisée que lorsque des millions de gens ont subitement perdu ces droits sans espoir de retour par suite de la nouvelle situation politique globale.» [...] «Etre privé des Droits de l'homme, c'est d'abord et avant tout être privé d'une place dans le monde qui rende les opinions signifiantes et les actions efficaces [...]. Ce qu'ils perdent, ce n'est pas le droit à la liberté, mais le droit d'agir; ce n'est pas le droit de penser à leur guise, mais le droit d'avoir une opinion [...].»[119]

On en revient au fait qu'Arendt pose l'exigence d'appartenance politique assurant une place dans le monde qui seule rend «les opinions signifiantes et les actions efficaces». Elle souligne aussi que la conscience sociale et politique du «droit d'avoir des droits» intervient quand ces droits se sont perdus. Sa philosophie de la naissance et d'un nouveau commencement permet de penser qu'après une perte radicale de place politique peut encore intervenir un «nouveau commencement» du «droit d'avoir des droits». Peut-être aujourd'hui faut-il traduire ce mouvement du manque et du désir d'appartenance en termes de résistance politique au centre même de la violence extrême que l'on observe à toutes sortes de niveaux dans nos sociétés, dont celui du travail et du chômage.

En guise de conclusion

Revenons par un autre biais aux craintes d'Arendt sur, ce qu'elle appelle la société de «travailleurs sans travail» depuis son observation de la distinction entre *Homo laborans* et *Homo faber*, sa description de l'impérialisme colonial culminant dans son analyse de l'invention totalitaire et des humains superflus. Dans le sillage de la modernité capitaliste et de ce qu'elle appelle la rupture du XXᵉ siècle, on ne peut penser la vie humaine, la construction du savoir, le travail, la politique aujourd'hui sans la violence, inscrite dans une «guerre globale» (Tosel)[120] et «l'extrême violence» (Balibar)[121] ou encore de «cruauté» liée à la naissance (concept clé dans la philosophie d'Arendt) (Nahoum Grappe).[122]

---

119 OT II, p. 281–282.
120 Tosel A. (2010): «Mettre un terme à la guerre infinie du monde fini», Actes colloque UNIL-IEPI, avril 2010 (à paraître).
121 Balibar 2010a.
122 C'est à l'anthropologue Véronique Nahoum-Grappe que revient d'avoir distingué dans ses travaux la violence et la cruauté en relevant l'écart entre les deux concepts, les notions trop commodes «d'atrocités», de «naturalisation» dans un contexte d'impunité. Elle montre que les sciences sociales, l'historiographie de la guerre ont laissé peu de place au «fait social de la cruauté» et ne l'a pas différencié de la violence. La distinction conceptuelle qui intervient avec les apports de la psychanalyse permet de penser la cruauté en tant que «programme de cruauté» et de saisir «l'usage politique de la cruauté». Elle montre que l'instrumentalisation politique de la cruauté (viol des femmes bosniaques, égorgement des hommes, saccage des tombes et

Après la guerre «totale» dont Arendt a parlé dans ses textes de *Qu'est-ce que la politique*, le philosophe André Tosel parle même aujourd'hui dans son texte sur la guerre, de «guerre infinie dans un monde fini». Il montre que la guerre a changé de figure au cours de la globalisation et qu'elle se caractérise par un globalisme géopolitique, systémique, normatif, idéologique. Il préconise d'introduire des différenciations dans le concept de guerre à considérer de plusieurs côtés en interrelation entre elles: a) Les états de guerre constitués par une multiplicité de conflits nationalitaires à tonalité raciste et potentiellement génocidaire; b) une culture de la vie quotidienne hantée par la concurrence et tentée par le recours à la violence contre divers «autres»; c) la persistance d'un mode de production capitaliste transformé en sa mondialisation, avec la soumission réelle du travail et la possibilité d'une guerre civile sociale. En résumé, on voit que le travail et la guerre civile sociale sont inclus dans son analyse de la guerre d'aujourd'hui.

Il apparaît alors bien illusoire d'opposer une anthropologie libérale découlant des Lumières à une anthropologie «guerrière», comme le fait Mireille Delmas-Marty dans son dernier livre.[123] Tant H. Arendt, que W. Benjamin, se sont interrogés sur l'émergence d'une rupture de civilisation, survenue non dans des pays de sauvages mais dans une Europe «civilisée» qui avait vécu Les Lumières, dans un pays berceau de la philosophie (l'Allemagne). Dans l'ombre des Lumières se sont profilés les anti-Lumières,[124] mouvement que l'on observe aujourd'hui sous d'autres formes qu'à l'époque de Marx et d'Arendt.

Au XXe siècle, la raison kantienne a été balayée par la raison instrumentale avec Auschwitz et Hiroshima, nous disent les chercheurs de l'Ecole de Francfort. A un clivage supposé possible entre la raison et la déraison, entre le droit et la violence, il faut opposer l'exigence d'un regard aigu, d'une conscience sociale lucide sur des formes de dénis qui touchent aussi les scientifiques,[125] sur les «zones grises» (Primo Levi) d'ambiguïté bien présentes dans la société qui peuvent basculer aussi bien dans le nihilisme que dans la civilité. En d'autres termes, philosophiquement nous sommes mis au défi de penser la présence de l'inhumain

de monuments historiques en ex-Yougoslavie) atteint le lien de filiation. Elle souligne un fait fondamental: «Le but de la cruauté ce n'est pas la mort de la victime, mais sa naissance qu'il faut défaire.» Nahoum-Grappe V. (1996): «L'usage politique de la cruauté: l'épuration ethnique (ex-Yougoslavie, 1991–1995)». In: F. Héritier: De la violence. Paris, Odile Jacob, p. 288.

123 Delmas-Marty Mireille (2010): Libertés et sûreté dans un monde dangereux. Paris, Le Seuil.

124 Sternhell Z. (2006): Les anti-Lumières. Du XVIIIe siècle à la guerre froide. Paris, Fayard.

125 Audoin-Rouzeau S. (2008): Combattre. Une anthropologie historique de la guerre moderne. Paris, Le Seuil. Ce chercheur en histoire de la Première Guerre mondiale se demande pourquoi la plupart des grands chercheurs en sciences sociales qui, jeunes, ont participé à cette guerre n'en parlent pas dans leurs œuvres qui influencent les sciences sociales d'aujourd'hui. Dans son livre sur l'idéologie raciste, une sociologue insiste sur le fait que la pensée raciste a été le fait autant du monde scientifique que du sens commun. Voir Guillaumin Colette (2000): L'idéologie raciste. Paris, Folio-essais.

dans l'humain et l'exigence de résister à l'inhumain, de créer des alternatives dont on saisit un fil continu/discontinu à interpréter entre les génocides, les massacres, les nettoyages ethniques et autres processus exterministes, les guerres métastases et ce qui se passe dans le travail et qu'exprime la colère et aussi les suicides de travailleurs.

Comme l'a montré E. Balibar, la dualité et la polarité de l'extrême violence est à la fois «ultra-objective» et «ultra-subjective» et il nous faut articuler trois concepts de la tradition critique (émancipation, transformation, civilité)[126] pour la saisir. A des degrés divers, on assiste dans tout le processus à une désagrégation de la personnalité physique et morale qui atteint des extrêmes où la consommation productive de la force de travail humaine se renverse en inutilité de masse qui prend le relais de «l'accumulation primitive» qu'avaient décrit Karl Marx et Rosa Luxembourg.

Le terme «d'homme jetable» (population poubelle, *población chatarra*) avancé par Bertrand Ogilvie rejoint par d'autres voies (lecture du concept de *Pöbel* de Hegel) celui d'humains superflus d'Arend, ce que l'on pourrait appeler leur «désutilité radicale». Où et comment ces divers éléments, terrains d'expérience se rencontrent, convergent ou non dans le processus? Qu'est-ce qu'ils signifient pour la politique et pour une réinvention radicale du travail humain? Il nous faut bien sûr construire une phénoménologie différentielle de ces faits, mais il nous faut aussi garder une vue d'ensemble de l'expérience humaine et politique prise dans ce processus. «Il faut faire l'effort d'envisager la possible disparition de la société. Sous le coup d'une guerre civile qui viendrait d'inégalités trop fortes, ou bien d'une pollution majeure ou encore d'un événement remettant en cause le caractère habitable de notre planète», écrit Dominique Méda en réfléchissant à une révolution nécessaire pour le travail.[127] Disparition de la société ou disparition de la politique assurant la survie de la société? En revenant un instant à Arendt, l'ombre des humains superflus la conduit à élaborer une politique et une philosophie du «droit d'avoir des droits» et de la civilité pour le XXIe siècle. Dans un autre texte,[128] en s'appuyant sur Michel Foucault, Spinoza, Deleuze, Simone Weil, Arthur Mbembe, Hannah Arendt, etc., Etienne Balibar montre que les situations d'extrême violence dépassent la *Zweckrationalität* (la rationalité du rapport fin-moyens), que le renversement d'une situation d'extrême violence implique d'analyser, non tant sa légitimité en termes d'utilité (torture), le degré de violence, que le sens de la violence qui est à comprendre dans la suite de ce que Simone Weil a montré, «en tant qu'anéantissement des possibilités de

126 Balibar E. (1997): La Crainte des masses. Politique et philosophie avant et après Marx. Paris, Galilée.
127 Méda D. (2010): Travail: la révolution nécessaire. Paris, L'Aube, p. 70.
128 Balibar 2010a, p. 385–417 («Sur les limites de l'anthropologie politique»).

résistance»,[129] qu'impuissance des victimes qui est l'objectif immanent. Les humains sont changés en pierre, «ils sont devenus des choses pour toute leur vie», le héros guerrier devient une espèce humaine qui est un «compromis entre l'homme et le cadavre» où est anéantie «une certaine complémentarité de la vie et de la mort», où «la vie est pire que la mort», où selon Achille Mmembe, analysant la phénoménologie de la violence dans la colonisation, il y a «une multiplication de la mort», où sont produits des «morts-vivants».[130] On retrouve ce constat au centre de l'œuvre d'Arendt décrivant l'invention totalitaire.

Pour Etienne Balibar, le cercle se ferme (mais pas la résistance) avec «la contamination des victimes par la violence», leur réduction à l'impuissance et «l'impossibilité de la résistance, dont de la réponse (ou de la «réponse proportionnée», c'est-à-dire finalement de la réponse politique) recouvre toutes sortes de modalités extrêmes décrites par de multiples témoignages où se joue «l'anéantissement du politique lui-même». Là, pour Etienne Balibar se trouve aujourd'hui la dimension tragique de la politique. Ce qui est recherché comme accomplissement de la modernité est la «coopération à la destruction» et là se joue la possibilité même de la politique. Peut-être est-ce pour cela, que les témoignages de violence extrême nous intéressent et que nous cherchons des traces (mais de quoi?) dans la situation actuelle, y compris dans les situations de travail.

La phénoménologie de Spinoza, écrit encore Balibar, montre que l'individualité en survie comporte «un minimum incompressible que la violence extrême ne peut anéantir ou retourner contre l'effort de vivre et de penser des individus, dans la forme consciente ou surtout inconsciente d'une ‹servitude volontaire› qui serait aussi une volonté de sacrifice».[131] Il existe un caractère transindividuel de l'individualité elle-même qu'ont montré les psychanalystes confrontés à la torture. La capacité tragique de résistance des individus à la violence est leur être même, être transindividuel. Ainsi l'expérience de la «mort vivante» est l'expérience extrême de l'humain dans l'homme. Elle est toujours visée par la violence, l'extrême violence, la cruauté, mais elle résiste. C'est peut-être là que réside l'aporie ouverte et pratique de la politique, la question d'anthropologie fondamentale qu'Arendt et beaucoup d'autres ont formulé aux limites de l'impolitique dans la politique. Penser la violence et la résistance comme même mouvement et moment tragique. Penser aussi la résistance dans un cadre à la fois individuel et transindividuel.

Peut-être faut-il avoir le courage de prendre en compte une telle réflexion dans le cadre du travail, pour le re-considérer dans le cadre tragique de la possibilité

---

129 Ibid., p. 390.
130 «Out of the World», précise Balibar 2010a, chap. 5.
131 Ibid., p. 399.

même d'une anthropologie politique, de la politique générale et du travail. Il nous faut avoir le courage de voir «la place de l'inhumain dans l'humain» en même temps que l'humain qui lui résiste, au-delà d'une résistance indivuelle, d'une résistance transindividuelle pour construire pas à pas une «contre-violence qui prévient la violence ou lui résiste».[132] Robert Antelme au pied du SS qui va l'assassiner dit, «il peut me tuer, mais il ne peut pas tuer l'homme, l'espèce humaine», il n'en a pas le pouvoir. Il écrit encore: «Il n'y a pas d'ambiguïté, nous restons des hommes, nous ne finirons qu'en hommes. La distance qui nous sépare d'une autre espèce reste intacte, elle n'est pas historique. [...] Il n'y a pas des espèces humaines, il y a une espèce humaine.»[133]

Il nous faut en effet penser à la fois la production de l'humain pour l'homme et la destruction de l'homme par l'homme. Quand Arendt pointe que ce que les nazis ont tenté d'éliminer, à savoir la «spontanéité» de la liberté, elle montre qu'ils ont tenté d'anéantir la capacité de résistance par l'agir, la pensée, le jugement. La résistance à la violence est sans fin, comme la politique est sans fin, sur tous les terrains de la société, y compris sur le terrain du travail.

Là réside la limite de la fameuse proposition «d'égaliberté»[134] à rattacher à la fois à la citoyenneté et à la civilité[135] dans le travail et tout agir humain qui est une autre voie pour «le droit d'avoir des droits».[136] Le tragique de la politique, c'est l'élément de démesure du pouvoir de destruction, de création qu'elle contient, autant au sens d'une déshumanisation et d'une création de l'égaliberté, écrit Etienne Balibar. Avec le déplacement de notre relecture d'Arendt sur le travail, pouvons-nous *voir* le travail dans le cadre d'une telle politique du tragique? Hannah Arendt, avec le courage qu'on lui connaît, et tant d'autres, nous a ouvert un chemin de citoyenneté et de civilité à poursuivre.

---

132 Ibid., p. 415.

133 Antelme R. (1957): L'espèce humaine. Paris, Gallimard, p. 229–230.

134 Balibar E. (2010b): La proposition d'égaliberté. Essais politiques 1989–2009. Paris, Presses Universitaires de France.

135 La présence du concept «d'égaliberté» qui depuis peu côtoie celui «d'éga-dignité» qu'avance Mireille Delmas-Marty dans son dernier livre… ou quand l'égalité côtoie la «dignité» cela indique peut-être qu'un nouveau seuil qualitatif du débat a été franchi. En Suisse il a été franchi par exemple, avec la pratique des NEM, à propos duquel des avis de droit ont montré l'atteinte du principe de dignité de la Constitution suisse.

136 OT II, p. 281–282.

Abbréviations

C1   Marx K. (1994): Le Capital. Livre I. Paris, Editions Sociales.
CHM   Arendt H. (1983): Condition de l'homme moderne. Paris, Calmann-Lévy.
OT II   Arendt H. (1982): Les origines du totalitarisme. L'impérialisme (1951). Paris, Points-seuil.
OT III Arendt H. (1972): Les origines du totalitarisme. Tome 3: Le système totalitaire. Paris, Points-poche.

Bibliographie

Amiel A. (2001): La non-philosophie de Hannah Arendt. Révolution et Jugement. Paris, Presses Universitaires de France.
Balibar E. (2010a): Violence et Civilité. Paris, Galilée.
Münster A. (2008): Hannah Arendt contre Marx. Paris, Hermann.

Le travail est-il soluble dans l'amour?

Viviane Gonik

Zusammenfassung:
Ist Arbeit auflösbar in der Liebe

Dieser Artikel befasst sich mit Fragen zum Status der Haushalt- und Familienaufgaben. In der Nachfolge von Marx und Engels lassen sich diese Aufgaben als Reproduktionsarbeit betrachten und somit mit der produktiven Arbeit vergleichen. Man kann sich aber auch auf den Standpunkt stellen, dass diese Aktivitäten sich eher einem System annähern, das durch einen nicht handelsbezogenen Austausch geprägt ist. Ihre Anerkennung als wesentlich für alle menschlichen Tätigkeiten erfolgt oft über ihren Marktwert. Als Berechnungsgrundlage werden die Dienstleistungen herangezogen, die auf dem Arbeitsmarkt verfügbar sind. Dabei wird alles ausser Acht gelassen, was über den handelsbezogenen Bereich hinausgeht, und es wird nicht berücksichtigt, dass diese Arbeiten meist unterbezahlt sind, gerade weil sie den Tätigkeiten im Haushalt nahekommen. Parallel zu dieser Aufrechnung lässt sich feststellen, dass sich eine immer stärkere soziale Kontrolle über den häuslichen Bereich abzeichnet. Damit entsteht eine Art Durchlässigkeit zwischen der produktiven Sphäre und der reproduktiven Sphäre. Um all diese Tätigkeiten anzuerkennen und sichtbar zu machen, sollten sie ins Zentrum der Überlegungen über die soziale und solidarische Wirtschaft gestellt werden.

Je discuterai deux points dans cette présentation: d'une part le statut et la valeur des activités domestiques et familiales et de l'autre la question du contrôle de ces activités. J'essayerai de montrer qu'il existe un lien entre ces deux questionnements.

Ma présentation s'ordonne ainsi:
– quelques éléments historiques pour situer cette problématique,
– le statut de «travail» des activités domestiques et familiales,
– le lien entre activités reproductives et productives,
– l'apport inestimable des féministes à cette question,
– l'externalisation vers la marchandisation de ces activités,
– le contrôle et la normalisation des activités familiales et domestiques.

En conclusion, je discuterai des pistes pour la reconnaissance de ces activités hors des échanges marchands.

Quelques éléments d'histoire

La problématique du travail ménager apparaît comme telle avec le début de l'industrialisation et la séparation concomitante entre espace et temps productifs et domestiques. Pour Marx, il s'agit d'une part du travail productif et de l'autre du travail de reproduction, reproduction de la vie et de la force de travail.[1]

Cette séparation s'inscrit dans la division sexuelle du travail et la renforce: le travail productif se constitue en coupure avec le travail reproductif assigné aux femmes uniquement. Le travail en usine est pensé, dans sa temporalité comme dans son organisation, en sous-tendant l'existence séparée du travail familial et domestique: travail à plein temps, sans interruption, usant les capacités physiques et mentales au maximum, puisqu'on peut se reposer arrivé à la maison. Comme le définit Danièle Kergoat,[2] la division sexuelle du travail repose sur «l'assignation prioritaire des hommes à la sphère productive et des femmes à la sphère reproductive». Le travail productif est organisé selon la temporalité des hommes (qui sont affranchis de toutes préoccupations familiales et domestiques) alors que, dès le début de l'industrialisation, les femmes sont présentes dans la production.

Les activités domestiques sont reléguées dans la sphère privée, dans la gratuité. A l'aune de la société marchande, ces activités ne sont ni reconnues ni visibles: le travail ménager ne se voit que quand on ne le fait pas. Rappelons que, dans les statistiques suisses, jusque dans les années 1970, une catégorie réunissait: «rentiers, ménagères et autres inactifs».

1 Marx 1950.
2 Kergoat 2000, p. 35–44.

Le statut de «travail» des activités domestiques et familiales

Les activités domestiques se différencient-elles du travail productif uniquement par le fait qu'elles ne sont pas rémunérées ou sont-elles d'une autre nature? Est-ce le fait de produire, de transformer la nature qui définit le travail, comme l'écrit Marx,[3] ou est-ce le cadre normatif et mesurable dans lequel s'inscrivent ces activités qui en détermine la qualité de «travail»?

J'illustrerai ce propos par l'exemple de la sexualité: le rapport sexuel avec une prostituée (une travailleuse du sexe, comme elles se définissent elles-mêmes) s'inscrit clairement dans une logique de travail: il y a négociation contractuelle qui définit le temps, le cahier des charges et la rémunération.

Il y a encore ce que les féministes latino-américaines appellent le sexe transactionnel, soit une relation sexuelle, associée de façon explicite ou non à une rétribution symbolique ou réelle.

A l'opposé, il y a un acte sexuel à l'intérieur d'une relation de désir et d'affection. Dans ces trois cas de figures, les gestes et les activités sont les mêmes, et c'est bien le cadre dans lequel ils s'inscrivent et le type de relations qui en découlent, qui sont déterminants.

Il en va de même pour les soins aux enfants ou encore pour le ménage lui-même. Les activités domestiques et familiales se caractérisent donc par des tâches effectuées dans son propre foyer (ou dans les environs) à destination de soi-même et de sa propre famille et non rémunérées. On pourrait également ajouter qu'elles sont effectuées dans l'immense majorité par des femmes.

Pour Dominique Méda,[4] l'activité humaine se conçoit sous des formes différentes: «Les activités productives (le travail) qui visent à la fois à produire et à obtenir une rémunération […], les activités familiales, amoureuses, amicales […] dont la logique est clairement sans rapport avec celles du travail: la communauté familiale et les relations instaurées entre ces membres diffèrent radicalement des relations établies entre des travailleurs et leur patron, l'activité n'est pas contrainte de la même façon, elle ne poursuit pas les mêmes visées.»

Dans cette logique, on peut avancer que les activités familiales sont plus dans l'ordre des échanges par le don tels que décrits par Mauss. Il s'agit au travers de dons et contre-dons de tisser et de maintenir un lien social entre les membres d'une famille. C'est d'ailleurs au moment où ce lien se rompt qu'on fait ses comptes et qu'on demande et obtient une forme de rémunération (pension alimentaire, etc.).

---

3 Marx 1950.
4 Méda 2006.

Le lien entre activités reproductives et productives

Cependant cette apparente séparation peut faire problème en sous-tendant l'existence de deux sphères séparées et animées par des logiques inconciliables. Elle oblitère en partie la question de la domination et des rapports sociaux de sexe et naturalise en quelque sorte les activités familiales. Ce rapport de sexe se construit aussi bien dans la sphère privée et domestique que dans la sphère publique et professionnelle. Travail domestique et travail salarié ne peuvent être analysés comme deux entités séparées car ils forment un système.[5] Pour Hirata et Zarifian, «le temps du salariat est placé sous la condition du temps du travail domestique».[6] Vie professionnelle et vie familiale sont articulées l'une à l'autre parce que relevant de la même logique des rapports de sexe et de la division sexuelle du travail. La trajectoire professionnelle des femmes et/ou des hommes, autant que leur trajectoire familiale apparaissent alors étroitement dépendantes des conceptions qui prévalent quant aux rapports homme-femme dans la société. Le travail productif n'existe pas sans l'apport incommensurable du travail reproductif et domestique. Les entreprises valorisent ce «capital humain», qu'elles-mêmes n'ont jamais accumulé et qu'elles considèrent pourtant comme faisant partie intégrante de leur capital fixe. Ce «capital» a été constitué par ces activités non payées les plus communes et les plus quotidiennes qui se confondent avec l'activité de se produire vivant dans un milieu habité.[7]

L'apport des féministes à cette question

Pour sortir de l'invisibilité et de la non-reconnaissance des activités domestiques, les mouvements féministes des années 1970 ont fortement revendiqué son statut de «travail». Comme l'écrivent D. Kergoat et H. Hirata: «Il devint alors évident qu'une énorme masse de travail est effectuée gratuitement par les femmes, que ce travail est invisible, qu'il est réalisé non pas pour soi mais pour d'autres et toujours au nom de la nature, de l'amour ou du devoir maternel […] que tout se passe comme si son imputation aux femmes, et à elles seules, aille de soi et qu'il ne soit ni vu ni reconnu.»[8]

Sous l'impulsion des travaux de Mariarosa Dalla Costa[9] en Italie et de Silvia Federici aux Etats-Unis, un mouvement féministe pour le salaire ménager a vu le

---

5 Gonik et al. 1998.
6 Hirata/Zarifian (2000): p. 230–235.
7 Gorz 1988.
8 Hirata/Kergoat 2005, p. 263–272.
9 Dalla Costa/James 1972.

jour en Italie, aux Etats-Unis, en Angleterre, en Suisse et en Allemagne. Celui-ci, dans une vision marxiste des rapports sociaux, revendique symboliquement un salaire pour ce travail afin de montrer d'une part qu'il est impayable, d'autre part pour renforcer au travers de cette revendication le pouvoir social des femmes; le niveau de salaire reflétant ici le rapport des forces instauré.

Un autre courant, plutôt sur le versant comptable, cherche à calculer la valeur monétaire de ces activités et à les faire inclure dans le calcul du PNB.

L'externalisation vers la marchandisation de ces activités

Dans cette logique comptable, la seule lumière permettant de révéler cette économie «noire et invisible» est celle de l'économie marchande. Or, la nature même de cet éclairage et de son vocabulaire socioéconomique ne peut en révéler que les transformations et les niveaux de pénétration du Capital et de l'Etat. Comme le dit Louise Vandelac, «seul ce qui est reconnaissable selon la grille d'analyse et les schémas de pensée de l'économie marchande (c'est-à-dire les similitudes et les réductions déjà opérées par l'économie dominante) rend visible cette économie de l'ombre».[10]

Tout analyser à travers la grille de l'économie marchande implique que c'est le seul cadre explicatif des activités humaines et en cela qu'il participe de l'idéologie néolibérale affirmant que l'espace marchand doit pénétrer tous les aspects du vivre ensemble.

A ce propos, on peut également remarquer que le désir des femmes de se «libérer» d'une partie de ce travail a été largement instrumentalisé au travers de l'élargissement des consommations marchandes. La demande des femmes a favorisé la création de services et de biens qui, entrant dans la sphère domestique, ont accéléré la transformation du travail lui-même. Le travail familial reste gratuit mais coûte de plus en plus cher, une partie importante du salaire servant à payer ces produits ou ces services. Comme le dit Monique Haicaut: «Le travail domestique devient donc de plus en plus coûteux, technique et spécialisé. Il est toujours plus dépendant de l'innovation marchande et des services publics.»[11]

Cela m'amène au second volet de ma présentation, soit la question du contrôle, de la normalisation voire de la professionnalisation de l'espace domestique.

En effet, pour faire entrer les activités et l'espace domestiques dans la logique marchande (lieux de production et/ou de consommation), il faut, comme le

10 Vandelac 1981.
11 Monique 1994.

capital le fait pour le travail salarié, en contrôler la productivité et en normaliser les modes d'exécution.

Le contrôle et la normalisation des activités familiales et domestiques

De tout temps, la religion a codifié et contrôlé les rapports sociaux et plus particulièrement la sexualité. Avec la séparation des espaces et des temps publics/ marchands et privés/domestiques, le contrôle se différencie. S'il n'y a pas encore de bureau de «temps et méthodes» dans les maisons privées, de nombreuses instances proposent un cadre normatif pour les activités domestiques. A partir du XIXᵉ siècle, le discours médical remplace peu à peu celui de la religion, en visant toujours la sexualité, mais aussi l'éducation des enfants (pour lutter contre la «dégénérescence de la race») et l'hygiène comme l'a très bien montré Geneviève Heller dans son ouvrage *Propre en ordre*.[12] Par ailleurs, ces injonctions normatives s'adressent prioritairement aux femmes. Aujourd'hui, avec la diversification des disciplines médicales, le discours normatif est également véhiculé par des psychologues, des nutritionnistes, des pédiatres, etc., discours et prescriptions repris et mis en scène par les médias (émissions telles que Super nanny, Ma maison est sale). L'Etat aussi joue un rôle important, principalement au travers de l'école obligatoire qui impose un cadre temporel, mais aussi des normes en termes de propreté et d'éducation des enfants.

C'est dans ce contexte que se sont développés, dès la première moitié du XXᵉ siècle, les enseignements ménagers. Ainsi, jusque dans les années 1960, il était obligatoire dans certains cantons suisses, pour les jeunes filles bachelières, de passer quelques mois dans une école ménagère pendant que leurs condisciples masculins effectuaient leur service militaire. Relevons au passage le parallèle entre le service à la nation et le service au mari, entre l'apprentissage de l'obéissance par les armes et celle par le fer à repasser.

Comme je l'ai déjà mentionné, le travail domestique s'est profondément transformé: les femmes doivent maintenant gérer un parc machines, transporter leurs enfants pour des activités de loisirs ou parascolaires, jongler avec les temps de tous les membres de la famille. Si le travail manuel a diminué (repriser les chaussettes, préparer des confitures, etc.), l'organisation de l'espace, des activités et des temps familiaux s'est complexifié, sans pour autant amener une transformation des rapports sociaux entre les sexes. La division sexuée du travail se recompose selon «une sémantique sexuée qui ne donne pas de signes de changements profonds et durables».[13]

12 Heller 1979.
13 Monique 1994.

94

De ce fait, on voit s'installer une porosité entre espace productif et domestique ou plutôt une extension des modes managériaux de l'entreprise vers l'espace familial et domestique: l'art du planning, de la négociation, de l'arrangement, la fixation d'objectif deviennent des impératifs domestiques: il faut gérer son couple, avoir des objectifs éducationnels pour ses enfants, planifier ses stocks… Les normes d'efficacité et de productivité, les prescriptions sur les savoir-faire s'imposent et tendent à normaliser les pratiques et par là même à les contrôler.

Par cette extension des rapports marchands et managériaux dans tous les aspects du vivre ensemble, le capitalisme tente de faire entrer sur le «marché» l'ensemble des capacités humaines et, ce qui encore lui échappait, les formes de collaboration ou de solidarités humaines qui résistaient à une conception purement financière ou «gestionnaire», c'est-à-dire non rentable.[14]

En conclusion

La question se pose de comment faire reconnaître le travail ménager sans le faire entrer dans les catégories marchandes donc contrôlées?

Comment faire reconnaître les activités centrées sur le souci de l'autre et la création d'un lien social sans que ces activités soient analysées par le seul biais de l'économie marchande, comment enfin reconnaître qu'une grande partie des échanges humains se passent en dehors des échanges marchands?

Il s'agit peut-être de repenser les analyses et les organisations sociales centrées sur le travail productif et salarié et sur une vision économiciste du monde. Cette vision a constamment dévalorisé le travail vivant non marchand. Les économistes, tant marxiste que néolibéraux, s'ils ont finalement accepté, sous la pression des mouvements des femmes, l'existence du travail domestique, essaient à tout prix de le rapporter à la sphère productive qui reste la seule mesure de la reconnaissance et du pouvoir social.

Comment se battre contre l'exclusion sociale et l'exploitation de cette production-reproduction? Comment lutter pour que les femmes n'en fassent plus si scandaleusement les frais, comment combattre la solitude des mères, tout en évitant de renforcer la logique productiviste, logique sur laquelle s'est développée la division sexuelle du travail et la domination masculine?

Il s'agit de mettre le travail reproductif au centre des débats et des perspectives des alternatives à la pensée néolibérale comme celles que développent les réseaux de l'économie sociale et solidaire. Nous devons collectivement trouver le moyen de socialiser le travail ménager à travers des réseaux amicaux, associatifs, coopératifs,

14 Bloch 2010.

mixtes, autogérés sans s'épuiser dans la lutte pour le partage des tâches au niveau du couple et en réfléchissant sur le rôle de l'Etat. Comme le dit Gorz: «Des rapports sociaux soustraits à l'emprise de la valeur, à l'individualisme compétitif et aux échanges marchands font apparaître ceux-ci, par contraste, dans leur dimension politique, comme des extensions du pouvoir du capital. Un front de résistance totale à ce pouvoir s'ouvre. Il déborde nécessairement […] vers de nouvelles pratiques de vie, de consommation, d'appropriation collective des espaces communs et de la culture du quotidien.»[15]

Bibliographie

Bloch F. (2010): «Prendre soin d'un enfant, un travail comme un autre?», Paedagogica historica 46 (6).

Dalla Costa M., James S. (1972): The Power of Women and the Subversion of the Community. Bristol, Falling Wall Press (2ᵉ éd. 1973, 3ᵉ éd. 1975).

Gonik V. et al. (1998): Construire l'égalité, hommes et femmes dans l'entreprise. Genève, Georg.

Gorz A. (2004): «Economie de la connaissance, exploitation des savoirs. Entretien avec Carlo Vercellone et Yann Moulier Boutang», Multitudes 15 (1).

Gorz A. (1988): Métamorphose du travail. Quête du sens, critique de la raison économique. Paris, Galilée.

Heller G. (1979): «Propre en ordre». Habitation et vie domestique 1850–1930: l'exemple vaudois. Lausanne, Editions d'en bas (Collection «Histoire populaire»).

Hirata H., Laborie F. (2000): Dictionnaire critique du féminisme. Paris, Presses Universitaires de France.

Hirata H., Kergoat D. (2005): «Les paradigmes sociologiques à l'épreuve des catégories de sexes: quel renouvellement de l'épistémologie du travail?». In: J. P. Durand, D. Linhart: Les ressorts de la mobilisation au travail. Toulouse, Octarès Editions.

Hirata H., Zarifian P. (2000): «Le concept de travail». In: Hirata H., Laborie F.: Dictionnaire critique du féminisme. Paris, Presses Universitaires de France.

Kergoat D. (2000): «Division sexuelle du travail et rapports sociaux de sexe». In: Haicault M. (1994): «Perte de savoirs familiaux, nouvelle professionnalité du travail domestique, quels sont les liens avec le système productif?», Recherches féministes 7 (1), p. 125–138.

Marx K. (1950): Le Capital (1867), traduction de J. Roy. Paris, Ed. Sociales.

Méda D. (2006): «Dialogue autour de la place du travail». In: F. Hubault: Le stable, l'instable et le changement dans le travail. Toulouse, 2006, Octarès Editions.

Vandelac L. (1981): «… Et si le travail tombait enceinte???» Essai féministe sur le concept de travail». Québec, UQAC (Collection «Les classiques des sciences sociales»), http://dx.doi.org/doi:10.1522/24929137.

15 Gorz 2004.

Le travail des femmes: entre exploitation et émancipation

Nicky Le Feuvre

Zusammenfassung:
Frauenarbeit: zwischen Ausbeutung und Emanzipation

Obwohl sich die Frage der Erwerbsarbeit der Frau und ihr emanzipatorisches Potenzial im Verlauf der Jahrzehnte entwickelt haben, wird diese Frage im heutigen Umfeld weiterhin in verschiedener Hinsicht ambivalent beurteilt. Schliesst man sich jedoch der These von Jane Jenson an,[1] lässt sich festhalten, dass sich der Status dieser Frage seit Mitte der 2000er Jahre von Grund auf verändert hat. Lange galt die Frauenarbeit als «gesellschaftliches Problem», dessen Regelung entsprechend dem historischen und gesellschaftlichen Kontext unterschiedliche Formen annehmen konnte. Doch allmählich wandelt sie sich zu einer potenziellen Lösung für eine ganze Reihe von individuellen und kollektiven Missständen in der ganzen Welt und hat damit Teil an einer Gesamtheit von Szenarien, die vorgeschlagen werden, um die «Krise der Systeme zur sozialen Absicherung» zu überwinden, die alle westlichen Gesellschaften betrifft. Die Gleichstellung der Geschlechter im Hinblick auf die Beschäftigung wird heute ausdrücklich als unabdingbare Voraussetzung für die Bewältigung einer Reihe von gesellschaftlichen Problemen betrachtet. Durch den Übergang vom Status eines «Problems» zu dem einer «Lösung» besteht jedoch die Gefahr, dass die Frage der Emanzipation der Frau durch die Arbeit in den Hintergrund gerückt wird.

---

1 Jenson 2009.

Introduction

L'intitulé de cette contribution a été choisi comme un clin d'œil complice à Dominique Méda, en référence au titre de l'ouvrage qu'elle a publié avec Hélène Périvier, en 2007: *Le deuxième âge de l'émancipation des femmes*. Il fait également écho à plusieurs autres publications récentes, qui évoquent, de manière plus ou moins centrale, le travail comme outil potentiel d'émancipation des femmes.[2] Après avoir été longtemps envisagé uniquement sous l'angle de la surexploitation et de la «double journée», ces publications insistent désormais sur le «pouvoir subversif» du rapport des femmes au marché du travail,[3] et ce retournement de perspective analytique me paraît particulièrement intéressant à examiner dans le cadre d'une réflexion sur les «révisions» ou «re-visions» qu'il conviendrait d'opérer à l'égard du travail à l'époque contemporaine.

Le présent texte est structuré en quatre temps. Dans une première partie, je poserai quelques jalons de compréhension du débat autour du potentiel émancipateur du travail (salarié) au sein de ce qu'il est convenu d'appeler la «deuxième vague» du Mouvement de libération des femmes (MLF) et dans les études scientifiques qui s'y réfèrent. Les éléments de ce débat succinctement posés, je vais centrer la suite de mon propos sur les ambivalences qui continuent d'entourer la question du travail des femmes dans le contexte actuel. Dans un deuxième temps, je soutiendrai, à l'instar de Jane Jenson, que la question du travail des femmes a radicalement changé de statut depuis le milieu des années 2000.[4] Longtemps considéré comme un «problème social», dont la régulation pouvait prendre différentes formes en fonction des contextes historiques et sociétaux, le travail des femmes s'est progressivement mué en solution potentielle à un ensemble de maux individuels et collectifs à l'échelle planétaire. Dans un troisième temps, toujours à l'aide des travaux de Jane Jenson, je propose d'illustrer cette «métamorphose» de la question du travail des femmes (pour paraphraser Castel),[5] à l'aide des travaux de l'un des sociologues européens contemporains les plus influents[6] dans l'élaboration de différents scénarii de sortie de la «crise des systèmes de protection sociale», qui touchent l'ensemble des sociétés occidentales. Il s'agit du sociologue danois Gøsta Esping-Andersen.[7]

---

2 On peut citer «Les ambivalences du travail: entre exploitation et émancipation», Nouvelles questions féministes 27 (2) 2008, ainsi que Cardon/Kergoat/Pfefferkorn 2009.

3 Galerand/Kergoat 2008.

4 Jenson 2008; Jenson 2009. Toutes les citations des articles de Jane Jenson ont été traduites par mes soins.

5 Castel 1995.

6 Sans doute avec Anthony Giddens en Grande-Bretagne et Dominique Méda ou Robert Castel en France.

7 Esping-Andersen/Palier (2008)

En effet, comme le souligne Jane Jenson,[8] la question du travail des femmes occupe une place centrale dans les dernières publications d'Esping-Andersen,[9] où il pose désormais explicitement l'égalité des sexes comme une condition sine qua non de la solution aux problèmes sociaux actuels. Faut-il s'en réjouir? Dans une quatrième et dernière partie, je discuterai les tensions qui caractérisent cette métamorphose de la question du travail des femmes, en montrant comment le passage de son statut de «problème» à celui de «solution» risque de laisser la question de l'émancipation des femmes par le travail quelque peu au second plan.

Les ambivalences du travail des femmes dans les discours féministes

L'ambivalence des approches féministes à l'égard du travail salarié est évidente dès les premières années de la «deuxième vague» du Mouvement de libération des femmes en Occident. Dans le cadre d'un projet européen en cours,[10] nous avons eu l'occasion d'effectuer une analyse de contenu thématique des publications sur le thème du travail au sein du Mouvement de libération des femmes et des études genre dans différents contextes nationaux.[11] Au risque de caricaturer à outrance les éléments de ce débat, il me semble possible d'identifier deux conceptions radicalement différentes du rôle du travail salarié dans les luttes en faveur de l'émancipation féminine.

D'une part, les approches que l'on peut qualifier plutôt de «matérialistes» dénoncent l'exclusion des femmes du monde du travail salarié et situent l'origine de leur subordination essentiellement du côté du «mode de production domestique».[12] Dans ce cas, l'accès des femmes au marché du travail est envisagé comme une condition sine qua non du renversement du «patriarcat», même si les conditions de travail réservées aux femmes au sein de l'économie marchande font l'objet d'âpres critiques. Allant plutôt dans le même sens, Collette Guillaumin pose que l'accès des femmes au marché du travail, y compris dans des conditions scandaleusement discriminatoires en termes de salaires et de perspectives de carrière, constitue une étape indispensable à la prise de conscience des femmes de la valeur de leur propre force de travail (et, donc, d'elles-mêmes).[13] D'après

---

8 Jenson 2008; Jenson 2009.
9 Dans ce sens, il semble avoir pris bonne note des critiques qui avaient été adressées à ses premières tentatives de typologisation des régimes de protection sociale (Esping-Andersen, 1990), notamment par des spécialistes du genre (Lewis 2002; Daly 2000).
10 Il s'agit du projet FEMCIT: Gendered Citizenship in Multicultural Europe: the Impact of Contemporary Women's Movements, www.femcit.org.
11 Metso/Le Feuvre 2009.
12 Delphy 1970.
13 Guillaumin (1992 [1978]).

Guillaumin, le système de domination qu'elle nomme «sexage» rend cette prise de conscience impossible dans le cadre familial, du fait de la «naturalisation» (et, donc, de l'invisibilisation et de la dénégation) des compétences féminines qui y sont mobilisées au service des hommes, par le biais du travail domestique gratuit. De manière indirecte, ces approches ont donc plutôt influencé la mise en œuvre de politiques de promotion de l'accès des femmes au marché du travail et les revendications en faveur de l'égalité salariale.

D'autre part, il y a des approches que l'on peut qualifier (avec beaucoup de prudence) de «différentialistes» et qui proposent une critique plutôt de la «phallocratie» et des valeurs masculines (de compétition, d'exploitation capitaliste des ressources naturelles de la planète, etc.), qui régissent les sociétés industrielles, au détriment des femmes. Les auteures qui adoptent cette perspective dénoncent la «survalorisation» sociale accordée aux activités professionnelles rémunérées et cherchent à inventer d'autres critères de reconnaissance des «activités féminines» se déroulant en dehors de la sphère marchande. Dans ce cas, les réflexions s'orientent plutôt vers des stratégies susceptibles de «remettre le travail salarié à sa place»,[14] en reconnaissant que des activités qui ne relèvent pas du marché capitaliste, et notamment les activités non rémunérées de *care*,[15] sont mieux à même d'assurer et l'intégration sociale des femmes en particulier et la cohésion sociale en général que ne le sont les activités purement «productives», dans le sens marxiste du terme. D'une manière indirecte, ces approches ont influencé, dans un premier temps, les revendications en faveur d'un «salaire maternel» en contrepartie de la contribution des femmes au «bien-être collectif», puis l'idée d'un «revenu universel de subsistance», dépassant le seul cas des «femmes au foyer».

De manière assez paradoxale, les revendications, issues de ces deux courants dominants du MLF des années 1970 (tout comme une partie des recherches scientifiques menées dans le cadre universitaire des études genre), ont longtemps occulté le fait que les femmes «ont toujours travaillé».[16] En effet, ces deux perspectives critiques ont été élaborées dans un contexte historique tout à fait particulier, marqué par le triomphe (idéologique) d'un modèle d'organisation sociale fondé sur une stricte spécialisation fonctionnelle des sexes: aux hommes la sphère publique de la production économique et de la gestion politique; aux femmes la sphère dite «privée» de la reproduction sociale. Désormais désigné comme le modèle du *male breadwinner / female home carer*,[17] cette forme historiquement spécifique de la division sexuelle du travail, qui n'a, d'ailleurs,

14 Méda 2010.
15 Paperman/Laugier 2005.
16 Schweitzer 2002.
17 Crompton 1999.

jamais vraiment existé nulle part dans sa forme idéal-typique, constitue la toile de fond de toutes les réflexions actuelles sur la métamorphose du travail des femmes. Au sein du monde académique français, l'héritage d'une conceptualisation plutôt «matérialiste» des enjeux du travail des femmes est tout à fait visible,[18] alors que les perspectives féministes qui proposaient l'élaboration d'une «alternative féminine» à la société salariale y ont trouvé relativement peu d'écho, du moins jusqu'à une date récente.[19] Cela n'a pas nécessairement été le cas dans d'autres contextes sociaux et il me semble que, notamment sous l'influence des recherches anglo-américaines sur le *care* et la globalisation du marché du travail,[20] la frontière entre ces deux approches s'est progressivement brouillée.

Un point fort de consensus émerge néanmoins de ces écrits; celui qui consiste à reconnaître que ni l'analyse du travail des femmes, ni les revendications politiques le concernant ne peuvent se limiter au seul cadre du travail rémunéré.[21]

L'évolution du statut du travail des femmes à l'aube du XXIe siècle

Dans une série d'articles publiés à la fin des années 2000, la politologue canadienne Jane Jenson affirme que la question du travail des femmes est en phase de changer radicalement de statut dans le débat public et cela à l'échelle planétaire.[22] Le travail des femmes a longtemps été appréhendé comme un «problème social» auquel les politiques publiques et les individus se devaient de faire face ou de s'adapter, notamment par la recherche de solutions innovantes en matière de «conciliation»[23] des activités professionnelles et familiales des femmes (et d'elles seules). Cela n'est plus aussi clairement le cas aujourd'hui.

Au cours du XXe siècle, les différentes modalités de mise au travail des femmes ont été identifiées comme autant de facteurs de différenciation des cultures nationales. Tout en étant lu comme le signe d'une évolution quasiment

---

18 On peut citer, à titre d'exemple, les travaux du groupement de recherche (GDR) du CNRS MAGE (Marché du travail et genre), www.mage.cnrs.fr.

19 Bien qu'ils ne soient nullement «différentialistes» sur le fond, il me semble que les premières études de Dominique Méda sur le travail (1995) ont plutôt été associées au deuxième courant de pensée, ce qui explique, sans doute, la tiédeur relative avec laquelle elles ont été accueillies au sein des milieux universitaires mobilisés sur la question «genre et travail» en France.

20 Ehrenreich/Hochschild 2003; Falquet et al. 2010.

21 Pour ne pas empiéter sur les propos de Viviane Gonik (dans le présent volume), je ne ferai référence au travail domestique que quand cela sera strictement nécessaire à l'élaboration de mon raisonnement.

22 Jenson 2008; Jenson 2009.

23 Sa déclinaison exclusivement au féminin expliquant les réserves émises par un nombre croissant de chercheures féministes à l'égard de la notion de «conciliation». Junter 2004; Lapeyre/Le Feuvre 2004.

«naturelle» des sociétés (post)industrielles, la manière dont l'augmentation des taux d'activité féminine était régulée à l'échelle nationale pouvait être interprétée comme un indicateur empirique du caractère plus ou moins «égalitaire» des mécanismes d'intégration sociale à l'œuvre. C'est précisément parce qu'elles ont adopté les mesures les plus «progressistes» en matière de soutien aux femmes (mères) actives que les sociétés nordiques ont acquis une réputation (largement usurpée, nous dit-on) de «nirvana» en matière d'émancipation féminine.[24] A contrario, les pays, où les pouvoirs publics ont plutôt cherché à limiter l'accès des femmes (surtout des mères) au marché du travail, ont généralement été classés dans le peloton de queue en matière d'égalité.

Cependant, ces classements ont toujours été marqués par une certaine ambivalence, renvoyant aux tensions entre les différents «scénarii féministes» de l'émancipation des femmes par le travail qui coexistent depuis les années 1970. Comment, par exemple, interpréter les politiques publiques visant à encourager des «aménagements» spécifiquement féminins aux modalités historiquement élaborées pour la mise au travail des hommes?[25] L'encouragement étatique du travail à temps partiel des femmes était-ce une mesure favorable à l'égalité, permettant à un nombre croissant de femmes d'accéder aux ressources économiques autonomes ou, au contraire, une mesure ouvertement discriminatoire, enfermant les femmes dans les positions les moins valorisées et rémunératrices sur le marché du travail? La réponse à cette question dépend évidemment de la conception de «l'émancipation des femmes» que l'on adopte…

Quoi qu'il en soit, depuis le milieu des années 2000, la question du travail des femmes acquière progressivement un statut tout nouveau; celui de «solution» à quasiment tous les problèmes des sociétés postindustrielles. Jane Jenson attribue cette métamorphose de la vision du travail des femmes à l'émergence d'un consensus fort autour d'un «nouveau modèle social»,[26] capable de combattre les méfaits avérés du néolibéralisme,[27] tout en réinventant quelques principes de protection sociale qui soient conformes aux réalités économiques actuelles (mondialisation, société de service, économie de la connaissance) et aux contraintes imposées aux dépenses publiques: «[…] le mérite de ces orientations inspirées par certaines expériences et réflexions européennes est de proposer un horizon nouveau et commun pour les réformes de la protection sociale, qui ne se limite plus à de simples restrictions budgétaires mais qui allie adaptation aux nouveaux contextes économiques et progrès social.»[28]

24 Lister 2009.
25 Le Feuvre 2006; Blanchard et al. 2009.
26 Jenson 2008.
27 Boltanski/ Chiapello 1999.
28 Palier 2008, p. 8.

Le travail des femmes comme élément central des nouveaux régimes de protection sociale

Avant d'évoquer les principes fondateurs de ce «nouveau modèle social», il paraît important de rappeler l'apport essentiel des recherches féministes qui ont appréhendé la question du travail (salarié et non rémunéré) des femmes à travers une analyse (généralement comparative) des régimes de protection sociale. Ces travaux sont marqués par deux postulats majeurs: 1) l'analyse des modalités précises de l'investissement des femmes dans le travail salarié doit nécessairement tenir compte de leur assignation normative prioritaire (ou pas) au travail domestique et éducatif non rémunéré, et 2) les modalités précises de l'investissement des femmes dans le travail salarié dépendent des caractéristiques du «contrat de genre»,[29] du «régime de genre»[30] ou de la «configuration de genre»[31] qui sous-tend les systèmes de protection sociale à l'échelle nationale (et, parfois, supranationale).

A travers diverses critiques de la typologique des régimes de protection sociale initialement proposée par Esping-Andersen,[32] il s'agit d'analyser l'impact de différents modèles de protection sociale (d'inspiration bismarckienne ou beveridgienne, par exemple), sur la division sexuelle du travail, rémunéré et non rémunéré, dans le temps et dans l'espace.[33] Ces travaux ont permis de caractériser différents «modèles sociétaux» en matière de mise au travail des femmes, à travers une série de modèles idéal-typiques (*male breadwinner / female carer; dual breadwinner / state carer, modified male breadwinner,* etc.).[34]

Or, l'intérêt de ces analyses comparatives, largement inspirées des théories de la «path dependancy»[35] s'est trouvé amoindri au cours des années 1990, sous l'effet de plusieurs facteurs concomitants. Tout d'abord, une tendance transnationale à l'augmentation significative et continue des taux d'activité des femmes (surtout des mères), y compris dans les sociétés où le modèle du *male breadwinner / female home carer* avait été le plus solidement institutionnalisé dans la période de l'après-guerre. Deuxièmement, la reconnaissance progressive du fait que les expériences concrètes des femmes au travail – leurs conditions d'emploi, de travail et de rémunération, tout comme leurs chances de promotion – ne varient pas significativement en fonction du «régime» dominant de protection sociale à l'œuvre dans tel ou tel contexte sociétal.[36] Le maintien de fortes inégalités

---

29 Hirdman 1994.
30 Rubio-Marin 2003.
31 Pfau-Effinger 1998.
32 Esping-Andersen 1990.
33 Crompton 1999; Lewis 2002; Daly 2000; Daly/Rake 2003.
34 Crompton 1999.
35 Pfau-Effinger 2004.
36 Le Feuvre 2010.

salariales en dépit d'un «régime» largement favorable à l'activité féminine dans les pays nordiques peut être cité à titre d'exemple ici.[37] Enfin, la diffusion globale des principes du néolibéralisme, qui semblait annonciatrice d'un processus de «convergence par le bas» en matière de régulation du marché du travail, au-delà des «régimes» identifiés pour différencier les sociétés européennes entre elles.

L'ensemble de ces évolutions ont quelque peu mis à mal l'idée du caractère immuable des modèles de régulation sociale de la division sexuelle du travail à l'échelle nationale, mais elles ont également permis l'élaboration d'une toute nouvelle «vision» du travail des femmes, et c'est évidemment pour cela que la présentation et la critique du modèle de «l'Etat investisseur» proposée par Jenson nous intéresse tout particulièrement ici.

Le rôle de «l'Etat investisseur» à l'égard du travail des femmes

D'après Jenson, les principes néolibéraux qui ont régi de manière hégémonique les économies occidentales au cours des années 1980 et 1990 sont à leur tour en train de perdre du terrain, pour être remplacés par une nouvelle conception de la protection sociale en termes «d'investissement social» *(social investment)*.[38] Selon Jenson, celle-ci se manifeste dans les dernières directives européennes, dans un certain nombre de publications politiques,[39] mais également dans les économies sud-américaines en émergence.[40] La conception de ce régime de «l'Etat investisseur» s'inscrit partiellement dans la continuité des orientations néolibérales des années 1980. Elle réintègre également quelques-uns des principes des systèmes «originels» de protection sociale, mais en les adaptant à la réalité globalisée de «l'économie de la connaissance et des métiers de service». D'après les protagonistes de ce nouveau modèle de «contrat social», les principes fondateurs des systèmes de protection sociale qui ont régi la «société salariale»[41] ne sont plus efficaces, tant la nature même des risques à couvrir et les caractéristiques des «populations à risque» ont changé depuis l'apogée de cette forme d'organisation sociale (le «fordisme»), au milieu des années 1970. Cette nouvelle conception de la protection sociale est clairement présentée dans la dernière publication d'Esping-Andersen (avec Palier): «De nouveaux risques de polarisation sociale apparaissent avec la transformation des économies, et notamment avec le développement d'emplois peu qualifiés et mal rémunérés. Pour faire face à ces nouveaux risques,

37 Jenson 2009, p. 468.
38 Jenson 2009.
39 Pour la France, par exemple: Delors/Dollé 2009.
40 Dobrowolsky/Jenson 2004; Jenson 2009.
41 Castel 1995.

Gøsta Esping-Andersen propose d'abandonner la perspective statique qui se contente de soulager les difficultés présentes des individus ou bien de maintenir les revenus perdus, pour adopter une perspective dynamique qui pense les problèmes sociaux en termes de trajectoire de vie: quels sont les investissements nécessaires aujourd'hui pour éviter d'avoir à indemniser demain? Comment éviter les effets cumulatifs des handicaps sociaux tout au long de la vie? Il s'agit de passer de politiques sociales réparatrices et compensatrices à une stratégie préventive fondée sur une logique d'investissement social. […] Il s'agit en somme de préparer plutôt que de réparer, de prévenir, de soutenir, d'armer les individus et non pas de laisser fonctionner le marché, puis d'indemniser les perdants.»[42]

Contrairement à la «cécité au genre» (gender blindness) qui a présidé à la définition des risques à couvrir dans les anciens systèmes «fordistes» de protection sociale, le modèle de «l'Etat investisseur» place les femmes (et les enfants) au cœur du raisonnement: «Dans cette perspective, ce sont les femmes et les enfants d'abord qui devraient attirer notre attention, ne serait-ce que parce qu'ils sont les seuls (les femmes encore inactives, les enfants futurs actifs) susceptibles d'accroître les ressources à consacrer aux retraites à venir. Ouvrir aux femmes le ‹deuxième âge de l'émancipation›,[43] permettre à tous d'acquérir les compétences nécessaires à l'économie de la connaissance, tels sont les nouveaux défis pour l'Etat-providence, si l'on veut qu'il soit en outre capable de financer les retraites ou les dépenses de santé à l'avenir.»[44]

Toutefois, malgré la référence explicite à la notion «d'émancipation» des femmes, cette citation indique clairement que la mise au travail des femmes est moins envisagée comme une réponse aux revendications d'égalité de la part des femmes elles-mêmes que comme une stratégie permettant de (continuer de) financer les retraites des générations à venir… C'est précisément cette instrumentalisation du travail des femmes qui permet de s'interroger sur le sens de la «métamorphose» de la question du travail des femmes chez les protagonistes du modèle de «l'Etat investisseur» et qui sous-tend l'analyse critique que propose Jenson.

Le modèle de «l'Etat investisseur»: une victoire de la deuxième vague du Mouvement de libération des femmes?

En effet, Jane Jenson insiste sur l'ambivalence qui caractérise l'appréhension de la question – tout à fait centrale dans les revendications du mouvement féministe des années 1970 – de l'égalité entre les sexes, chez les protagonistes du modèle de

42 Palier 2008, p. 5.
43 Méda/Privier 2004.
44 Palier 2008, p. 5.

«l'Etat investisseur».[45] Elle reconnaît que la rhétorique politique qui accompagne l'institutionnalisation progressive de ce modèle mobilise fréquemment l'idée d'une nécessaire «émancipation» des femmes. Cet engagement est, effectivement, tout à fait lisible dans les propos d'Esping-Andersen et de Palier: «Mais des politiques favorables aux femmes ne peuvent se satisfaire du seul objectif de compatibilité entre vie professionnelle et vie familiale: elles doivent aussi insister sur l'égalité entre les hommes et les femmes. Il s'agit bien sûr d'égalité de traitement dans la vie professionnelle. Mais il convient également de rééquilibrer la répartition des tâches domestiques. La vie professionnelle des femmes, et notamment leurs carrières, adopte des traits de plus en plus ‹masculins›. Une véritable politique d'égalité devrait donc aussi viser à ‹féminiser› les traits de la vie des hommes, en les incitant à s'investir davantage auprès des enfants et dans le foyer.»[46]

Mais, d'après Jenson, malgré l'évocation des enjeux de l'égalité professionnelle entre les femmes et les hommes, voire même une incitation à un meilleur investissement des hommes dans la vie domestique et familiale, le socle idéologique du modèle de «l'Etat investisseur» repose surtout sur les mesures à destination des jeunes et des enfants (qui sont nommées les actions «Lego»): «Garantir véritablement l'égalité des chances des enfants, tel est l'objet de la deuxième leçon. Alors que les systèmes actuels de protection sociale dépensent de plus en plus pour les personnes âgées, il semble nécessaire d'investir dans les enfants. Plutôt que de lutter contre l'exclusion sociale une fois qu'elle est réalisée, plutôt que de devoir former de nouveau une main-d'œuvre sur le tard, il vaut mieux concentrer les efforts sur une démarche préventive centrée sur l'enfance. Lutter contre la pauvreté des enfants et leur garantir les meilleures conditions de garde et d'éveil doit à la fois permettre de prévenir l'exclusion (la pauvreté sévit le plus chez les adultes issus de milieux pauvres) et de préparer une main-d'œuvre mieux formée, qualifiée et mobile (une socialisation précoce en crèche permet de réduire considérablement les risques de difficultés scolaires).»[47]

D'après Jenson, le centrage des mesures de protection sociale sur les «générations futures» n'est pas sans incidence sur la manière d'envisager la question du travail des femmes. D'une part, comme on l'a déjà vu, la perception de l'activité professionnelle des femmes devient tout à fait positive. Un consensus s'établit clairement autour de l'idée que le travail des femmes en dehors du foyer familial est une «bonne chose», qu'il conviendrait désormais d'encourager par le biais de mesures politiques incitatives. Toutefois, comme le montre Jane Jenson,

45   Jenson 2009.
46   Palier 2008, p. 8.
47   Ibid., p. 7.

plusieurs logiques argumentatives partiellement contradictoires sous-tendent cette nouvelle appréciation positive du travail des femmes.

Le premier argument, en écho direct aux revendications féministes d'inspiration matérialiste des années 1970, consiste à poser que le travail salarié est «bon pour les femmes elles-mêmes». L'accès à des revenus autonomes est posé comme un enjeu majeur du rééquilibrage des rapports de pouvoir entre les sexes, y compris au sein même des couples. D'après Esping-Andersen, c'est précisément à partir du moment où les femmes commencent à apporter leurs contributions propres aux ressources du ménage qu'elles deviennent capables d'enclencher des «négociations» autour d'une répartition plus équitable du travail domestique et éducatif avec leurs conjoints. Ainsi, «le bouleversement social le plus important de ces dernières décennies est sans doute celui qui a vu les femmes entrer massivement sur le marché du travail. C'est pourquoi la première leçon proposée ici est consacrée aux défis que représente pour l'Etat-providence du XXIe siècle cette ‹révolution du rôle des femmes›. Il est crucial de favoriser l'emploi des femmes et l'égalité entre les femmes et les hommes par le développement des services sociaux de prise en charge des enfants et d'autres personnes dépendantes […], favoriser le travail des femmes correspond à une volonté de ces dernières (acquérir une autonomie financière par rapport aux hommes).»[48]

Donc, indéniablement, le travail, c'est «bien pour les femmes», mais, comme le souligne judicieusement Jenson, cette ligne argumentative n'occupe qu'une place accessoire au sein du raisonnement des défenseurs d'un changement de régime en matière de protection sociale. Elle est même tout à fait marginale par rapport aux principales justifications avancées en faveur du régime de «l'Etat investisseur».

En complément des observations de Jenson, on peut noter que cette ligne argumentative traduit une perception curieusement «individualiste» de l'inégale répartition du travail domestique entre les sexes. De très nombreuses recherches ont montré que la surcharge domestique des femmes n'est pas simplement le résultat de «négociations» plus ou moins bien menées au sein du couple.[49] Le sort réservé aux hommes et aux femmes sur le marché du travail, c'est-à-dire la gestion sexuée de la main-d'œuvre au sein même des entreprises joue un rôle structurel bien plus déterminant dans la cristallisation de la division sexuelle du travail domestique que les interactions individuelles entre un homme et une femme vivant ensemble au quotidien.[50]

Le deuxième argument des protagonistes du régime de «l'Etat investisseur», déjà évoqué rapidement, consiste à affirmer que le travail des femmes, c'est «bien pour la société». Ici, on retrouve l'idée de l'enclenchement d'un «cercle vertueux»

---

48 Ibid., p. 7.
49 Battagliola 1982; Gonick/Scheller 2009.
50 Lapeyre/Le Feuvre 2004.

économique par le biais d'une augmentation des taux d'activité féminine et/ou d'une hausse de leurs quotités de travail. Ce raisonnement fait écho aux propos tenus en France par l'économiste Béatrice Magnoni-d'Intagnano.[51] Reprise dans les travaux d'Esping-Andersen, cette notion de «cercle vertueux» est déclinée en fonction des «besoins sociaux» auxquels le travail salarié des femmes est censé répondre: «[…] favoriser le travail des femmes correspond […] aussi à un triple besoin social: développer les services de prise en charge des personnes dépendantes (jeunes et vieux), réduire les risques de pauvreté des enfants (la pauvreté des enfants est toujours plus faible dans les ménages où les deux parents travaillent) et augmenter les taux généraux d'emploi (afin de dégager des ressources pour les retraites).»[52]

Enfin, et c'est là que le bât blesse pour Jenson, le travail des femmes, c'est surtout et avant tout «bien pour les enfants». Dans un retournement spectaculaire des théories psychologiques de la «dépendance maternelle»,[53] qui ont longtemps justifié l'exclusion des mères de jeunes enfants du marché du travail, les promoteurs du régime de «l'Etat investisseur» insistent sur le rôle potentiel des mères actives dans la lutte contre une «transmission intergénérationnelle» des inégalités et de la pauvreté. Autrefois incitées à rester à la maison pour assurer l'équilibre psychique et émotionnel de leur progéniture, voici les femmes désormais sommées d'investir massivement le marché du travail pour consolider les fondations des futures chances de d'insertion professionnelle et de stabilité économique… des générations futures. Comme le souligne Jenson, le risque ici est d'assister à un retour (certes, déguisé) à «des notions naturalisantes du lien privilégié entre les mères et leurs enfants *(mother-child nexus)*».[54] D'après elle: «L'accent mis sur le rôle des parents – qui signifie la plupart du temps le rôle des mères – correspond à une réaffirmation, au sein du modèle de l'Etat investisseur, du lien entre les femmes et la maternité. Il correspond à l'élimination des objectifs d'égalité des sexes qui, grâce aux mobilisations féministes à l'échelle nationale et internationale, se sont progressivement imposés comme un principe fondateur des politiques sociales à partir des années 1960. Cela implique un rétrécissement de l'espace politique pour l'expression des revendications des femmes en faveur d'une citoyenneté pleine et entière, surtout pour une citoyenneté fondée sur l'égalité entre les hommes et des femmes adultes.»[55]

---

51 Magnoni-d'Intagnano 1999.
52 Palier 2008, p. 5.
53 Badinter 1980.
54 Jenson 2009, p. 470.
55 Jenson 2009, p. 471.

Conclusions

Plusieurs pistes de réflexion découlent de cette analyse de la «métamorphose» de la question du travail des femmes au sein des sociétés européennes, sous l'égide du régime de «l'Etat investisseur». La prise en compte des préoccupations concrètes des femmes dans les orientations proposées par Esping-Andersen marque un tournant majeur dans la manière d'appréhender la question de la division sexuelle du travail et du rôle des pouvoirs publics dans sa consolidation ou transformation. En cela, l'idée de «passer d'un Etat-providence essentiellement ‹infirmier› à un Etat-providence ‹investisseur›»[56] peut paraître séduisante et constituer un objet légitime de recherches scientifiques et de mobilisations politiques.

Toutefois, ce qui frappe à la lecture de ce nouveau projet de société, c'est le peu d'attention qu'il accorde à la question des conditions de travail dans les secteurs d'activité qui sont appelés à se développer par le seul fait de l'augmentation généralisée des taux d'activité féminine, essentiellement celui des services à la personne.[57] Si ces secteurs constituent indéniablement des «gisements d'emploi» pour les femmes encore inactives, ils se caractérisent néanmoins par des niveaux très élevés de sous-emploi et de précarité et par les niveaux de rémunération très faibles.[58] Or, aux yeux d'Esping-Andersen et de ses collègues, l'action politique ne semble guère avoir de prise sur les conditions d'emploi et de travail au sein des sociétés postindustrielles. Les pouvoirs publics ne peuvent qu'aménager de nouvelles formes de protection des individus qui sont confrontés aux effets délétères de l'avancée inexorable et triomphante du capitalisme globalisé. Plus encore, c'est précisément parce que la «nouvelle économie» amène (nécessairement?) le «développement d'emplois peu qualifiés et mal rémunérés» et encourage «des parcours professionnels plus mobiles, plus chaotiques, souvent plus précaires»,[59] qu'il leur paraît essentiel d'encourager les femmes à investir beaucoup plus massivement que par le passé le marché du travail (merci pour elles!).

A aucun moment de l'analyse, il n'est question de lutter contre le caractère «peu qualifié et mal rémunéré» des emplois destinés aux femmes, ni d'ailleurs de modifier la répartition de ces emplois «de mauvaise qualité» entre les sexes. D'après Esping-Andersen et ses collègues, un certain nombre de politiques d'égalité sont nécessaires pour créer les conditions les plus propices à une mobilisation massive de la main-d'œuvre féminine. Toutefois, une telle mise au travail (salarié) des femmes n'est pas visée d'abord et avant tout dans une

56 Palier 2008, p. 2.
57 Le Feuvre/Martin 2001.
58 Dussuet 2005.
59 Palier 2008, p. 3–5.

perspective d'émancipation des femmes elles-mêmes, mais bien pour le «bien collectif» et, surtout, pour «le bien de leurs enfants» (n'est-ce pas là un discours tristement familier?). Chez les protagonistes du régime de «l'Etat investisseur», une augmentation des cotisations sociales des femmes est indispensable pour assurer des revenus et remplir les caisses de l'Etat. A leur tour, les pouvoirs publics doivent assurer une meilleure protection contre les «nouveaux risques», surtout chez les générations à venir (priorité à la lutte contre la transmission intergénérationnelle de la pauvreté oblige). On ne peut que rejoindre Jane Jenson quand elle affirme que l'intégration apparente des revendications féministes dans ce modèle de société souffre, en réalité, de quelques «pertes en cours de traduction»: «Alors que les politiques sociales de l'époque keynésienne souffraient d'une cécité quant à leurs effets sexués et que les néolibéraux ont abandonné toute idée de responsabilité collective en matière d'égalité et ont donc été indifférents à l'égard des inégalités de sexe, la conscience de genre est au cœur de la perspective de l'investissement social. La contribution économique des femmes, aussi bien que leur travail de *care*, sont inscrits à l'ordre du jour et les réformistes proposent toute une série de mesures visant à promouvoir la capacité des femmes à équilibrer le travail et la famille. Au premier coup d'œil, cette conscience de genre semble représenter une victoire après des décennies de mobilisation et d'analyse féministes. Cependant, un regard plus attentif montre que quelque chose s'est perdu dans la traduction du féminisme égalitariste vers la conscience de genre qui infuse la perspective de l'investissement social […] et qui ne comporte que des engagements les plus faibles à égaliser les rapports sociaux de sexe par une remise en question des rapports de pouvoir.»[60]

La nouvelle «vision» (tout à fait positive) du travail des femmes, qui infuse le modèle de «l'Etat investisseur», semble de prime abord offrir une bouffée d'air frais après tant d'années de stigmatisation de l'activité féminine comme «source de tous les maux». Après avoir été rendue responsable de phénomènes aussi divers que la baisse de la natalité, la hausse des divorces, la délinquance juvénile (et j'en passe), l'activité professionnelle des femmes apparaît enfin sous un angle nouveau; celui de la création de richesses et de bien-être collectif.

Toutefois, loin des revendications féministes des quarante dernières années, ce nouveau «contrat social» n'inscrit pas pour autant la question fondamentale de l'égalité professionnelle entre les hommes et les femmes au cœur de l'agenda politique. Pire encore, elle tend à renforcer l'idée selon laquelle les inégalités de sexe constatées sur le marché du travail sont, d'une part, un effet inhérent aux logiques inexorables du capitalisme à l'échelle planétaire et, d'autre part, le résultat de la répartition inégalitaire du travail non rémunéré dans la sphère

---

60 Jenson 2009, p. 472.

familiale... Puisque l'action politique ne peut apparemment rien contre les logiques du système capitaliste, il ne reste qu'à construire quelques places de crèches en plus et encourager les hommes (pères) à faire preuve d'un peu plus de «bonne volonté» en matière d'investissement dans la vie familiale et domestique. D'une certaine façon, le modèle de «l'Etat investisseur» s'inscrit en opposition aux deux grands types de revendications féministes que j'ai présentés plus haut. D'un côté, il trahit les objectifs du «féminisme matérialiste», en envisageant l'accès des femmes au marché du travail essentiellement par le biais des métiers de service dont le contenu est le plus proche du travail domestique non rémunéré et dont les conditions d'exercice sont parmi les plus défavorables. Si, aux yeux des féministes matérialistes, l'expérience du salariat devait donner aux femmes une autre vision de leur «valeur» sociale et les rendre économiquement indépendantes à l'égard des hommes, ce n'est certainement pas par le biais des emplois «peu qualifiés et mal rémunérés» que le capitalisme globalisé leur réserve qu'elles risquent d'y parvenir. D'un autre côté, le modèle de «l'Etat investisseur» contredit également les objectifs du «féminisme différentialiste», puisqu'il revient à encourager une «marchandisation» de l'ensemble des activités de *care*, que les femmes ont historiquement réalisées en dehors du «mode de production capitaliste». Si l'externalisation et la «professionnalisation» des services traditionnellement rendus à autrui par les femmes dans le cadre des réseaux familiaux traduisent, théoriquement, une forme de «reconnaissance» de l'importance sociale de ces activités, cette reconnaissance passe néanmoins par une forme d'alignement des pratiques féminines sur le modèle dominant de la masculinité (fondé sur la centralité du travail et la disponibilité à l'égard des activités productives). C'est donc toute possibilité de fondement d'un autre modèle de société à partir des valeurs (vues comme) «féminines» et d'une «éthique de la sollicitude»[61] qui disparaît aussi.

C'est en cela que, quelle que soit la vision féministe de «l'émancipation féminine» que l'on adopte, la métamorphose du travail des femmes imaginée par les protagonistes de ce nouveau modèle social et si brillamment décortiquée par Jane Jenson, ne peut pas constituer une «révision» totalement satisfaisante.

61 Brugère 2008; Paperman/Lauguer 2005.

Bibliographie

Badinter E. (1980): L'amour en plus: histoire de l'amour maternel (XIIe–XXe siècles). Paris, Flammarion.

Battagliola F. (1982): «Employés et employées: trajectoires professionnelles et familiales». In: Collectif (dir.): Le sexe du travail: structures familiales et système productif. Grenoble, Presses Universitaires de Grenoble, p. 57–70.

Blanchard S., Le Feuvre N., Metso M. (2009): «Les femmes cadres et dirigeantes d'entreprise en Europe: De la sous-représentation aux politiques de promotion de l'égalité dans la prise de décision économique», Informations sociales 151, p. 72–81.

Boltanski L., Chiapello E. (1999): Le Nouvel esprit du capitalisme. Paris, Gallimard.

Brugère F. (2008): Le Sexe de la sollicitude. Paris, Le Seuil.

Cardon P., Kergoat D., Pfefferkorn R. (dir.) (2009): Chemins de l'émancipation et rapports sociaux de sexe. Paris, La Dispute.

Castel R. (1995): Les métamorphoses de la question sociale: Une chronique du salariat. Paris, Fayard.

Crompton R. (dir.) (1999): Restructuring Gender Relations and Employment: The Decline of the Male Breadwinner. Oxford, Oxford University Press.

Daly M. (2000): The Gender Division of Welfare. The Impact of the British and German Welfare States. Cambridge, Cambridge University Press.

Daly M., Rake K. (2003): Gender and the Welfare State: Care, Work and Welfare in Europe and the USA. Londres, Polity.

Delphy C. (1970): «L'ennemi principal.» Partisans, numéro spécial «Libération des femmes, années zéro» 27, p. 157–172.

Delors J., Dollé M. (2009): Investir dans le social. Paris, Odile Jacob.

Dobrowolsky A., Jenson J. (2004): «Shifting Representations of Citizenship: Canadian Politics of ‹Women› and ‹Children›», Social Politics. International Studies in Gender, State and Society 11 (2), p. 154–180.

Dussuet A. (2005): Travaux de femmes – Enquêtes sur les services à domicile. Paris, L'Harmattan.

Ehrenreich B., Hochschild A. (dir.) (2003): Global Women: Nannies, Maids and Sex Workers in the New Economy. New York, Metropolitan Books.

Esping-Andersen G. (1990): The Three Worlds of Welfare Capitalism. Cambridge, Polity Press.

Esping-Andersen G., Palier B. (2008): Trois leçons sur l'Etat Providence. Paris, Le Seuil.

Falquet J., Hirata H., Kergoat D., Labari B., Le Feuvre N., Sow F. (dir.) (2010): Le sexe de la mondialisation. Genre, classe, race et nouvelle division du travail. Paris, Presses de Sciences Po.

Galerand E., Kergoat D. (2008): «Le potentiel subversif du rapport des femmes au travail», Nouvelles questions féministes, 27 (2), p. 67–82.

Gonik V., Scheller L. (2009): «Vie professionnelle et vie familiale et sociale: une gestion du temps et de la fatigue», Revue économique et sociale 67 (2), p. 61–66.

Guillaumin C. (1992) [1978]: Sexe, Race et Pratique du pouvoir. L'idée de Nature. Paris, Côté-femmes.

Hirata H., Maruani M., Costa A. (dir.) (2008): Marché du travail et genre: Comparaisons internationales. Paris, La Découverte.

Hirdman Y. (1994): «Le conflit des genres». In: J.-P. Durand (dir.): La fin du modèle suédois. Paris, Syros, p. 244–262.

Jenson J. (2009): «Lost in Translation: The Social Investment Perspective and Gender Equality», Social Politics. International Studies in Gender, State and Society 16 (4), p. 446–483.

Jenson J. (2008): «Writing Women Out, Folding Gender. In: The European Union ‹Modernises› Social Policy», Social Politics. International Studies in Gender, State and Society 15 (2), p. 131–153.

Junter A. (2004): «L'égalité professionnelle entre les femmes et les hommes: une exigence politique au cœur du droit des femmes», Travail, genre et sociétés 12, p. 191–202.

Lapeyre N., Le Feuvre N. (2004): «Concilier l'inconciliable? Le rapport des femmes à la notion de ‹conciliation travail-famille› dans les professions libérales en France», Nouvelles questions féministes 23 (3), p. 42–58.

Le Feuvre N. (2010): «Feminising professions in Britain and France: How countries differ». In: J. Scott, R. Crompton, C. Lyonette (éd.): Gender Inequalities in the 21st Century: New Barriers and Continuing Constraints. Londres, Edward Elgar, p. 126–149.

Le Feuvre N. (2006): «Le genre des temporalités sociales». In: G. de Terssac, J. Thoemmes (dir.): Les temporalités sociales: Repères méthodologiques. Toulouse, Octarès Editions, p. 29–44.

Le Feuvre N., Martin J. (2001): «Les emplois de proximité aux ménages: De la solidarité à la précarité des emplois féminins», Némésis 3 (numéro thématique «Economie plurielle, économie solidaire: l'emploi en question»), p. 299–332.

Lewis J. (2002): «Gender and Welfare State Change», European Societies 4 (4), p. 331–357.

Lister R. (2009): «A Nordic Nirvana? Gender, Citizenship and Social Justice in the Nordic Welfare States», Social Politics. International Studies in Gender, State and Society 16 (2), p. 242–278.

Magnoni-d'Intagnano B. (1999): Egalité entre hommes et femmes: aspects économiques. Paris, La Documentation française.

Méda D. (1995): Le Travail, une valeur en voie de disparition. Paris, Aubier.

Méda D., Périvier H. (2007): Le deuxième âge de l'émancipation. La société, les femmes et l'emploi. Paris, Le Seuil.

Metso M., Le Feuvre N. (coord.), avec Berg A.-J., Krajewska A. (2009): «Women's Economic Citizenship in a Multicultural Context: Issues from the Women's Mouvement in Finland, France, Norway, Poland and the UK», FEMCIT WP3 Working Paper 2, www.femcit.org.

Nouvelles questions féministes (2008): «Les ambivalences du travail: entre exploitation et émancipation» 27 (2).

Palier B. (2008): «Trois leçons sur l'Etat providence», La République des idées, www.repid.com (consulté le 23 mars 2010).

Paperman P., Lauguer S. (dir.) (2005): Le souci des autres. Ethique et politique du care. Paris, Editions de l'Ecole des hautes études.

Pfau-Effinger B. (2004): «Socio-Historical Paths of the Male Breadwinner Model – An Explanation of Cross-National Differences», British Journal of Sociology 55 (3), p. 377–399.

Pfau-Effinger B. (1998): «Gender Cultures and the Gender Arrangement. A Theoretical Framework for Cross-National Comparisons on Gender», Innovation. European Journal of Social Sciences 11 (2), p. 1130–1148.

Rubio-Marin R. (2003): «Women and the Cost of Transition to Democratic Constitutionalism in Spain», International Sociology 18 (1), p. 239–257.

Schweitzer S. (2009): «Du vent dans le ciel de plomb? L'accès des femmes aux professions supérieures, XIXe-XXe siècles», Sociologie du travail 51 (2), p. 183–198.

Schweitzer S. (2002): Les femmes ont toujours travaillé. Une histoire du travail des femmes aux XIXe et XXe siècles. Paris, Odile Jacob.

Sichtbarkeit und Sichtbarmachung der Arbeit

Visibilité et visualisation du travail

Menschenbild und Sprache in der sozialpolitischen Literatur

Frigga Haug

Résumé:
Représentation de l'homme et langage dans la littérature sociopolitique

Frigga Haug nous entraîne dans sa découverte biographique du travail. En même temps, elle explique, en s'appuyant sur le vécu du travail, les rapports de force qui le sous-tendent. Dans cette histoire du travail, dans cette quête de l'amour du travail, nous apprenons et éprouvons le caractère ambivalent d'un travail qui, tel Janus, a deux visages. Elle nous parle du plaisir et du supplice de travailler, du travail comme moyen de production, comme activité créatrice, comme base à l'existence ou encore comme processus naturel. Même en politique, autant la gauche que la droite accaparent le travail. Le report du discours dans la théorie sociale, loin du travail, après que les théories les plus fécondes sur un travail bon et humain se sont développées, ressemble à un travail qui serait lui-même tombé dans la précarité. Cette recherche biographique de l'amour du travail est en même temps une mise à jour du discours sociopolitique. Il faut la lire comme une analyse critique linguistique et idéologique de l'image originelle et débattue de l'être humain.

Frigga Haug adopte ensuite la position de la théoricienne de la société et présente une boussole sociale. C'est en effet comme une boussole, un guide, et non comme une vision figée, qu'elle souhaite que l'on envisage son modèle 4×4. Elle envisage le travail comme une activité parmi celles qui sont fondamentales pour l'homme: le travail familial et de reproduction, le développement personnel (lire, jouer du piano, etc.), l'activité politique et sociale et le travail salarié. Pour chaque secteur d'activité, il faudrait consacrer environ quatre heures par jour. Ni les frontières entre ces activités, ni leur exacte répartition temporelle ne sont fixées strictement, mais l'essentiel est que chacun serait actif dans les quatre domaines, ce qui produirait une impulsion essentielle à travers l'engagement politique. Frigga Haug propose une utopie concrète. Un espoir?

Vorbemerkung

Um «Arbeit» neu zu besichtigen, brauchen wir eine Vorstellung von den Kräfteverhältnissen, in denen unser Forschungsgegenstand sich bewegt. Da sind einmal die gesellschaftlichen Strukturen, also die Eingelassenheit von Arbeit – jetzt noch ganz allgemein gesprochen als menschliche Tätigkeit – in historisch je verschiedene Herrschaftsverhältnisse. In ihnen werden die Produktivkräfte der Arbeit entwickelt, also die Weise, wie die Vermittlung von Mensch und Natur geschieht. Bekanntlich ist dieses Verhältnis von Produktivkräften und Produktionsverhältnissen ein widersprüchliches. Die Produktivkräfte der Arbeit entwickeln sich schneller, als die Produktionsverhältnisse vertragen. Zu den Produktivkräften gehören natürlich die menschlichen Akteure, die – wiederum historisch ungleichzeitig – sich in den Arbeitsverhältnissen bewegen. Zwischen und über all dem regulieren tradierte Bedeutungen und ideologische Auffassungen, wie das Verhältnis der Einzelnen zur Arbeit gelebt wird. Unsere Forschungsfrage überschreitet die gewöhnlichen Grenzen der Fachdisziplinen. Herausgefordert sind die Subjekt- ebenso wie die Kulturwissenschaften, Ökonomie ebenso wie Soziologie, Philosophie und Politik, Geschichte und die Disziplinen, denen wir dieses Symposium verdanken, die Gesundheitswissenschaften, die sich um Körper und Seele der arbeitenden Menschen bemühen.

Arbeit – frühe Begegnung

Als ich noch Kind war, wollte ich unbedingt arbeiten. Das Wort klang nach Erwachsensein, Ferne, Ernst und Glück. Die unbestimmte Sehnsucht erfüllte sich, als ich zur Schule ging. Ich durfte, wie zuvor meine ältere Schwester, am Morgen Milch holen beim Bauern. Milchholen war Arbeit. Vor mir ein abenteuerliches Leben voller Bedeutung und Wichtigkeit. Ich würde eine halbe Stunde früher aufstehen müssen, weil ich etwas Grosses vorhatte; ich würde einen weiten Weg allein gehen, auf dem ich Gänse passieren musste, vor denen ich mich fürchtete; ich würde die Milch nach Hause bringen, die nötig war und gut schmeckte, und ich würde mich weder verlaufen noch etwas verschütten noch zu lange brauchen. Dann würde ich wesentlich älter sein als mein zwei Jahre jüngerer Bruder. Milch holen – die Worte verbanden sich mit Gefühlen von Wildheit, Unabhängigkeit, Grösse und Welt und mit einer Unsicherheit, die ich unbedingt wollte. Endlich. Das Hochgefühl hielt einige Wochen an. Ich entdeckte Abkürzungen mit anderen Gefahren. Die schreienden Gänse mit vorgestreckten Hälsen liessen sich umgehen, wenn ich vom Weg abwich und einen eingezäunten Acker durchquerte. Dafür musste ich so schnell laufen, dass der Bauer mit dem Stock mich nicht erreichte. Beim Klettern über die Zäune verschüttete ich oft Milch, aber ich brauchte fast 5 Minuten weniger Zeit. Wenn ich hinfiel, verschüttete ich Milch und es kam Dreck in die Kanne. Langsam wurde das Milchholen zu einer lästigen Aufgabe, der ich mich so dringlich zu entledigen suchte, wie ich sie zuvor gewünscht hatte. Glücklicherweise hatte mein Bruder das gleiche Verlangen nach Grösse. Die Pflicht liess sich abgeben. Aber das Milchholen war ja nur ein Anfang gewesen. Ich war jetzt gross genug, andere häusliche Aufgaben zu übernehmen. Die Enttäuschung über die vergangene Lust spornte mich an, frühzeitig auf Abhilfe zu sinnen. Ich verschwand, wenn es ans Abwaschen ging; ich wurde krank, wenn der Frühjahrsputz nahte; kurz, ich verwendete all meine Energie auf die Vermeidung von Arbeit. Ich galt fortan als faul. Der Widerspruch zwischen der Faszination der Arbeit und dem Widerwillen davor wurde nicht bearbeitet, sondern in eine Eigenschaft verschoben. Die Vereigenschaftung von Haltungen und Praxen ist eine gängige Methode, Widersprüche kaltzustellen, statt sie zum Voranschreiten zu nutzen. Die Vereigenschaftung ist folglich ein Herrschaftsmittel, eingesetzt, um Unruhe stillzustellen.

Dialektik

Ganz offenbar war bei mir Arbeitslust umgeschlagen in Arbeitsqual. Wir können zunächst daraus schliessen, dass beides, Lust und Last, die gleichen Wurzeln haben. Diese Dialektik ist der Grund, auf dem in unserer Gefühlswelt, im gesunden Menschenverstand, wie ebenso in der sozialtheoretischen Literatur und in der Politik das Sprechen über Arbeit ankern kann. Da gibt es die protestantische Ethik, nach der sich wahres Menschsein an der Arbeitshaltung misst – sie findet Einzug in die Pädagogik bis heute; ebenso ins Wirtschaftsdenken, taucht wieder auf als Hohn im Faschismus und Inschrift zum Eingang in ein Massenvernichtungslager: Arbeit macht frei – es ist viel dazu geschrieben worden. Der Mensch, so ganz allgemein, wird als arbeitendes Wesen gefasst. Das bestimmt sein gesellschaftliches Sein ebenso wie seine Beziehungen zu seinesgleichen. Bei Hegel gilt Arbeit «als Selbsterzeugung des Menschen» – in der Arbeit entäussere er sich, um sich sein Wesen wieder anzueignen (Phänomenologie). In Anlehnung an Hegel denkt Marx zunächst in polaren Gegensätzen: Die «Verwirklichung» der Arbeit ist die «Entwirklichung» der Arbeiter und die «Entäusserung des Arbeiters in seinem Produkt hat die Bedeutung [...], dass das Leben, was er dem Gegenstand verliehn hat, ihm feindlich und fremd gegenübertritt».[1] In seinen Notizen zu List ergänzt er: «Die ‹Arbeit› ist ihrem Wesen nach die unfreie, unmenschliche, ungesellschaftliche, vom Privateigentum bedingte und das Pri-

---

1 MEW 40, S. 511 ff.

vateigentum schaffende Tätigkeit. Die Aufhebung des Privateigentums wird also erst zu einer Wirklichkeit, wenn sie als Aufhebung der ‹Arbeit› gefasst wird.»[2] Dieses Ineinssetzen von Arbeit überhaupt mit ihrer fremdbestimmten Form wird später, im *Kapital*, zurückgenommen oder auch dialektisiert. Jetzt heisst es: «Als Bildnerin von Gebrauchswerten, als nützliche Arbeit, ist die Arbeit daher eine von allen Gesellschaftsformen unabhängige Existenzbedingung des Menschen, ewige Naturnotwendigkeit, um den Stoffwechsel zwischen Mensch und Natur, also das menschliche Leben überhaupt zu vermitteln.»[3] Marx legt Wert darauf, Arbeit unbeschadet ihrer Geschichtlichkeit als immer auch naturalen Prozess, als Vorgang in der Natur zu beschreiben. Zunächst setzt das arbeitende Individuum die seiner «Leiblichkeit angehörigen Naturkräfte» auf eine Weise in Bewegung, dass es «durch diese Bewegung auf die Natur ausser ihm wirkt und sie verändert».[4] Arbeit hat für Marx also immer auch eine anthropologische oder anthropogenetische Dimension: indem das arbeitende Individuum «die Natur ausser ihm […] verändert», verändert es «zugleich seine eigene Natur».[5] Die Teilnahme an den gattungsspezifischen Arbeitstätigkeiten durchläuft verschiedene Entwicklungsstufen – eine Form ist die Lohnarbeit, die dadurch von allen anderen Formen «unfreier» Arbeit ausgezeichnet ist, dass ihr Subjekt formell frei ist. In diesem Widerspruch ist die Befreiungsperspektive die Aufhebung der Lohnarbeit. Die Emanzipation der Menschen liegt in der entwickelnden Verausgabung von Kraft zum gemeinschaftlich selbstbestimmten Zweck. Wenn es den Menschen gelingt, sich dank einer angemessenen Organisation aus materieller Not und Herrschaft zu befreien, dann ist die Erzeugung des materiellen Lebens ihnen produktiver Genuss und Entfaltung ihrer Fähigkeiten. Das schliesst die Aufhebung der Arbeitsteilungen ein, welche die Entzweiung der menschlichen Arbeit als Grundlage von Gesellschaftsformationen hervorbrachten: die Teilung in Hand- und Kopfarbeit, in Männer- und Frauenarbeit, in Stadt- und Landarbeit und schliesslich die herrschaftliche Pseudoarbeitsteilung, die Klassenspaltung der Gesellschaft in Arbeitende und Nichtarbeitende.

Rosa Luxemburg nimmt diesen Faden auf. «Keiner soll auf Kosten von anderen leben», schreibt sie ins Programm des Spartakusbunds. Darin steckt Herrschaftskritik und Befreiungshoffnung. Politisch ist Arbeit offenbar von links wie von rechts zu besetzen. Aus diesem neuerlichen Widerspruch lässt sich durch eine weitere Methode seiner Eliminierung entkommen. So schlagen sich die Verfechter des Lobs der Faulheit auf die Seite der Vereindeutigung: Arbeit ist Last. Jedem nach seinen Bedürfnissen soll jetzt heissen: wer nicht will, braucht nicht

---

2 Zitiert nach List 1982, S. 459 f.
3 MEW 23, S. 57.
4 Ebd., S. 192.
5 Ebd.

zu arbeiten. Elemente solch liberalen Denkens können noch zur Zustimmung zum bedingungslosen Grundeinkommen eingesetzt werden. Der Mensch wird jetzt wesentlich als Geschöpf mit freiem Willen gefasst. Der Blick auf die Entwicklung der Produktivkräfte der Arbeit in den industrialisierten Ländern zeigt: es muss ohnehin nicht mehr so viel gearbeitet werden. Wir haben eine wachsende strukturelle Arbeitslosigkeit. Also soll ein jeder nach seinen Bedürfnissen arbeiten oder eben nicht. Es gibt offenbar nicht den Menschen, sondern zumindest zwei Arten, diejenigen, die Arbeit wollen, und diejenigen, die dies für sich nicht notwendig finden. Die Diskurse haben sich von moralisierender Ethik entfernt und nehmen Anleihen im liberalen Denken auf.

Auf der Suche nach der Liebe zur Arbeit

Sich so einfach auf eine Seite zu schlagen, Arbeit also entweder zu befürworten oder abzulehnen, heisst eine Ruhe zu wählen, die schwer lebbar ist. Die Absage an Arbeit zahlt mit baldiger Langeweile, die einfache Befürwortung braucht eine grosse Selbstdisziplin, falls Arbeit sich als Druck spürbar macht und als Kraftverausgabung. In beiden Fällen bleibt als Sehnsucht, das Verlangen nach Arbeit, nach Erwachsenwerden, nach Zugehörigkeit noch einmal zu erleben, zurückzutauchen in die Kindheit, als Arbeit eben noch keine Last war, sondern selbst ein Spiel schien. Die Sehnsucht ringt mit Sprache ebenso wie um Begreifen. Für mich bedeutete dies, auf die Suche nach der verlorenen Liebe zur Arbeit zu gehen. Als Dissertationsthema wählte ich die Geschichte der Arbeit von Aristoteles zu den sowjetischen Subotniks, wobei ich mir Letztere als Ziel, als Vermählung von Lust und freiem Willen, als endlich wirklich Erwachsenwerden im gewünschten Sinn dachte. Diese Dissertation scheiterte, obwohl oder weil ich die «Liebe zur Arbeit» fand. In langen Reihen standen die Schriften aus der SU und der DDR vor mir, welche die Liebe zur Arbeit lehrten. Sie war Erziehungsziel geworden, damit eine Norm. Aus dem vollen Leben, das mir vorschwebte, war das Leben eines Zöglings in einer Besserungsanstalt geworden. Der Mensch, so erkannte ich, wurde als genuin arbeitsscheu und asozial gefasst. Seine Gesellschaftlichkeit musste ihm als freudige Bejahung von Arbeitsliebe anerzogen werden.

Feminismus

Die Tatsache, dass ich eine Tochter bekam, lehrte mich konkret, mehr noch als die aufkommende Frauenbewegung, dass im allgemeinen alltäglichen wie sozialtheoretischen Diskurs alle Arbeiten, die im Haus verrichtet werden, nicht wirklich als Arbeit angesprochen wurden. Lange wurde Hausarbeit gar nicht genannt, ebenso wie Hausfrau kein Beruf war. Mit ihrer Nennung und sozialen Anerkennung ging aber gleichwohl keine Gleichwertigkeit einher – schon gar nicht, was ihren Ausdruck in Geld anging. Anders als Erwerbsarbeit, die in Stunden und Lohn messbar ist, entzieht sich die Arbeit zu Hause dem einschätzenden Kalkül. Es gab politische Bewegung und sozialtheoretische Einsicht, den Arbeitsbegriff zu verändern. Auch Arbeit im Haus sollte Arbeit genannt werden, wenn auch unbezahlte. (Ich übergehe hier die Geschichte der Heimarbeit, wenngleich sie nicht nur in der Manufakturperiode, sondern neuerlich mit dem Computer aktuelle Bedeutung erlangt hat.) Die im Feminismus geführte, unendliche internationale Debatte um die Hausarbeit *(domestic labour debate)* wurde das Bekannteste und Nachhaltigste, was die Frauenbewegung hinterliess. Hausarbeit kam selbst ins Bruttosozialprodukt. Allerdings landete der feurige Impuls, der die bewegten Frauen lenkte, wieder nicht auf einer lebbaren Seite von Arbeit, sondern in der Vereinbarkeit von Beruf und Familie – eine Anordnung des Lebens, die weder sinnlich noch lustvoll noch voller Liebe war, sondern zumeist Stress und Teilzeitarbeit bedeutete.

«Die Gesellschaft findet nun einmal nicht ihre Ruhe, solange sie sich nicht um die Sonne der Arbeit dreht.» Dieser Satz von Marx bringt weitere Unruhe. Er arbeitet widerborstig mit unseren Gefühlen. Er hört sich normativ an, wenn man Arbeit nicht als Sonne denken mag. Er steht deutlich gegen das Lob der Faulheit und gegen das bedingungslose Grundeinkommen. Aber äussert er sich überhaupt dazu?

Entwicklung der Gesellschaft und der Diskurse

Nach kleinteiliger Fliessbandarbeit, repetitiv, blosse Verausgabung von Kraft, die den Stolz der Handwerksarbeit ebenso massenhaft abgelöst hatte wie die zyklische Arbeit in der Landwirtschaft, hatten sich die Stimmen der Kritik gemehrt: Fliessbandarbeit als Grundform des Fordismus gepaart mit Taylorismus galt als menschenunwürdig, geistlos, das zugrunde liegende Menschenbild reduzierte den Menschen zur ausbeutbaren Kraft, degradierte ihn zum Tier – eine Zeit lang, insbesondere als das Fliessband durch Hochtechnologie zunächst ergänzt, dann ersetzt wurde, verbreitete sich die Bewegung zur Humanisierung der Arbeit. Arbeit sollte so sein, dass der Mensch sich in ihr entwickeln konnte, Neuartiges lernte, sich nicht bloss verausgabte. Arbeit als Bestimmung des Menschen sollte ihm auch menschlich angemessen sein. So wie die Eule der Minerva erst in der Dämmerung fliegt, entwickelten sich die reichsten Theorien um Arbeit im industriellen Produktionsprozess, als Arbeit selbst prekär wurde.

Arbeit als genuin menschliche Tätigkeit, als Werkzeugherstellung, als schöpferisch, als weltverändernd, als Mittel, die Welt wohnlich einzurichten, Arbeit, die angeeignet werden muss, lernend, die in kapitalistischen Gesellschaften entfremdet ist, in vorkapitalistischen zu mühsam und lang dauernd – alle diese Diskurse beruhten auf einem Menschenbild, wie ich es mit der ursprünglichen Lust auf Arbeit verband.

Im Projekt *Automation und Qualifikation,* das ich 15 Jahre leitete, untersuchten wir die Folgen der Automation, heute Hightech geheissen, auf die Qualifikationsanforderungen der Arbeitenden mit dem Ziel, die Chancen für die Entwicklung und Befreiung der Arbeitenden zu finden. – Die Gegenbewegung kam aus der Gesellschaft und aus der Sozialtheorie. Die ganze Bewegung um die Verbesserung der Arbeit fand schon im Niedergang des Fordismus statt, gegen den sie angetreten war, ebenso wie die Frauenbewegung in den 1970er Jahren gegen ein Familienbild – Hausfrau und Ernährer – stritt, das soeben zu Grabe getragen wurde.

Verschiebung im Streit um die Bedeutung von Arbeit

Theoretische Diskurse hängen nicht einfach in der Luft; sie streiten miteinander, jedoch werden sie niemals an sich und losgelöst von der gesellschaftlichen Realität ausgefochten, auch wenn wir sie nicht bloss als mechanisches Abbild realer Vorgänge fassen wollen. In unserem Fall der Auflösung arbeitskritischer Diskurse war es der wirkliche Niedergang der Massenproduktion am Fliessband und die Einführung von Hochtechnologie mit sogleich folgender Massenarbeitslosigkeit, die alsbald als strukturell, also nicht behebbar, erkannt wurde, welche die Sozialtheorie, allen voran die Soziologie zur Vorstellung brachte, das Dilemma sei auf der Begriffsebene zu lösen. Arbeit, so befand man auf dem Soziologentag 1984, sei aus dem Zentrum von Sozialtheorie zu entfernen und Interaktion an ihre Stelle zu rücken. Nicht durch Arbeit, durch Interaktion bezögen sich die Gesellschaftsmitglieder aufeinander. Sie stifte gesellschaftlichen Zusammenhalt. Aus dem Menschen als arbeitendem Wesen wurde der Mensch als Wesen, das miteinander umgeht. «Das Produktionsparadigma gibt dem Praxisbegriff eine so klare empirische Bedeutung, dass sich die Frage stellt, ob es mit dem historisch absehbaren Ende der Arbeitsgesellschaft seine Plausibilität verliert.»[6] So bestimmt Habermas die weitere Diskussion. Sprache und Kultur wurden zentrale Bezüge von Sozialtheorie. Der Blick wurde weiter und zugleich abgehobener und schräger.

6 Habermas 1985, S. 99.

In den Niederungen des Alltagslebens änderten sich mit wachsender Arbeitslosigkeit und entsprechend abnehmender Gewerkschaftsmacht relativ schnell die kritischen Ansprüche an Arbeit. Bei zunehmender weiblicher Erwerbsarbeit ohne «Familienernährer», also durch allein erziehende, erwerbstätige Mütter, mehrten sich die Teilzeitjobs ohne Anspruch, dass die Arbeit humanisiert, entwickelnd, auf Dauer sei. Auch die männlichen Arbeitslosen, deren Zahl unaufhörlich mit jedem Schub der Entwicklung der Produktivkräfte zunahm, konnten froh sei, überhaupt einen «vollen» Arbeitsplatz zu haben. In den Abwehrkämpfen ging es vornehmlich um Lohn und Arbeitsplatzsicherheit – die Forderungen, dass Arbeit human sei, entwickelnd, ein Lernarrangement und Selbstverwirklichung, gerieten ins Vergessen.

Erziehung zur Beschäftigungsfähigkeit

Antonio Gramsci hat herausgearbeitet, dass die Arbeit am Fliessband in der Zeit des Henry Ford keineswegs von den dazu durch Not bereiten Menschen so einfach geleistet werden konnte. Es brauchte eine Revolution in der Lebensweise, es brauchte «einen neuen Menschentyp» – kein Alkohol, Monogamie anstelle Zeit vergeudender Jagd auf Sex, eine Hausfrau, die dafür sorgte, dass der Konsum der Wiederherstellung der Arbeitskraft galt und welche die Erziehung der Kinder in Moral und Disziplin übernahm, dass aus ihnen wieder gute Arbeitsmenschen würden. Aber dieser – nennen wir ihn den «fordistischen» – Menschentyp, taugt nicht für die weitgehend enthierarchisierten, in der Zeitverfügung und in der Eingriffsart selbstbestimmten Arbeiten mit Hightechnologie. Es geht nicht mehr hauptsächlich um Kräfteverausgabung, es geht mehr und mehr ums Mitdenken, um Flexibilität, um ständige Veränderung. Die Arbeitenden sollen sich in ihrer Arbeit die Gedanken der Unternehmer machen, als wären sie selbst Eigentümer der Anlagen und Prozesse. Da sie das nicht wirklich sind, braucht es dafür eine weitere Erziehung, die mit Widersprüchen hantieren lehrt. Wieder ist es nicht der Weg, die Liebe zurück in die Arbeit zu holen. Jetzt geht es um einen anderen Zivilisationsbruch.

Weltweit ist er als Beginn des Neoliberalismus bekannt. Menschen und Produktionsweisen werden zur Marktförmigkeit erzogen. In Deutschland war es das Werk des inzwischen ins Abseits verschwundenen Peter Hartz, der, wie Ford aus der Autoindustrie kommend, den neuen brauchbaren Menschentyp zu proklamieren begann. Für eine Analyse des neuen Menschenbildes um Arbeit ist die Lektüre des Hartzprojekts (2001) ein unabdingbares Schulbeispiel.[7] Hartz

---

7 Hartz 2001.

benutzt die Sprache der Werbung, spricht im Stabreim – wie fit, flexibel und fantastisch oder rennen, rackern, rasen – und verkündet als Ziel die unbedingte Marktfähigkeit eines jeden Einzelnen. Der neue Begriff für den Menschen in der Arbeit ist Beschäftigbarkeit. In der mehrfachen Verkehrung vom Subjekt des Handelns zum Objekt eigener Taten wird jeder Einzelne angerufen, Unternehmer seiner selbst zu sein mit allen Sinnen. Jetzt geht es nicht mehr bloss darum, dass der Mensch nicht arbeitet, um die Mittel zum Leben herbeizuschaffen, sondern lebt, um zu arbeiten – eine allgemeine Verkehrung von Mittel und Zweck – jetzt geht es weitergehend darum, dass er all sein Sinnen und Trachten darauf richtet, die grade am Markt gesuchte Arbeitsform zu bekommen, dass er also seine eigene Erziehung zum Funktionieren im gesellschaftlichen Getriebe in seine Hand nimmt. «Arbeitszeitsouveränität – das Ende der Arbeitszeiterfassung ist der erste Schritt zu einer neuen Mündigkeit: Zeiten selbst organisieren, statt Auftrag und Aufgabe abzuarbeiten. Vertrauensarbeit ist der zweite Schritt: Ziele setzen und Erfolg abfordern, statt Details zu planen. Die Revolution beginnt mit dem dritten Schritt: Arbeit wird neu definiert: Sie umfasst wieder ein ganzheitliches Stück Leben: lernen, produzieren, kommunizieren. Etwas bewegen! […] Die zukünftige Arbeit bekommt den Motivator: ‹Beweg etwas – du kannst es!› Der Unternehmer vor Ort nimmt das Schicksal seiner Beschäftigung mit in die Hand. […] Diese Neudefinition der Arbeit wird ein beherrschendes Thema der Zukunft.»[8]

Antonio Gramsci nennt solches Vorgehen eine «passive Revolution». Die Utopie wird ins Diesseits geholt und erscheint genau dort, wo es uns an den Kragen geht. Diese Verwandlung, bei Hartz «Flucht nach vorn» genannt, verlangt Sportsgeist. Es gilt, die «Unbequemlichkeit der Zukunft sportlich auszuhalten».[9] Das Unheimliche an den Hartz'schen Vorschlägen ist, dass er an den alten Utopien um Arbeit, in denen sie als Lust auftauchte, ansetzt, aber als neues Subjekt den Arbeitsplatz einsetzt, dem sich der dazu bereite Mensch unterzuordnen hat. Jetzt «ist der ganze Mensch gefragt, mit seinen individuellen Möglichkeiten, seiner Offenheit, seinem Talent und seiner Leidenschaft, zu lernen, zu entdecken, etwas zu entwickeln und weiterzugeben. Es lebe der kreative Unterschied. Wir lassen den Taylorismus hinter uns.»[10] Unter dem Titel «Fortschritt durch Mündigkeit» inszeniert Hartz geradezu eine Orgie von Zukunftsversprechen, in denen sich Befreiungshoffnungen unlösbar mit Werbesprüchen vermählen und dies zugleich als eine Art Lebensgefühl vorgestellt wird, untermalt mit Sprachfetzen der Jugendkulturen. Das «Selbst» tritt in beliebigen Verbindungen (mit -organisation, -disposition, als Selbstständigkeit und so weiter) in den Vorder-

8 Ebd., S. 21.
9 Ebd., S. 25.
10 Ebd., S. 16.

grund, bis es zum Herrn der Schöpfung mutiert, wenigstens in Worten: «[...] die Welt wird komponierbar: Gene und Moleküle liefern das Design für die übernächste Produktgeneration. Bio- und Nanotechnologien erweitern die Revolution der Informationstechnologie zu einer neuen technischen Plattform für zukünftige Gesellschaften. Janus grüsst den Fortschritt. Am Ende von E-Business und E-Commerce steht die weltweite Vernetzung der Wirtschaft – ein sehr viele Lebensvorgänge begleitendes Econet. Die Informationstechnologie wird unausweichlich, sich im Internet zu bewegen zur vierten Kulturfertigkeit [...] Feuer für jede Fantasie.»[11] Als eine Art Arbeitsphilosoph vollbringt Hartz das Kunststück, die handelnden Subjekte in einem Zug auf den Thron der Zukunft zu setzen und vollständig in Objekte und Wirtschaft aufgehen zu lassen. Das Ganze stellt er sich auch in der Wirklichkeit als ein ungeheures Rennen vor, bei dem etwa ein Drittel der Arbeitenden nicht mehr mitkommt: «Lernkurven werden steiler, Qualifikationen verfallen schneller, Anreize greifen seltener, Physis und Psyche halten irgendwann nicht mehr mit.»[12] Und gegen die Wahrnehmung fehlender Lehrstellen lehrt Hartz: «Ein Teil des Nachwuchses findet erst gar keinen Anschluss – seine Grundgeschwindigkeit bleibt unter der Schwelle zum Take-off.»[13]

Der neue Mensch wird als Maschine gedacht – entsprechend spricht Hartz von Nutzungs- und Stillstandszeiten – und er ist «shareholder seiner human assets», «workholder»,[14] übernimmt die Verantwortung für seine Beschäftigungsfähigkeit. Man sieht, die Arbeitsethik hat sich gnadenlos mit den fortgeschrittenen Produktivkräften und dem wirtschaftlichen Erfolg verbunden, hineingewoben ist zugleich seine Sinnlichkeit und damit pervertiert auch die Suche nach der Liebe zur Arbeit ins Unerreichbare, weil heute schon als Wirklichkeit behauptet. «Wer bisher Gültiges, Geglaubtes, Erlebtes, Machbares, Wahrnehmbares, Gefühltes oder Denkbares noch einmal überschreiten kann – der schafft einen neuen Wert, erzeugt Qualität als ultimatives Entertainment.»[15]

Man wird zu Recht einwenden, dass Peter Hartz kein ernst zu nehmender Sozialtheoretiker ist. Aber er stiftet zu einer neuen politischen Kultur an, die in Deutschland Staatskultur wurde: jeder sein eigener Unternehmer mit der Freiheit unterzugehen; kein Menschenrecht auf einen Erwerbsarbeitsplatz; Koexistenz mit einem zunehmenden, in der Krise erst recht anschwellenden Berg von Arbeitslosen; die Fixierung auf die Bereiche der Lohnarbeit, als habe es die Frauenbewegung nie gegeben. Im politischen Alltag und im gesunden Men-

11 Ebd., S. 16 f.
12 Ebd., S. 52.
13 Ebd.
14 Ebd., S. 41.
15 Ebd., S. 57.

schenverstand verhärten sich angesichts solcher Perspektiven die Fronten. Die Politiker, auch die weiblichen, glänzen mit dem resignativen Bemühen, hie und da Arbeitsplätze zu schaffen, als hätten wir nicht übergenug ungetane Arbeit. Die Gegenbewegung kämpft für ein bedingungsloses Grundeinkommen – das heisst, sie streiten um die blosse Existenz. Der Weg zurück zur Liebe zur Arbeit scheint endgültig verriegelt.

Die Vier-in-einem-Perspektive

An dieser Stelle verlasse ich die Ebene des Referats von Sozialtheorien und setze mich selbst als Sozialtheoretikerin. Ich habe die auf der sehr knappen Reise durch Arbeitsvorstellung, Menschenbilder, Gesellschafts- und Produktivkraftentwicklung angedeuteten Fragen aufgenommen und angesichts der Problemlage eine dialektische politische Lösung vorgeschlagen, welche die Einseitigkeiten durch die logische und politische Strategie der Verknüpfung vermeidet. Das Ergebnis ist im Luxemburg'schen Sinn zugleich utopisch visionäre Perspektive, wie es Realpolitik heute anleiten kann.

Der Entwurf wendet sich dem so aufdringlichen Befund der Arbeitsteilung im Grossen der Gesellschaft zu. Der Vorschlag beginnt mit der Kritik aus der Frauenbewegung und nennt nicht das Arbeit, was ausser Haus geschieht, und das andere gar nicht oder eben geringschätzig Hausarbeit, sofern es im eigenen Heim stattfindet, sondern fragt, wie eigentlich die menschlichen Tätigkeiten insgesamt zueinander gestellt sind. Bei der Frage nach Geschlecht und Frauenarbeit sehen wir die eigentümliche Positionierung, die der Produktionssektor im umfassenden Sinn gegenüber dem der Reproduktion hat. Während es im Letzteren um das Wesentliche menschlichen Lebens, Geburt und Aufzucht, Sorge für Behinderte und Kranke, für Alte, ja auch um die Wiederherstellung der Natur und also unserer Lebensbedingungen geht, erscheint dieser Bereich unter kapitalistischen Verhältnissen als marginal, unwichtig, Störfaktor oder als hoffentlich abnahmebereiter Konsumbereich. Über ihm bläht sich der Produktionssektor auf, in dem die Lebensmittel hergestellt und organisiert werden. Der «Produktions»-Sektor wird dominant, weil in ihm Profite gemacht werden, die Ziele kapitalistischen Wirtschaftens sind. Zugleich ist kein Leben ohne Lebensmittel, insofern bilden die beiden Bereiche einen «Trennungszusammenhang». Keiner kann ohne den anderen. Die Grenzen um die Bereiche sind scharf gezogen und bewacht. Man ist entweder zu Hause oder bei der Arbeit. «Wo man arbeitet, ist man nicht zuhause, und wo man zuhause ist, arbeitet man nicht», konnte Marx bei der Analyse der entfremdeten Arbeit sagen und fasste so das Auseinander von Kräfteverausgabung in der Lohnarbeit und Zielfindung im häuslichen Glück.

Der Satz regte Feministinnen auf, weil sie natürlich sehr wohl wussten, dass zu Hause gearbeitet wird, wenn auch nicht so sehr von Männern. Die feministische Kritik verfehlte damals, dass der Satz vornehmlich dem Trennungszusammenhang galt. Arbeit sollte so sein, dass man in ihr sich zu Hause fühlen könnte und das Zuhause so, dass sinnvolle Arbeit stattfände – das hätte beides geändert, die Arbeit und das Heim und vor allem die Gewohnheit, sie einander entgegenzusetzen, es hätte also die Durchquerung der Grenzen empfohlen.

Der Blick auf das Zueinander, besser die Über- und Unterordnung der Bereiche von Produktion und Reproduktion, kann die Geschlechterfrage und die Hartnäckigkeit der Frauenbenachteiligung in den gesellschaftlichen Verhältnissen verorten und festhalten. Der Blick hat sich von der Fixierung auf Erwerbsarbeit gelöst, indem auch Reproduktionsarbeit als Arbeit diskutiert wurde. Im Ineinander der Arbeitsarten treten weitere Tätigkeiten in den Blick, die wir zunächst ebenfalls als Arbeit bezeichnen, um den Skandal ihrer weitgehenden Nichtbehandlung zu verdeutlichen. Da ist die Arbeit an sich selbst, die Möglichkeit, alle menschlichen Fähigkeiten, die jedem Individuum innewohnen, zu entfalten. Es geht auch darum, das eigene Leben als Kunstwerk zu begreifen und sich nicht einfach in den Konsumbereich abschieben zu lassen, als wäre Konsument eine mögliche Individualitätsform. Die Entfaltung eigener schöpferischer Möglichkeiten ist ein Ziel, das in der Diskussion um Frauenbenachteiligung in Arbeit und Lohn nicht vorkommt. Und doch weiss ein jeder, dass die Geschichtsbücher von den Taten und Künsten «grosser Männer», nicht von Frauen wimmeln, und wundert sich nicht genug. Und weiss auch auf den zweiten Blick, dass die Überforderung, die durch das leicht gesprochene «Vereinbarkeit von Beruf und Familie» entsteht, auf jeden Fall dazu führt, dass an so etwas wie kreative künstlerische Betätigung, wie Klavierspielen oder Malen, Tanzen oder Dichten, Theaterspielen oder Singen und so weiter, nicht einmal zu denken ist. Vom lebenslangen Lernen schon gar nicht zu sprechen. Es sollte als Skandal begriffen werden, dass so viele Menschen, insbesondere weibliche, ihr Leben nicht wirklich ausschöpfen können.

Dass diese Bereiche getrennt wahrgenommen und ihre Grenzen geschützt werden, dafür sorgt umfassend die einschneidende Trennung, der Politik vom übrigen gesellschaftlichen Leben. Dass die Gestaltung der Gesellschaft eine eigene arbeitsteilige Funktion ist, ein Geschäft für Spezialisten, in das sich die kleinen Menschen nicht einmischen sollten, fällt spätestens in der Weltwirtschaftskrise als ungeheuerliche Trennung und praktisch als Katastrophe in das Leben der Einzelnen. Die Trennung also der Ökonomie von der Politik, als hätte das eine mit dem anderen nichts zu tun, ist Grundlage, dass viele Menschen in einer Gesellschaft leben, für die sie unbefugt sind und deren Ungerechtigkeiten sie also passiv ertragen müssen.

Politik heute vom Standpunkt von Frauen heisst die vier Tätigkeitsbereiche zusammenzufügen, die Grenzen zwischen ihnen einzureissen, die entsprechenden Haltungen zu ändern. Das betrifft alle, also die Arbeit der Herstellung der Lebensmittel im weiteren Sinn (heute in der Form der Lohn- oder Erwerbsarbeit geregelt), die zugleich den Anteil am gesellschaftlichen Reichtum sichern soll, ebenso als Menschenrecht zu behaupten, wie die Teilhabe an der Arbeit an Menschen und an Natur (heute als Reproduktionsarbeit bezeichnet), die Entwicklung eigener vielfältiger Fähigkeiten als Anstrengung und als Genuss und vor allem die politische Betätigung. Das Modell ist ein Eingriff ins Zeitregime der alltäglichen Lebensweise, in die Vorstellung von Gerechtigkeit, die auf die Teilung der Gesamtarbeit bezogen ist, ins Konzept der Menschenwürde, die sich auf erfülltes Leben bezieht und aufhört, eine bloss moralische Kategorie zu sein, und in die Vorstellung von Demokratie, die nicht auf der Basis von blosser Stellvertreterpolitik denkbar ist, sondern als Beteiligung aller am politischen Leben der Gesellschaft.

Das Konzept verbindet eine Perspektive – das integrierte Leben in allen vier Bereichen – mit alltäglicher Realpolitik. Insofern erhöht es die politische Handlungsfähigkeit in den Tageskämpfen um Reformen und verändert sie durch Ausrichtung auf die umfassende Perspektive. Vor allem arbeitet es gegen die Gewohnheit, die bürokratisch fixiert ist, Politik in einzelne Ressorts aufzuteilen und sich dann in einem jeden abzustrampeln und nicht zu erkennen, dass es gerade diese Aufteilung ist, die herrschaftssichernd die Fantasie lähmt. Vom Standpunkt des gesamten Lebens und seiner menschlichen Führung wird in der Politik um Arbeit die notwendige Verkürzung der Erwerbsarbeitszeit für alle auf ein Viertel der aktiv zu nutzenden Zeit Leitlinie (nehmen wir der Einfachheit halber an, es seien 16 Stunden am Tag, können wir uns nicht mehr als 4 Stunden in der Erwerbsarbeit leisten), perspektivisch erledigen sich auf diese Weise Probleme von Arbeitslosigkeit (wir haben dann weniger Menschen als Arbeitsplätze) mitsamt Prekariat und Leiharbeit. Es wird sogleich offenbar, dass das Gerede von einer Krise, weil uns die Arbeit ausgehe, von einem äusserst restriktiven Arbeitsbegriff ausgeht und daran festhalten will, koste es, was es wolle. – In unserem Modell gehen alle einer Teilzeitarbeit nach beziehungsweise der Begriff hat aufgehört, etwas sinnvoll zu bezeichnen, und wir können uns wieder auf die Qualität der Arbeit konzentrieren, ihre Angemessenheit an die menschliche Verausgabung ihrer Fähigkeiten. Es versteht sich von selbst, dass alle Einzelnen über ein ausreichendes Einkommen zum Leben verfügen und dass sie ebenso in jedem der vier Bereiche sich betätigen: in der Erwerbsarbeit, in der Sorgearbeit um sich und andere, in der Entfaltung der in ihnen schlummernden Fähigkeiten, schliesslich im politisch-gesellschaftlichen Engagement. Aber es ist keineswegs vorgesehen, dass Menschen nichts tun. Probeweise kann man dies auch so ausdrücken, dass jeder Mensch in die Lage versetzt wird, sein Leben so einzurichten, dass er oder sie je 4 Stunden in jedem dieser Bereiche pro Tag verbringt. Das ist nicht dogmatisch zu verstehen, als ob man mit der Stechuhr in der Hand von Bereich zu Bereich gehen müsste, in keinem mehr genügend zu Hause. Vielmehr wird man, sobald man anfängt, die eigene Lebensführung unter diesen Dimensionen zu fassen, schnell bemerken, dass die Grenzen nicht fest sind, die Bereiche einander durchdringen und innerlich zusammenhängen. Die Aufteilung in 4 × 4 Stunden ist so ein Modell, das eben wie ein Kompass Strategien der Veränderung entscheidend orientieren kann.

Es ist der Sinn der Vier-in-einem-Perspektive, die Verknüpfung der Bereiche als notwendige Grundlage einer emanzipatorischen Politik zu fassen. In dieser tauchen die Frauen anders auf als üblich – diesmal an Schlüsselstellen. Die Perspektive kann derzeit vom Frauenstandpunkt gesprochen werden, weil die Frauen es sind, die den Reproduktionsbereich, also den Standpunkt des Lebens, so wichtig nehmen, dass sie ihn nicht vergessen können bei der Planung des Lebens; sie sind es zugleich, die den Erwerbsarbeitsbereich nicht so wichtig nehmen, dass sie ihn allein für das Zentrum halten können; es ist dringlich, dass sie mit der Selbstaufopferung aufhören und ihre eigene Entfaltung in die Hand nehmen; sie müssen sich in die Politik einmischen, weil sie für die Gestaltung ihres und anderer Leben «den Staat von unten nach oben umkehren» müssen – wie Brecht dies sprach.[16]

Man könnte jetzt darangehen, die vier Bereiche Erwerbsarbeit, Reproduktionsarbeit, politische Arbeit und individuelle Entwicklung je für sich zu verfolgen und dies wiederum wie eine Arbeitsteilung zu handhaben, bei der einzelne Gruppen, Parteien oder gar Strömungen in den Parteien je einen isolierten Bereich als ihr Markenzeichen besetzen. Klassenbewusst eine Arbeiterpolitik betreibend, die für Erwerbstätige greifen kann, die einen; oder die anderen eine Perspektive aus der Vergangenheit, eine Utopie für Mütter nach rückwärts hervorsuchend, die uns Frauen lebendigen Leibes ans Kreuz der Geschichte nagelt, wie Bloch dies ausdrückt;[17] die Dritten auf Entwicklung einer Elite setzend, die olympiareif zeigt, was menschliche Fähigkeiten sein können; partizipative Politikmodelle in unwesentlichen Bereichen verfolgend die Vierten, etwa das Fernsehen zu einer Modellanstalt von Zuschauerwünschen machend, die Belegschaft an der Gestaltung des Weihnachtsfestes beteiligend, die Bevölkerung an der Mülltrennung und so weiter. In allen Fällen wird man erfahren, dass jeder Bereich, für sich zum Fokus von Politik gemacht, geradezu reaktionär werden kann. Keiner der Bereiche sollte ohne die anderen verfolgt werden. Die poli-

16 Brecht 1930/1967, S. 830.
17 Bloch 1966, Ergänzungsband, S. 295.

tische Kunst liegt in der Verknüpfung der vier Bereiche, was eine Politik und zugleich eine Lebensgestaltung anzielt, die zu leben umfassend wäre, lebendig, sinnvoll, eingreifend, und lustvoll geniessend. Dies ist kein Nahziel, nicht heute und hier durchsetzbar, doch kann es als Kompass dienen für die Bestimmung von Nahzielen in der Politik, als Massstab für unsere Forderungen, als Basis unserer Kritik, als Hoffnung, als konkrete Utopie, die alle Menschen einbezieht und in der endlich die Entwicklung jedes Einzelnen zur Voraussetzung für die Entwicklung aller werden kann.

Abkürzungen

MEW Marx-Engels-Werke des Instituts für Marxismus-Leninismus. Berlin, Dietz Verlag, 1958 ff.

Bibliografie

Bloch, E. (1966): Gibt es Zukunft in der Vergangenheit? Ein Rundfunkvortrag. In: Gesamtausgabe in 16 Bänden. Mit einem Ergänzungsband. Frankfurt a. M., Suhrkamp.

Brecht, B. (1930/1967): Das Lied von der Suppe, Die Mutter. In: Gesammelte Werke 2, Stücke 2. Frankfurt a. M. 1967.

Habermas J. (1985): Der philosophische Diskurs der Moderne. Frankfurt a. M., Suhrkamp.

Hartz P. (2001): Job-Revolution. Wie wir neue Arbeitsplätze gewinnen können. Frankfurt a. M., Frankfurter Allgemeine Buch.

List F. (1982 [1842]): Das nationale System der politischen Ökonomie. Berlin, Akademie-Verlag.

Fotografie und Arbeit

Ein Kaleidoskop von Sichtbarkeiten

Urs Stahel

Résumé:
La photographie et le travail. Images kaléidoscopiques

La variété des terrains et des occasions pour saisir une image détermine le domaine du travail et de sa représentation photographique. L'auteur examine trois formes différentes de la représentation photographique: la visibilité et l'invisibilité du travail dans la photographie industrielle du début du XXe siècle, la visibilité du travail corporel entre les années 1960 et 1980 dans le photojournalisme et l'invisibilité du travail actuel de service et de celui des robots.

Selon un dogme de la photographie industrielle, l'auteur est une objectivité qui doit révéler le monde matériel. Pour produire cette neutralité exigée dans la reproduction de l'objet, les photographes utilisaient tous les trucs de la technique photographique. L'image devait satisfaire à l'idée de technique, de précision et de propreté. Le sombre, le sale et la sueur étaient mis entre parenthèses. Sur ces photos, l'homme ne jouait qu'un rôle secondaire: il servait à l'unique mise en valeur du produit. La photographie industrielle ne représente pas le travail, mais est en fait de la photographie de produits. Le système de mise en évidence utilisé par la photographie industrielle sert finalement à masquer le travail réel et ceux qui l'accomplissaient.

Le photojournalisme et les appareils de photo faciles à manier ont modifié l'approche: le regard s'est porté sur les hommes au travail, sur leur engagement, leur abnégation. Ainsi, dans les années 1960 à 1980, apparurent beaucoup de représentations du travail corporel. Un culte visuel de l'effort et de la souffrance s'est alors développé. Le brillant de la peau trempée de sueur, le visage maculé, la contraction visible des muscles et la pauvreté implicite individualisent et personnalisent l'image qui se retrouve de cette manière comme «canonisée». Dans un monde qui devient toujours plus abstrait, ces images peuvent aussi être interprétées comme le dernier cri de l'être humain traditionnel. L'auteur s'intéresse aux photographes qui ont traité le paysage comme un territoire, un espace construit, organisé et occupé: des villes et des maisons à l'infini, anonymes et postindustrielles. Il y trouve une photographie qui tente de rendre la désincarnation du travail, son égalité visuelle avec l'outil, et la perte de forme extérieure. Seuls les logos peints permettent de distinguer les fabriques et les entrepôts qui ont tous la forme d'une boîte. Les lieux de travail ont perdu en caractère, les espaces de travail se ressemblent, de la salle de conférence aux espaces stratégiques. L'homme n'est plus là car les coulisses de la production n'ont plus besoin de lui.

La représentation photographique du travail au XXᵉ siècle a voilé différents aspects: d'abord le travail lui-même, ensuite celui de l'homme au travail, plus tard le système et la structure du travail, et enfin la visibilité du travail chez les hommes, comme si le travail ne devait aujourd'hui plus marquer l'être humain.

«Wir verschalen, verkleiden, drapieren, lackieren, decken gerne ab und zu – die schiefe Wand, das alternde Gesicht, die ausbrechende Bohrstelle, die verbeulte Karosserie. Wir arrangieren unsere Welt gerne so, dass ihre Entstehung, ihr Mechanismus, ihr Operieren nicht mehr sichtbar sind, dass sie wie eine perfekte glänzende Box vor uns hingestellt, betrachtet und bewundert werden kann. Handlungen verschwinden im Resultat, Ausrisse, Mängel und Fehlhandlungen werden kaschiert, Leerstellen wegeditiert – oder es wird, eine alte Schlaumeierei, aus neun von zwölf Kuchenstücken wieder ein perfekter Kreis, ein neues Ganzes arrangiert. Wir mögen das Resultat, den Auftritt, die Aktion, das Event und den Glanz – und retuschieren das Dazwischen, das Abwesende, Matte, die Antiklimax weg, wischen das Unerwünschte in den realen oder virtuellen Papierkorb. So besteht unser Bild der Welt oft aus lauter Bühnenauftritten, aus erfolgreichen Handlungen, aus Präsenz und Glanz, während Leerstellen – das Warten, Nichtgeschehen, die Langeweile – unter den Tisch fallen. In Abwehr des Horror Vacui pumpen wir pausenlos, wie eine Getränkeabfüllanlage im 24-Stunden-Betrieb, Ereignisse, Aufmerksamkeiten in unsere Welt.»[1] Diese Zeilen schrieb ich neulich in einem anderen Zusammenhang. Hier sind sie zu ergänzen mit: Und wir verbergen oft mit allen Mitteln den Aufwand, den wir dafür betreiben, die Arbeit, die dahintersteckt, die Ausbeutung, die damit verbunden sein kann.
Die Arbeit hat ein Kreuz mit ihrer Sichtbarkeit. Mal soll sie sichtbar, mal unsichtbar sein, mal soll ein Teil davon möglichst grell sein, nur um andere Teile umso besser verschatten zu können. Sichtbarkeit ist oft ein (letztes) klassenunterscheidendes Merkmal. Schwielen an den Händen sind ein Zeichen von Handarbeit, von Bauarbeit oder von Fabrikarbeit. Ein Zeichen, das auch in der heutigen Gesellschaft kennzeichnend und ausgrenzend wirkt. Das perfekte Outfit des Bankers hingegen funktioniert nach dem Prinzip der Sichtbarkeit der Unsichtbarkeit. Es ist Zeichen dafür, dass alles klar und bestimmt ist, dass wir alles im Griff haben. Doch nicht immer wird Arbeit nur versteckt. Ich erinnere mich an eine Begebenheit, als Harald Szeemann den amerikanischen Maler Cy Twombly im Kunsthaus Zürich ausstellte. Damals, 1987, war ich als Kunstkritiker unterwegs und sah, wie Twombly im perfekten, dunkelblauen Nadelstrei-

1 Urs Stahel: Fotospiele – Denkspiele. In: Stefan Burger: Suppenbuch. Winterthur, Göttingen 2010, S. 195.

fenanzug aus seinem Römer Domizil in Zürich ankam. An der Eröffnung jedoch trug er einen «Künstleranzug»: er trat im Pullover und im leicht verwaschenen Bauarbeiter-Overall auf. Sein Künstlerdasein wurde offensichtlich, wurde als Look vorgestellt. Der Brioni-Anzug blieb im Hotel. Das Künstlerdasein ist salonfähig, das Bauarbeiterdasein weniger.

Unterschiedliche Felder und Gründe für (Un-)Sichtbarkeiten bestimmen das Feld der Arbeit und seiner Darstellung, der realen oder der fotografischen Darstellung. Drei Formen davon sollen näher angeschaut werden: 1. die Sichtbarkeiten im Feld der frühen Industriefotografie am Anfang des 20. Jahrhunderts, 2. die Sichtbarkeit körperlicher Arbeit in der Reportagefotografie seit den 1950er Jahren und 3. das Thema der Sichtbarkeit und Unsichtbarkeit im Feld der Dienstleistungsarbeit und der Roboterarbeit heute.

1. Für eine Fotografie, der wir grosse Realitätsnähe und präzise Sichtbarmachung zuschreiben, benutzen wir Begriffe wie «dokumentarisch», «sachlich», «neutral» oder «objektivierend». Die Industriefotografie, die in der Vergangenheit mit viel Aufwand und Genauigkeit sachliche Sichtbarmachung betrieb, ist das perfekte Beispiel dafür. Gerade weil die Industriefotografie so präzis, aber auch so vielfältig war, galt die Ausbildung zum Fotografen eines grossen Industriebetriebs einst als umfassendste und interessanteste. Der Industriefotograf porträtierte zum Beispiel Arbeiter und Angestellte beim Eintritt und beim Austritt, also bei der Pensionierung. Er hatte Laufspuren und Gussfehler zu dokumentieren, also Material fotografisch zu prüfen. Er sollte einen einfachen, kleinen Gegenstand so perfekt ausgeleuchtet aufnehmen können, dass erkennbar war, aus welchem Material er geschaffen und wie er modelliert war. Das Gleiche musste ihm im Grossen gelingen, wenn er ein Zahnrad von 10–14 Metern Durchmesser aufzunehmen hatte. Er wurde zum Architekturfotografen, wenn es galt, die riesigen Fabrikhallen von innen und aussen zu fotografieren. Offensichtlich stand er im Dienste verschiedener Sichtbarmachungen, registrierte, prüfte Material, übte Abläufe ein, kommunizierte und repräsentierte die Errungenschaften der Firma, die Produkte als eine Art vom Himmel gefallene Objekte, vor weissem Hintergrund, losgelöst aus dem Produktionszusammenhang.

Was immer er auch fotografierte, der Industriefotograf hatte sich, wie vielleicht in keinem anderen Feld der Fotografie, strikt an ganz bestimmte Richtlinien zu halten: Feinkörnig sollte die Fotografie sein; das Licht sollte die Tonwerte ausgeglichen und nachvollziehbar machen; Schärfe sollte das ganze Bildfeld überziehen, und alle Objekte waren möglichst unverzerrt wiederzugeben! Diese vier Elemente wurden zum Credo des Industriefotografen. Um das zu erreichen, wusste er genauestens Bescheid über alles Filmmaterial, setzte Scheinwerfer, Spiegel, weisses Papier ein, um die Werkstücke ins richtige Licht zu setzen. Störten Glanzlichter wurden die Metallteile abmattiert. Beim Entwickeln des Films, beim allfälligen Umkopieren wurde ausgeglichen, abgeschwächt oder verstärkt, später mit dem Schabemesser oder mit sehr weichem Bleistift das Negativ retuschiert. Es wurde so lange retuschiert, bis die gewünschte Brillanz, Dichte, die Durchzeichnung der hellen wie der dunklen Partien erreicht waren.

Um die gewünschte Sachlichkeit und Sichtbarkeit, eine gut durchzeichnende, scharfe und materialgerechte Wiedergabe zu erreichen, wurden also fast sämtliche Tricks der Fototechnik angewandt. Um die Neutralität der Objektwiedergabe zu erzeugen, wurde nach allen Regeln an der Fotografie «herumgedoktert».

Fazit: Wir stehen vor einem Paradox. Es ging in der eigentlich sachlichen Industriefotografie offenbar nicht um einfache, dokumentarische Sichtbarmachung, sondern um aufwendige Bildkonstruktionen. Ob ein Gegenstand vor weissem Hintergrund fast magisch fotografiert, eine Werkhalle mit glänzenden Maschinenteilen zum Schauplatz der Moderne stilisiert wird oder ob Arbeiter beim Schweissen von Werkteilen wirken, als träten sie im Theaterstück «Autogenschweissen im Dreivierteltakt» auf die Bühne: immer wurde inszeniert, arrangiert und dann nach langer Vorbereitung ausgelöst. Das Foto wurde dabei als Ereignis, als Produktion verstanden. Es wird zum «Industrie-Standbild», zum Stillleben, ähnlich dem Still eines Hollywoodfilms.

Ziel und Überzeugung blieben aber immer die Sachlichkeit, das sachliche Sichtbarmachen. Sie war fest im Selbstverständnis des Fotografen verankert, auch wenn die Sachlichkeit mit der Zeit ihre scheinbare Wertfreiheit verliert und zu einer Art Corporate Identity der gesamten Industrie wird. Das fotografische Bild liefert das «Bild», das die Industrie von sich geben will. Es deckt sich perfekt mit der Vorstellung des Technischen, Mechanischen, Präzisen und Sauberen in der Industrie. Es vermeidet das Düstere und Russige, das Schmutzige und Schweissige, lässt die Industrie immer leichter, heiterer erscheinen, als sie es je gewesen ist – eine Vielzahl von riesigen Magnesiumscheinwerfern sorgt lichtstark dafür –, und es vermeidet jedes expressive Moment und dadurch ein Stück weit die Handarbeit, den menschlichen Beitrag. Dieses aufwendige System der Sichtbarmachung dient letztlich also auch einer Verdunkelung, einer Verdeckung. Ein beabsichtigtes Paradox, das seine Bekräftigung in der Tatsache findet, dass die grossen Fabriken, Fabrikstädte für Aussenstehende, auch für die Ehefrauen der Arbeiter, nie zugänglich waren, dass sie in sich geschlossene, fast autarke Städte waren.

Der Mensch spielte in diesem fotografischen Industrietheater eine geringe, manchmal verschwindend kleine Rolle, oft verschwand er auch ganz. In einem Saal voller Spinnmaschinen waren die Erschütterungen bei voller Leistung so stark, dass ein Foto lediglich am Sonntag, am Ruhetag, gemacht werden konnte – ohne die Dynamik, ohne die Menschen des Werktags. Manchmal wurde der

Abb. 1: Anonym: Spiralgehäuse der Escher Wyss für das Kraftwerk Sungari in der Mandschurei, 1939. © Fotomuseum Winterthur

Mensch als Grössenvergleich hingestellt, nach der Fertigstellung eines besonderen Werkstücks zum Beispiel, wie beim Foto eines Spiralgehäuses der Escher Wyss für ein Kraftwerk in Asien. Er diente da der blossen Sichtbarmachung des Produkts, diente als Massstab für die Grösse und Grossartigkeit der Maschine. Das änderte sich erst, als freie Fotografen – im Auftrag der Aufklärung, des Widerstands, und später auch im Auftrag der visuellen Aufrüstung, der Medienquote – die Fabriken betraten. Diese Fotografen änderten die Blickrichtung, sie stürzten sich auf jedes Staubkorn, nahmen es im Streiflicht auf, bis es sich hoch wie die Alpen auftürmte. Sie wurden von Schmutz und Schweiss wie Mücken angezogen. Schlagartig entstand eine ganz andere Sichtbarkeit, eine, die kein Produkt vorträgt, sondern sich des Arbeitsprozesses, der Arbeitenden, der Würde, des Stolzes, der körperlichen und psychischen Belastungen der Menschen bei der Arbeit annimmt.

2. Industriefotografie war also im Grunde genommen immer Produktfotografie. Sie stellte Zahnräder, Pumpen, Triebwerke bestmöglich arrangiert und ausgeleuchtet in den Vordergrund und rückte dafür die Menschen in den Hintergrund. Arbeiter störten das Bild der technischen Fertigung, der maschinellen Perfektion. Entsprechend hatten sie möglichst unsichtbar zu sein, so lange jedenfalls, bis den freien Reportagefotografen der Zugang zur Industrie möglich wurde, bis die geschlossenen Industrieareale, die fast autarken, ummauerten Industriestädte sich teilweise öffneten. Die Reportagefotografen veränderten den Zugang, das Blickfeld der Wahrnehmung. Sie schufen mit ihren handlichen Kameras – Rolleis oder Leicas – eine neue, andere Sichtbarkeit: der Blick fiel von nun an für Dekaden auf den Menschen bei der Arbeit, auf seinen Einsatz, seine Konzentration, seine Aufopferung. So wie heute die Handyfotografie und ihre Verbreitung im Netz das Monopol der professionellen Pressefotografie durchbricht, so knackte damals (in den 1930er, 40er, 50er Jahren) die freie, engagierte Fotografie das visuelle Monopol der Fabrikherren.

Kein Blick ist jedoch gegen Abnutzung, gegen seine eigene Kommerzialisierung gefeit. So erscheinen in den 1960er, 70er, 80er Jahren massenweise Bilder von körperlicher Arbeit. Es entwickelte sich mit der Zeit ein visueller Kult der Anstrengung und des Leidens. Stellvertretend für viele andere wird an der Fotografie des Brasilianers Sebastião Salgado deutlich, wie die Konzentration auf das Körperliche, das Strenge, das Schwere, wie dieses überdeutliche Herausarbeiten von Schweiss und Leiden auch wieder zu einer Verstellung des Blicks führen kann. Der visuelle Kult der körperlichen Arbeit konzentriert sich so sehr auf den spannungsgeladenen Körper, den diagonal ins Bild tretenden Arbeiter, das Glänzen erhitzter Haut, das verschmierte Gesicht, dass körperliche Anstrengung und (damit verbunden) Armut oft individualisiert, personalisiert und dadurch gleichsam schöngeredet, «heiliggesprochen» werden. Dieses Bild des Arbeitens lief Gefahr, zum Manierismus zu werden, zur fotoakademischen Manier, wie Arbeiter, wie Arbeit zu fotografieren sind. In Zeiten grosser Handelsströme, wachsender globaler Wirtschaftsverflechtungen, im Filter von Strukturalismus und Systemanalyse, die das autonome Subjekt gefährdet und in neuen Rollen sehen, auf dem Weg einer abstrakter werdenden Welt schien diese Fotografie der körperlichen Arbeit das herkömmliche Menschsein selbst «ein letztes Mal» aufscheinen lassen zu wollen: ein letzter Schrei des menschlichen Ursprungs, des Persönlichen, bevor wir in eine neue Welt eintreten; die nostalgische Hymne einer vergehenden, sich zumindest geografisch verlagernden Arbeitswelt.

Selbstredend gilt, da wir beim Thema der handwerklichen Arbeit sind, dass diese Fotografien handwerklich von bester Qualität waren und sind, dass der Aufbau der Bilder ausbalanciert, die Silberschwärzen tief und zeichnend sind, das Korn perfekt-scharf ist. Jegliche Chemierückstände wurden lange und sorgfältig aus-

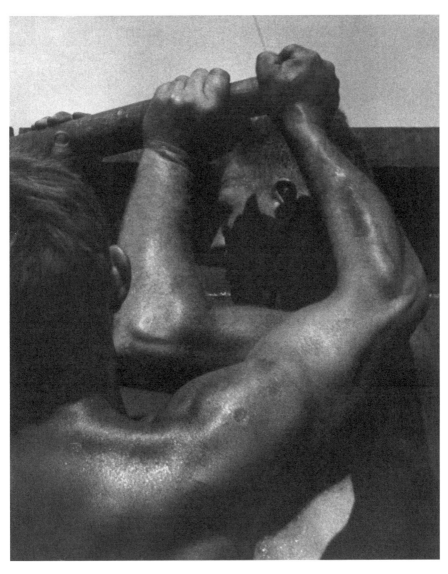

Abb. 2: Jakob Tuggener, Schiffsnieter, *Rheinhafen, Basel 1947.* © *Jakob Tuggener-Stiftung, Uster*

Abb. 3: Lars Tunbjörk, Stockbroker, *Tokyo, 1999.* © *Lars Tunbkörk*

gewaschen. Sie sind in ihrer späten Form (der vergangenen 20 Jahre) auch ein Sinnbild für das Aufbäumen der analogen Fotografie auf dem Weg ins Digitale. Das Aufbäumen der Verankerung gegen das Mobile, der Erdenschwere gegen die Leichtigkeit der Abstraktion, der Abstraktion der AG, des Geldes, der digitalen Welt, der global zirkulierenden Investitionsströme.

Die Medien schliesslich griffen und greifen diese Bilderform besonders gerne auf, denn sie garantierte Identifikation, Sentiment oder Exotik, alle drei bekanntermassen verlässliche Garanten für gute Verkaufszahlen. Sie lassen sich perfekt mit dem Mythos der Anstrengung des Fotografen unterfüttern, der sich persönlich einsetzt, aussetzt, der sich an dunkle Ort begibt, der sich verausgabt – das biografische Moment des Fotografen als eine Art Roadmovie der Wahrheit. Hier überstrahlt die Attraktion des persönlichen, individuellen Schaffens und Leidens das schwer Erkennbare, das strukturelle Problem der Arbeit und Arbeitsteilung.

3. Eine Fotografie, die versucht, der Entkörperlichung der Arbeit und der visuellen Unverständlichkeit ihrer Werkzeuge «Herr» zu werden, des Unsicht-

Abb. 4: Lewis Baltz, Southwest Wall, Vollrath, 2424 McGaw, Irvine, aus: The New Industrial Parks Near Irvine, California, *1974.* © *Lewis Baltz, courtesy Galerie Thomas Zander*

barwerdens der Arbeitsabläufe, des Sachlichwerdens, Nüchternwerdens der Arbeitsumgebung, des Verlusts an äusserer Gestalt, die auf das Funktionieren des Gegenstands schliessen lässt, suchte man lange vergeblich. Es schien fast, als hätte es der Fotografie die Sprache verschlagen, als gäbe es gar nichts mehr zu sehen, sicher jedoch nichts Wertvolles mehr festzuhalten. Die Fotografie tat sich schwer mit der Verlagerung der Inhalte in ungreifbare, unsichtbare Blackboxes, in stumme, fast gesichtslose Architektur, die weniger wie real Gebautes denn wie eine Grossleinwand wirkt. Und drinnen Tisch, Stuhl, Schrank, Computer, Drucker – die wenig fotogene Grundausrüstung der Dienstleister.

Der Amerikaner Lewis Baltz, der sich der Landschaft als Territorium, das Territorium als gebauter, gestalteter, besetzter Raum, angenommen hat, ist eine der wenigen frühen Ausnahmen. Er zeigt in den 1970er und 80er Jahren das Gebaute – zum Beispiel die *tract houses* in ihrer gleichgültigen Banalität, die *new industrial parks* in ihrer unterkühlten, minimalistischen Eleganz – als stumme, fast gesichtslose Architektur. Lewis Baltz musste dann und wann eine Übereckaufnahme beifügen, damit wir weiterhin glauben, er habe Gebäude, gebaute

Körper und nicht Grossleinwände aufgenommen. Seine Häuser und seine Städte erzählen nichts von den heroischen Skylines, nichts von den Kathedralen der anonymen Gesellschaften, sondern vom endlosen, postindustriellen, anonymen amerikanischen «Vorgarten» des Mittelstands. Retortenhäuser und -städte, welche die abendländische Idealstadt mit einem Zentrum und sinnhafter, hierarchisch angeordneter Struktur pragmatisch-wirtschaftlich unterlaufen, *real-estate*-Landschaft, von Baltz wie von einem Landvermesser abgeschritten und fotografisch verbucht.

Frank Breuer führt diese Arbeit in den letzten Jahren fort. Einzig die aufmontierten oder aufgemalten Logos der Unternehmen lassen die Schachtelfabriken, Schachtellagerhallen voneinander unterscheiden. Sonst sieht man nichts, kann man die Sache, den Inhalt, die Funktion nicht greifen, nicht begreifen. Arbeitsplätze haben an «Charakter» verloren, wie man immer sagt, an Patina, an Lesbarkeit, was darin gearbeitet wird. Der Grossteil der Räume, in denen gearbeitet wird, gleicht sich aufs Haar, Stil- und Preisunterschiede ausgenommen. Nicht verwunderlich, dass sich die Fotografie schwer damit tut, einen Zugang zu finden, über diese glatte Oberfläche hinaus etwas zeigen, aussagen zu können, das die Bilder unterscheidet vom Geschoss drüber, drunter, vom Haus gegenüber oder nebenan. Die Arbeit von Jacqueline Hassink geht dieses Problem seriell-strukturell an, indem sie zum Beispiel die *tables of power* fotografiert und zu Gruppen zusammenstellt, die Zimmer der Machtentscheidungen, oder indem sie CEOs zu Hause fotografiert, sie also aus ihrem Berufszusammenhang herausnimmt, verschiebt und entfunktionalisiert. Die angeführten Fotografen setzen den Bildpurismus und die Form-Inhalt-Deckung als kritisches Instrument ein, ersetzen die Illusion der fotokünstlerischen Fertigkeit, des attraktiven Motivs durch die serielle mechanistische Beschreibung und zwingen derart dem Betrachter seiner Fotografien, also uns, dem Subjekt der Betrachtung, eine grundsätzlich neue Rolle auf: ohne Wahl und unsentimental den Blick auf die Welt vor ihm, auf die aktuelle, gegenwärtige Welt zu richten.

Als Max Kozloff *Where have all the people gone?* als Titel über die amerikanische Fotografie der 1970er Jahre setzte, wusste er noch nichts von der Leere heutiger Produktionsstrassen. Der deutsche Fotograf Henrik Spohler visualisiert in seinen Bildern von zeitgenössischen Produktionsstätten das Normierte, Strukturierte, das mechanisch-elektronisch aufeinander Abgestimmte der neuen Fabrikationswelt, die menschenleer und fast klinisch sauber erscheint. Eine Welt, die beim Installieren voller Arbeitender ist, doch «vor dem Anpfiff» bewegen sich alle, wie 60 Sekunden vor dem Start eines Formel-1-Rennens, von den Autos, vom Produktionsbereich weg. Was zuvor wie ein orientalischer Bazar angemutet hat, wirkt plötzlich menschenleer und technoid. Beim Startschuss der Produktionsstrassen, beim Einschalten der Strom- und Informationsflüsse

Abb. 5: Henrik Spohler, Assembly line, *2006. Aus dem Projekt «Global Soul».*
© *Henrik Spohler*

verschwinden alle Menschen, ihre geleistete Arbeit geht «unsichtbar» ein in das perfekte, computergesteuerte Funktionieren von technologischen Abläufen.

Die Arbeit verändert sich in der postindustriellen Welt von *body driven* zu *brain driven* und im Zuge dessen verschwindet ein grosser Teil ihrer Sichtbarkeit. Der Entrückung der Arbeit folgt jene der Häuser und Hallen, die Containisierung der Transporte von Gütern, die Gestaltung von Gegenständen frei von ihrer eigentlichen Funktion. Und der Mensch? Das blütenweisse Hemd, der perfekte Haarschnitt, das fast pudertrockene Gesicht funktionieren nach dem Prinzip der Sichtbarkeit der Unsichtbarkeit. Dieses Outfit zeitgenössischer Dienstleister ist Zeichen dafür, dass nichts zu Beunruhigung Anlass gibt. Der perfekte moderne Torso soll jede Anstrengung verbergen, unsichtbar machen, soll blütenweisser Schein, soll der Brand für unbeflecktes, kontrolliertes Arbeiten sein. Der Primärkörper, der existenzielle, arbeitende Körper, verschwindet aus dem Bild, und dafür taucht der gestählte, trainierte, geformte Freizeit- und graublau gewandete Nüchternheitskörper auf. Geradeso wie normales Brot verschwunden ist und als Bio-Dinkel-Multikorn-Brot in neuer Handelsgrösse und -form wieder auftaucht.

Das fotografische Bild von Arbeit im 20. Jahrhundert visualisiert, wie sich die Arbeit vom Handwerk zur Roboterstrasse, von der Produktion zur Dienstleistung und von der Berufung zum blossen Job verändert. Dabei wird zu unterschiedlichen Zeiten Unterschiedliches verschleiert: zuerst die Arbeit selbst, dann der Mensch in der Arbeit, später das System, die Struktur der Arbeit und schliesslich die Sichtbarkeit der Arbeit am Menschen. Heute prägen, zeichnen nicht mehr die Arbeitsprozesse den Menschen, sondern umgekehrt: Lifestyle-Zeichen, Labels, Brands überstrahlen die einstige prägend-wichtige Sichtbarkeit der «Arbeit».

Bibliografie

Baltz, Lewis: Regeln ohne Ausnahmen. Winterthur, Göttingen 1993.
Seelig, Thomas, Urs Stahel, Martin Jaeggi (Hg.): Trade. Waren, Wege und Werte im Welthandel heute, Winterthur, Zürich 2001.
Seelig, Thomas, Urs Stahel (Hg.): Im Rausch der Dinge. Vom funktionalen Objekt zum Fetisch in Fotografien des 20. Jahrhunderts. Winterthur, Göttingen 2004.
Wolfensberger, Giorgio, Urs Stahel (Hg.): Industriebild. Der Wirtschaftsraum Ostschweiz in Fotografien von 1870 bis heute. Zürich 1994.

Vanessa Beecroft

Bilder der Arbeit, Bilder der Arbeitslosigkeit

Philip Ursprung

Résumé:
Vanessa Beecroft. Représentations du travail, représentations du chômage

Philip Ursprung se focalise sur la performance *VB55* réalisée en 2005 à la Galerie Nationale de Berlin. Quel est le rapport entre les performances de Vanessa Beecroft où des actrices posent presque nues durant plusieurs heures et le travail? Leur impact repose justement sur l'inaction, le «nothing happens». Au travers d'une analyse de leur contexte spatial, économique et historique, et de leur fonction, l'auteur cherche à interpréter les performances de Vanessa Beecroft. Il les situe dans le contexte du nord de l'Italie, où Beecroft est née en 1969, a grandi et étudié, et où a eu lieu, depuis les années 1960, un bouleversement radical voyant le travail industriel remplacé en majorité par du travail immatériel. La performance *VB48 Palazzo Ducale, Genua,* qui s'est déroulée durant le sommet du G8 en juin 2001, illustrait non seulement le thème du clair-obscur de l'architecture baroque, mais aussi celui de la situation des clandestins arrivés illégalement d'Afrique en Italie, et ainsi la problématique de la migration globalisée des travailleurs. Le malaise que suscite la performance chez les spectateurs, repose, selon une hypothèse de l'auteur, sur le fait qu'elle procure un sentiment d'excès: les actrices toutes proches semblent déjà attendre l'engagement et leur contrat de travail doit être envisagé comme précaire. Les vêtements inappropriés des actrices, souvent composés uniquement de sous-vêtements et de chaussettes, rappellent le choc provoqué par les travailleurs en tenue de fabrique défilant dans la rue et, en même temps, l'appréhension des chômeurs de sortir de la structure sociale. Pour expliquer l'important écho que reçut la création de Vanessa Beecroft, Philip Ursprung met en avant le fait que ses performances représentent la situation actuelle du travail précaire. Il les compare entre autres au dispositif du jeu télévisé *Big Brother* où des groupes de jeunes en âge d'exercer une activité professionnelle rivalisent pour s'attirer la faveur du public, sans produire pour autant quelque chose au sens propre. Sous cet angle, les réactions ambivalentes de ceux qui sont observés sont mieux compréhensibles: elles pourraient refléter leur confrontation avec l'angoisse du chômage et de la perte de leur position sociale.
Philip Ursprung se demande si la problématique de la représentation du travail humain est propre à la situation actuelle ou générale pour les arts visuels modernes. Plusieurs indices montrent que le travail est plutôt tenu à l'écart des arts visuels. Il n'existe que peu d'images de ce qui se passe dans une fabrique. Lorsque l'on trouve une iconographie

du travail, soit elle tombe dans l'héroïsation, soit dans le pathos, ou alors elle prend une tournure comique comme chez Charlie Chaplin. L'hypothèse ici défendue est que les arts visuels n'ont pas le vocabulaire pour décrire, de façon adéquate, le travail humain et les rapports entre travail et lieu de travail.

Am 8. April 2005 führte die Künstlerin Vanessa Beecroft (geb. 1969) in der Neuen Nationalgalerie in Berlin ihre Performance *VB55* auf. 100 Frauen, bekleidet nur mit Feinstrumpfhosen, standen in der offenen Halle von Ludwig Mies van der Rohes Bau. Die Frauen waren unter Bewerberinnen ausgewählt worden, die sich für ein Casting gemeldet hatten. Beecroft, die in Norditalien aufwuchs und heute in der Nähe von New York lebt, hatte sie nach Fotografien ausgesucht. In der Neuen Nationalgalerie wurden sie dann nach ihren Anweisungen platziert. Die Anweisungen, die eine Psychologin verkündete und die Beecroft für alle Performance verwendet, waren einfach: «Bitte spreche nicht; interagiere nicht mit anderen, lache nicht; bewege dich nicht zu schnell, bewege dich nicht zu langsam […], trete unter keinen Umständen sexy auf.»[1]

Die erste halbe Stunde der dreistündigen Performance mussten die Frauen an den ihnen zugewiesenen Positionen bewegungslos stehen. Erst danach durften sie sich rühren, sich setzen oder hinlegen. Es handelte sich mehrheitlich um jüngere Frauen, das Alter lag zwischen 18 und 65 Jahren. Es waren keine professionellen Models wie in früheren Performances von Beecroft darunter. Der Eindruck war vielmehr, dass es sich um so etwas wie einen Querschnitt durch die vornehmlich weisse weibliche Berliner Einwohnerschaft handelte. Beecroft ordnete sie nach Haarfarben in drei Blöcke: rot, schwarz, blond. Nach den Proben fanden an zwei aufeinander folgenden Abenden zwei Performances statt. Die erste war ausschliesslich für die Freunde der Nationalgalerie inszeniert. Es handelte sich um eine exklusive Performance, die nur auf spezielle Einladung zu besuchen war. Die Gäste erschienen in Abendkleidung und erhielten Champagner, wie bei einer Vernissage in diesem Rahmen üblich. Die zweite Performance war gegen eine übliche Eintrittsgebühr öffentlich zugänglich. Die Besucherzahl war allerdings beschränkt, und die Eintrittskarten mussten vorher bestellt werden. Die Performance war lange voraus angekündigt worden, Boulevardzeitungen hatten die Aktion als «grösste Peepshow» der Welt angekündigt.[2]

Weil die Zahl der Tickets nicht ausreichte, kam es vor dem Museum zu Tumulten. Viele Zuschauer drängten sich vor dem Museum, um einen Blick auf das Innere

1 Vanessa Beecroft, «Statement», 7. April 2005, reproduziert in: Steinmann 2006.
2 «Die grösste Peep Show der Welt! Nacktionalgalerie: 100 nackte Frauen für die Kunst». In: Berliner Kurier, 8. April 2005, S. 4–5.

Abb. 1: Vanessa Beecroft, NNG Berlin, vb55.25vb

Abb. 2: Vanessa Beecroft, NNG Berlin, vb55.22

zu erhaschen. Drinnen war es wie bei allen Performances von Beecroft verboten zu fotografieren. Die Besucher mussten allerdings ihr Recht am eigenen Bild für die Dauer der Performance abgeben. Beecroft setzte wie für einen Film eine Crew von Kameraleuten und Fotografen ein, welche die Performance dokumentierten. Aus den Fotografien und Videofilmen wählte sie Bilder und Szenen aus, die als autonome Kunstwerke in limitierten Editionen und unterschiedlichen Formaten im Handel sind. Folgt man Zeitungsberichten beziehungsweise den Berichten von Besuchern, dann waren manche der Models bald müde, einige froren auch. Im Lauf der Zeit setzten oder legten sich viele auf den Boden.

Für mich ist dieses Werk von Vanessa Beecroft, das damals in aller Munde war, das ich aber nicht selbst gesehen habe, Anlass, der Frage nach der bildlichen Repräsentation von Arbeit nachzugehen. Um mich dem Thema anzunähern, will ich zuerst kurz beschreiben, was mich an Beecrofts Kunst besonders interessiert. Am meisten irritiert mich, dass ihre Wirkung nicht wie bei den meisten Protagonisten der Performancekunst auf einer Handlung beruht. Im Gegenteil, es ist die Nichthandlung, das, was sie in einem ihrer seltenen Interviews mit «Nothing happens» bezeichnet.[3] Dieses «Nichts geschieht» stellt die Voraussetzung der Performance ebenso infrage wie die Voraussetzung der Historiografie, nämlich den Ablauf einer Handlung. Die Nichthandlung in ihren Performances erregte seit Mitte der 1990er Jahre Aufsehen und brachte Beecroft innerhalb weniger Jahre ins Zentrum der Kunstwelt. Wer beispielsweise die Fotos der frühen Performances, etwa *VB11* in der Galerie Analix, Genf, 1995 gesehen hat, wird die Bilder nicht mehr vergessen. Sie zeigen drei junge Frauen mit dunklen Perücken, eine in Unterwäsche, zwei in Bademänteln, die in einem Ausstellungsraum stehen und sitzen. Die Atmosphäre ist eine rätselhafte Mischung aus Langeweile und Aggressivität, Erwartung und Resignation, ebenso verführerisch wie abweisend, exponiert wie abgeschottet.

In den frühen Performances waren die Akteurinnen meistens Kolleginnen der Künstlerin, die unentgeltlich posierten. Seit die Produktionsbudgets Mitte der 1990er Jahre gewachsen sind, handelt es sich vornehmlich um professionelle, bezahlte Modelle, die nichts als Schuhe und gelegentlich Dessous von internationalen Designern tragen. Die Werke sind lediglich mit den Initialen «VB», einer Werknummer, dem Kürzel des Fotografen, Jahreszahl und Ort der Aufführung sowie gelegentlich einem Hinweis auf die Zusammenarbeit betitelt. Die Titel erinnern eher an bürokratische Codes oder an Computerdateien denn an die Teile eines künstlerischen Œuvre. Ihre Kunst wird seit Ende der 1990er Jahre von einflussreichen Galerien wie Deitch Projects und Gagosian vertrieben und ist in der Kunstwelt sehr präsent. So wurde beispielsweise 2002 die Biennale von

---

3 Vanessa Beecroft, zitiert nach Polla 1998, S. 340.

Abb. 3: Vanessa Beecroft, Palazzo Ducale, Genova, VB48.005dr

Abb. 4: Vanessa Beecroft, Galerie Analix, Geneva, vb11.023ali

Sao Paulo mit der Performance *VB50* eröffnet und 2009 war die Performance *VB65* ein Höhepunkt der Kunstbiennale in Venedig.

Gibt es angesichts dieser Performances für die Kunsttheorie überhaupt etwas zu interpretieren oder zu erschliessen? Sprechen sie nicht weitgehend für sich? Wo ist der Ort des Historiografen, wenn, wie erwähnt, Beecroft sagt: «Nichts geschieht»? Soll ich verfahren, wie viele Kollegen, die, je erfolgreicher und populärer Beecroft wird, desto weiter von ihr abrücken und ihre Kunst, allerdings nur im mündlichen Gespräch, als Verrat an den früheren Idealen betrachten, sie mit Helmut Newton oder Leni Riefenstahl vergleichen, sie als oberflächlich, affirmativ, marktorientiert und latent konservativ abtun? Soll ich die Blicke der Zuschauer auf die Frauen analysieren, das Machtverhältnis, welches die Künstlerin zu den Girls aufbaut, beschreiben? Soll ich mich, wie es die kanadische Kunsthistorikerin Christine Ross in ihrem Buch *The Aesthetics of Disengagement* unternimmt, mich unter einem kulturwissenschaftlichen Aspekt nähern und ihre Performances in Zusammenhang mit dem Phänomen der Depression bringen?[4]

Da ich mich neben der zeitgenössischen Kunst in erster Linie mit Architektur befasse, ist die Herangehensweise über den räumlichen, funktionalen, historischen und ökonomischen Kontext für mich naheliegend. Dass der Kontext nicht nur die formale Struktur der Performances, sondern auch ihre erzählerische Dimension prägt beziehungsweise dass beide untrennbar verwoben sind, wird seit der Jahrtausendwende immer deutlicher. Form und politischer Gehalt verbinden sich in einer Textur. So fand *VB48 Palazzo Ducale, Genova,* am 3. Juli 2001 in der *Sala del Maggior Consiglio* des Palastes statt. Beecroft setzte dabei neben einer Akteurin mit weisser zum ersten Mal Akteurinnen mit schwarzer Hautfarbe ein. 30 Models tauchten während der dreistündigen Performance langsam aus dem Dunkel auf, um sich zum Schluss im hellen Scheinwerferlicht zu zeigen. Die Performance lässt sich als formales Spiel mit den Hell-dunkel-Kontrasten der imposanten Barockarchitektur des Palastes lesen. Sie lässt sich allegorisch in Beziehung zu Genua, der Stadt, in der Beecroft geboren wurde und aufwuchs, als früherem Zentrum einer imperialen Seemacht und damit als einem der Geburtsorte des Kolonialismus setzen. Sie lässt sich in den Kontext der *clandestini* setzen, jener für die italienische Wirtschaft notwendigen, gesellschaftlich zugleich marginalisierten, illegalen, aus afrikanischen Ländern immigrierten Arbeiterinnen und Arbeiter. Und sie lässt sich in Beziehung zu den Fragen der Globalisierung setzen, wenn man bedenkt, dass die Performance nur zwei Wochen vor dem Beginn des G8-Gipfels vom 18.–21. Juli 2001 stattfand und die Bevölkerung zeitweise aus der eigenen Stadt ausgesperrt blieb. Die

---

4 Ross 2005.

Koinzidenz betrifft auch die Titel. *VB48* wird zum mysteriösen Kürzel, das sich mit dem Kürzel G8 trifft.

Nirgendwo war in der jüngeren Vergangenheit die Veränderung der Situation der Arbeiter so deutlich sichtbar wie in Norditalien. Hier, in den Industriezentren von Mailand, Turin, Venedig, Genua, verwandelte sich innerhalb kurzer Zeit eine durch Migranten aus dem Süden alimentierte, klassisch fordistische Fabrikarbeiterkultur in eine auf individuellem Unternehmertum und immaterieller Arbeit fussende Region, eine der ökonomisch stärksten Europas. Theoretiker wie Antonio Negri oder Maurizio Lazzarato sprechen von «immaterieller» Arbeit in dem Sinn, dass die physische Arbeit in Billiglohnländer verlagert wird und die neue Arbeit eine Arbeit der Konzeption und der Distribution ist.[5] Wo in den 1960er Jahren noch die Kinder ihren Vätern die Mahlzeiten in die Fabriken brachten, entstand, so Negri, der die gesamte Gesellschaft umfassende Mechanismus der «sozialen Fabrik».[6]

Dieser Prozess lässt sich auch auf der Ebene der Darstellung von Arbeit verfolgen. Während in Italien zwischen den 1940er und den 1970er Jahren im neorealistischen Film eine Ikonografie existierte, welche die spezifische Situation von Arbeitern auf den Punkt brachte und ihre Entfremdung in den Neubausiedlungen des Nordens artikulierte, etwa Luchino Viscontis *Rocco e i suoi fratelli* (1960), ist die immaterielle Arbeit nicht darstellbar. Die visuelle Kultur, so scheint es, hat keine angemessene Sprache mehr für Arbeit und für die Orte der Produktion, sondern nur für Konsum. Um im Umfeld Norditaliens zu bleiben: Ein typisches Beispiel für die Darstellung von Konsum bilden die Gruppenbilder jugendlicher Modekäufer in den Kitschkampagnen von «United Colors of Benetton» des Familienunternehmens aus Treviso, das zum Synonym der ökonomischen Globalisierung Norditaliens wurde. Ein weiteres Beispiel sind die stundenlangen, um Werbeblöcke strukturierten Quizsendungen in Silvio Berlusconis privaten Mediaset-Kanälen, wo Gruppen junger Frauen in Badeanzügen über die Studiobühnen huschen. Und der eindrücklichste Fall, welcher die Problematik der Darstellung von Arbeit zeigt, ist die Sendung *Big Brother*. In diesem weltweit erfolgreichen, 1999 lancierten Fernsehspiel wird das Drama der immateriellen Arbeit – und der stets drohenden Arbeitslosigkeit – exemplarisch durchgespielt. In Containern, abgeschlossen von der Aussenwelt, aber von zahllosen Kameras Tag und Nacht beobachtet, buhlen die Spieler – junge Erwachsene im erwerbsfähigen Alter, die keiner Arbeit nachgehen – um die Gunst der Gruppe und des Publikums.[7]

In diesem Zusammenhang möchte ich Beecrofts Kunst lokalisieren. Sie selbst

5 Lazzarato 1998.
6 Negri 2003, S. 92 f.
7 Vgl. Ursprung 2010.

äussert sich nicht zum Thema der Arbeit. Aber in manchen Berichten zu ihren Performances klingen die Idee der «Reserven» und des Überschusses an sowie die Idee, dass hinter den Akteuren bereits die nächsten auf ihren Einsatz warten.[8] Dies evoziert die Tatsache des enormen Überschusses menschlicher Arbeitskraft sowie die Angst vor der Arbeitslosigkeit, dem grössten Tabu der Industrienationen. Es ist offenkundig, dass die Personen in ihren Performances im Rahmen eines Kontrakts posieren. Ihre individuelle Verwundbarkeit tritt zutage. Die Betrachter empfinden einerseits Mitleid, geniessen andererseits auch ihre Überlegenheit. Beecroft selbst sagt: "Real people make the misery real. Women deal with misery and this keeps them busy."[9] Zugleich schwingt ein möglicher Verlust der Kontrolle als Bedrohung stets mit. Die Akteure werden müde, das Bild bricht auseinander. Was wäre, so könnte man daraus folgern, wenn die unsichtbaren Heere der Arbeitslosen plötzlich auf die Strassen gingen und sichtbar würden? Der «Druck, den Beecroft auf ‹beide am Schauen beteiligten Seiten›» ausübt, wie ein Kritiker einmal bemerkte, rührt zweifellos von dieser Angst her.[10] Dies mag ein Grund sein für die Stimmung des Peinlichen, die manche Beobachter erwähnen. Dies mag auch die merkwürdige Bekleidung der Akteure erklären. Die Unangemessenheit der Bekleidung erinnert unwillkürlich an die Bedrohung, die von Gruppen von Arbeitern ausgeht, die in Arbeitskleidung auf die Strasse treten.

Es stellt sich die Frage, ob die Problematik der Repräsentation von menschlicher Arbeit, welche ich als einen der Gründe für das grosse emotionale Echo auf Beecrofts Kunst sehe, spezifisch für die heutige Situation sei oder generell für die modernistische visuelle Kultur gilt. Kann es sein, dass die Darstellung von menschlicher Arbeit die visuelle Kultur der Moderne überfordert und dass eine ganze Epoche sozusagen mit einem Abbildverbot von Arbeit belegt ist? Tatsächlich lassen sich diverse Indizien dafür sammeln, dass bereits die frühen Protagonisten der modernistischen visuellen Kultur Arbeit aktiv auszublenden, zu verdrängen versuchten. Joseph Paxton liess als Erstes einen Bretterzaun errichten, damit niemand den Arbeitern zusehen konnte, die den *Crystal Palace* im Hydepark für die Weltausstellung von 1851 errichteten. Der erste Film der Geschichte, *Arbeiter verlassen die Fabrik,* den die Brüder Lumière 1895 drehten, zeigt Arbeiter, nachdem ihre Arbeit getan ist. Sie strömen aus den Werkstoren auf die Strasse. Der Blick ins Innere der Fabrik bleibt der Kamera verwehrt. Für den Filmemacher Harun Farocki ist diese Tatsache emblematisch für die Geschichte des Films: «Die erste Kamera in der Geschichte des Films war auf eine Fabrik gerichtet, aber nach hundert Jahren lässt sich sagen, dass die Fabrik

---

8 Bryson 1999, S. 81.

9 Vanessa Beecroft, zitiert nach Polla 1998, S. 344.

10 Bryson 1999, S. 81.

den Film kaum angezogen, eher abgestossen hat. Der Arbeits- oder Arbeiterfilm ist kein Hauptgenre geworden, der Platz vor der Fabrik ist ein Nebenschauplatz geblieben. Die meisten Erzählfilme spielen in dem Teil des Lebens, der die Arbeit hinter sich gelassen hat. Alles, was die industrielle Produktionsform anderen überlegen macht: die Zerlegung der Arbeit in kleinste Teilschritte, die beständige Wiederholung, ein Organisationsgrad, der vom Einzelnen kaum Entscheidung verlangt und ihm kaum Spielraum lässt – all das macht es schwer, Wechselfälle vorzuführen. Fast alles, was in den letzten hundert Jahren mit Worten, Blicken oder Gesten in Fabriken ausgetauscht wurde, ist der filmischen Aufzeichnung entgangen.»[11]

Und Rodins Entwurf für ein Monument der Arbeit, mit dem er an der Pariser Weltausstellung 1900 dem Eiffelturm Konkurrenz machen wollte, ein begehbares Denkmal, halbwegs zwischen Skulptur und Architektur angesiedelt, wurde nie realisiert. Es hätte das Spektakel des Konsums, welches die Ausstellung produzierte, wie eine Seifenblase platzen lassen.

Gegen das Argument der Blindheit gegenüber der menschlichen Arbeit kann man einwenden, dass es durchaus ikonografische Traditionen der Darstellung von Arbeit gibt, namentlich die bereits erwähnte Ikonografie des Realismus. Allerdings ist Arbeit in der Tradition des Realismus entweder heroisch überhöht, wie in der Bildsprache des Sozialistischen Realismus, oder pathologisiert, wie im Fall der naturalistischen Darstellungen von Arbeit. Auch in Charles Chaplins Film *Modern Times,* zweifellos einer der effektivsten Kritiken der Ausbeutung der Individuen in der fordistisch organisierten Fabrikarbeit, wird Arbeit komödiantisch verzerrt, als Groteske dargestellt. Ein Grund für die Problematik, Arbeit auf der Ebene der bildenden Kunst zu repräsentieren, mag darin liegen, dass die reale Ausbeutung in der ästhetischen Ausbeutung – der Kommodifizierung des arbeitenden Subjekts zum Bild – quasi verdoppelt wird. Ein weiterer Grund mag darin liegen, dass es keine Ikonografie gibt, welche der inneren Widersprüchlichkeit von Arbeit angemessen ist. Die Ästhetisierung blendet das Element der Ausbeutung aus, die Pathologisierung wiederum ist blind für die Erfüllung, welche die Arbeit, wenn sie in angemessenen Bedingungen geschieht, den meisten Menschen vermittelt. Gerade in Zeiten, in welchen Arbeit rar ist und die Arbeitslosigkeit jeden treffen kann, wird die Darstellung von Arbeit prekär, weil sie stets zugleich die Möglichkeit der Nichtarbeit evoziert.

Aus dieser Perspektive gesehen, ergibt sich ein neuer Horizont für *VB55.* Die grösste kollektive Angst in Deutschland ist wie in allen Industrieländern die Angst vor der Arbeitslosigkeit. Der Platz innerhalb der Gesellschaft ist seit der Zeit des Wirtschaftswunders in erster Linie durch das Arbeitsleben definiert.

11 Farocki 2001, S. 233–235.

Der Verlust des Arbeitsplatzes bedeutet zugleich den Ausschluss aus der sozialen Ordnung und den Verlust der Präsenz. Es drängt sich somit auf, Beecrofts Performance als Spiegel dieser Situation zu lesen. Die Menschengruppen, die sich gegenüberstehen, produzieren eine mit Worten nicht beschreibbare Spannung im Raum, ein aggressives Potenzial, welches sich nicht entlädt, sondern das ungelöst weiterschwingt. Die Frauen stehen herum. Ihre Haarfarben, schwarz, rot, gold, machen sie zu einem Emblem von Deutschland. Ihre Bekleidung, nichts als eine Feinstrumpfhose mit Naht, war für einige Kritiker fast unerträglich. Kann es sein, dass sie an jenes Emblem erinnern, das für die Berlinerinnen nach dem Krieg am wichtigsten war? Nämlich die Simulation von Feinstrumpfhosen mittels einer auf die Waden gemalten Naht, um ausgehen zu können, um in der Gesellschaft «präsent» zu sein? Bricht mit *VB55* eine verdrängte Erinnerung durch, welche für viele Beobachter so schmerzhaft ist?

Beecrofts «Nichts geschieht» kann somit als Zeichen der Resignation und des Protests zugleich gelesen werden. Es enthält die Möglichkeit, dass sich nie etwas ändern wird. Aber es enthält auch die Möglichkeit, dass die mühsam aufrechterhaltene Präsenz zerfallen wird. Gerade die lange Dauer ihrer Performances, in deren Verlauf die Zuschauer Gelegenheit haben, Unterschiede zu bemerken, zeigt, dass es sich bei der Gruppe von Akteuren um keine homogene Gruppe handelt. Ihre Kunst lässt uns sehen, dass diese Präsenz von jedem Akteur mitproduziert und mitgetragen ist. Jeder, auch wir, verfügt über die Möglichkeit, sie punktuell zu ändern.

Bibliografie

Bryson N. (1999): «US Navy Seals». In: Parkett 56, S. 80 f.

Farocki H. (2001): «Arbeiter verlassen die Fabrik». In H. Farocki: Nachdruck, Texte, hg. von Susanne Gaensheimer, Nicolas Schafhausen. Berlin, Vorwerk 8, S. 230–247.

Lazzarato M. (1998): «Immaterielle Arbeit. Gesellschaftliche Tätigkeit unter den Bedingungen des Postfordismus». In: T. Negri, M. Lazzarato, P. Virno: Umherschweifende Produzenten, Immaterielle Arbeit und Subversion. Berlin, ID Verlag, 1998, S. 39–52.

Negri A. (2003): «N for Negri. Antontio Negri in Conversation with Carles Guerra». In: Grey Room 11 (Spring), S. 86–109.

Polla B. (1998): «Young Artists' Performances in the Nineties. Acts and Signs». In: Semiotica. Journal of the International Association for Semiotic Studies 122 (3/4), S. 337–346.

Ross C. (2005): The Aesthetics of Disengagement. Contemporary Art and Depression. Minneapolis, University of Minnesota Press.

Steinmann P. (2006): «Nothing happens – Die Performance VB55 im Spiegel der Schweizer und Deutschen Presse. Eine Analyse der Kunstberichterstattung zu VB55 vom 8. April 2005 in der Neuen Nationalgalerie, Berlin», Lizentiatsarbeit der Philosophischen Fakultät der Universität Zürich, Manuskript, Anhang, EE.

Ursprung P. (2010): «Big Brother». In: Global Design. Internationale Perspektiven und individuelle Konzepte, hg. von Museum für Gestaltung Zürich, A. Sachs. Baden, Lars Müller, S. 164–169.

Definition der Arbeit im schweizerischen Recht

Entspricht diese den Transformationen des Arbeitsmarkts?

Thomas Geiser

Résumé:
La définition du travail dans le droit suisse reflète-t-elle les transformations du marché du travail?

Son analyse structurée et détaillée examine la conception du travail dans le droit suisse. Elle donne une vue d'ensemble des domaines d'application complexes de la protection des travailleurs, y compris de la protection de leur santé. Il en ressort que, dans le droit suisse, le concept de travail prend un sens très large. Les restrictions de sa définition apparaissent régulièrement dans des domaines annexes, comme ceux de la limitation du temps de travail ou de l'interdiction du travail des enfants et des jeunes. Mais, de façon générale, par travail, on entend travail salarié. Le contrat de travail se caractérise par le fait que la prestation rémunérée est effectuée dans un rapport de subordination. L'employé est soumis aux directives de son employeur, qui assume le risque de l'entreprise. Cependant, la situation se complique avec les bonus et autres rémunérations basées sur la performance, et des tensions peuvent apparaître. Ni le droit des contrats ni la loi sur le travail qui règle la protection des travailleurs de droit public ne définissent la notion de travail. Pourtant, la fixation d'une durée de travail maximale implique une démarcation entre travail et non-travail et conduit à une interrogation sur la notion de durée du travail et à de longues discussions sur le statut des périodes de piquet et de disponibilité.

Le droit du contrat de travail qui s'applique en Suisse ne fait en principe pas de distinction entre les types de contrats de travail, selon le salaire ou selon qu'il s'agisse ou non de professions libérales, comme dans le droit romain. Cela signifie que tous les salariés possèdent la même protection sociale. Il faut toutefois préciser l'exception des employés au bénéfice d'un contrat de droit public (Confédération, cantons, communes).

Durant les cinquante dernières années, au cours desquelles le travail a beaucoup changé, le droit suisse a été libéralisé dans un seul domaine: le travail de nuit et du dimanche. A part cela, la protection des travailleurs a été consolidée en plusieurs points, principalement sur le modèle de l'Union européenne, avec, par exemple, la protection liée à la maternité et un droit de participation renforcé.

Le droit du travail suisse se distingue, en comparaison à d'autres systèmes judiciaires européens, par sa grande flexibilité et une importante marge de manœuvre individuelle. Les nouvelles évolutions du marché du travail et l'apparition de contrats de travail atypiques posent de nouveaux défis. La législation réagit aux évolutions de la société, mais ne les anticipe pas.

Einleitung

Faktische Veränderungen der Arbeit

Die Arbeitswelt hat sich in der Schweiz zweifellos in den letzten 30 Jahren grundsätzlich verändert. Die wesentlichsten Gründe für diese Veränderung sind der technische Fortschritt, namentlich die Entwicklung im Bereich der Computer und der Kommunikation, die Globalisierung der Märkte und die Rückkehr zur Personenfreizügigkeit, wie sie in Europa bis zum Ersten Weltkrieg bestanden hat.

Auswirkungen auf den Arbeitsmarkt

Worin bestehen die für die rechtliche Ausgestaltung wesentlichen Änderungen? Sie lassen sich sehr wohl an den drei aufgeführten Gründen festmachen.

Die technische Entwicklung hat eine Vielzahl von Berufen überflüssig gemacht oder – von der anderen Seite her betrachtet – die intellektuellen Anforderungen an den entsprechenden Beruf erhöht – so gibt es zum Beispiel keine klassischen Sekretariatsstellen mehr, bei denen die Arbeitnehmerin ausschliesslich Texte abschreibt. Praktisch alle Arbeitnehmerinnen und Arbeitnehmer müssen in der Lage sein, mit Computern umzugehen. Bildungsschwache Personen haben damit immer mehr Mühe, eine Stelle zu finden. Dies führt zu einer Sockelarbeitslosigkeit, sofern nicht die entsprechenden Personen als Invalide angesehen werden können und damit als Rentner aus dem Erwerbsleben fallen. Andererseits ist der Anteil der Personen mit einer tertiären Ausbildung an der erwerbstätigen Bevölkerung von 1991 bis 2009 von ungefähr 30% auf 40% gestiegen.[1]

Die Globalisierung der Märkte führt zur viel schnelleren Umgestaltung der Unternehmen. Dies erfordert mehr Flexibilität von den Arbeitnehmenden als früher. Es gibt keine Lebensstellen mehr. Die Leute wechseln häufiger die Stelle als früher. Wohl verbleiben etwas mehr als die Hälfte der Arbeitnehmenden (Lehrlinge ausgenommen) noch immer länger als fünf Jahre an der gleichen Stelle (52,2%). 14,5% der Arbeitnehmenden haben ihre derzeitige Stelle aber seit weniger als einem Jahr inne.[2] Dadurch verändert sich wohl auch die Identifikation mit dem Unternehmen und mit dem ausgeübten Beruf. Der einzelne Arbeitnehmer muss sich heute viel mehr als früher auf Veränderungen einstellen und wohl auch dauernd Neues dazulernen.

Auch die neu gewonnene Personenfreizügigkeit verlangt dem einzelnen Arbeitnehmenden eine grössere Flexibilität ab. Zum einen hat sich sein eigener Arbeitsmarkt erheblich erweitert. Es bestehen grundsätzlich ungehinderte Möglichkeiten, in ganz Europa tätig zu sein. Werden diese neuen Möglichkeiten wahrgenommen, bedeutet diese Flexibilität aber auch ein neues Verhältnis zur

---

1 Bundesamt für Statistik, S. 8.
2 Ebd., S. 8.

sozialen Sicherheit und eine andere Gestaltung des eigenen Beziehungsnetzes. Grenzüberschreitende Arbeitsbiografien verändern entscheidend die Vorsorge für Alter, Invalidität und Tod. Die Personenfreizügigkeit führt zudem auf dem Heimatmarkt zu einem höheren Konkurrenzdruck. Schliesslich verändert sich dadurch auch die Möglichkeiten des Staats, regulierend einzugreifen.

Reaktionen des Rechts?

Wie hat das Recht auf diese Herausforderungen reagiert? Die Gesetzgebung hinkt der Realität immer hinterher. In aller Regel reagiert sie auf gesellschaftliche Entwicklungen und antizipiert diese nicht. Letzteres ist auch kaum möglich. Zu beachten ist immer, dass eine Steuerung der Gesellschaft durch das Recht nur sehr beschränkt möglich ist. Dennoch haben sich in den letzten Jahren einige wesentliche Änderungen im Arbeitsrecht eingestellt.

Das geltende Arbeitsvertragsrecht geht im Wesentlichen auf die Revision des Obligationenrechts vom 25. Juni 1971 zurück. Vorher war der Arbeitsvertrag (Dienstvertrag) nur sehr rudimentär geregelt. Mit dieser Revision wurde der vertragliche Arbeitnehmerschutz erheblich ausgebaut. Zudem wurde die Unterscheidung zwischen Arbeiter und Angestellten zugunsten eines einheitlichen Arbeitnehmerbegriffs aufgegeben.[3] Dieser Revision war der Erlass des Arbeitsgesetzes vom 13. März 1964 vorausgegangen, welches den öffentlich-rechtlichen Arbeitnehmerschutz ausbaute, der vorher im Wesentlichen nur zugunsten der Fabrikarbeiter und Fabrikarbeiterinnen bestand. Das Arbeitsgesetz bezog demgegenüber auch die Arbeitnehmenden im Gewerbe und im Dienstleistungssektor mit ein.[4]

Seither hat es wohl nur eine grundsätzliche Veränderung gegeben. Sie betrifft die Flexibilisierung im Bereich der Sonntags- und Nachtarbeit. Während Jahrzehnten bestand die Tendenz, Nacht- und Sonntagsarbeit einzuschränken. Diese Bestrebungen führten insbesondere zum gänzlichen Nachtarbeitsverbot für Frauen. Mit Blick auf die veränderten Bedürfnisse der Wirtschaft und mit dem Gebot der Gleichstellung von Frau und Mann war dieses Verbot nicht mehr haltbar. Es wurde mit der Revision vom 20. März 1998 des Arbeitsgesetzes (in Kraft seit 1. August 2000) aufgehoben und durch flexiblere Bestimmungen ersetzt.[5]

Daneben erfuhr das Arbeitsrecht eine Vielzahl kleiner Revisionen. Sie können zu folgenden Themenkreisen zusammengefasst werden:

- *Verstärkung des Kündigungsschutzes:* Im Vertragsrecht wurde der Kündigungsschutz namentlich mit der Revision von 1988 erheblich ausgebaut. Zur

---

3 Vgl.: Tschudi, Geschichte, S. 64 ff.; Geiser/Müller, Rz 63.
4 Vgl.: Tschudi, Geschichte, S. 54 ff.; Tschudi/Geiser/Wyler, Einleitung, N. 1 ff.; Geiser/Müller, Rz 61 f.
5 Vgl. Geiser/Müller, Rz 62.

Stärkung des Kündigungsschutzes haben aber auch der Erlass des Gleichstellungsgesetzes[6] und die Einführung der Bestimmungen über die Massenentlassung[7] beigetragen.

– *Lohnsicherung:* Mit verschiedenen Revisionen wurden die Möglichkeiten eingeschränkt, Lohnforderungen zu verpfänden und zu zedieren. Damit sollte sichergestellt werden, dass sich Arbeitnehmer nicht durch eine Verschuldung zulasten künftiger Lohnforderungen ruinieren. Die Bestimmungen wirken einer Zunahme des Konsumkredits entgegen.

– *Verstärkung der Mitwirkungsrechte:* Aufgrund der Anpassung des schweizerischen an das europäische Recht[8] wurde das Mitwirkungsgesetz erlassen.[9] Dieses Gesetz sieht neben allgemeinen Informationsrechten auch konkrete Informationspflichten der Arbeitgeberinnen bei bestimmten Umgestaltungen der Arbeitsverhältnisse vor, namentlich bei Betriebsübergängen[10] und Massenentlassungen.[11]

– *Revitalisierung der Gesamtarbeitsverträge:* In den letzten Jahren kam es aus verschiedenen Gründen zu einer Revitalisierung der Gesamtarbeitsverträge. Im Zusammenhang mit der Öffnung des Arbeitsmarkts in der Folge der bilateralen Verträge mit der Europäischen Union wurde es wichtig, minimale Arbeitsbedingungen gegenüber Unternehmen, welche im Ausland domiziliert sind, aber in der Schweiz eine Arbeit verrichten, durchsetzen zu können. Das ist aber nur möglich, wenn sich auch alle schweizerischen Arbeitgeberinnen an diese Vorgaben halten müssen. Soweit sich diese Mindeststandards nicht schon auf Gesetzesebene finden, bedeutet dies, dass der entsprechende Bereich durch einen Gesamtarbeitsvertrag geregelt sein muss, der für allgemeinverbindlich erklärt werden kann. Mit den flankierenden Massnahmen zu den bilateralen Verträgen wurde die Allgemeinverbindlicherklärung der Gesamtarbeitsverträge erleichtert.

– *Verbesserung der Durchsetzung im internationalen Verhältnis:* Mit dem neuen Entsendegesetz wurde sichergestellt, dass der Arbeitnehmerschutz auch gegenüber von ausländischen Unternehmen in die Schweiz entsandten Arbeitnehmern durchgesetzt werden kann.

– *Mutterschaftsurlaub:* Erstaunlicherweise wurde in den letzten Jahren in der

---

6 Bundesgesetz vom 24. März 1995 über die Gleichstellung von Frau und Mann (Gleichstellungsgesetz) (SR 151.1).

7 Art. 335d ff. OR.

8 Sogenannter autonomer Nachvollzug der europäischen Rechtsentwicklung.

9 Bundesgesetz vom 17. Dezember 1993 über die Information und Mitsprache der Arbeitnehmerinnen und Arbeitnehmer in den Betrieben (Mitwirkungsgesetz) vom 17. Dezember 1993 (SR 822.14).

10 Art. 333a OR.

11 Art. 335f OR.

Schweiz die Sozialversicherung in einem Punkt erheblich ausgebaut. Seit dem 1. Juli 2005 kennt die Schweiz eine Mutterschaftsversicherung. Jede unselbständig erwerbstätige Mutter hat unter gewissen Voraussetzungen während 14 Wochen (98 Tagen) Anspruch auf eine Mutterschaftsentschädigung.[12] Diese ist als Taggeld ausgestaltet und beträgt bis zu einem Maximalbetrag 80% des Lohnes.[13] Dieser Ausbau der Sozialversicherung war in der heutigen Zeit wohl nur möglich, weil Gleichstellungsanliegen mit jenen einer Familienpolitik verbunden werden konnten.

- *Ausbau des Gesundheitsschutzes:* Zum einen wurde auf Verordnungsstufe der Gesundheitsschutz in verschiedenen Detailpunkten ausgebaut. Zum andern erfolgte eine massive Besserstellung dadurch, dass die Anwendbarkeit des Arbeitsgesetzes aus verschiedenen Gründen erweitert wurde. Dadurch wurden mehr Arbeitsverhältnisse nicht nur dem arbeitsrechtlichen Gesundheitsschutz im engeren Sinn, sondern insbesondere auch den Arbeitszeitvorschriften unterstellt. Diese Änderungen betreffen insbesondere – aber nicht nur – das Gesundheitswesen.

Arbeit und rechtliche Arbeitsorganisation

Unterscheidung zwischen abhängiger und selbständiger Arbeit

Die soziale Sicherheit ruht in der Schweiz auf drei Pfeilern. Entscheidend ist in erster Linie die eigene Erwerbstätigkeit und damit die Erwerbsfähigkeit. Bund und Kantone sind von Verfassung wegen verpflichtet, dafür zu sorgen, dass Erwerbsfähige ihren Lebensunterhalt durch Arbeit zu angemessenen Bedingungen bestreiten können.[14] Die Erwerbsfähigkeit wird im Wesentlichen durch die Sozialversicherung abgesichert, welche bezüglich der hauptsächlichsten Gefahren, nämlich Unfall, Invalidität und Alter, weitgehend obligatorisch ist. Immer noch eine gewisse, aber untergeordnete Rolle spielt im sozialen Netz die Familie. Der rechtliche Schutz der Arbeit und das Ausmass des Obligatoriums in der Sozialversicherung hängen entscheidend davon ab, wie die Arbeit organisiert ist. Vom staatlichen Schutz erfasst werden praktisch nur die unselbständig, nicht aber die selbständig Erwerbstätigen. Damit erhält diese Unterscheidung im schweizerischen Recht grundsätzliche Bedeutung.

Statistisch überwiegt die unselbständige Erwerbstätigkeit bei Weitem. Die

---

12 Art. 16c f. EOG.
13 Vgl. Geiser/Müller, Rz. 1047 ff.
14 Art. 41 Abs. 1 Bst. d BV. Entsprechend widerspricht das Phänomen der working poor der Verfassung (Bigler-Eggenberger, N. 54 zu Art. 41 BV). Zu den daraus zu ziehenden rechtlichen Konsequenzen vgl. Geiser, FS Hangartner, S. 809 ff.

Schweiz ist ein Land der Arbeitnehmer. 2009 gingen in der Schweiz 650 000 Personen (15% der Wohnbevölkerung) einer selbständigen Erwerbstätigkeit nach oder arbeiteten im Betrieb Angehöriger mit, während 3 631 000 (85%) in einer unselbständigen Anstellung arbeiteten oder Lehrlinge waren.[15] Dabei ist die Tendenz zur unselbständigen Tätigkeit aus verschiedenen Gründen steigend.

Ausgangspunkt für die Abgrenzung der selbständigen von der unselbständigen Erwerbstätigkeit bildet die Legaldefinition des Arbeitsvertrags. Dieser sind vier konstitutive Elemente zu entnehmen: Der Arbeitsvertrag setzt eine Arbeitsleistung voraus. Die Arbeitsleistung wird auf Zeit und gegen Entgelt erbracht, und schliesslich hält Art. 319 Abs. 1 OR fest, dass der Arbeitnehmer seine Arbeitsleistung im Dienst des Arbeitgebers zu erbringen hat. Damit drückt das Gesetz das Erfordernis eines Subordinationsverhältnisses aus.[16]

Wenn auch die Arbeitsleistung eine zwingende Voraussetzung dafür ist, dass überhaupt ein Arbeitsvertrag vorliegen kann, so taugt sie dennoch kaum zur Abgrenzung gegenüber anderen Vertragsarten. Es ist nämlich unbestritten, dass der Einzelarbeitsvertrag nicht der einzige Vertrag auf Arbeitsleistung darstellt.[17] Deshalb kann aus dem Vorliegen einer Pflicht zu einer Arbeitsleistung noch nicht auf das Bestehen eines Arbeitsvertrags geschlossen werden, selbst wenn die eine Partei sich verpflichtet, die Arbeitsleistung persönlich zu erbringen. Dabei ist beispielsweise an den Auftrag zu denken, mit dem ein Patient einen Arzt verpflichtet, ihn zu operieren. Auch hier wird in aller Regel der beauftragte Arzt persönlich handeln müssen, es liegt aber kein Arbeitsvertrag vor.

Wenig hilfreich ist auch das Zeitelement. Damit wird zum Ausdruck gebracht, dass es sich beim Arbeitsvertrag um ein Dauerschuldverhältnis handelt. Das sind aber auch die meisten anderen Verträge auf Arbeitsleistung. Nur beim Werkvertrag fehlt in aller Regel das Zeitelement,[18] nicht aber bei den anderen Vertragsarten auf Arbeitsleistung.

Das Erfordernis eines Entgelts hilft ebenfalls nicht weiter. Auch die anderen Vertragsarten, die eine Arbeitsleistung betreffen, sind regelmässig entgeltlich. Damit bleibt als entscheidendes Kriterium nach Lehre[19] und Rechtsprechung[20] die Unterordnung. Allerdings kann sich auch dieses Kriterium im Zusammenhang mit leitenden Angestellten, namentlich wenn diesen gleichzeitig Organstel-

---

15 Bundesamt für Statistik, S. 6.
16 Bundesblatt 1967 II 294 f.; Gerber, S. 121; Rehbinder, Arbeitsrecht, Rz. 23.
17 Gerber, S. 62 ff.; Geiser, Neue Arbeitsformen, Rz. 2.20. ff.
18 Streiff/von Kaenel, N. 4 zu Art. 319 OR; Gerber, S. 120; Rommé, S. 45 f.
19 Brühwiler, N. 10b f. zu Art. 319 OR; Fellmann, S. 179; Gautschi, N. 62b zu Art. 394 OR; Hofstetter, S. 19; Rehbinder, N. 6 ff., N. 48 f. und 52 ff. zu Art. 319; Staehelin, N. 27, 38, 46 und 49 zu Art. 319 OR; Streiff/Von Kaenel, N. 4 und 6 zu Art. 319 OR; Wyler, S. 58; Vischer, S. 4 f.
20 BGE 112 II 46; 107 II 432; 126 III 78; TATI in: JAR 1999, S. 97; die bei Rommé, S. 21, Anm. 5 aufgeführten weiteren Entscheide.

lung bei einer juristischen Person zukommt,[21] als heikel erweisen. Die rechtliche Subordination lässt sich grundsätzlich in drei Unterkategorien unterteilen, nämlich in die betriebliche, die persönliche und die wirtschaftliche Subordination.[22] Zentrale Bedeutung kommt dabei grundsätzlich dem Weisungsrecht des Arbeitgebers zu.

Die betriebliche Subordination besteht in der Integration des Arbeitnehmers in die Organisation des Arbeitgebers. Diese erschöpft sich nicht in der Zuweisung einer bestimmten Stelle. Es geht vielmehr um weitere, die Arbeitsleistung determinierende Elemente.[23] Eine abschliessende Aufzählung dieser Elemente ist nicht möglich. Zu denken ist insbesondere an die Zuweisung eines bestimmten Arbeitsorts, einer festen Arbeitszeit, bestimmter Produktionsmittel oder an die Koordination von Arbeitsleistungen mehrerer Arbeitnehmer sowie gewisser Kontrollbefugnisse.[24]

Allerdings ist keines dieser Elemente für die Bestimmung eines Arbeitsvertrags hinreichend oder notwendig. Es ist unschwer nachweisbar, dass es Arbeitsverträge gibt, bei denen einzelne dieser Elemente fehlen. So kann beispielsweise vorgesehen sein, dass die Arbeitszeit durch den Arbeitnehmer bestimmt wird[25] oder dieser den Arbeitsort frei wählen kann.[26] Andererseits liegt es auf der Hand, dass sogar bei Werkverträgen Ort und Zeit der Verrichtung vorgegeben sein könne, wenn das Werk in einem fremden Betrieb zu erstellen oder dort eine Reparatur auszuführen ist.

Von daher wird in der Lehre die Meinung vertreten, das entscheidende Kriterium sei die persönliche Subordination.[27] Damit wird die Unterstellung des Arbeitnehmers unter das Weisungsrecht des Arbeitgebers indiziert.[28] Dabei kann einerseits zwischen Ziel-, Fach- und Verhaltensanweisungen, andererseits zwischen sachlichen und persönlichen Weisungen unterschieden werden.[29] Die persönliche Verhaltensanweisung wird als Ausdruck der Fremdbestimmtheit der Arbeit und damit als das entscheidende Unterscheidungskriterium angesehen.[30]

Auch diese Aussage vermag allerdings nicht alle Unschärfen zu beseitigen.

21 Müller, AJP 2001, S. 1367 ff.
22 Gremper, S. 7 f.; Saner, S. 63 f.; Gerber, S. 121 ff.; Carruzzo, N. 4 zu Art. 319 OR;
23 Gerber, S. 122.
24 Ebd., S. 122.
25 Zeitsouveränität beim Arbeitnehmer: zum Beispiel Gleitzeitarbeit.
26 Zum Beispiel bei der Heimarbeit.
27 Gerber, S. 124.
28 Stamm, S. 5 ff.
29 Staehelin, N. 9 ff. zu Art. 321d OR; Saner, S. 64; Rehbinder, N. 18 ff. zu Art. 321d OR; Brunner/Bühler/Waeber, N. 1 zu Art. 321d OR; Brand/Dürr/Gutknecht/Platzer/ Schnyder/ Stampfli/Wanner, N. 6 zu Art. 321d OR.
30 Gerber, S. 129.

Dabei ist nicht einmal entscheidend, dass – wie Gerber selbst festhält[31] – ein Arbeitsvertrag das Arbeitsverhältnis bereits derart determinieren kann, sodass sich Weisungen erübrigen. Vielmehr übersieht diese Betrachtungsweise, dass es persönliche Verhaltensanweisungen ohne Weiteres auch in anderen Vertragsarten geben kann. Zu denken ist wiederum beispielsweise an Reparaturarbeiten in einem fremden Betrieb. Das Zusammenwirken mit dem laufenden Betrieb kann es erfordern, dass die Personen, welche die Reparatur beispielsweise aufgrund eines Werkvertrags ausführen, sich genauen Verhaltensregeln zu unterziehen haben. Insofern ist kein einziges Kriterium determinierend.[32]

In der Literatur finden sich demgegenüber kaum Hinweise auf weitere Kriterien, obgleich solche ohne Weiteres vorstellbar sind. Wohl mag es dogmatisch fraglich erscheinen, auf die Rechtswirkungen des Vertrags abzustellen, weil sich diese ja gerade aus der Qualifikation ergeben sollten. Aus Art. 18 OR folgt aber sehr wohl, dass darauf abzustellen ist, was die Parteien tatsächlich gewollt haben. Diesbezüglich am wirtschaftlichen Ergebnis vorbeizuzielen bedeutet aber, den eigentlichen Zweck des Vertrags auszuklammern. Dabei versteht sich allerdings, dass die wirtschaftlichen Ziele sicher nie das einzige Kriterium zur Abgrenzung der abhängigen von einer selbständigen Arbeit sein können. Als Indiz mit anderen, bereits genannten Kriterien, können sie indes sehr wohl dienen.

Die abhängige Arbeit zeichnet sich dadurch aus, dass das Ergebnis dem Arbeitgeber zusteht, weil er die Arbeit organisiert und das Betriebsrisiko trägt.[33] Die Tätigkeit erfolgt in aller Regel mit seinen Produktionsmitteln und auch in seinem Namen.[34] Von daher erhält die Frage Bedeutung, wem bei einem Handelsgeschäft sowohl die Ware wie auch das Geld gehören, das eingenommen wird. Auch der Geldfluss kann ein Indiz für die Abgrenzung sein: der Arbeitnehmer erhält grundsätzlich Lohn vom Arbeitgeber. Die Einnahmen des Geschäfts gehen dafür an diesen. Das Geld fliesst rechtlich somit vom Arbeitgeber zum Arbeitnehmer. Wenn die Einnahmen demgegenüber dem Arbeitenden gehören und er der anderen Vertragspartei daraus eine bestimmte Provision bezahlt, spricht dies eher gegen einen Arbeitsvertrag. Allerdings liegt es auf der Hand, dass es sich im Einzelfall auch umgekehrt verhalten kann.

---

31 Ebd., S. 124 f.
32 Was Rommé in seiner Arbeit über 380 Seiten stringent nachweist, ohne allerdings einen Ausweg aufzuzeigen.
33 Geiser, Neue Arbeitsformen, S. 73.
34 Vgl. dazu Gerber, S. 132 ff.

Einheitlichkeit der Regelung der abhängigen Arbeit

Einheitliche Anwendung des Arbeitnehmerschutzes als Grundsatz
Steht fest, dass es sich in einem konkreten Fall um eine abhängige Arbeit handelt, macht das Arbeitsvertragsrecht grundsätzlich keine Unterscheidung mehr zwischen der Art des Arbeitsverhältnisses. Das schweizerische Vertragsrecht behandelt alle Arbeitsverhältnisse gleich, unabhängig davon, wie hoch der Lohn ist, welche Aufgaben der Arbeitnehmer ausführt und welche Stellung er im Betrieb hat. Der Arbeitsvertrag des Generaldirektors untersteht den gleichen Rechtsnormen wie jener des Reinigungspersonals oder des Fabrikarbeiters, sofern es diesen im klassischen Sinn überhaupt noch gibt. Dies ist sowohl historisch wie auch rechtsvergleichend keine Selbstverständlichkeit. Das römische Recht und ihm folgend gewisse ausländische Rechte nehmen die sogenannten liberalen Berufe (Advokaten, Ärzte, Architekten, Künstler und so weiter) vom Arbeitsvertragsrecht aus.[35] Viele ausländische Rechte sehen die klassischen Arbeitnehmerschutznormen, wie Kündigungsschutz, Lohnfortzahlungspflicht im Krankheitsfall, Lohnsicherung und so weiter, in Spezialgesetzen vor, welche jeweils einen auf bestimmte Arbeitnehmerkategorien oder Wirtschaftszweige eingeschränkten Anwendungsbereich haben.
Die Einheitlichkeit des Arbeitsvertragsrechts bedeutet, dass alle Arbeitnehmenden den gleichen vertraglichen Sozialschutz geniessen, das Reinigungspersonal wie der Generaldirektor. Erstaunlicherweise sind bei Kündigungen Letztere häufig viel effizienter in der Geltendmachung des Sozialschutzes als Erstere. Von grosser Bedeutung ist dieser einheitliche Sozialschutz namentlich, wenn es um Fragen des Kündigungsschutzes geht und sowohl die Erkrankung eines Reinigungsangestellten wie auch die Erkrankung eines Generaldirektors zu einer Verlängerung der Kündigungsfrist oder gar zur Ungültigkeit der Kündigung führen kann. In neuster Zeit hat die Anwendbarkeit der Bestimmungen über die Lohnsicherung im Zusammenhang mit den Entschädigungen für Bankmanager zu öffentlichen Diskussionen geführt, die allerdings kaum je der rechtlichen Ausgestaltung des Arbeitsvertragsrechts Rechnung getragen haben.

Ausnahmsweise Abweichungen
Diese Einheitlichkeit des Arbeitsvertragsrechts erleidet selbstverständlich gewisse Einschränkungen. Sowohl das Obligationenrecht wie auch gewisse Spezialgesetze enthalten Sondernormen für bestimmte Arbeitsverhältnisse.[36] So

---

35 Vgl. Staehelin, N. 5 f. zu Art. 319 OR.
36 Vgl. Geiser/Müller, Rz. 144 ff.

gelten beispielsweise für den Lehrvertrag,[37] den Handelsreisendenvertrag,[38] den Heimarbeitsvertrag,[39] das Leiharbeitsverhältnis,[40] und für den Heuervertrag[41] besondere Bestimmungen. Die entsprechenden Normen passen die allgemeinen Regeln regelmässig den Besonderheiten des entsprechenden Arbeitsbereichs an. Ebenfalls nicht dem Arbeitsvertragsrecht unterstehen die öffentlich-rechtlichen Arbeitsverhältnisse des Bundes, der Kantone, Gemeinden und öffentlich-rechtlichen Anstalten.[42] Hier gelten die Normen des jeweiligen Gemeinwesens. In aller Regel bieten diese einen dem Arbeitsvertragsrecht gleichwertigen Sozialschutz für die Arbeitnehmenden. Entgegen einer weitverbreiteten Meinung trifft das aber nicht immer zu. In Einzelfragen kann der Schutz erheblich geringer sein. Die Anwendbarkeit aller dieser besonderen Regeln hängt zum Teil überhaupt nicht und zum Teil nur indirekt von der Stellung des Arbeitnehmers im Betrieb ab. Vielmehr geht es regelmässig um besondere Wirtschaftszweige oder besondere Anstellungsformen (zum Beispiel Leiharbeit), welche zwar in einigen Einkommenssegmenten häufiger als in anderen vorkommen, nicht aber ausschliesslich bestimmten sozialen Verhältnissen zugewiesen werden können.

Eine Differenzierung des Sozialschutzes ergibt sich allerdings aufgrund der Gesamtarbeitsverträge und der Normalarbeitsverträge. Sie haben regelmässig einen eingeschränkten Anwendungsbereich. Dieser definiert sich nicht nur in Bezug auf einen Wirtschaftszweig, sondern regelmässig gelten diese Normen nur für Arbeitsverhältnisse bis zu einer bestimmten Hierarchiestufe. Es findet eine Ausdifferenzierung nach der sozialen Stellung der Arbeitnehmer statt.

Bei einem Gesamtarbeitsvertrag handelt es sich um eine Vereinbarung zwischen Arbeitgebern oder deren Verbänden und Arbeitnehmerverbänden (Gewerkschaften) zur Regelung der einzelnen Arbeitsverhältnisse.[43] Die Besonderheit des Gesamtarbeitsvertrags besteht darin, dass er als Vertrag zwischen Verbänden (oder arbeitgeberseitig eines einzelnen Arbeitgebers) Bestimmungen über Abschluss, Inhalt und Beendigung der einzelnen Arbeitsverhältnisse enthält, welche wie zwingende Gesetzesbestimmungen für die betroffenen Arbeitsverhältnisse verbindlich sind.[44] Allerdings gilt der Gesamtarbeitsvertrag grundsätzlich nur für die beteiligten Arbeitnehmer und Arbeitgeber.[45] Damit ist er auf das

37 Art. 344–346a OR.
38 Art. 347–350a OR.
39 Art. 351–354 OR.
40 Art. 19 ff. AVG.
41 Vgl. Art. 68 ff. Bundesgesetz über die Seeschifffahrt unter der Schweizer Flagge (Seeschifffahrtsgesetz) vom 23. September 1953 (SR 747.30).
42 Streiff/Von Kaenel, Einführung, Geltungsbereich.
43 Art. 356 Abs. 1 OR.
44 Vgl. Bruchez, N. 2 ff. zu Art. 356 OR.
45 Art. 357 OR.

einzelne Arbeitsverhältnis nur anwendbar, wenn der Arbeitnehmer Gewerkschaftsmitglied ist und die Arbeitgeberin entweder den Gesamtarbeitsvertrag selbst abgeschlossen hat oder Mitglied des den Gesamtarbeitsvertrag abschliessenden Arbeitgeberverbands ist.[46] Sodann bestehen gewisse Möglichkeiten, wie sich Aussenseiter dem Gesamtarbeitsvertrag unterstellen können.[47] Schliesslich kann der Gesamtarbeitsvertrag vom Bundesrat beziehungsweise der Kantonsregierung für allgemeinverbindlich erklärt werden.[48] Dann gilt er obligatorisch für alle in seinen Anwendungsbereich fallenden Arbeitsverhältnisse.

Der Normalarbeitsvertrag ist im Gegensatz zum Gesamtarbeitsvertrag keine vertragliche Vereinbarung, sondern eine von der Behörde erlassene Verordnung, welche für bestimmte Arbeitsverhältnisse unmittelbar anwendbare Bestimmungen[49] über Abschluss, Inhalt und Beendigung[50] des Arbeitsverhältnisses aufstellt.[51] Von daher erlaubt er eine starke Differenzierung nach der Art des Anstellungsverhältnisses. Seine Bestimmungen sind aber dispositiver Natur, sodass im Einzelarbeitsvertrag auch zuungunsten des Arbeitnehmers von diesen Normen abgewichen werden kann.[52] Nur ausnahmsweise kann ein zwingender Minimallohn festgelegt werden.[53] Diese Möglichkeit ist erst im Zusammenhang mit den bilateralen Verträgen mit der Europäischen Union als flankierende Massnahme ins Gesetz aufgenommen[54] und bis jetzt äusserst selten angewendet worden.

Differenzierungen beim öffentlich-rechtlichen Arbeitnehmerschutz
Eine wesentliche Ausdifferenzierung erfolgt demgegenüber im Bereich des öffentlich-rechtlichen Arbeitnehmerschutzes. Dieser findet sich im Wesentlichen im Arbeitsgesetz[55] und in den entsprechenden Verordnungen. Der Anwendungsbereich dieses Gesetzes ist äusserst komplex und unübersichtlich.[56] Er ist die Frucht eines schwierigen politischen Kompromisses. Um festzustellen, ob ein Arbeitsverhältnis dem Arbeitsgesetz untersteht, ist zu klären, um was für einen Betrieb es sich handelt (betrieblicher Anwendungsbereich) und – sofern

46 Vgl. Schmid, N. 12 ff. zu Art. 357 OR.
47 Vgl. dazu Vischer, S. 357 ff.
48 Bundesgesetz vom 28. September 1956 über die Allgemeinverbindlicherklärung von Gesamtarbeitsverträgen (SR 221.215.311); Vischer, S. 362 ff.
49 Art. 360 Abs. 1 OR.
50 Art. 359 Abs. 1 OR.
51 Geiser/Müller, Rz. 859.
52 Roncoroni, N. 4 ff. und 65 ff. zu Art. 359–360f OR.
53 Art. 360a ff. OR.
54 Geiser/Müller, Rz. 989.
55 Bundesgesetz vom 13. März 1964 über die Arbeit in Industrie, Gewerbe und Handel (SR 822.11).
56 Geiser, N. 5 zu Art. 2 ArG.

der Betrieb grundsätzlich dem Arbeitsgesetz untersteht – ob auch das konkrete Arbeitsverhältnis mit Blick auf die Person des Arbeitnehmers unter das Gesetz fällt (persönlicher Anwendungsbereich).

Die Regelung geht vom Grundsatz der Anwendbarkeit auf alle Betriebe aus[57] und kennt sodann zwei Stufen von Ausnahmen. Gewisse Betriebe sind vollständig vom Anwendungsbereich ausgenommen. Für andere gelten immerhin die Bestimmungen über den Gesundheitsschutz.[58] Sobald ein Betrieb vollständig vom Anwendungsbereich ausgenommen ist, braucht bezüglich des einzelnen Arbeitsverhältnisses nicht weiter geprüft zu werden, ob es unter die Ausnahmen vom persönlichen Geltungsbereich fällt.[59] Fehlt es schon an der betrieblichen Anwendung, gilt das Arbeitsgesetz auch dann nicht, wenn der einzelne Arbeitnehmer nicht die Voraussetzungen des Ausnahmekataloges von Art. 3 ArG erfüllt.[60] Es sind grundsätzlich zwei Motive, welche die Ausnahmen rechtfertigen.[61] Zum einen gibt es Bereiche, für die der Arbeitnehmerschutz in anderen Gesetzen geregelt ist.[62] Zum andern lassen sich gewisse Wirtschaftszweige namentlich bezüglich der Arbeitszeiten nicht unter die Regeln des ArG einordnen, sondern bedürfen aufgrund der Besonderheiten ihrer Arbeitsweise anderer Regeln.[63] Vom Anwendungsbereich ausgenommen sind insbesondere landwirtschaftliche Betriebe und die Verwaltungen der Kantone, Gemeinden und des Bundes.

Im vorliegenden Zusammenhang von grösserem Interesse sind die Ausnahmen vom persönlichen Geltungsbereich, wobei auch diese das Gesetz nur teilweise erfassen, weil die Vorschriften über den Gesundheitsschutz auch dann anwendbar bleiben, wenn das Arbeitsverhältnis vom Anwendungsbereich des Gesetzes ausgenommen ist! Von zentraler praktischer Bedeutung ist, dass das Gesetz im dargelegten Sinn nicht anwendbar ist «auf Arbeitnehmer, die eine höhere leitende Tätigkeit oder eine wissenschaftliche oder selbständige künstlerische Tätigkeit ausüben».[64] Dabei kommt es nicht auf die Bezeichnung der Stelle, sondern auf die tatsächlich ausgeübte Tätigkeit an. Entscheidend ist, ob der Arbeitnehmer wirklich die entsprechende Entscheidungsbefugnis ausübt oder nicht.[65] Den Kern der Umschreibung stellt die Frage dar, ob jemand aufgrund seiner Stellung und Verantwortung weitreichende Entscheidbefugnisse im Betrieb

---

57 Art. 1 ArG.
58 Art. 3a ArG.
59 Art. 3 ArG.
60 Geiser, N. 4 zu Art. 2 ArG.
61 Ebd., N. 3 zu Art. 2 ArG.
62 Insbesondere die Ausnahmen in Abs. 1 Bst. a–c.
63 Insbesondere die Ausnahmen in Abs. 1 Bst. d–g.
64 Art. 3 Bst. d ArG.
65 BGE 126 III 340 f.

hat.[66] Die Möglichkeit, durch Vorschläge oder Anträge auf die Unternehmens-
führung Einfluss zu nehmen, genügt nicht.[67] Zudem müssen diese Entscheide
sich auf wesentliche Angelegenheiten des Unternehmens beziehen. Sie müssen
geeignet sein, den Gang oder die Struktur des Unternehmens insgesamt, mindestens aber eines seiner hauptsächlichen Teile nachhaltig zu bestimmen.[68] Es
handelt sich im Wesentlichen um die oberste Führungshierarchie, die Geschäfts-
leitung eines Unternehmens. Gebiete, die für eine solche Entscheidungsbefugnis
in Betracht kommen, sind unter anderen die Einstellung und der Einsatz des
Personals, die Einteilung der Arbeitszeiten im Unternehmen oder im Verant-
wortungsbereich (nicht lediglich der eigenen Arbeitszeit oder einiger weniger
unmittelbar unterstellter Mitarbeiter), die Lohnpolitik sowie «Grundsatzfragen
der Geschäftspolitik».[69] Die Entscheidungsbefugnis muss schliesslich auch, wie
dies der Verordnungstext zum Ausdruck bringt,[70] mit einer entsprechenden Verantwortung einhergehen.[71] Der Angestellte muss demnach für seine Entscheide
der obersten Unternehmensleitung (Verwaltungsrat, Generaldirektion) rechen-
schaftspflichtig und gegebenenfalls auch haftbar sein.[72]
Die wesentlichste Rechtsfolge bezüglich der Anwendbarkeit oder Nichtan-
wendbarkeit des Arbeitsgesetzes besteht bezüglich der Bestimmungen über die
Arbeitszeiten. Höchstarbeitszeiten sowie das Nacht- und Sonntagsarbeitsverbot
setzen die uneingeschränkte Anwendbarkeit des Arbeitsgesetzes voraus.

Differenzierung in weiteren Rechtsgebieten
Differenzierungen erfolgen auch in weiteren Rechtsgebieten. Namentlich kennt
das Sozialversicherungsrecht bei der beruflichen Vorsorge, der Unfallversicherung
und der Arbeitslosenversicherung für das Obligatorium und teilweise auch für die
Frage der Versicherbarkeit überhaupt – anders als bei der AHV/IV – Höchstgren-
zen. Diese haben aber regelmässig lediglich zur Folge, dass nur bestimmte Teile des
Einkommens der obligatorischen Versicherung unterstehen. Sie schliessen aber die
Versicherung der entsprechenden Einkommensteile auch nicht für Arbeitnehmer
aus, die sehr hohe Einkommen haben.
Differenzierungen finden sich auch im Bereich des Schuldbetreibungs- und
Konkursrechts, wobei diese allerdings in erster Linie auf die Rechtsprechung
zurückzuführen sind und sich nicht im Gesetz selbst finden.

66 BGE 98 Ib 348.
67 BGE 98 Ib 348; 126 III 341
68 BGE 126 III 340.
69 BGE 98 Ib 349.
70 Art. 9 ArGV 1.
71 BGE 98 Ib 348; 126 III 340.
72 Geiser, N. 22 zu Art. 2 ArG.

Vor- und Nachteile des einheitlichen Arbeitnehmerschutzrechts

Die Frage, ob ein in dieser Art einheitliches Arbeitsrecht, welches kaum nach der Stellung des Arbeitnehmers im Betrieb differenziert, sinnvoll ist oder nicht, wird in der Lehre kaum thematisiert und auch in der Politik erstaunlicherweise nicht wirklich diskutiert. Die Frage hat im Zusammenhang mit der Diskussion um die Boni der Bankmanager an politischer Brisanz gewonnen. Weil auch diese dem Arbeitsvertragsrecht unterstehen, sind die Arbeitnehmerschutzbestimmungen über die Fälligkeit des Lohns, über den Anspruch auf Ausrichtung auch im gekündigten Arbeitsverhältnis auch auf die Spitzenmanager anwendbar. Entsprechend ist es grundsätzlich nicht möglich das Betriebsrisiko auf diese zu übertragen, sodass ein Malussystem kaum vorgesehen werden kann, obgleich die Finanzaufsichtsbehörde (FINMA) solche Systeme fordert. Es ist zu erwarten, dass diese Frage in Zukunft an Bedeutung gewinnen wird.

Die Einheitlichkeit des schweizerischen Arbeitsvertragsrechts geht kaum auf einen bewussten politischen Entscheid zurück. Es handelt sich vielmehr um das Ergebnis einer langjährigen Entwicklung. Wesentlich hat sicher das demokratische Verständnis der Schweiz dazu beigetragen, das jeder Differenzierung nach dem Stand sowie Privilegierungen und Klassenbildungen abhold ist. Die Vereinheitlichung des Arbeitsvertragsrechts vereinfacht die Rechtsanwendung zweifellos sehr, weil keine Abgrenzungen vorzunehmen sind, welche sich regelmässig als schwierig erweisen. Der Begriff der «höheren leitenden Tätigkeit» in Art. 3 Bst. d ArG ist dafür ein deutliches Zeugnis. Der Gedanke der Vereinfachung und die Aufgabe eines Klassendenkens war sicher massgebend für die Aufhebung der Differenzierung zwischen Angestellten und Arbeitern bei der Revision des Arbeitsvertragsrechts von 1971. Damals war man sich allerdings noch kaum bewusst, dass die oberste Führungsspitze eines grossen Unternehmens nicht nur innerhalb der Aktiengesellschaft eine Organfunktion wahrnehmen, sondern auch zur AG in einem Arbeitsverhältnis stehen.[73]

Kaum untersucht ist die Frage, welchen Einfluss die Einheitlichkeit des Arbeitsvertragsrechts auf die Gesetzgebung hatte. Das schweizerische Arbeitsvertragsrecht weist die Besonderheit auf, dass von gewissen Schutznormen nicht nur nicht zuungunsten des Arbeitnehmers, sondern auch nicht zuungunsten der Arbeitgeberin abgewichen werden darf.[74] Diese Einschränkung der Vertragsfreiheit lässt sich nur damit rechtfertigen, dass es sehr wohl Arbeitsverhältnisse gibt, bei denen der Arbeitnehmer in einer stärkeren Verhandlungsposition ist als die Arbeitgeberin und folglich diese geschützt werden muss. Das lässt sich aber wohl nur für Arbeitsverhältnisse im obersten Segment nachweisen. Von daher liegt die

---

73 Vgl. dazu Müller, Der Verwaltungsrat als Arbeitnehmer, passim.
74 Art. 361 OR.

Vermutung nahe, dass eine gewisse Zurückhaltung beim Arbeitnehmerschutz im schweizerischen Recht sehr wohl auf die fehlende Differenzierung im Arbeitsvertragsrecht zurückzuführen ist. Würde der Anwendungsbereich des zwingenden Rechts begrenzt, kämen die zum Schutz der Arbeitgeberin aufgestellten Bestimmungen wohl in jenen Fällen, in denen dieser Schutz berechtigt ist, gerade nicht zur Anwendung.

Rechtlicher Begriff der Arbeit

Begriff «Arbeit» nach Arbeitsvertragsrecht

Auch wenn das Leisten von Arbeit ein Begriffselement des Arbeitsvertrags ist,[75] definiert das Gesetz nicht, was darunter zu verstehen ist. Wohl das einzige charakteristische Merkmal der Arbeit ist, dass es sich um eine persönliche Leistung eines Menschen handeln muss[76] Ein Tun in diesem Sinn setzt nicht ein aktives Handeln voraus. Es kann sich auch um ein passives Verhalten, ein Warten oder Ähnliches, handeln. Die Verpflichtung muss aber in einem bestimmten Verhalten bestehen und nicht nur im Unterlassen eines bestimmten Verhaltens.[77] Es bedarf insofern einer positiven Umschreibung. Eine rein negative Umschreibung genügt dagegen nicht. In der Praxis bietet diese Definition aber kaum je Schwierigkeiten.

Begriff «Arbeit» nach Arbeitsgesetz

Auch dem Arbeitsgesetz ist keine Definition des Begriffs «Arbeit» zu entnehmen. Weil aber das Gesetz Höchstarbeitszeiten festlegt[78] und die Arbeit zu gewissen Zeiten verbietet,[79] bedarf es zwingend einer Abgrenzung von Arbeit und Nichtarbeit. Sie erfolgt über die Abgrenzung von Arbeitszeit einerseits und Freizeit beziehungsweise Pausen andererseits. Entscheidend ist damit nicht der Begriff der Arbeit, sondern jener der Arbeitszeit.

Das Arbeitsgesetz selbst umschreibt indessen auch nicht, was unter Arbeitszeit zu verstehen ist. Der Begriff der Arbeitszeit wird erst auf Verordnungsstufe definiert. Als Arbeitszeit gilt die Zeit, «während der sich der Arbeitnehmer oder die Arbeitnehmerin zur Verfügung des Arbeitnehmers zu halten hat», wobei der Arbeitsweg grundsätzlich davon ausgenommen ist.[80] Die Verordnung führt sodann den Begriff des Pikettdienstes ein. Bei diesem hält sich der Arbeitnehmer

---

75 Art. 319 OR.
76 Vgl. Carruzzo, N. 2 zu Art. 319 OR.
77 Wyler, S. 58.
78 Art. 9 ff. ArG.
79 Art. 17 ff. ArG.
80 Art. 13 Abs. 1 ArGV 1.

neben der normalen Arbeit für allfällige Arbeitseinsätze zur Behebung von Störungen, die Hilfeleistung in Notsituationen, für Kontrollgänge oder für ähnliche Sonderereignisse bereit.[81] Die Verordnung bestimmt sodann, wann und wie häufig solcher Pikettdienst angeordnet werden darf.

Schliesslich regelt die Verordnung, unter welchen Voraussetzungen der Pikettdienst an die Arbeitszeit anzurechnen ist. Die Frage ist entscheidend, wenn es darum geht, welche Zeit maximal gearbeitet werden darf und ob Überzeit vorliegt, welche mit einem Zuschlag zu entschädigen ist. Die Verordnung hält fest, dass die gesamte zur Verfügung gestellte Pikettzeit Arbeitszeit ist, wenn der Pikettdienst im Betrieb geleistet wird. Wird der Pikettdienst jedoch ausserhalb des Betriebs geleistet, so sind nur jene Zeiten als Arbeitszeiten zu rechnen, in denen der Arbeitnehmer tatsächlich abgerufen wird. Allerdings zählt dann auch die Wegzeit als Arbeitszeit. Damit wird zwischen der sogenannten Arbeitsbereitschaft (Pikettdienst im Betrieb) und der Rufbereitschaft (Pikettdienst ausserhalb des Betriebs) unterschieden.[82]

Zu beachten ist, dass auch nach den Regeln des Arbeitsgesetzes es nur Arbeitszeit einerseits und Ruhezeit andererseits gibt. Etwas Drittes gibt es nicht. Das Gesetz bietet keinerlei Grundlage für eine Zwischenform, welche es erlauben würde, gewisse Zeiten bloss zu einem Bruchteil als Arbeitszeit anzurechnen. Wohl kennt es Zuschläge für Mehrarbeit, sei es in Form von Geld,[83] sei es in Form von Zeit.[84] Es handelt sich dabei aber immer um Zuschläge zur Arbeitszeit, nicht um eine reduzierte Anrechnung gewisser Zeiten. Soweit bestimmte Zeiten der Ruhezeit zuzurechnen sind und damit nicht als Arbeitszeit gelten, kann daneben bis zur gesamten gesetzlichen maximalen Arbeitszeit eigentliche Arbeit verrichtet werden.

Aufgrund der Verordnung muss als entscheidendes Unterscheidungskriterium zwischen Arbeitszeit und Freizeit somit das Mass der Einschränkungen angesehen werden, welche die dienstlichen Pflichten dem Arbeitnehmer auferlegen. Wie bereits der Name sagt, ist Freizeit gegeben, wenn der Arbeitnehmer frei über seine Zeit verfügen kann, wenn er selbst bestimmen kann, wo er sich aufhält, was er tut und mit wem er Kontakt hält. Dass jede Arbeit gewisse Einschränkungen praktisch rund um die Uhr mit sich bringt, liegt auf der Hand. Wenn ich in St. Gallen an der Universität eine Stelle als Professor habe, kann ich selbst während der vorlesungsfreien Zeit keine Weltumsegelung vornehmen. Es ist damit immer eine Frage des Masses. Im Zusammenhang mit dem Pikettdienst in den Spitälern wurde dabei diskutiert, ob als Freizeit noch gelten könne, wenn jemand (erst) innert 30 Minu-

---

81 Art. 14 Abs. 1 ArGV 1.
82 Rehbinder, Arbeitsrecht, Rz. 437.
83 Zum Beispiel Art. 13, 17a und 19 Abs. 3 ArG.
84 Zum Beispiel Art. 17b Abs. 2 ArG.

ten bei einem Notfall an seinem Arbeitsplatz sein müsse. Von Arbeitgeberseite her wurde allerdings geltend gemacht, auch bei kürzeren Einsatzfristen müsse die Zeit, während der sich jemand rufbereit halten müsse, noch als Freizeit gelten!

Grenzen des Arbeitsbegriffs

Dieser weite Begriff der Arbeit hat zur Folge, dass grundsätzlich jede Tätigkeit als Arbeit im Sinn des Gesetzes gelten kann. In Extremfällen kann sogar das Untätigsein als Arbeitsleistung angesehen werden, sofern damit eine wesentliche Einschränkung der Bewegungsfreiheit des Arbeitnehmers verbunden ist. Insofern kann Inhalt eines Arbeitsvertrags auch die Verpflichtung sein, sich an einem bestimmten Ort aufzuhalten oder eine bestimmte Behandlung über sich ergehen zu lassen. Dies ist insbesondere vorstellbar, wenn es beispielsweise um das Testen eines neuen Verkehrsmittels oder einer bestimmten Dienstleistung geht. Demgegenüber gilt die Verpflichtung, eine Tätigkeit bloss zu unterlassen, nicht als Arbeitsleistung. Entsprechend stellt ein Konkurrenzverbot keinen Arbeitsvertrag dar, obgleich sich darin eine Person zu einem bestimmten Verhalten verpflichtet.

Arbeitsorganisation und Arbeitsmarkt

Für die Arbeitswirklichkeit ist wohl die Organisation der Arbeit und des Arbeitsmarkts wichtiger als der Begriff der Arbeit als solcher. Trotz zwingender Bestimmungen lässt sowohl das Arbeitsvertrags- wie auch das öffentlich-rechtliche Arbeitnehmerschutzrecht den Parteien einen sehr grossen Gestaltungsfreiraum für das einzelne Arbeitsverhältnis.

Freie Gestaltung der Salarierung und der inhaltlichen Arbeitspflichten

Das schweizerische Recht lässt den Vertragsparteien grosse Freiheit in der Gestaltung der Salarierung. Einen flächendeckenden Mindestlohn kennt es nicht. Aus der Begriffsumschreibung des Arbeitsvertrags ergibt sich aber, dass das Arbeitsverhältnis in jedem Fall entgeltlich sein muss. Der Lohn kann in einem fixen Gehalt bestehen oder in einem gewissen Umfang erfolgsabhängig sein.

Im Rahmen der Diskussionen um Effizienzsteigerung der Unternehmen, Flexibilisierung der Arbeitsverhältnisse und Unternehmertum sind in den letzten rund 30 Jahren in vielen Betrieben einschliesslich des Staats leistungsabhängige Salarierungen eingeführt worden. Dabei handelt es sich allerdings um nichts grundsätzlich Neues. Eine der ältesten Formen der leistungs- beziehungsweise ergebnisorientierten Salarierung ist die Akkordlohnarbeit.[85] Das Recht kannte aber auch schon immer weitere Formen der erfolgsabhängigen Entschädigung von Arbeitsleistungen.

Die Problematik dieser Entschädigungsformen bestand schon immer darin, dass damit ein Teil des Unternehmerrisikos auf die Arbeitnehmer übertragen wird. Dies widerspricht dem Grundgedanken des Arbeitsvertrags. Wesen dieses Vertrags ist es, dass der Arbeitnehmer der Arbeitgeberin seine Arbeitskraft zur Verfügung stellt und die Arbeitgeberin sich dafür verpflichtet, Lohn zu bezahlen.[86] Was mit der Arbeit geschieht und wie sie verwendet wird, bestimmt die Arbeitgeberin. Entsprechend besteht das für die abhängige Arbeit typische Unterordnungsverhältnis mit dem Weisungsrecht der Arbeitgeberin, und diese trägt grundsätzlich das Betriebs- und Wirtschaftsrisiko.[87] Jede Leistungsentlöhnung verschiebt dieses Risiko zulasten des Arbeitnehmers. Das ist – wie das Gesetz mit aller Deutlichkeit zeigt – auch in einem gewissen Umfang zulässig. Der Gesetzgeber hat bewusst gewisse Formen des Leistungslohns, wie eben den Akkordlohn oder die Gewinnbeteiligung,[88] zugelassen. Er hat aber auch bei den geregelten Formen des Leistungslohns der Übertragung des wirtschaftlichen Risikos Schranken gesetzt. So ist die Arbeitgeberin beispielsweise beim Akkordlohn verpflichtet, dem Arbeitnehmer genügend Arbeit zuzuweisen.[89] Kann sie dies nicht, ist der Lohn dennoch geschuldet, wobei die Arbeitgeberin in diesem Fall dem Arbeitnehmer auch andere als Akkordlohnarbeit zuweisen kann.[90] Mit diesen Regeln wollte der Gesetzgeber einem möglichen Missbrauch solcher Abreden entgegenwirken.

Gewisse Einschränkungen bestehen zudem bezüglich der Ausrichtung des Lohns. Dieser ist mindestens monatlich auszuzahlen.[91] Das gilt grundsätzlich auch für Provisionen. Hier sind aber Verlängerungen möglich, weil nicht immer innerhalb eines Monats festgestellt werden kann, ob die Provision tatsächlich verdient ist.[92] Enthält der Lohn einen Anteil am Geschäftsergebnis, so setzt die Ausrichtung regelmässig den Geschäftsabschluss voraus. Dieser erfolgt in der Regel jährlich. Das Gesetz verlangt diesfalls die Ausrichtung innert sechs Monaten seit dem Ende des Geschäftsjahres.[93] Diese Regelung setzt den Weisungen

---

85 Art. 326 OR.
86 Art. 319 OR.
87 Vgl.: Vischer, S. 121 ff.; Roncoroni, S. 591 ff.
88 Art. 322a OR.
89 Art. 326 Abs. 1 OR.
90 Art. 326 Abs. 2 OR.
91 Art. 323 Abs. 1 OR.
92 Art. 323 Abs. 2 OR.
93 Art. 323 Abs. 3 OR.

der FINMA bezüglich der Ausgestaltung von Bonussystemen der Banken klare Schranken.[94]

Freie Gestaltung der Arbeitszeiten

Das Arbeitsvertragsrecht schränkt die Festsetzung der Arbeitszeiten überhaupt nicht ein. Es ist vielmehr an den Arbeitsvertragsparteien, Umfang und Lage der Arbeitsleistung vertraglich festzulegen. Das Arbeitsvertragsrecht schreibt nur zwingend vor, dass die Arbeitgeberin dem Arbeitnehmer einen freien Tag pro Woche gewähren muss, in der Regel den Sonntag.[95] Ausnahmsweise können auch mehrere zusammenhängende Tage in einer längeren Periode oder zwei Halbtage in einer Woche gewährt werden.[96] Zudem sind die üblichen freien Stunden, namentlich auch in einem gekündigten Arbeitsverhältnis, zum Suchen einer neuen Stelle zu gewähren.[97] Schliesslich hat der Arbeitnehmer Anspruch auf die gesetzlichen Ferien, welche bezahlt werden müssen.[98]

Einschränkungen ergeben sich nur durch das Arbeitsgesetz, soweit dieses anwendbar ist,[99] und gegebenenfalls durch Gesamtarbeitsverträge. Das Arbeitsgesetz kennt sowohl eine wöchentliche Maximalarbeitszeit wie auch Regeln darüber, wie die Arbeitszeit auf die einzelnen Tage zu verteilen ist. Die Regelung lässt aber den Unternehmen einen möglichst grossen Gestaltungsraum. Das Gesetz enthält eine Vielzahl von Ausnahmen. Diese können aber nicht frei miteinander kombiniert werden. Dadurch ist das Normengeflecht allerdings äusserst komplex geworden. Die Flexibilität hat ihren gesetzgeberischen Preis.

Arbeitsverhältnisse ausserhalb des Arbeitsvertragsrechts

In den letzten Jahrzehnten sind zudem die Arbeitsverhältnisse bedeutend verschiedener geworden. Die Bedürfnisse der einzelnen Wirtschaftszweige haben zu ganz unterschiedlichen Anforderungen an die rechtlichen Rahmenbedingungen für die Arbeitsverhältnisse geführt. Die klassische Industriearbeit gibt es praktisch nicht mehr. Produktionsstätten sind hoch technisiert. Das schlägt auf die Arbeitsorganisation durch. Dienstleistungsbetriebe erfordern eine vollständig andere Arbeits- und Salarierungsweise. Zudem sind Bereiche kommerzialisiert worden, die es früher nicht waren. Zu denken ist beispielsweise an den Sport oder auch die ganze Unterhaltungsbranche.

Entsprechend hat das klassische Arbeitsverhältnis mit regelmässigen, festen

---

94 Vgl. dazu Geiser, Recht 2009, S. 115 ff.
95 Art. 329 Abs. 1 OR.
96 Art. 329 Abs. 2 OR.
97 Art. 329 Abs. 3 OR.
98 Art. 329a ff. OR.
99 Vgl. oben, S. 137 f.

Arbeitszeiten praktisch ausgedient. Wohl die Mehrheit der Anstellungsverhält-
nisse sieht flexible Arbeitszeiten vor, sei es, dass sie beispielsweise unregelmässig
über das Jahr verteilt sind (sogenannte Jahresarbeitszeit), sei es, dass es sich um
Gleitzeit handelt. Teilzeitbeschäftigungen haben erheblich zugenommen. Es
sind diverse Formen von Arbeit auf Abruf anzutreffen. Die Entlohnung richtet
sich vermehrt nach irgendwelchen Erfolgskriterien, indem etwa eine Umsatz-
beteiligung vorgesehen ist oder in irgendeiner Form ein vom Geschäftsergebnis
abhängiger Bonus ausgerichtet wird. Sicher gab es alle diese Arbeitsformen auch
schon früher, sie sind aber erheblich häufiger geworden.

Verschiedene Wirtschaftszweige machen deshalb immer wieder geltend, das
Arbeitsrecht könne auf sie nicht anwendbar sein, weil die Arbeit in diesem
Zweig nicht in der üblichen Weise eines Arbeitsverhältnisses ausgestaltet werden
könne. So wird beispielsweise geltend gemacht, der Vertrag zwischen einem
Sportler und seinem Club weise zu viele Besonderheiten auf, als dass es sich um
einen Arbeitsvertrag handeln könne. Die klassischen Kriterien eines Arbeitsverhältnisses, nämlich die Arbeitsleistung gegen Entgelt auf Dauer mit Einglie-
derung in eine fremde Arbeitsorganisation, sind aber offensichtlich gegeben.[100]

Es lässt sich in keiner Weise bestreiten, dass in den verschiedenen Wirtschaftszweigen die Bedürfnisse sehr unterschiedlich sein können. In den Bereichen
Sport und Kultur mögen die Kündigungsfristen und der zeitliche Kündigungsschutz ein Problem darstellen, weil Arbeitnehmer nicht mehr eingesetzt werden
können, wenn das Verhältnis zwischen ihnen und den unmittelbar Vorgesetzten
oder den Mitarbeitenden gestört ist. Gleichzeitig führt der Persönlichkeits-
schutz in diesen Berufen aber zu einem Anspruch auf Beschäftigung.[101] Den
Banken bereitet der Umstand Schwierigkeiten, dass der Lohn für das gekündigte
Arbeitsverhältnis nicht gekürzt werden kann, sodass die Gefahr besteht, dass
Bonuszahlungen – je nach Ausgestaltung – auch ausbezahlt werden müssen,
wenn der Kundenberater mitsamt einem Teil der Kundschaft zur Konkurrenz
geht.[102] Den Spitälern bereiten die Regelungen der maximalen Arbeitszeiten
Schwierigkeiten, namentlich soweit es um den Pikettdienst geht. Der Filmproduktion bereitet der Umstand Mühe, dass die Höchstarbeitszeiten auf der Basis
einer Woche festgelegt sind, während die Filmproduktion meist über eine längere Zeit dauert.

Wer nun aber besondere Vertragsverhältnisse für die entsprechenden Bereiche
fordert, vergisst, dass sich die Bedürfnisse auch in diesen Wirtschaftszweigen
schnell ändern und die Gesetzgebung immer schwerfällig ist. Das Recht bietet
für die Anpassungen an besondere Bedürfnisse einzelner Wirtschaftszweige

---

100 Siehe Geiser, Arbeitsverträge mit Sportlern, Rz. 2.18 ff.
101 Vgl. Frank Vischer, Schweizerisches Privatrecht VII/4, S. 169 f.; Wyler, S. 322.
102 Vgl. BGE 131 III 615 ff.; 130 III 495 ff.

andere Instrumente. Im Vordergrund steht dabei der Gesamtarbeitsvertrag. Er ermöglicht es, dass die besonderen Bedürfnisse einer Branche unter den Beteiligten geregelt werden. Insofern sind die Normen des Gesamtarbeitsvertrags der Privatautonomie sehr viel näher als Gesetzesnormen. Sie garantieren aber gleichzeitig einen Ausgleich der ungleich verteilten Marktmacht. Sie verbinden Privatautonomie und Gerechtigkeit. Das schweizerische Recht erlaubt es zudem, auf Verordnungsstufe von wesentlichen Bestimmungen des Arbeitsgesetzes abzuweichen.[103] Der Bundesrat darf von diesem Recht aber nur Gebrauch machen, soweit sich dies mit Blick auf die besonderen Verhältnisse einer Branche als notwendig erweist.[104] Um diese Verhältnisse und Bedürfnisse zu kennen, muss der Verordnungsgeber die Vertreter der entsprechenden Branche anhören,[105] wie das Gesetz ausdrücklich festhält.[106] Es liegt auf der Hand, dass entsprechende abweichende Regelungen in erster Linie dann bewilligt werden, wenn dies sowohl von den betroffenen Arbeitgeberverbänden wie auch von den betroffenen Gewerkschaften gefordert wird. Ein Zusammenwirken der Sozialpartner ist somit auch für diese Sonderregeln von Bedeutung. Demgegenüber rechtfertigt es sich nicht, für besondere Berufszweige spezielle Vertragsnormen im Gesetz aufzustellen.

Arbeitsorganisation und Arbeitsmarkt

Eine völlig andere Betrachtungsweise stellt die Einteilung des Lebens in verschiedene Arbeitsphasen dar. Aus rechtlicher Sicht ist diesbezüglich das Verbot der Kinderarbeit von zentraler Bedeutung. Vor dem vollendeten 15. Altersjahr dürfen jugendliche grundsätzlich nicht beschäftigt werden.[107] Allerdings kann der Bundesrat auf dem Verordnungsweg Ausnahmen erlauben.[108] In der entsprechenden Verordnung ist festgelegt, unter welchen Voraussetzungen und Bedingungen Kinder im Alter von über 13 Jahren zu Botengängen und leichten Arbeiten herangezogen werden dürfen und in welchem Umfang Kinder (auch Kleinkinder) bei kulturellen, künstlerischen und sportlichen Darbietungen sowie in der Werbung beschäftigt werden dürfen.[109] Zudem ist die Mitarbeit in einem Familienbetrieb vom Kinderarbeitsverbot ausgenommen.[110] Als Familienbetrieb im Sinn dieser Bestimmung gilt allerdings nur ein Betrieb, in dem neben dem Inhaber ausschliesslich sein Ehegatte, seine Blutsverwandten in auf- und absteigender Linie und deren Ehegatten sowie seine Stiefkinder tätig sind.

---

103 Art. 27 ArG; und die darauf gestützte ArGV 2.
104 Holzer, N. 2 zu Art. 27 ArG.
105 Subilia, N. 8 zu Art. 27 ArG.
106 Art. 40 Abs. 2 ArG.
107 Art. 30 Abs. 1 ArG.
108 Art. 30 Abs. 2 ArG.
109 Art. 30 Abs. 2 Bst. b ArG.
110 Art. 4 Abs. 1 ArG.

Damit wird entscheidend, was Arbeit und was blosse Ausbildung ist. Soweit mit der Ausbildung auch eigentliche Arbeit verbunden ist, fällt das Verhältnis unter den Begriff der Arbeit und damit unter das Kinderarbeitsverbot. Entsprechend ist zwischen einem Lehrvertrag einerseits zu unterscheiden, der als Arbeitsvertrag gilt, und einem Unterrichtsvertrag, bei dem die Vorschriften über das Mindestalter für den zu Unterrichtenden nicht gelten. Zu beachten ist dabei auch, dass beim Lehrvertrag der Lehrmeister dem Auszubildenden Lohn schuldet, während beim Unterrichtsvertrag nicht nur kein entsprechender Anspruch besteht, sondern in aller Regel die auszubildende Person dem Ausbildner ein Entgelt zu entrichten hat. Der im Gesetz nicht definierte Unterrichtsvertrag beinhaltet die Verpflichtung des Unterrichtsgebers, dem Unterrichteten gegen die Zahlung eines Entgelts persönlich oder durch seine Lehrkräfte in Räumlichkeiten, die von ihm zur Verfügung gestellt werden, die vertraglich umschriebenen Kenntnisse und Fähigkeiten zu vermitteln und ihm dauernd oder vorübergehend das Unterrichtsmaterial zu überlassen.[111] Im Gegensatz dazu verpflichtet der Lehrvertrag den Arbeitgeber,[112] die lernende Person für einen bestimmten Beruf fachgemäss auszubilden, und die lernende Person, zu diesem Zweck Arbeit im Dienst des Arbeitgebers zu leisten. Es liegt auf der Hand, dass die Abgrenzung Schwierigkeiten bereiten kann.

Das Recht kennt demgegenüber keine obere Altersgrenze für ein Arbeitsverhältnis. Das Sozialversicherungsrecht kennt Altersgrenzen für die Beitragspflicht und die Leistungsansprüche. Mit einem bestimmten Alter entsteht ein Anspruch auf eine Altersrente sowohl der ersten Säule wie auch der beruflichen Vorsorge. Im Bereich der beruflichen Vorsorge legt das Gesetz allerdings nur Rahmenbedingungen fest. Die einzelnen Pensionskassen haben also im entsprechenden Rahmen eine grosse Freiheit bei der Festsetzung des genauen Rentenalters. Das Recht verbietet aber in keiner Weise, dass ein Rentner weiterhin erwerbstätig ist und damit einer Arbeit nachgeht. Solche Tätigkeiten werden wirtschaftlich sogar insofern gefördert, als in der beruflichen Vorsorge gar keine und in der ersten Säule nur eine reduzierte Beitragspflicht besteht, was diese Arbeit erheblich verbilligt. Andererseits ist es aber einer Arbeitgeberin unbenommen, ein Arbeitsverhältnis zu künden, weil jemand die Altersgrenze für die Pensionierung erreicht hat und damit eine Rente bezieht. Dies wird in der Schweiz meist als eine Selbstverständlichkeit angesehen. Im europäischen Raum kann aber eine solche Kündigung, das heisst eine Altersgrenze für die Beschäftigung, gegen die Gleichbehandlungsrichtlinie[113] verstossen. Auf Anfrage des britischen High Court of Justice hielt der Europäische Gerichtshof fest, dass ein britisches

---

111 BGE 132 III 755 f.; Schluep/Amstutz, N. 419 und 425, Einleitung vor Art. 184 ff. OR; Schluep, S. 918 f.
112 Art. 344 OR.
113 Richtlinie 2000/78/EG des Rates vom 27. November 2000 zur Festlegung eines allgemeinen

Gesetz, welches es erlaube, einen Arbeitnehmer wegen des Erreichens des Rentenalters zu entlassen, nicht zwingend gegen die genannte Richtlinie verstosse, weil die gesetzliche Regelung ein verhältnismässiges Mittel zur Erreichung des Ziels sei.[114] Der Gerichtshof stellte klar, dass eine aus Gründen des Alters vorgesehene Ungleichbehandlung in einem nationalen Gesetz nur gerechtfertigt sei, wenn sie ein verhältnismässiges Mittel zur Erreichung eines rechtmässigen sozialpolitischen Ziels aus den Bereichen Beschäftigungspolitik, Arbeitsmarkt oder berufliche Bildung darstelle.

Zudem ist der Arbeitsmarkt heute internationalisiert. Arbeitsbiografien gehen heute häufig über die Grenzen eines einzelnen Landes hinaus. Damit untersteht ein Arbeitnehmer im Lauf seiner Arbeitsbiografie unterschiedlichen Rechtsordnungen. Damit können sich ganz unterschiedliche rechtliche Ausgestaltungen für einzelnen Phasen einer Arbeitsbiografie ergeben.

Folgerung

Das schweizerische Recht fasst den Begriff der Arbeit sehr weit. Einschränkungen ergeben sich regelmässig nur in Randgebieten, sei es im Zusammenhang mit den maximalen Arbeitszeiten, sei es mit dem Verbot der Kinder- und Jugendarbeit.

Das schweizerische Arbeitsrecht zeichnet sich einerseits durch eine hohe Flexibilität und viel individuelle Gestaltungsfreiheit aus. Gleichzeitig weist es die Besonderheit auf, dass die bestehenden Regeln grundsätzlich auf alle Arbeitsverhältnisse anwendbar sind. Es gibt grundsätzlich keinerlei rechtliche Definition der Arbeit und auch keinerlei rechtliche Einschränkungen für entsprechende Tätigkeiten gibt es ausserhalb des Arbeitsverhältnisses. Die selbständige Erwerbstätigkeit ist in der Schweiz als solche nicht geregelt.

Rahmens für die Verwirklichung der Gleichbehandlung in Beschäftigung und Beruf, ABl. L 303 vom 2. Dezember 2000, S. 16.

114 Europäischer Gerichtshof, Urteil vom 5. März 2009 in der Rechtssache C–388/07.

Abkürzungen

AJP   Aktuelle Juristische Praxis

BV   Bundesverfassung der Schweizerischen Eidgenossenschaft vom 19. Mai 1874 (SR 101), ab 1.1.2000: neue Bundesverfassung

AVG   Bundesgesetz vom 6. Oktober 1989 über die Arbeitsvermittlung und den Personalverleih (SR 823.II)

ArG   Bundesgesetz vom 13. März 1964 über die Arbeit in Industrie, Gewerbe und Handel (SR 822.III)

BGE   Amtliche Sammlung der Entscheidungen des Schweizerischen Bundesgerichtes

EOG   Bundesgesetz vom 25. September 1952 über die Erwerbsersatzordnung für Wehr- und Zivilschutzpflichtige (SR 834.1)

JAR   Jahrbuch des Arbeitsrechts

N.   Note

OR   Obligationenrecht vom 30. März 1911 (SR 220)

Rz.   Randziffer

SR   Systematische Sammlung des Bundesrechts

Bibliografie

Bigler-Eggenberger, Margrith (2008): «Art. 41». In: Bernhard Ehrenzeller, Philippe Mastronardi, Rainer J. Schweizer, Klaus Vallender (Hg.): Die schweizerische Bundesverfassung, Kommentar. Zürich, St. Gallen, Dike, S. 785–805.

Brand, Daniel, Lucius Dürr, Bruno Gutknecht, Peter Platzer, Adrian Schnyder, Conrad Stampfli, Ulrich Wanner (1991): Der Einzelarbeitsvertrag im Obligationenrecht. Bern, Haupt.

Bruchez, Christian (2009): «Art. 356 OR». In: Schweizerischer Gewerkschaftsbund (Hg.): Handbuch zum kollektiven Arbeitsrecht. Basel, Helbing & Lichtenhahn, S. 157–197.

Brühwiler, Jürg (1996): Kommentar zum Einzelarbeitsvertrag. Bern, Haupt.

Brunner, Christiane, Jean-Michel Bühler, Jean-Bernard Waeber (2004): Commentaire du contrat de travail. Lausanne, Réalité Sociale.

Bundesamt für Statistik (2010): SAKE 2009 in Kürze. Wichtigste Ereignisse der Schweizerischen Arbeitskräfteerhebung. Neuchâtel, Bundesamt für Statistik.

Carruzzo, Philippe (2009): Le contrat individuel de travail. Zürich, Schulthess.

Fellmann, Walter (1997): «Abgrenzung der Dienstleistungsverträge zum Arbeitsvertrag und zur Erbringung von Leistungen als Organ einer Gesellschaft», AJP, Nr. 2, Jg. 97, S. 172–180.

Gautschi, Georg (1971): Berner Kommentar, Band 6, Das Obligationenrecht, 2. Abt., Die einzelnen Vertragsverhältnisse, 4. Teilband, 3. Auflg., Bern, Stämpfli.

Geiser, Thomas (1996): Neue Arbeitsvertragsformen zwischen Legalität und Illegalität, in: Erwin Murer (Hg.): Neue Erwerbsformen – veraltetes Arbeits- und Sozialversicherungsrecht. Bern, Stämpfli, S. 43–90.

Geiser, Thomas (1998): «Gibt es ein Verfassungsrecht auf einen Mindestlohn?»

In: Bernhard Ehrenzeller, Philippe Mastronardi, Rainer J. Schweizer, Klaus
Vallender (Hg.): Der Verfassungsstaat vor neuen Herausforderungen. Festschrift
für Yvo Hangartner. St. Gallen, Lachen, Dike, S. 809–829.

Geiser, Thomas (2005): Art. 1–5 ArG. In: Thomas Geiser, Adrian von Kaenel, Rémy
Wyler (Hg.): Stämpflis Handkommentar, Arbeitsgesetz. Bern, Stämpfli, S. 24–113.

Geiser, Thomas (2006): «Arbeitsverträge mit Sportlern». In: Oliver Arter/Baddeley
(Hg.): Sport und Recht. Bern, Stämpfli, S. 79–111.

Geiser, Thomas (2009): «Boni zwischen Privatrecht und öffentlichem Interesse»,
Recht, 27. Jg., Nr. 4, S. 115–127.

Geiser, Thomas, Roland Müller (2009): Arbeitsrecht in der Schweiz. Bern, Stämpfli.

Gerber, Simon (2003): Die Scheinselbständigkeit im Rahmen des
Einzelarbeitsvertrages, Diss. St. Gallen. Bern, Stämpfli.

Gremper, Philipp (1992): Arbeitsrechtliche Aspekte der Ausübung
verfassungsmässiger Rechte, Diss. Basel, Helbing & Lichtenhahn.

Hofstetter, Josef (2000): Der Auftrag und die Geschäftsführung ohne Auftrag,
Schweizerisches Privatrecht, Bd. VII/6. Basel, Helbing & Lichtenhahn.

Holzer, Max (1971): «Art. 27 ArG». In: Walther Hug (Hg.): Kommentar zum
Arbeitsgesetz. Bern, Haupt, S. 215–224.

Müller, Roland (2001): «Die arbeitsrechtliche Situation der VR-Delegierten in der
Schweiz», AJP Nr. 12, Jg. 2001, S. 1367–1375.

Müller, Roland (2005): Der Verwaltungsrat als Arbeitnehmer. Zürich, Schulthess.

Rehbinder, Manfred (1992): Berner Kommentar. Bern, Stämpfli.

Rehbinder, Manfred (2002): Schweizerisches Arbeitsrecht. Bern, Stämpfli.

Rommé, Oliver (2000): Abhängige Arbeit und gemeinsame Zweckverfolgung. Berlin,
Heidelberg, Springer.

Roncoroni, Giacomo (2009): «Art. 359–360f OR». In: Schweizerischer
Gewerkschaftsbund (Hg.): Handbuch zum kollektiven Arbeitsrecht. Basel,
Helbing & Lichtenhahn, S. 311–362.

Saner, Corinne Andrea (1992): Telearbeit: Organisationsformen – Rechtsformen, Diss.
Basel. Zürich, Schulthess.

Schluep, Walter R. (1979): Innominatverträge (Schweizerisches Privatrecht, Bd. VII/2).
Basel, Helbing & Lichtenhahn.

Schluep, Walter R., Mark Amstutz (2003): Einleitung vor Art. 184. In: Heinrich
Honsell, Nedim Peter Vogt, Wolfgang Wiegand (Hg.): Basler Kommentar,
Obligationenrecht I, Art. 1–529 OR, 3. Aufl. Basel, Helbing & Lichtenhahn,
S. 871–1022.

Schmid, Peter (2009): «Art. 357 OR». In: Schweizerischer Gewerkschaftsbund (Hg.):
Handbuch zum kollektiven Arbeitsrecht. Basel, Helbing & Lichtenhahn, S. 231–246.

Staehelin, Adrian (2006): Zürcher Kommentar. Zürich, Schulthess.

Stamm, Marie-Luise (1977): Das Weisungsrecht des Arbeitgebers und seine Schranken,
Diss. Basel, Helbing & Lichtenhahn.

Streiff, Ullin, Adrian von Kaenel (2006): Leitfaden zum Arbeitsvertragsrecht,
6. Auflage. Zürich, Schulthess.

Subilia, Olivier (2005): «Art. 26–28». In: Thomas Geiser, Adrian von Kaenel, Rémy
Wyler (Hg.): Stämppflis Handkommentar Arbeitsgesetz. Bern, Stämpfli, S. 364–388.

Tschudi, Hans Peter (1987): Geschichte des schweizerischen Arbeitsrechts. Basel, Helbing & Lichtenhahn.

Tschudi, Hans Peter, Geiser Thomas, Wyler Rémy (2005): «Einleitung». In: Thomas Geiser, Adrian von Kaenel, Rémy Wyler (Hg.): Stämpflis Handkommentar, Arbeitsgesetz. Bern, Stämpfli, S. 1–23.

Vischer, Frank (2005): Der Arbeitsvertrag (SPR, Bd. VII/4). Basel, Helbing & Lichtenhahn.

Wyler, Rémy (2008): Droit du travail. Berne, Stämpfli.

Sinn und Erleben der Arbeit

Sens et vécu du travail

Peut-on rendre le travail conforme aux attentes qui pèsent sur lui?

Dominique Méda

Zusammenfassung:
Lässt sich die Arbeit mit den Erwartungen in Einklang bringen, die in sie gesetzt werden?

Trotz der pseudowissenschaftlichen Argumente, die vor allem in Frankreich im öffentlichen Diskurs im Umlauf sind (der Wert Arbeit habe abgenommen, die Menschen zögen Sozialhilfe der Arbeit vor und so weiter), zeigen Umfragen, dass die Arbeit sehr hohe Erwartungen weckt. Aufgrund der Bedingungen, unter denen Arbeit ausgeübt wird, der dürftigen Qualität der Beschäftigung und einer unzureichenden Verknüpfung zwischen der Arbeit und den übrigen Bereichen der Selbstentfaltung werden diese Erwartungen, die zugleich instrumentaler und expressiver Natur sind, jedoch enttäuscht. Kann die Arbeit die immensen Erwartungen überhaupt erfüllen, die in sie gesetzt werden? Lässt sie sich befreien? Welche Voraussetzungen müssten für eine derartige Befreiung gegeben sein? Welche Überprüfungen müssen wir vornehmen, um die Arbeit wenn nicht zu befreien, so zumindest die Bedingungen möglichst würdig zu gestalten, unter denen sie ausgeübt wird? Im ersten Teil dieses Artikels wird auf die Resultate einer breit angelegten Umfrage in Europa eingegangen, in der die Beziehung zur Arbeit untersucht worden ist. Der zweite Teil, der von der Geschichte der Wertschätzung der Arbeit ausgeht, kommt auf die Frage von deren Befreiung zurück.

Malgré les pseudo-évidences charriées par le discours commun, notamment en France (la valeur travail serait dégradée, les personnes préféreraient l'assistance au travail…), les enquêtes mettent en évidence que les attentes posées sur le travail sont extrêmement fortes. De nature tout à la fois instrumentale et expressive, ces expectatives sont néanmoins déçues, en raison de conditions d'exercice du travail et de l'emploi de piètre qualité et d'une articulation mal assurée entre le travail et les autres sphères de réalisation de soi. Le travail est-il en mesure de satisfaire les immenses attentes qui pèsent sur lui? Peut-il être libéré? Quelles seraient les conditions d'une telle libération? Quelles sont les révisions que nous devons opérer pour, sinon libérer le travail, du moins rendre ses conditions d'exercice les plus dignes possible? La première partie de cet article revient sur les résultats d'une vaste enquête européenne consacrée à l'étude du rapport au travail. La seconde partie, repartant de l'histoire de la valorisation du travail, revient sur la question de sa libération.

Place et sens du travail en Europe aujourd'hui

Questions de méthode

Qu'en est-il aujourd'hui de la valeur et du sens accordés au travail? Avant d'analyser le matériel dont nous disposons pour répondre à cette question, il importe de s'arrêter un moment sur les moyens qui permettent au chercheur d'accéder à une telle réalité. Dès 1968, Goldhorpe, Lockwood, Bechhofer et Platt, tentant de répondre dans *The Affluent Worker* à la question de savoir ce que sont «les déterminants essentiels, extérieurs à l'emploi, de la signification qu'ils (les travailleurs) confèrent à leur travail, de la place et du rôle qu'ils lui accordent dans leur vie»,[1] avaient attiré l'attention sur les considérables difficultés qui s'attachent à la mise en évidence du rapport que les individus entretiennent avec une activité aussi déterminante dans l'estime de soi: «Les difficultés que l'on rencontre pour évaluer le degré de satisfaction des ouvriers sont à présent unanimement reconnues par la sociologie, écrivaient les auteurs. Un grand nombre d'études apportent la preuve qu'une large majorité d'entre eux, lorsqu'on leur demande s'ils aiment ce qu'ils font, donnent généralement une réponse affirmative; ou bien, s'ils ont à déterminer leur degré de satisfaction en fonction d'une échelle d'un type ou d'un autre, ils font des choix que l'on peut qualifier de positifs. Des résultats semblables ont en fait été obtenus même lorsque d'autres preuves indiquaient très clairement que les ouvriers en question ressentaient des sévères privations dans leur travail. Une bonne partie

---

1 Goldthorpe et al. 1972.

de l'explication se trouve probablement, comme l'a suggéré Blauner, dans le fait qu'un ouvrier trouve difficile d'admettre que son travail lui déplaît, sans menacer en même temps son amour-propre: dans notre type de société, l'influence du travail sur l'opinion qu'a l'homme de lui-même est plus importante que celle d'aucune autre de ses activités sociales. Une pression considérable s'exerce donc sur l'individu pour le pousser à trouver son travail acceptable: le contraire équivaudrait pour lui à admettre qu'il ne se trouve pas acceptable.»[2] C'est en raison de cette méfiance vis-à-vis des perceptions subjectives et, surtout, des déclarations des individus que Goldthorpe et ses collègues ont privilégié l'analyse des pratiques et préféré, pour accéder à la vérité du rapport au travail, s'appuyer sur des faits «objectifs» comme le fait de conserver un emploi au lieu d'en changer. On doit donc, s'agissant de l'usage de données subjectives, toujours garder présentes à l'esprit ces limites, de même que celles qui sont inhérentes à l'usage d'enquêtes, notamment internationales qui ne font pas référence aux mêmes réalités derrière les concepts employés, qui utilisent des échelles qui peuvent être interprétées de façon différente...[3]

Un programme de recherches européen

Une équipe composée de chercheurs de six pays européens (Allemagne, Italie, Portugal, Hongrie, Belgique, France) a consacré durant les années 2007 et 2008 un programme de recherches intitulé *Social Patterns to Relations to Work* (SPREW) à la question du rapport au travail des différentes générations.[4] Les enquêtes internationales (voir encadré) et nationales disponibles sur le sujet ont été mobilisées et plus de 180 entretiens approfondis menés. L'exploitation des enquêtes internationales et nationales disponibles s'est accompagnée d'un travail de réflexion sur les limites de ces enquêtes et les difficultés de la comparaison internationale fondée sur des enquêtes déclaratives[5] et, notamment en France, les résultats issus des enquêtes quantitatives et des entretiens ont été confrontés. On revient ci-après sur les différences issues de cette confrontation.

Partout en Europe, une grande importance accordée au travail

Quelles que soient les enquêtes considérées ou les années de passage des questionnaires, les résultats mettent en évidence que le travail occupe une place centrale dans la vie des Européens: seule une minorité de personnes interrogées – moins de 20% dans quasiment tous les pays – déclarent que le travail n'est «pas très important» ou «pas important du tout» dans leur vie. L'hétérogénéité

---

2 Ibid., p. 53–54
3 Bréchon 2002; Davoine/Méda 2008; Méda 2010a.
4 Vendramin 2008; Davoine/Méda 2008; Vendramin 2010.
5 Davoine/Méda, 2008.

Les enquêtes européennes et internationales disponibles

Les European Values Surveys (EVS)

Les enquêtes sur les valeurs des Européens, appelées internationalement European Values Survey (par la suite EVS) ont vu le jour en 1981, grâce à un groupe de chercheurs piloté par Jan Kerhofs, de l'Université de Louvain, et Ruud de Moor, de l'Université de Tilburg.[1] Lors de la première vague, neuf pays européens participaient à l'enquête. Près de vingt ans plus tard, ils sont 34. Environ 1000 personnes sont interrogées dans chaque pays. L'enquête comprend désormais quatre vagues: 1981, 1990, 1999, 2008. Peu de temps après le lancement des EVS, Ronald Inglehart, chercheur à l'Université de Michigan, a pris l'initiative d'étendre l'enquête à d'autres continents, ce qui a donné lieu au World Values Survey, dont le questionnaire est proche des EVS et les vagues en léger décalage. Le questionnaire des EVS, dont une large partie est invariante d'une vague à l'autre, évoque, entre autres, la place de grandes valeurs telles que le travail, la famille ou la religion, mais aussi les pratiques religieuses, les opinions politiques, ainsi que l'importance accordée à chaque facette du travail (salaire, sécurité, épanouissement personnel, etc.). L'entretien, qui dure près d'une heure, aborde ainsi de nombreux sujets, et seules quelques questions s'avèrent réellement pertinentes pour notre recherche.

L'International Social Survey Programme (ISSP)

L'International Social Survey Programme (ISSP), dont la première vague a eu lieu en 1985, est né de la collaboration de chercheurs de quatre pays, l'Allemagne, la Grande-Bretagne, les Etats-Unis et l'Australie, où existait déjà une tradition d'enquête sur les attitudes, mais le nombre de participants a fortement augmenté dans les années 1990, pour atteindre 38 pays à l'heure actuelle. L'échantillon comprend au minimum 1000 personnes dans chaque pays. Par rapport à l'EVS, l'ISSP accorde plus d'importance aux attitudes et aux comportements. Cette enquête a lieu tous les ans, sur un thème différent chaque fois. Chaque module est adossé à une enquête nationale et l'entretien dure environ un quart d'heure, si l'on ne tient pas compte des variables sociodémographiques. Une enquête sur le sens du travail a eu lieu en 1989 (mais la France n'y participait pas), en 1997 et en 2005. Ces trois vagues constituent sans aucun doute une des bases les plus complètes sur le rapport au travail.

Le European Social Survey (ESS)

Dans ce paysage, le European Social Survey est l'enquête la plus récente. La première vague s'est déroulée à l'automne 2002, la deuxième en 2004 et la troisième fin 2006. Elle couvrait déjà 22 pays lors de la première vague. L'entretien dure en tout une heure. Une moitié du questionnaire ne change pas, l'autre moitié, la partie rotative, aborde deux sujets qui sont sélectionnés parmi les propositions d'équipes scientifiques. La vague 2004 contient un module sur la santé et les soins d'une part, et sur la famille, le travail et le bien-être d'autre part. C'est dans ce module que nous trouverons des questions pertinentes pour notre propos.

1 Bréchon, 2002.

européenne apparaît néanmoins dès que l'on distingue le degré d'importance accordée au travail. Une majorité de la population déclare en effet que le travail est «très important» dans la plupart des pays, à l'exception du Danemark, du Royaume-Uni et des Pays-Bas: 40% seulement des Danois et des Britanniques déclarent que le travail est «très important». Cette proportion avoisine 50% en Allemagne, en Suède ou en Finlande (mais également en République tchèque et en Estonie). Elle est beaucoup plus élevée dans quelques pays continentaux (Belgique, France, Autriche), dans deux pays du Sud (Espagne et Italie) et dans quelques nouveaux pays membres (Pologne, Roumanie, Bulgarie, Slovaquie). La France occupe une position singulière: elle se distingue des pays continentaux et méditerranéens par une proportion plus importante d'habitants pour qui le travail est «très important», puisqu'elle y atteint 70%. La France se trouve ainsi parmi le groupe des pays les plus pauvres d'Europe notamment la Roumanie et la Pologne.[6]

Comment expliquer de telles différences au sein de l'Union européenne? Au cours de nos recherches, nous avons mobilisé plusieurs explications. D'abord, l'effet de composition. Toutefois, même en tenant compte de ces différents effets de composition de la population, les écarts entre pays restent significatifs. La France, en particulier, continue de se distinguer, de manière significative, par une plus grande importance accordée au travail. Peut-on alors supposer que joueraient, en dernier ressort, des facteurs culturels? Dans une telle perspective, Philippe d'Iribarne a, par exemple, souligné la singularité de la culture française,[7] ou *L'étrangeté française,*[8] la société française restant, selon cet auteur, structurée par une hiérarchie sociale, par des «rangs» dont l'accès est conditionné par la réussite au sein du système scolaire. Le fait que les différences entre pays soient relativement stables au cours du temps laisse penser que les causes sont en effet assez largement de nature culturelle et institutionnelle: quelle que soit l'année considérée, le travail est perçu comme moins important en Grande-Bretagne, au Danemark et aux Pays-Bas, qu'en France par exemple. Mais le signe que d'autres explications doivent être évoquées pour comprendre l'hétérogénéité européenne, notamment le niveau de développement des pays mesuré par le PIB ou les évolutions de celui-ci, est le fait qu'il existe de fortes variations dans les opinions relatives au travail entre plusieurs vagues d'enquête dans un même pays: ainsi le travail est-il considéré comme moins important en 1999 qu'en 1990 dans les pays scandinaves, au Royaume-Uni et en Irlande, alors même que ces pays ont connu une forte amélioration de la conjoncture économique entre les

---

6 Ibid.
7 D'Iribarne 1989.
8 D'Iribarne 2006.

deux dates. L'importance du travail ne serait donc pas sans lien avec le contexte économique ou ses variations.

Une telle hypothèse a notamment été proposée par Ronald Inglehart[9] et étayée par le World Value Survey: reconnaissant l'apport de Max Weber et la persistance de clivages culturels anciens dans les sociétés modernes, basés en partie sur des différences religieuses, cet auteur adopte une perspective implicitement évolutionniste et, dans une large mesure, matérialiste. Le développement économique aurait des conséquences «systématiques et prévisibles» sur la culture et les valeurs d'un pays.[10] Dans des travaux plus récents, Ronald Inglehart et Wayne Baker proposent de classer les pays selon deux axes ou deux dimensions: une première dimension, qui marque le passage d'une société préindustrielle à une société industrielle, oppose les valeurs traditionnelles et religieuses aux valeurs laïques et rationnelles. La deuxième dimension oppose les préoccupations de survie aux préoccupations d'expression individuelle et de qualité de vie. Elle correspond à une transition vers une société postindustrielle. Dans un tel cadre, l'évolution économique tendrait à modifier le sens donné au travail et trois temps pourraient dès lors être distingués. Dans un premier temps, celui de la tradition, le travail s'inscrirait dans un système de croyances et de respect de l'autorité. Il correspondrait alors à une «éthique du devoir», une obligation vis-à-vis de la société. Le deuxième temps correspondrait au développement de valeurs individualistes et rationnelles: le travail aurait alors une valeur instrumentale, il serait recherché pour la sécurité et le revenu qu'il peut apporter. Les pays les plus riches se caractériseraient désormais par des valeurs «postmatérialistes», la sécurité économique n'étant plus une priorité, et la qualité de vie et le bien-être subjectif devenant des valeurs majeures. Dans cette perspective, le travail devrait avant tout permettre aux individus de s'épanouir. La fin du XXᵉ siècle serait ainsi marquée, dans un troisième temps, par un renversement de tendances et la montée des attentes post-matérialistes: l'individu ne s'efface plus devant le collectif, son épanouissement devient une valeur centrale.[11] Cette tendance, qui touche les domaines les plus divers de la société, se retrouverait également dans la sphère du travail.

Nous avons adopté la grille d'analyse proposée par Inglehart, ou du moins ses composantes (l'éthique du devoir, la dimension instrumentale du travail, la dimension expressive du travail), notamment parce qu'elles étaient mobilisées par les questionnaires des enquêtes internationales, mais aussi parce qu'elles se recoupaient partiellement avec d'autres cadres théoriques élaborés pour

9 Inglehart 1971; Inglehart 1990.
10 Inglehart/Baker 2000.
11 Inglehart 1990; Beck 1984; Giddens 1992.

appréhender les différentes dimensions du travail: celui proposé par Méda,[12] qui distingue dans le concept de travail trois significations qui coexistent mais qui se sont développées chronologiquement selon trois étapes (le travail comme facteur de production, le travail comme essence de l'homme et le travail comme pivot du système de distribution des revenus, des droits et des protections), celui proposé par Paugam qui distingue dans le travail trois dimensions: celle de l'*Homo economicus*, de l'*Homo faber* et de l'*Homo sociologicus*[13] ou celui proposé par Lalive d'Epinay.[14] Commentant notamment la façon dont les traducteurs ont radicalement transformé le sens premier des textes bibliques,[15] Lalive d'Epinay défend en effet l'idée qu'au début du XXe siècle, le travail continue d'être perçu essentiellement comme un devoir et un effort. «Au début du XXe siècle, la révolution a produit ses effets, entraînant la généralisation du marché de l'emploi, l'expansion du salariat, le développement de la classe ouvrière. La société industrielle qui s'est imposée est organisée autour de l'activité économique et a rendu le peuple industrieux, pour le meilleur et pour le pire. C'est alors que Weber écrit les lignes de son célèbre essai, *L'Ethique protestante et l'esprit du capitalisme*: ‹Le puritain voulait être un être besogneux et nous sommes forcés de l'être […]. L'idée d'accomplir son devoir à travers une besogne hante désormais notre vie, tel le spectre de croyances religieuses disparues.› De l'Italie du Nord à la Scandinavie, de la Tchécoslovaquie aux Etats-Unis d'Amérique, règne alors une morale du travail et du devoir qui est une véritable vision de l'homme et du monde. Proposons-en une synthèse:

– l'être humain est défini ontologiquement comme un être de devoir; le travail – sous-entendu le travail marchand – est le premier des devoirs, moyen par excellence du bon accomplissement des autres devoirs;

12 Méda 1995.
13 Paugam 2000.
14 D'Epinay 1994.
15 Le Psaume 90 raconte la vanité de la vie pour celui que l'exil sépare de Dieu: «Les jours de nos années sont bornés à 70 ans, et à 80 ans pour les plus vigoureux: le plus beau de ces jours n'est que peine et tourment.» Ce que le traducteur Osterwald rend correctement par tourment, Luther l'a traduit par travail (et même ce qui fut précieux n'a été que peine et travail). La traduction du réformateur est à la rigueur acceptable mais elle rend un mot à forte connotation négative par un terme neutre et mou. La traduction du réformateur devient canonique. Mais voilà qu'au cours du temps, ce verset est peu à peu extrait de son contexte scripturaire et transformé en une sentence ainsi libellée: ce qu'il y a de plus précieux, dans une longue vie, c'est l'effort et le travail. L'opération alchimique est réussie; le contresens est scellé.» Cette formalisation est rendue possible par les réélaborations théoriques qui commencent avec saint Augustin (il devient possible de comparer l'opus divin et le travail des moines) et aboutissent à un véritable retournement avec la Réforme, et plus particulièrement avec le calvinisme dont les effets ont été pleinement mis en lumière par Weber. Comme le rappelle Lalive d'Epinay, à la suite de Weber, en montrant les réinterprétations du Psaume 90, les traductions de la Bible de Luther vont entraîner pour le concept de travail un changement de sens complet.

- la notion de devoir est étroitement associée au principe de la responsabilité (ou de liberté) individuelle, responsabilité envers soi et les siens, dans le présent et l'avenir;
- la responsabilité individuelle conduit à adopter un comportement rationnel, c'est-à-dire l'effort, le travail, la prévision, l'épargne;
- ainsi la réalisation de l'individu consiste à trouver sa juste place dans la société, elle passe par l'assomption d'une fonction et de rôles sociaux précis.

Selon cette vision du monde, la collectivité est un principe supérieur à l'individu, dont elle est la finalité. Ce dernier est avant tout défini par des devoirs, le seul droit fondamental étant le droit au travail. La société en revanche est dotée de droits envers les individus. […] La subordination de l'individu à la société, le sacrifice de soi à la collectivité trouvent leur justification dans le fait que la société assure à l'individu sa sécurité et surtout dans l'idée que, transformée en une gigantesque usine, la société est en train de produire une prospérité annoncée pour demain.»[16] Commentant l'idée wébérienne selon laquelle la valeur travail se serait sécularisée (puisque «le capitalisme vainqueur n'a plus besoin de ce soutien depuis qu'il repose sur une base mécanique»), Jean Paul Willaime ajoute que: «Le travail est toujours considéré comme un devoir important, voire comme une vocation. Il y a bien eu sécularisation mais elle est restée interne à la valeur travail. C'est celle qui nous a fait passer de la conception du travail comme devoir religieux à une vision du travail comme devoir séculier.»[17]

Outre ces trois dimensions (le travail comme devoir, la dimension instrumentale du travail, la dimension expressive du travail), nous avons choisi comme facteurs susceptibles de jouer un rôle dans les différentes perceptions du travail le niveau de «richesse» par habitant mesuré par le PIB et le taux de chômage. Nos travaux, s'ils ont visé à proposer des explications des différences constatées en Europe en matière d'importance accordée au travail, notamment en analysant des corrélations et en proposant des analyses multivariées, ne prétendaient pas proposer une explication, en dernier ressort, qui aurait nécessité un modèle très sophistiqué.

Quelques résultats

Deux premiers résultats émergent de ces travaux: la corrélation négative, repérée au niveau européen, entre importance accordée au travail et niveau de PIB n'est pas de mise pour la France qui, quoique riche, accorde une grande importance au travail. En revanche, la corrélation positive entre taux de chômage et importance accordée au travail fonctionne pour tous les pays européens, y

16 D'Epinay 1994, p. 58–59.
17 Willaime 2003, p. 83.

compris la France: dans les pays qui doivent faire face à un chômage de masse, les habitants considèrent plus souvent le travail comme «très important». Dès lors, la spécificité française s'expliquerait en partie par les taux de chômage très élevés constatés depuis les années 1980 en France, ce qui est confirmé par l'enquête la plus approfondie menée en France sur le rapport au travail par Christian Baudelot et Michel Gollac qui avaient mis en évidence le lien entre le fait d'être au chômage et l'importance accordée au travail.[18] Néanmoins, cette explication n'épuise pas la spécificité française et d'autres raisons doivent être convoquées.[19]

Dès lors, nous avons passé en revue l'effet relatif ou encore l'importance relative accordée aux trois dimensions du travail: le travail comme devoir, le travail comme moyen permettant d'acquérir un revenu ou de la sécurité de l'emploi et le travail comme vecteur de réalisation et d'expression de soi.

Selon nos résultats, le sentiment que le travail est un devoir à accomplir est, selon les enquêtes considérées, encore largement en vigueur et serait partagé par plus de la moitié des Européens. Mais la population française ne semble pas plus sensible à l'éthique du travail que ses voisins anglo-saxons par exemple, même si la version 2008 de l'enquête EVS montre une remarquable remontée de cet item, 73% des Français déclarant que «le travail est un devoir vis-à-vis de la société» contre 56% en 1999.[20] Mais l'on ne dispose pas des résultats des EVS 2008 pour les autres pays, ce qui ne permet pas de voir si cette augmentation est spécifiquement française ou partagée par l'ensemble des pays européens. Les Français ne semblent pas non plus accorder une importance radicalement différente de celle des autres Européens au salaire ou à la sécurité de l'emploi, considérés le plus souvent comme des signes d'un attachement particulier à la dimension instrumentale du travail. Pour près de 30% des Français, le travail est en effet juste un moyen de gagner sa vie, ce qui les place au-dessus des Danois et des Suédois mais en dessous de tous les autres. 60% des Français continueraient à travailler même s'ils n'avaient pas besoin d'argent. La valeur instrumentale du travail n'est ni plus ni moins développée que dans des pays comparables comme l'Allemagne.

Les Français se distinguent en revanche par l'importance qu'ils accordent à l'intérêt intrinsèque de l'emploi: d'après l'ISSP, près de 65% de la population déclare cet aspect «très important» en 1997 et de nouveau en 2005. Cette proportion est moins élevée dans la plupart des autres pays européens. Les Français sont également beaucoup plus nombreux que les Suédois et les Britanniques à estimer que le développement de leurs capacités passe par un travail selon l'EVS: plus de la moitié des Français sont «tout à fait d'accord»

18 Baudelot/Gollac 2003.
19 Davoine/Méda 2008.
20 Tchernia 2009.

avec l'idée que le travail est nécessaire pour développer pleinement ses capacités, c'est le score le plus élevé d'Europe en 1999 et, en 2008, ils sont 78%, ce qui constitue (comme pour l'éthique du devoir) une augmentation extrêmement forte, d'ailleurs particulièrement marquée pour les indépendants et les ouvriers.[21] Ils étaient moins de 20% à partager cette opinion en Grande-Bretagne, en Suède et en Finlande en 1999. Pour les Français, le travail apparaît comme très important, et nécessaire pour pouvoir se développer et s'épanouir. Que recouvre l'intérêt intrinsèque du travail? Dans certaines enquêtes, il comprend la dimension expressive du travail (le fait de pouvoir exprimer sa personnalité dans son travail) et la dimension sociale (avoir des contacts, participer à une équipe, connaître une bonne ambiance). Dans d'autres enquêtes, ces dimensions sont distinctes. Notons que, dans l'EVS 2008, les Français plébiscitent trois traits principaux du travail: l'ambiance de travail (61%), le fait de bien gagner sa vie (60%), l'intérêt intrinsèque du travail («ce que l'on fait est intéressant») (56%).[22] Les entretiens approfondis apportent sur ces premiers résultats des informations essentielles.[23] D'une part, ils conduisent à relativiser la spécificité française: en effet, la singularité française qui se dégageait de l'étude des seules données issues des enquêtes internationales n'apparaît plus lorsque l'on considère les entretiens qualitatifs. Car l'ampleur des attentes pesant sur le travail, notamment en matière expressive et sociale, est partagée par l'ensemble des pays concernés. Notons cependant que les six pays où ont été menés les entretiens sont représentatifs des modèles continentaux et méditerranéens, affichant tous de hauts scores en matière d'importance accordée au travail. On aurait donc la confirmation non pas d'une spécificité française mais d'une spécificité des modèles continentaux et méditerranéens en matière de rapport au travail. L'importance accordée au travail pourrait être interprétée comme le signe de l'importance accordée à la possession d'un emploi dans des pays où la protection sociale est étroitement liée à l'emploi.[24] Par ailleurs, les entretiens remettent en cause, d'une part, le caractère chronologique des différentes phases proposées par Inglehart, ensuite, la stricte distinction entre dimension instrumentale et dimension expressive du travail. En effet, si les dimensions expressives ou postmatérialistes du travail sont partout plébiscitées, elles n'effacent pas les dimensions instrumentales qui se situent à un niveau élevé dans les attentes des individus: contrairement à ce qu'indique parfois Inglehart, on ne se trouverait pas dans un schéma où les dimensions postmatérialistes se substitueraient aux dimensions instrumentales, mais où celles-ci coexisteraient à un niveau élevé. Par ailleurs, la sécurité de l'emploi et

---

21 Ibid.
22 Gonthier 2009.
23 Bureau/Davoine/Delay/Méda 2008; Vendramin 2010.
24 Esping-Andersen 1999; Paugam 2000.

surtout le salaire ne sont pas considérés, par les individus interrogés, comme des éléments appartenant à la dimension instrumentale du travail, mais ils recouvrent tout autant des dimensions symboliques: la stabilité de l'emploi et le montant du salaire sont clairement des éléments constitutifs de la reconnaissance au travail. Enfin, d'autres éléments apparaissent, comme l'importance accordée à la petite équipe de travail, ou les rapports avec les collègues et les supérieurs, qui sont difficilement classables dans l'une ou l'autre des dimensions instrumentales ou expressives.

Des attentes déçues

Si les Français sont les plus nombreux à déclarer que le travail est «important» ou «très important», ils sont également les plus nombreux à souhaiter voir le travail occuper moins de place. Près de la moitié des Britanniques, des Belges et des Suédois souhaiteraient que le travail prenne moins de place dans leur vie. Cette proportion atteint 65% en France. Comment s'explique un tel paradoxe? D'abord, il est possible qu'il y ait moins un paradoxe qu'un effet grossi des débats publics de l'époque. 1999, date de ces résultats, est en effet l'année où les discussions sur la réduction du temps de travail battaient leur plein en France. Mais les enquêtes les plus récentes dont on dispose, par exemple la vague de l'International Social Survey Programme de 2005, précisément consacrée au travail, montrent qu'une part importante des Français continue, malgré un changement d'époque et de «mode» vis-à-vis du temps de travail, à désirer réduire le temps consacré au travail (37%), même si une petite partie souhaite aussi augmenter le temps consacré à celui-ci (17%).

Deux grands types d'explications sont susceptibles d'éclairer ce paradoxe. Le premier insiste sur les dysfonctionnements propres à la sphère du travail: les individus, dotés d'attentes très fortes vis-à-vis du travail, verraient celles-ci déçues en raison de l'incapacité de la sphère du travail à les combler et de mauvaises conditions d'exercice du travail. Le second fait intervenir les autres sphères de réalisation ou d'expression de soi, les autres sources d'identité. La résolution du paradoxe s'expliquerait moins (ou autant) par l'insatisfaction issue de la sphère du travail que par la trop grande emprise du travail et son empiètement sur d'autres sphères jugées importantes, par le trop faible espace-temps laissé par le travail à ces autres activités et par les modalités défectueuses d'articulation entre les différentes sphères.

C'est en effet en France que les relations avec la direction sont les plus mauvaises: 52% des salariés français estiment que leur relation avec la direction est «bonne», alors que cette proportion atteint plus de 60% dans tous les autres pays de l'UE 15 et près de 80% en Allemagne, en Irlande et au Portugal selon l'ISSP. Plus généralement, la France apparaît mal placée, en Europe, du point de vue de la perception par les salariés de leurs conditions de travail, de la sécurité de l'emploi et des aspects matériels de leur travail. Il en résulte une forte insatisfaction qui pourrait être à l'origine, pour une partie de la population, d'un certain retrait vis-à-vis de la sphère du travail.[25] Par ailleurs, la France se distingue par une proportion de travailleurs qui se déclarent soumis au stress plus importante qu'ailleurs. Les Français sont aussi ceux qui se sentent le plus souvent épuisés après le travail. La France se distingue également par un sentiment de déclassement beaucoup plus affirmé que dans d'autres pays: plus de 4 Français sur 10 estiment que leur qualification leur permettrait d'effectuer un travail plus exigeant d'après l'enquête européenne sur les conditions de travail.[26] Si les salariés français se plaignent du stress et de la mauvaise qualité des relations sociales, ils se disent aussi mécontents de leur salaire: selon l'ISSP, seuls 15% estiment que leur revenu est élevé, ce qui place la France en dernière position avec le Portugal. Une enquête française récente vient de confirmer ces résultats: en 2007, le salaire était la première source d'insatisfaction vis-à-vis de l'emploi pour les salariés français.[27]

Ces explications sont principalement «négatives». Mais la prise en considération des attentes que les Européens, et plus encore les Français, portent sur d'autres domaines ou d'autres sphères de vie que le travail montre qu'il est nécessaire de faire place à d'autres types d'explications. Ce que toutes les enquêtes européennes et françaises mettent en effet en évidence, depuis plusieurs années, c'est la force des attentes, souvent insatisfaites, qui sont placées sur la famille, particulièrement en France. Loin d'apparaître seulement comme un refuge, une «valeur» ou une activité d'autant plus appréciée que le travail serait décevant, «la famille» est au contraire comme un domaine d'investissement affectif et de réalisation de soi extrêmement attractif, susceptible non seulement d'être affecté par ce qui se passe au sein de la sphère du travail mais aussi d'affecter la vie de travail, et comme une activité extrêmement consommatrice de temps qui entre directement en concurrence avec le travail, particulièrement pour les femmes.

En effet, quand on demande aux personnes si elles aimeraient consacrer plus, moins ou autant de temps à un certain nombre d'activités (le travail, les loisirs, la famille…), les Européens citent la famille en premier: plus de 60% des personnes voudraient y consacrer plus de temps (alors que 20% seulement des personnes voudraient consacrer plus de temps au travail). Ce désir est particulièrement vif en France, puisque 75% des Français souhaiteraient accorder plus de temps à leur famille. Pour les Français interrogés dans l'EVS, la famille est citée comme «très importante» et «importante» par 88% des personnes interrogées en 1999

25 Garner/Méda/Senik 2005; Amossé/Chardon 2005.
26 Davoine/Méda, 2008.
27 Charnoz/Gollac, 2009.

(contre 66% pour le travail). En souhaitant réduire la place que le travail occupe dans leur vie, les Français n'expriment donc pas un désinvestissement du travail mais le souhait que la place prise par le travail leur permette d'assurer leurs autres investissements dans des activités consommatrices de temps comme la famille. L'existence d'une charge de famille ou d'une famille constituée comme pôle d'intérêt, d'investissement et de dépenses, apparaît bien comme un facteur explicatif majeur de la relativisation de la place accordée au travail au regard d'autres activités.[28] Ce qui préoccupe avant tout les Français et ce dont ils sont mécontents, c'est que le travail déborde sur le reste de leur vie. Alors qu'un quart des Européens s'inquiètent «souvent» ou «toujours» de problèmes professionnels en dehors du travail, c'est le cas de 44% des travailleurs français. Ils sont aussi particulièrement nombreux à estimer qu'ils sont trop fatigués en rentrant du travail pour apprécier les choses qu'ils aimeraient faire à la maison.

Dès lors, le souhait de voir le travail prendre moins de place ne peut en aucun cas être interprété comme le signe d'un désir de loisirs ou d'une inappétence pour le travail. Il s'agit bien plutôt de l'expression d'un dysfonctionnement de la sphère du travail assez spécifique à la France (dégradation des conditions de travail et sentiment d'insécurité de l'emploi) ainsi que l'expression d'un désir positif de mieux concilier vie professionnelle et vie familiale. Ce dernier s'inscrit dans un contexte de montée ininterrompue de l'activité des femmes et d'insuffisance des politiques publiques et d'entreprise permettant aux individus de s'engager également dans les différentes sphères de vie auxquelles ils attachent de l'importance et qui constituent pour eux autant de modalités diverses de leur réalisation.[29]

Pouvons-nous rendre le travail adéquat aux attentes qui pèsent sur lui?

Les attentes qui pèsent sur le travail, notamment en France, sont, on l'a vu, à la fois de nature expressive et instrumentale. Un «bon» travail, ce serait un travail réalisé dans une bonne ambiance, donnant un salaire satisfaisant et étant intéressant. Les entretiens permettent de comprendre le caractère nettement expressif de ces attentes: il s'agit à la fois de s'exprimer personnellement dans son travail mais aussi de s'exprimer en quelque sorte «collectivement», au point qu'ici le fameux texte de Marx dans les *Manuscrits de 1844* doit être cité complètement, tant il apparaît aujourd'hui comme emblématique des attentes qui portent sur le travail: «Supposons, écrit Marx, que nous produisions comme des êtres humains: chacun de nous s'affirmerait doublement dans sa production, soi-même et l'autre. 1. Dans ma production, je réaliserais mon

28 Garner/Méda/Senik 2005.
29 Méda 2001; Méda 2004.

individualité, ma particularité; j'éprouverais, en travaillant, la jouissance d'une manifestation individuelle de ma vie, et dans la contemplation de l'objet, j'aurais la joie individuelle de reconnaître ma personnalité comme une puissance réelle, concrètement saisissable et échappant à tout doute 2. Dans ta jouissance ou ton emploi de mon produit, j'aurais la joie spirituelle immédiate de satisfaire par mon travail un besoin humain, de réaliser la nature humaine et de fournir au besoin d'un autre l'objet de sa nécessité 3. J'aurais conscience de servir de médiateur entre toi et le genre humain, d'être reconnu et ressenti par toi comme un complément à ton propre être et comme une partie nécessaire de toi-même, d'être accepté dans ton esprit comme dans ton amour. 4. J'aurais, dans mes manifestations individuelles, la joie de créer la manifestation de ta vie, c'est-à-dire de réaliser et d'affirmer dans mon activité individuelle ma vraie nature, ma sociabilité humaine. Nos productions seraient autant de miroirs où nos êtres rayonneraient l'un vers l'autre.»[30]

Comme on le voit, il s'agit à la fois d'exprimer son individualité au sens de sa particularité mais également de jouir de ce qui est commun aux différents individus qui produisent. Le travail apparaît ici comme le produit, – qui prend la forme de l'œuvre –, à la fois d'un individu et d'un collectif, les «producteurs associés». Marx parle aussi de «premier besoin vital» s'agissant du travail. Il importe, pour comprendre si les attentes qui pèsent sur le travail aujourd'hui sont ou non réalisables, de s'intéresser aux conditions que Marx avait mises à la possibilité que le travail devienne un jour «premier besoin vital» et au statut de cette définition du travail comme activité permettant l'expression de soi. Une telle définition fait-elle partie, de toute éternité, du concept de travail? S'agit-il d'une dimension en quelque sorte projetée sur la réalité du travail, d'une illusion? Quelles seraient les conditions concrètes pour que la réalité du travail corresponde aux attentes qui pèsent sur lui. Il nous faut, pour répondre à cette question, revenir à la définition du travail et opérer une généalogie du concept.

Retour sur l'histoire longue du travail

Le fait que nous soyons aujourd'hui au plus au point des sociétés fondées sur le travail est le résultat d'une histoire et d'une construction, et non un fait de nature.[31] Nous vivons avec une idée «moderne» du travail qui s'est construite au cours des trois derniers siècles, chacun rajoutant une «couche» de signification différente

---

30 Marx (1844), Economie et Philosophie, Notes de lecture, § 22, in Œuvres, Economie. Tome II, p. 33, La Pléiade, Gallimard, 1979.

31 Cette partie du texte reprend les idées développées en 1995 dans Le Travail, une valeur en voie de disparition et dans plusieurs articles dont «La fin de la valeur travail?», Esprit, N° 8, 1995, dans «Le plein emploi de qualité, une figure du bien commun?», L'Economie politique, septembre 2000, et dans Centralité du travail, plein emploi de qualité et développement humain, Cités, 2000.

des précédentes. Il n'y a pas une catégorie de travail, une essence du travail qui aurait perduré identiquement au travers des siècles imperturbablement dotée des mêmes significations, et aucun concept n'a plus varié à travers l'histoire, sauf à ne le penser que comme la simple présence «opposante» de l'homme dans le monde. Il faudra attendre le XIXᵉ siècle pour voir le travail chargé des multiples fonctions que lui assigne, par exemple, Marie Jahoda.[32] Le travail, outre sa fonction manifeste – apporter un revenu –, remplirait selon cet auteur cinq fonctions indispensables: «Il impose une structure temporelle de la vie; il crée des contacts sociaux en dehors de la famille; il donne des buts dépassant les visées propres; il définit l'identité sociale et il force à l'action.» Il faudra aussi attendre cette époque pour que se développe l'idée que le travail constitue pour l'homme l'une des plus hautes formes d'expression. Il ne s'agit pas de soutenir que le travail n'aurait pas existé à un moment puis aurait brutalement fait son apparition, mais bien plutôt que, si les hommes ont toujours dû se confronter à la nature pour survivre et ont toujours transformé leurs conditions de vie, ces activités, d'une part, n'ont pas toujours été rassemblées sous une catégorie unique et, d'autre part, n'étaient pas au fondement de l'ordre social. Comprendre le concept de travail comme le résultat d'une construction, mais aussi d'une certaine illusion, devrait nous permettre, aujourd'hui, non seulement de le reconnaître comme un bien premier fondamental, auquel tout individu doit avoir accès, mais aussi de comprendre qu'il ne peut pas épuiser l'ensemble des manières pour l'être humain de s'exprimer ou de mettre le monde en valeur.

L'invention des sociétés fondées sur le travail
Nombreux sont les textes anthropologiques et ethnologiques se rapportant aux modes de vie des sociétés pré-économiques qui mettent en évidence l'impossibilité de trouver une signification identique au terme de travail employé par les différentes sociétés étudiées, «certaines d'entre elles n'ayant pas même de mot précis pour distinguer les activités productives des autres comportements humains et ne disposant d'aucun terme ou notion qui synthétiserait l'idée de travail en général».[33] Certaines sociétés ont une conception très extensive du travail, d'autres ne désignent par ce terme que les activités non productives. De manière générale, la recherche de moyens permettant la subsistance et la satisfaction des besoins ne s'inscrit pas dans un processus indéfini tendant à une abondance jamais atteinte mais n'occupe au contraire qu'une petite partie du temps et des intérêts des peuples considérés. D'autre part, on ne trouve nulle part, liées dans un même et unique concept, l'ensemble des notions et des

---

32 Jahoda 1983, 1984.
33 Chamoux 2004.

significations auxquelles notre idée de travail renvoie (peine, transformation de la nature, création de valeur…). «Le travail n'est pas une catégorie réelle de l'économie tribale.»[34]

Ce «constat» est partagé en tous points par les recherches dont nous disposons sur l'époque grecque archaïque et classique. Comme l'explicite Vernant: on trouve en Grèce des métiers, des activités, des tâches, on chercherait en vain «le travail». Les activités sont, au contraire, classées dans des catégories irréductiblement diverses et traversées par des distinctions qui interdisent de considérer le travail comme une fonction unique. La plus importante concerne la différence entre les tâches rassemblées sous le terme de *ponos*, activités pénibles, exigeant un effort et un contact avec les éléments matériels, donc dégradant, et celles qui sont identifiées comme *ergon*, œuvre, qui consiste en l'imposition d'une forme à une matière. Dans la Grèce archaïque, la hiérarchie des activités s'ordonne selon le plus ou moins grand degré de dépendance par rapport aux autres qu'elles impliquent: en bas de l'échelle, l'activité des esclaves et du thète, ensuite celle des artisans et des mendiants (qui appartiennent à la même catégorie, celle où l'on ne vit que de la commande ou de la rétribution d'autrui). Les activités commerciales sont également condamnées: les activités qu'on appellerait aujourd'hui laborieuses – même si, rappelons-le, elles ne sont pas, à l'époque, rassemblées sous le même concept – ne sont pas méprisées en elles-mêmes mais en raison de la servitude à autrui qu'elles entraînent.

A la question de savoir si l'artisan (qui n'est pas un esclave – instrument animé – mais un homme et qui exerce un *ergon* et non un *ponos*) peut être un citoyen, Aristote répond clairement par la négative: esclaves et artisans sont soumis à la nécessité, sont astreints à la reproduction des conditions matérielles de vie et surtout à autrui et donc ne disposent pas de la liberté nécessaire pour participer à la détermination du bien-être de la cité. Mais surtout, les Grecs sont infiniment éloignés de ce que nos siècles modernes ont inventé»: la production, l'ajout de valeur, la transformation de la nature…

Tout au long de la domination de l'Empire romain, et jusqu'à la fin du Moyen Age, la représentation de ce que nous appellerons plus tard *le travail* ne connaîtra pas de bouleversement majeur. La classification des activités telle qu'elle est présentée par Cicéron, puis la classification médiévale des arts reprendront les distinctions que nous avons vu à l'œuvre chez les Grecs. Au risque de simplifier considérablement, on peut sans doute dire que, tant que les représentations philosophiques et religieuses sont restées ce qu'elles furent jusqu'au XVIIe siècle (surdétermination de l'au-delà, mépris pour le terrestre et le mouvant en faveur de l'immobile et de l'éternel, mépris du gain, de l'accumulation et du commerce,

---

34 Sahlin 1976.

faible valorisation accordée aux activités humaines…), le travail ne pouvait ni être valorisé ni émerger comme une catégorie homogène rassemblant diverses activités sous un unique concept. Au contraire, «l'invention du travail», qui signifie tout à la fois que l'article défini peut enfin être utilisé (*Le* travail), que la catégorie trouve son unité et le concept son utilité, va s'opérer au cours du XVIIIe et du XIXe siècle, en trois temps, trois époques, chacune venant ajouter une couche de signification supplémentaire, sans jamais se substituer aux précédentes.

Le travail, facteur de production

Le XVIIIe siècle est clairement celui où le terme de travail trouve son unité. Il va devenir possible de dire «le» travail à partir du moment où un certain nombre d'activités, qui étaient jusque-là régies par des logiques irréductiblement diversifiées, vont devenir suffisamment homogènes pour pouvoir être rassemblées sous un seul terme. A bien lire Smith,[35] et ses contemporains ou ses disciples, le travail, c'est une unité de mesure, un cadre d'homogénéisation des efforts, un instrument permettant de rendre différentes marchandises et différentes actions comparables. Son essence, c'est le temps. La notion de travail trouve son unité, mais au prix de son contenu concret: le travail est construit, instrumental, abstrait. Instrument de la comparabilité de toute chose, le travail devient en même temps, dans la philosophie smithienne, le fondement et le ciment de l'ordre et du lien social: dans une société qui doit être tout entière tendue vers la recherche de l'abondance, le rapport qui lie les individus est fondamentalement celui de la contribution des individus à la production, et de la rétribution, dont le travail est la mesure.

Mais même s'il devient le fondement de l'ordre social, le travail n'est pourtant en aucune manière «valorisé», «glorifié». Il reste chez Smith et ses contemporains synonyme de peine, d'effort, de sacrifice, comme Marx le reprochera plus tard à Smith. Le XVIIIe siècle voit donc l'invention du concept de travail comme «ce qui produit de la richesse» ou, comme on dirait aujourd'hui, «facteur de production».

Le travail, essence de l'homme

Sur ce premier niveau, le XIXe siècle ajoute une dimension essentielle. Le mouvement qui consiste à transformer le monde, à le civiliser et à l'humaniser, et simultanément qui transforme l'individu en lui permettant de mettre au jour ses potentialités, de les extérioriser, ce que les Allemands de l'époque appelleront culture *(Bildung)* et qui, un jour, ne s'appellera plus que travail, c'est là l'invention

---

35 Smith 1991.

propre au XIXe siècle. Que ce mouvement soit celui de l'Esprit, de Dieu ou de l'Homme, c'est lui dans tous les cas qui mène la tâche d'humanisation du monde. C'est à ce même moment, à l'époque même où se développent des conditions de travail inhumaines et où fleurissent les discours sur le paupérisme que se met en place une véritable idéologie du travail. Celui-ci apparaît à la fois comme une véritable liberté-créatrice, le symbole de l'activité humaine, dont l'exercice complet est entravé par les conditions d'organisation de la production mais qui, un jour, permettra la création d'un ordre social plus juste fondé sur l'apport de chacun à la production (un ordre des capacités), et comme le moyen d'une véritable œuvre collective.

Le travail devient synonyme d'œuvre (dans l'objet que je fabrique, je mets quelque chose de moi-même, je m'exprime par son intermédiaire) et est simultanément œuvre collective (en m'exprimant, je livre en même temps une image de moi-même aux autres). Comme l'indique Marx, lorsque le travail ne sera plus aliéné et lorsque nous produirons de manière libre, alors nous n'aurons plus besoin du médium de l'argent, les biens ou les services que nous produirons nous dévoilerons les uns aux autres tels qu'en nous-mêmes: «Supposons, écrit Marx, que nous produisions comme des êtres humains [...]. Nos productions seraient autant de miroirs où nos êtres rayonneraient l'un vers l'autre.»[36] Il y a là une indication très importante sur la société imaginée par le XIXe siècle et en particulier par Marx: la production et, par conséquent, le travail sont rêvés comme le lieu central où s'opère l'alchimie du lien social dans une philosophie de l'inter-expression et de la reconnaissance. Marx réussit à faire la synthèse de l'économie politique anglaise et de la philosophie allemande de l'expression, et s'inscrit dans une philosophie de l'humanisation: ce n'est plus seulement l'abondance matérielle que poursuit l'humanité, mais l'humanisation, la civilisation du monde. Dès lors, on peut sans doute soutenir que sur la sphère de la production se sont fixées soudainement toutes les attentes et toutes les énergies utopiques: d'elle viendra non seulement l'amélioration des conditions de vie matérielles mais aussi la pleine réalisation de soi et de la société. Parallèlement, chez Marx, comme chez Proudhon, L. Blanc et l'ensemble de la pensée socialiste mais aussi libérale, le travail est devenu synonyme d'activité humaine pleinement humaine: l'activité propre de l'homme s'appelle travail et le travail est l'activité fondamentalement humaine.

Cependant, Marx demeure cohérent: il sait fort bien que le travail n'est pas encore cette liberté créatrice ou du moins qu'il ne l'est qu'en soi, pas encore en réalité. Il ne deviendra tel, premier besoin vital, que lorsque nous produirons librement, c'est-à-dire lorsque le salariat aura été aboli et que l'abondance aura

36 Marx 1979.

été atteinte. Alors, le travail ne sera plus peine, souffrance ou sacrifice, mais pure réalisation de soi, pleine puissance d'expression; alors seulement, il n'y aura plus de différence entre travail et loisir.

Le travail, système de distribution des revenus, des droits et des protections

La troisième étape a été théorisée dans le discours social-démocrate allemand, qui consiste à récupérer l'héritage socialiste (la croyance dans le caractère en soi épanouissant du travail et dans la nécessaire poursuite de l'abondance) en transformant profondément son enseignement. Au lieu de supprimer le rapport salarial, le discours et la pratique social-démocrates vont au contraire faire du salaire le canal par où se répandront les richesses et par le biais duquel un ordre social plus juste (fondé sur le travail et les capacités) et véritablement collectif (les «producteurs associés») se mettra progressivement en place.[37] Dès lors, l'Etat se voit confier une double tâche: être le garant de la croissance et promouvoir le plein emploi, c'est-à-dire donner la possibilité à tous d'avoir accès aux richesses ainsi continûment produites.

Mais la contradiction par rapport à la pensée de Marx est complète car le discours social-démocrate soutient que le travail va devenir épanouissant alors même que c'est d'abord par le biais de l'augmentation des salaires et de la consommation qu'il en sera ainsi. Comme l'écrit Habermas, «le citoyen est dédommagé pour la pénibilité qui reste, quoi qu'il en soit, attachée au statut de salarié, même s'il est plus confortable; il est dédommagé par des droits dans son rôle d'usager des bureaucraties mises en place par l'Etat-providence, et par du pouvoir d'achat, dans son rôle de consommateur de marchandises. Le levier permettant de pacifier l'antagonisme de classes reste donc la neutralisation de la matière à conflit que continue de receler le travail salarié.»[38]

Autrement dit, la social-démocratie qui, entendue dans ce sens, nous inspire encore, se fonde sur une profonde contradiction, dans la mesure où elle pense le travail à la fois comme la modalité essentielle de l'épanouissement humain, individuel et collectif, mais sans plus se donner les moyens d'en faire une œuvre (car le travail reste hétéronome, exercé en vue d'autre chose) et surtout pas une œuvre collective où le travail serait le lieu d'une véritable coopération. Elle opère de ce fait une confusion majeure entre les deux conceptions du travail que la pensée socialiste avait toujours pris soin de distinguer: le travail réel, aliéné et dont la lutte politique doit réduire le temps, et le travail libéré, qui deviendra un jour le premier besoin vital, mais en changeant totalement de sens.

Nous vivons donc aujourd'hui avec un concept du travail qui est le produit

37 Castel 1995.
38 Habermas 1990.

de la juxtaposition et de l'assemblage non repensés de ces trois dimensions du travail: le travail comme facteur de production, comme essence de l'homme et comme système de distribution des revenus, des droits et des protections. Les contradictions entre ces trois définitions sont légion. Cet héritage non «retravaillé» explique que nous ne parvenions pas à nous accorder sur une définition simple du travail, ni à choisir entre une définition «extensive»: le travail comme activité qui permet à l'homme, outre d'obtenir un revenu, de transformer le monde, d'avoir des contacts avec l'extérieur, d'entrer dans des communautés autres que familiales, de s'exprimer... et une définition plus «réduite»: le travail comme participation rémunérée à la production de biens et de services.

(Le travail peut-il devenir œuvre?

Le XIXe siècle a construit le mythe du travail épanouissant et de la possible libération du travail aliéné. Il a rêvé d'une société où le travail deviendrait œuvre, premier besoin vital, et a dirigé toutes les énergies utopiques de l'époque vers la sphère de la production: «Dans la mesure où la forme de ce travail abstrait a déployé une force qui a pu tout imprégner, et qui a pénétré tous les domaines, les attentes étaient conduites à se porter elles aussi vers la sphère de la production, ou pour le dire d'une formule, à vouloir que le travail s'émancipe de ce qui l'aliénait.»[39] Le travail est devenu, au cours du XXe siècle, non seulement le moyen de gagner sa vie, d'avoir une place dans la société, une utilité et une reconnaissance, mais aussi la principale arène où s'opère la compétition entre individus, le principal moyen d'expression de sa singularité, le lieu du lien social et de l'épanouissement personnel, une fin en soi.

C'est évidemment ce qui explique le caractère éminemment tragique de l'absence de travail. Dans une société qui a fait du travail sa norme et son mythe, la source du revenu, de l'identité et du contact des individus, comment ne pas être convaincu que l'absence de travail équivaut à une sorte de mort sociale qui se traduit non seulement par une baisse du revenu disponible mais aussi par le sentiment de son inutilité sociale, de son incapacité, par le désœuvrement, par l'absence d'estime de soi. Il ne peut en aller autrement dans une société qui a autant chargé «la barque du travail», qui a assigné au travail des fonctions individuelles et sociales aussi nombreuses – et, nous l'avons dit, aussi contradictoires. La vraie question est bien de savoir si le travail est capable d'assurer l'ensemble de ces fonctions ou s'il ne s'agit là que d'une illusion. Illusion qu'ont tenté de dénoncer un certain nombre de courants critiques à l'égard du travail développés depuis une cinquantaine d'années, pointant le risque de voir nos sociétés devenir

---

39 Ibid.

exclusivement des sociétés fondées sur le travail, c'est-à-dire de ne penser tout rapport au monde, à soi et aux autres que sous la forme du travail.

Ce risque est évidemment celui de voir la mise en valeur du monde et le développement humain (des sociétés et des individus qui les composent) réduits à la seule production. Or, le travail et la production ne peuvent pas être les seuls lieux d'expression de soi, de participation à la décision politique, ni épuiser l'ensemble des relations que les individus nouent entre eux ou des actions qu'ils développent. A côté de la production, font partie de la vie individuelle et sociale – et du bien-être individuel et social – ce qu'Habermas appelait l'interaction, l'ensemble des relations et des actions développées dans la sphère amoureuse, amicale, familiale, l'ensemble des actions qui visent à participer à la détermination des conditions de vie commune, à se développer librement, à éduquer, etc. et dont les finalités doivent absolument se démarquer des logiques «productivistes» à l'œuvre dans le travail.

D'un point de vue normatif, gouverné par l'idée qu'une «bonne société» est celle qui permet à chaque individu d'accéder à la gamme entière des activités nécessaires au bien-être individuel et social, on doit donc mettre au centre des réflexions la possibilité d'une pluralité d'activités humaines, dont le travail: une telle réflexion devrait prendre appui sur une philosophie de l'activité, partant de l'activité humaine comme genre qui admet des espèces irréductiblement différentes: l'activité de production – le travail –, qui permet à chacun de participer à la production rémunérée de biens et de services, d'avoir une place dans la société, d'obtenir un certain type d'utilité et de reconnaissance sociale; l'activité politique, qui permet (ou devrait permettre) à chacun de participer à la discussion, à l'élection, au débat, au choix des conditions de vie communes; l'activité amicale, amoureuse, parentale, familiale, qui permet de développer des types de liens et des actions qui n'ont rien à voir avec le travail; les activités personnelles visant à se former ou à se développer librement…; l'idéal d'une bonne société étant de garantir à chaque individu l'accès à la gamme entière de ces activités, toutes nécessaires au bien-être individuel et social. Une telle réflexion concorde avec l'adoption d'une définition «restrictive» du travail comme «participation à la production de biens et de services», certes instrumentale et plus réduite que les définitions traditionnelles mais qui permet précisément d'éviter la contamination des autres domaines par la logique économiciste qui gît au fond du travail et de préserver la pluralité de finalités contenue dans la diversité des activités humaines.

Un tel raisonnement ne va d'ailleurs pas à l'encontre d'une conception du travail où celui-ci pourrait en effet devenir «œuvre». Que le travail ait pour vocation d'occuper toute la place disponible et de subsumer sous son concept l'ensemble des activités humaines (mais alors il faudrait faire de nombreuses distinctions au sein du genre de travail: travail scolaire, travail familial, travail rémunéré, etc.) ou qu'il doive n'occuper qu'une partie de l'espace individuel et social, peut-il devenir œuvre? Est-il possible de satisfaire les attentes expressives qui pèsent sur lui? Avant de répondre à cette question, il nous faut revenir sur les hésitations de Marx.

Le travail peut-il devenir «premier besoin vital»?

Dans les *Manuscrits de 1844*, Marx indique que le travail deviendra premier besoin vital, pure autoproduction et se confondra d'une certaine manière avec le loisir (et qu'il ne peut donc s'agir de réduire sa place). Le *Capital III* présente, on le sait, une autre version, Marx indiquant qu'il faut rééquilibrer les places relatives occupées par le temps de travail et le temps libre, le travail continuant à relever de l'empire de la nécessité: «Le règne de la liberté commence seulement à partir du moment où cesse le travail dicté par la nécessité et les fins extérieures; il se situe donc, par sa nature même, au-delà de la sphère de la production matérielle proprement dite […]. Dans ce domaine, la liberté ne peut consister qu'en ceci: les producteurs associés – l'homme socialisé – règlent de manière rationnelle leurs échanges organiques avec la nature et les soumettent à leur contrôle commun au lieu d'être dominés par la puissance aveugle de ces échanges; et ils les accomplissent en dépensant le moins d'énergie possible, dans les conditions les plus dignes, les plus conformes à leur nature humaine? Mais l'empire de la nécessité n'en subsiste pas moins. C'est au-delà que commence l'épanouissement de la puissance humaine qui est sa propre fin, le véritable règne de la liberté qui cependant ne peut fleurir qu'en se fondant sur le règne de la nécessité. La réduction du temps de travail est la condition fondamentale de cette libération.»[40]

Cette question n'a cessé d'agiter les débats politiques et intellectuels au long du XXᵉ siècle, et tout particulièrement les sociologues. On pense notamment aux nombreux textes de Friedmann consacrés à ce problème. La question principale me semble aujourd'hui être la suivante: le travail, étant donné la profondeur de la division du travail, le fait que la subordination soit la caractéristique du travail salarié et le fait que nous soyons en régime capitaliste, peut-il aujourd'hui être libéré? Peut-il, dans les conditions actuelles, permettre aux individus de s'exprimer, individuellement et collectivement, dans le travail, autrement que sous la forme de l'illusion et de l'aliénation. Les doutes d'un Friedmann ne sont-ils pas toujours plus d'actualité: «Nulle part mieux qu'au travail de l'homme contemporain ne s'applique le concept d'aliénation *(Entfremdung)* mis par

---

40 Marx 1979.

Hegel au cœur de son système et repris par Marx»?[41] Ne sommes-nous pas en réalité toujours plus profondément entraînés dans le processus de rationalisation qu'avait décrit Weber, emprisonnés dans la cage d'acier,[42] finissant par accepter, voire apprécier, puisque aucune autre configuration ne semble possible, un monde où le travail non seulement est nécessaire pour gagner sa vie, mais doit de surcroît pouvoir être vécu comme un des plus hauts moyens d'expression de l'individu ou présenté comme tel, même s'il n'en est rien?

Libérer le travail et/ou rendre le travail soutenable?

Il me semble que deux questions différentes se posent. D'abord, celle de savoir si nous pouvons, aujourd'hui, libérer le travail, de manière à le rendre conforme aux attentes qui pèsent sur lui. Le libérer, au sens de Marx, supposerait, semble-t-il, une sortie simultanée – ou au moins un très sérieux dépassement – de la division du travail actuelle (celle que *Le travail en miettes* incrimine déjà), du salariat (rappelons que le travail salarié se caractérise principalement par la subordination, et le fait d'être sous le contrôle et la direction d'autrui), et plus généralement du capitalisme (et pas seulement du capitalisme financier). Postone rappelle, dans son très important *Temps, travail et domination sociale*, que les conditions que Marx met à la libération du travail concernent moins le statut de la propriété que la capacité à ne plus être «une société où la marchandise est la forme générale du produit […] et où les hommes ne consomment pas ce qu'ils produisent mais produisent et échangent des marchandises en vue d'acquérir d'autres marchandises».[43] J'adopte son point de vue lorsqu'il explique que, contrairement à l'interprétation traditionnelle de Marx selon laquelle dépasser la contradiction fondamentale du capitalisme implique la réalisation manifeste de la centralité du travail dans la vie sociale, «pour Marx la centralité constitutive du travail dans la vie sociale caractérise le capitalisme et forme la base ultime de son mode de domination».[44] «Dans une telle analyse, l'abolition de la valeur entraînerait l'abolition des deux impératifs de la valorisation: la nécessité de toujours augmenter la productivité et la nécessité structurelle que du temps soit dépensé à la production. Cela permettrait à la fois un grand changement quantitatif dans l'organisation sociale du travail – c'est-à-dire une réduction massive du temps de travail à l'échelle de la société – et une transformation

---

41 Friedmann 1956, p. 234

42 «Le puritain voulait être un homme besogneux – et nous sommes forcés de l'être […]. Selon les vues de Baxter, le souci des biens extérieurs ne devait peser sur les épaules de ces saints qu'à la façon d'‹un léger manteau qu'à chaque instant on peut rejeter›. Mais la fatalité a transformé ce manteau en cage d'acier», L'Ethique protestante et l'éthique du capitalisme.

43 Postone 2009, p. 221.

44 Ibid., p. 529.

qualitative fondamentale de la structure de la production sociale et de la nature du travail individuel.»[45]

Postone propose ce faisant une synthèse convaincante entre la note 22 des *Manuscrits de 1844* et *Capital III:* le travail ne sera ni pur jeu, ni central, mais il sera une activité développée librement vis-à-vis de la domination mais pas de toutes les contraintes. Autrement dit encore, le travail libéré ne sera sans doute pas le lieu de la parfaite et totale expression de soi où «nos productions seraient autant de miroirs tendus l'un vers l'autre». Que l'on adopte cette vision (ou celle de *Capital III*), ou que l'on continue de penser que le travail libéré sera pure puissance d'expression, l'urgence est aujourd'hui de développer des conditions de travail les plus dignes possible. Ces dernières années ont été forgées successivement, puis opérationnalisées, les notions de travail décent,[46] de qualité de l'emploi,[47] de «travail soutenable».[48] Mais ces concepts n'ont pas été transformés en normes ni en objectifs politiques. Le développement de conditions de travail dignes – que Marx appelait de ses vœux en reconnaissant que la sphère de la production reste du domaine de la nécessité – apparaît aujourd'hui comme une exigence absolue. Mais ce simple objectif suppose aussi de grands changements: transformation de la définition de l'entreprise;[49] changement des méthodes de management; abandon de la poursuite exclusive de la maximisation du PIB.[50] Mettre le travail au centre, adopter un objectif de développement du travail décent et soutenable exige aussi, d'une certaine manière, une révolution.

Bibliographie

Amossé T., Chardon O. (2006): «Les travailleurs non qualifiés, une nouvelle classe sociale?», Economie et statistique 393–394.

Baudelot C., Gollac M. (2003): Travailler pour être heureux? Le bonheur et le travail en France. Paris, Fayard.

Bréchon P. (2002): «Les grandes enquêtes internationales (Eurobaromètres, Valeurs, ISSP): apports et limites», L'Année sociologique 52, (1), p. 105–130.

Bréchon P., Tchernia J. F. (dir.) (2009): La France à travers ses valeurs. Paris, Armand Colin.

Bureau M.-C., Davoine L., Delay B., Méda D. (2008): «Chapter 3, Report from France». In: Vendramin P. (éd.), Generational Approach to the Social Patterns

45 Ibid., p. 531.
46 BIT 1999; www.ilo.org/global/topics/decent-work/lang-en/index.htm
47 Commission européenne, 2001; Davoine/Erhel 2008.
48 Docherty/Kira/Shani 2002.
49 Méda 2010a; Méda 2010b; Ferreras 2007.
50 Méda 2008.

of Relation to Work, Changing Social Patterns of Relation to Work, Qualitative Approach Through Biographies and Group Interviews.

Castel R. (1996): Les métamorphoses de la question sociale. Paris, Fayard.

Charnoz P., Gillac M. (2009): «En 2007, le salaire était la première source d'insatisfaction vis-à-vis de l'emploi», Insee première 1270, p. 1–4.

Davoine L. (2007): La qualité de l'emploi: une perspective européenne. Thèse, Université Paris 1 Panthéon-Sorbonne.

Davoine L., Erhel C. (2007): La qualité de l'emploi en Europe: une approche comparative et dynamique (Document de travail 86), Noisy-le-Grand, Centre d'études de l'emploi.

Davoine L., Méda D. (2008): Place et sens du travail en Europe: une singularité française? (Document de travail 96-1). Paris, Centre d'études de l'emploi.

D'Iribarne P. (1989): La logique de l'honneur. Gestion des entreprises et traditions nationales. Paris, Le Seuil.

D'Iribarne P. (1991): «Culture et effet sociétal», Revue Française de Sociologie 32 (4), p. 599–614.

D'Iribarne P. (2006): L'étrangeté française. Paris, Le Seuil.

Docherty P., Kira M., Shani (Rami) A. B. (éd.) (2008): Creating Sustainable Work Systems. Emerging Perspectives and Practice. Londres, Routledge.

Esping-Andersen G. (1990): The Three Worlds of Welfare Capitalism. Princeton, Princeton University Press.

Friedmann G. (1956): Le travail en miettes. Paris, Gallimard.

Garner H., Méda D., Senik C. (2006): «La place du travail dans les identités», Economie et statistique 393–394, p. 21–39.

Garner H., Méda D., Senik C. (2005): «Conciliation entre vie professionnelle et vie familiale, les leçons des enquêtes auprès des ménages», Travail et emploi 102 (avril–juin), p. 57–67.

Giddens A. (1992): The Transformation of Intimacy. Sexuality, Love and Eroticism in Modern Societies. Cambridge, Polity Press.

Goldhorpe J. H., Lockwood D., Bechhofer F., Platt J. (1972): L'ouvrier de l'abondance. Paris, Le Seuil.

Gonthier F. (2009): «L'autonomie, secret de la satisfaction au travail?» In: P. Bréchon, J. F. Tchernia (dir.): La France à travers ses valeurs. Paris, Armand Colin.

Gorz A. (1988): Métamorphose du travail, quête du sens. Paris, Galilée.

Gorz A. (1997): Misères du présent, richesse du possible. Paris, Galilée.

Habermas J. (1990): «La crise de l'Etat-providence». In: Ecrits politiques. Paris, Cerf.

Hegel (1941): Phénoménologie de l'esprit, trad. J. Hyppolithe. Paris, Aubier.

Hegel (1982a): La philosophie de l'esprit de 1805. Paris, Presses Universitaires de France.

Hegel (1982b): Principes de la philosophie du droit. Paris, Vrin.

Inglehart R. (1971): «The Silent Revolution in Europe: Intergenerational Change in Post-Industrial Societies», The American Political Science Review 65 (4).

Inglehart R. (1990): Culture Shift in Advanced Industrial Society. Princeton, Princeton University Press.

Inglehart R. (2000): «Modernization, cultural change, and the persistence of traditional values», American Sociological Review 65 (1), p. 19–51.

Jahoda M. (1983): Wieviel Arbeit braucht der Mensch? Weinheim, Beltz.

Jahoda M. (1984): «Braucht der Mensch die Arbeit?» In: F. Niess (éd.): Leben wir, um zu arbeiten? Die Arbeitswelt im Umbruch. Cologne, Bund.

Lalive d'Epinay C. (1994): «Significations et valeurs du travail, de la société industrielle à nos jours». In: M. De Coster, F. Pichault (dir.): Traité de sociologie du travail. Bruxelles, De Boeck, p. 55–82.

Le Goff J. (1991): Pour un autre moyen-âge. Paris, Gallimard (Collection Tel).

Marx K. (1979): Œuvres, Economie. Tome II. Paris, Gallimard (Bibliothèque de la Pléiade).

Méda D. (1995): Le travail, une valeur en voie de disparition? Paris, Alto-Aubier (rééd. Champs-Flammarion, 1998, Champs-Essais, 2010).

Méda D. (2007): Le Travail, Que sais-je? Paris, Presses Universitaires de France.

Méda D. (2010a): Travail. La Révolution nécessaire. La Tour d'Aigues, Les Editions de l'Aube.

Méda D. (2010b): «Comment mesurer la valeur accordée au travail?», Sociologie 1, (1), p. 121–140.

Mercure D., Spurk J. (2003): Le Travail dans l'histoire de la pensée occidentale. Laval, Presses de l'Université de Laval.

Paugam S. (2000): Le salarié de la précarité. Paris, Presses Universitaires de France.

Postone M. (2010): Temps, travail et domination sociale. Une réinterprétation de la théorie critique de Marx. Paris, Mille et une nuits.

Revue Internationale du Travail (2002, 2003).

Smith A. (1991): Recherches sur la nature et les causes de la recherche des nations. Paris, GF-Flammarion.

Vendramin P. (éd.) (2010): Generation at Work and Social Cohesion in Europe. Bruxelles, PIE-Peter Lang.

Vernant J.-P. (1965): Mythe et pensée chez les Grecs. Paris, Maspero.

Vernant J.-P., Vidal-Naquet P. (1988): Travail et esclavage en Grèce ancienne. Bruxelles, Complexe.

Weber M. (1989 [1905]): L'éthique protestante et l'esprit du capitalisme. Paris, Plon.

Willaime J. P (2003): «Les réformes protestantes et la valorisation religieuse du travail». In: D. Mercure et J. Spurk (dir.): Le travail dans l'histoire de la pensée occidentale.

Arbeit aus der Sicht der Arbeitenden

Zur Aktualität einer qualitativen Gesellschaftsanalyse «von unten»

Franz Schultheis

Résumé:
Le travail vu par les salariés. Pourquoi une analyse sociale «d'en bas» est-elle d'actualité?

L'auteur défend dans son argumentation qu'il y a suffisamment d'analyses sur les transformations du monde du travail, mais que celles-ci adoptent en fait toujours une perspective *top-down*, ce qui voile la perception, l'expérience et l'interprétation des intéressés, en ne montrant que la pointe de l'iceberg. Que peuvent amener de plus quarante chercheurs européens réunis par le projet «Arbeit: das halbe Leben» pour lequel ils mènent des entretiens qualitatifs avec quarante personnes issues de professions très différentes et possédant une longue expérience du travail? Lors de ces entretiens, ils apportent leur propre approche et reflètent continuellement leur méthodologie basée sur la confrontation intersubjective. Les témoignages font état de difficultés, mais aussi de satisfactions, de fierté, de frustrations, de ressources confortables ou précaires, de stress, d'ennui, de désillusion ou de solidarité. Ils confirment aussi les diagnostics établis partout d'une anonymisation croissante, d'une individualisation, d'une économisation constante et d'une augmentation des formes de régulation managériale. Si on les compare aux résultats donnés par les approches *top-down*, les processus de transformation du travail sont exprimés, dans cette étude qualitative, de façons très diverses et souvent divergentes.
La problématique de cette étude et la méthodologie qu'elle adopte s'inscrivent dans la ligne traditionnelle des études de société, où l'individu, en tant qu'acteur actif, occupe la place centrale. La pertinence d'une telle approche a été prouvée par les études de Pierre Bourdieu en Algérie et en France, de même que par la fameuse étude dans le Marienthal autrichien. Grâce à des citations, l'auteur expose de manière convaincante le développement de ces méthodes chez Bourdieu et leur pertinence particulière pour les processus de transformation sociale.

Die zeitgenössische Arbeitswelt befindet sich in einem rapiden und grundlegenden Wandel, der nicht nur die Arbeitsprozesse als solche grundlegend verändert, sondern auch die Möglichkeiten der Lebensgestaltung und der alltäglichen Lebensführung der «Werktätigen» insgesamt. Prozesse der Flexibilisierung und Prekarisierung, der Subjektivierung und Entgrenzung, Entkernung und Intensivierung sind hierbei eng miteinander verflochten. Bisher als «atypisch» qualifizierte Arbeitsverhältnisse und -bedingungen werden zunehmend typisch, und der unter der Ägide des modernen Wohlfahrtsstaats im Lauf eines langwierigen Prozesses arbeits- und sozialrechtlicher Regulierungen hervorgebrachte Status des Arbeitnehmers erlebt seit einem Vierteljahrhundert eine rasche Erosion. In der Regel werden die angesprochenen Transformationen mittels einschlägiger statistischer Indikatoren und aggregierter Daten beschrieben, selten aus der subjektiven Sicht und Erfahrung der Betroffenen selbst repräsentiert. Ein aus rund 40 SozialwissenschaftlerInnen aus der Schweiz, Deutschland und Österreich zusammengesetztes Forschungskollektiv hat es sich zum Ziel gesetzt, mittels eines von Pierre Bourdieu initiierten *(Das Elend der Welt)* und eines von diesem Kollektiv bereits im deutschsprachigen Konzept fortgesetzten Ansatzes qualitativer Gesellschaftsanalyse (Gesellschaft mit begrenzter Haftung) die auf subjektiver Ebene identifizierbaren Wahrnehmungs-, Bewertungs- und Bewältigungsweisen angesichts arbeitsweltlichen Wandels mittels verstehender Interviews zu erforschen. Hierbei geht man in Anlehnung an die von Boltanski und Chiapello vorgelegten Analysen *(Der neue Geist des Kapitalismus)* von tendenziell gleichgerichteten Entwicklungsdynamiken der gegenwärtigen Arbeitswelten aus.

Der Beitrag situiert diese Studie und ihre Erkenntnisinteressen in einer Traditionslinie der kritischen Gesellschaftsforschung und versucht deren wissenschaftliche wie gesellschaftspolitische Aktualität in Erinnerung zu rufen.

Arbeit im Wandel: vom gesellschaftsdiagnostischen Gemeinplatz zur empirischen Re-Vision

«Arbeit ist das halbe Leben», sagt der Volksmund. Doch wie lebt es sich in der heutigen Arbeitswelt beziehungsweise wie prägt diese unser Leben in seinem biografischen Verlauf und seinen alltäglichen Bedingungen und Befindlichkeiten? Diese Frage scheint umso berechtigter, als sich unsere Arbeitswelten in den vergangenen Jahrzehnten sehr tief greifend verändert haben, eine These, die wohl kaum auf Widerspruch stossen dürfte, ja sogar banal erscheinen mag. Sie wird von einer kaum noch zu überblickenden Masse von sozialwissenschaftlichen Analysen und statistischen Indikatoren belegt, durch regelmässige

Medienberichte in Tagespresse, Rundfunk und Fernsehen in unsere Wohnzimmer getragen, intensiv debattiert in Talkshows und politischen Arenen, diagnostiziert von Arbeitsmedizinern, Psychologen, Soziologen und Ökonomen in immer neuen Variationen des gleichen Themas und ausgemalt in mehr oder minder dramatischen Szenarien.

Das Thema «Arbeitswelt im Wandel» ist in unseren Gesellschaften allgegenwärtig und läuft Gefahr, als Déjà-vu beziehungsweise Déjà-lu abgetan zu werden. Was gibt es hier denn noch Neues zu berichten? Warum widmet man dieser Frage wie anlässlich des Lausanner Workshops *Die Arbeit: eine Re-Vision* nochmals eine breite Palette an sozialwissenschaftlichen, medizinischen, psychologischen, anthropologischen, bildwissenschaftlichen und soziologischen Beiträgen?[1]

Anders gefragt und auf den eigenen Beitrag aus einem laufenden Projekt bezogen: Warum schliessen sich rund 40 Sozialwissenschaftler aus dem deutschsprachigen Europa zu einem Forschungskollektiv zusammen und arbeiten gemeinsam mehr als zwei Jahre lang an einem breit und bunt angelegten Kaleidoskop von Porträts aus einer Arbeitswelt im Wandel?[2]

Die Antwort kann sehr vielfältig ausfallen, denn trotz einer regen Forschungsaktivität und öffentlichen Debatte bleibt der Gegenstand «Arbeitswelten im Wandel» weiterhin zu einem guten Teil Terra incognita und nimmt sich, metaphorisch gesprochen, wie ein Eisberg aus, dessen aus dem Wasser ragende Spitze zwar intensiv erforscht und vermessen wurde, dessen im Dunkeln unter der durchleuchteten Oberfläche verbleibende Realitäten jedoch weiterhin einer angemessenen wissenschaftlichen Beobachtung und Analyse harren. Anders gesprochen, ist die Frage des Wandels der Arbeit aus den *top-down*-Analysen theoretischer Gesellschaftsdiagnostik und Essayistik zwar bis zum Überdruss ausdekliniert, weitgehend vergessen aber bleiben die Sichtweisen, Erfahrungen und Deutungen der von diesem Wandel betroffenen, konkreten (Berufs-) Menschen beziehungsweise die mittels einer *bottom-up*-Perspektive auf diese Realitäten zu berücksichtigenden und für die Gesellschaftsanalyse nutzbaren subjektiven Perspektiven der Akteure.

In diesem Versuch einer Revision des Themas «Arbeit» wird zunächst das genannte kollektive Forschungsvorhaben skizziert und seine erkenntnistheoretischen und methodologischen Grundlagen werden präsentiert. In einem zweiten

---

1 Was die Konzeption des Workshops betrifft, so lässt sich jedenfalls positiv anmerken, dass man hier den Versuch unternommen hat, durch den Einbezug verschiedener Disziplinen, insbesondere bildwissenschaftlicher Herangehensweisen, aus der üblichen Enge und expressiven Armut gängiger sozialwissenschaftlicher Ansätze herauszufinden und im Sinn einer auch visuellen Anthropologie und Soziologie der Arbeit deren von Marx so hervorgehobenen sinnlichen Charakter adäquater zu berücksichtigen als im üblichen Diskurs.

2 Schultheis F., Vogel B., Gemperle M. (Hg.) (2010): Ein halbes Leben. Biographische Zeugnisse einer Arbeitswelt im Umbruch, Konstanz, UVK.

Schritt soll es dann in der Kontinuität einer bestimmten Tradition kritischer Gesellschaftsforschung situiert und anhand verschiedener Etappen dieser Traditionslinie der Versuch gemacht werden, deren Anschluss- und Ausbaufähigkeit für eine disziplinübergreifende sozial- und kulturwissenschaftliche Erforschung von Arbeitswelten zu illustrieren. Bei diesem Forschungsansatz an der Schnittstelle von ethnologischen und soziologischen Perspektiven handelt es sich um eine massgeblich von Pierre Bourdieu initiierte, jedoch über ihn hinausreichende Form der qualitativen Gesellschaftsdiagnose von unten, basierend auf verstehenden Interviews mit Alltagsmenschen und deren soziologischer Objektivierung.

«Ein halbes Leben»: ein Kaleidoskop soziologischer Porträts aus der Arbeitswelt

In den Jahren 2008–2010 arbeiteten rund 40 Sozialwissenschaftler aus Deutschland, Österreich und der Schweiz intensiv an einem kollektiven Forschungsvorhaben zur Analyse des Wandels von Arbeitswelten, dessen Früchte im Juni 2010 in einer gemeinsamen Publikation präsentiert wurden. Warum ein weiteres umfangreiches Buch zu einem so intensiv beackerten Feld der Gesellschaftsdiagnostik? Gewiss: Neuland wird mit den hier vorgelegten Beobachtungen, Analysen und Interpretationen zur heutigen Arbeitswelt und zu ihren Veränderungen kaum betreten, doch die Wege dorthin beziehungsweise die Sicht auf diese Welt, die dabei eingenommenen Blickwinkel unterscheiden sich sehr grundlegend vom Mainstream der zeitgenössischen Arbeitsforschung. Es sollen nämlich die betroffenen Zeitgenossen und Mitmenschen mit ihren konkreten, subjektiven Erfahrungen und Deutungen von erlebten Veränderungen selbst zu Wort kommen und im Zentrum der Studie stehen. Mehrere Dutzend Vertreter der unterschiedlichsten Berufsfelder und Branchen des Erwerbslebens legen Zeugnis über ihren beruflichen Alltag, ihre Verrichtungen und Aufgaben, die Kompetenzen und Anforderungen, über selbstverantwortliche Handlungsspielräume und institutionelle Einschränkungen, Befriedigungen wie auch Frustrationen und Zumutungen ab. Hierdurch werden sie nicht einfach zu «Gegenständen» sozialwissenschaftlicher Betrachtung und Deutungen: sie beobachten und analysieren, beurteilen und interpretieren selbst, was ihnen in ihrer beruflichen Alltagswelt widerfährt, und nehmen aktiv Anteil an der beabsichtigten soziologischen Objektivierung aktueller Transformationsprozesse von Arbeit. Angeregt durch die Fragen und das mit ihnen geteilte Interesse der Forscher, die ihnen gegenübersitzen und ihnen ihre Aufmerksamkeit widmen, berichten sie nicht nur vom aktuellen Zustand ihrer Arbeitswelt, sondern insbesondere auch von deren längerfristigem Wandel, wozu sie in ganz besonderer Weise befähigt scheinen, weil sie im Durchschnitt seit gut zwei Jahrzehnten mit ihrer jeweiligen Berufswelt vertraut sind und auf ein gutes Stück sozialen und ökonomischen Wandels zurückblicken können. Genau aus diesem Grund wurden sie im Übrigen als Gesprächspartner ausgewählt und ausführlich befragt. Hierbei entstanden Dokumente beziehungsweise Zeitzeugnisse ganz eigener Qualität und Relevanz. Das explizite Ziel, den Beschäftigten der unterschiedlichsten Arbeitswelten selbst eine Stimme zu geben und sie an der Deutung ihrer Arbeits- und Lebenssituation teilhaben zu lassen, stand bei den Forscherinnen und Forschern aus Deutschland, Österreich und der Schweiz[3] direkt in der Kontinuität eines bewährten Forschungsansatzes, der nicht die Interpretation und Typisierung von gesellschaftlichen Verhältnissen aus den lichten Höhen theoretischer Zeitdiagnostik, sondern Zeugnisse des Alltags von Menschen aus unterschiedlichsten Arbeitsrealitäten und beruflichen Positionen in den Vordergrund rückt. Verzichtet wird bewusst auf spekulative und spektakuläre Globalinterpretationen und Grosstheorien zur Gesamtdynamik aktueller spätkapitalistischer Entwicklungsdynamiken, obwohl die Autoren dieser Studie ebenso wie ihre Fachkollegen über solche Perspektiven verfügen. Der bewusste Verzicht auf thematisch zugespitzte und holzschnittartig akzentuierte Gesellschaftsdiagnosen verfolgt das Ziel, die mit dem gewählten Forschungsansatz getroffene Entscheidung für einen verstehenden Zugang zu den alltäglichen Erfahrungen und Befindlichkeiten von Berufstätigen nicht dadurch zu unterlaufen, dass die hier gewonnenen Zeugnisse gleich wieder zwecks Legitimation beziehungsweise zur Illustration spezifischer theoretischer Vorentscheidungen instrumentalisiert werden.

Das gemeinsame Ziel, zu einer breit angelegten und möglichst vielfältigen Palette an Einblicken in die gesellschaftlichen Veränderungen unterschiedlichster Berufssphären zu gelangen und durch subjektive Zeugnisse Betroffener zu dokumentieren, setzte natürlich voraus, dass ein solch breiter Feldzugang praktisch verwirklicht werden konnte, und in dieser Hinsicht brachte die Zusammenarbeit von mehreren Dutzend ForscherInnen enorme Vorteile mit sich. Jedes Mitglied der Forschergruppe brachte dabei den eigenen, besonderen «Feldzugang» ins Projekt mit ein, etablierte eine Vertrauensbeziehung zu dem Vertreter der jeweiligen

3 Der Einbezug dreier benachbarter europäischer Länder war ein Kompromiss zwischen dem Ziel, Gesellschaftsdiagnose und Gegenwartsanalyse angesichts einer wachsenden Globalisierung und internationaler Verflechtungen aus den bisher üblichen nationalstaatlichen Eingrenzungen von Forschungsgegenständen und Feldern empirischer Forschung zu befreien, und der Notwendigkeit, hinsichtlich des gewählten qualitativen Forschungsansatzes auf der Basis verstehender Interviews ohne den ja immer problematischen Rückgriff auf Übersetzungen verfahren zu können. Insofern war die Entscheidung für die drei deutschsprachigen Gesellschaften naheliegend. Hinzu kommt, dass sich die drei Länder hinsichtlich einer grossen Zahl ökonomischer, gesellschaftlicher und kultureller Parameter als vergleichbar ansehen lassen und obendrein bereits enge Forschungskooperationen zwischen verschiedenen Mitgliedern dieses trinationalen Kollektivs bestanden.

Berufswelt, führte das Gespräch, transkribierte es und entwickelte eine soziologische Rahmung des Interviews. Anders formuliert, kam es bei diesem Vorhaben zur Zusammenlegung von Ressourcen von Forschungserfahrungen und -kompetenzen, sozialem Kapital im Hinblick auf Feldzugänge und Kontakte zu potenziellen Gesprächspartnern und zu einer entsprechenden Kumulation von Wissen über den jeweiligen Forschungsstand und die einschlägigen gesellschaftstheoretischen und -analytischen Ansätzen. Es versteht sich von selbst, dass eine kleine ForscherInnengruppe oder einzelne SozialwissenschaftlerInnen wohl kaum in der Lage gewesen wäre, diese Vorbedingungen zu erfüllen.

Jedes der Porträts trägt dabei die unverwechselbare Handschrift der Autorin oder des Autor, und dennoch zeigt sich eine übergreifende Stimmigkeit beziehungsweise Wiedererkennbarkeit eines gemeinsamen Ansatzes qualitativer Sozialforschung, schrittweise erarbeitet in verschiedenen Workshops mit intensiven Methodendiskussionen am empirischen Primärmaterial. Zur Arbeitsweise unseres Kollektivs gehörten zentral die soziale Herstellung beziehungsweise Organisation von Intersubjektivität mittels spezifischer Formen des systematischen Austauschs von empirischem Material und seine Rahmungen beziehungsweise Analysen und Interpretationen auf allen Stufen des *work in progress.*

Fertiggestellte Interviews wurden zur kritischen Gegenlektüre und Diskussion an ein anderes Mitglied der Gruppe weitergegeben, dann seitens der drei Koordinatoren gegengelesen und gemeinsam mit dem Autor und im Licht der Reaktionen und Anregungen aus dem Projekt überarbeitet. Dies gilt insbesondere für die soziologischen Rahmungen der Interviews, welche Gegenstand reger Diskussionen wurden.

Dieses schon anlässlich eines Vorläuferprojekts praktizierte Modell kollektiver Forschung erwies sich erneut als effizientes erkenntnistheoretisches und methodologisches Dispositiv, bei dem Intersubjektivität durch systematische Formen des Austauschs, der Gegenlektüre, der Gruppendiskussion und der Erarbeitung des definitiven Beitrags realisiert wird. Zugleich lebt dieser Forschungstypus massgeblich vom persönlichen Engagement der Teilnehmer, von ihrer theoretischen Kompetenz und praktischen Forschungserfahrung.

Das Spektrum der biografischen Berichte aus unterschiedlichen Wirklichkeiten und Ebenen des Erwerbslebens reicht von der Verwaltungsangestellten bis zum Chefarzt, vom Gymnasiallehrer bis zur Landwirtin, von der Putzhilfe bis zum Anwalt, vom Industriearbeiter bis zur Kita-Leiterin und vom Kranbauer bis zum Arbeitsrichter. Sie alle berichten uns aus ihrer Arbeitswelt, erzählen, wie und warum sie ihren Beruf mehr oder minder bewusst und gezielt, mehr oder weniger freiwillig oder umständehalber gewählt haben. Sie erzählen von physischen und psychischen Belastungen, aber auch von Befriedigung und Berufsstolz, Frustrationen und Desillusionierungen einst gehegter Hoffnungen an die berufliche Zukunft, von komfortablen oder prekären Einkommensverhältnissen, Berufsstress, schliesslich von Langeweile und permanenter Anspannung, von kollegialem Zusammenhalt und Solidarität. Berichtet wird ebenso von zunehmender Anonymisierung und Individualisierung, Tendenzen zum Rückzug ins Private oder ein «inneres Exil» im Unternehmen, geschwundenem Vertrauen in dessen Führung, Unmut über die stetig zunehmende Ökonomisierung von bisher als «öffentliche Dienste» angesehenen und geschätzten Sphären und über die wachsende Präsenz managerialer Regulierungsformen (Fremd- und Selbstevaluationen, *bench marking, best practice* et cetera), die oft als Zumutung und Form der Gängelung wahrgenommen werden.

Wahlverwandtschaften und Kontinuitäten qualitativer Gesellschaftsdiagnostik

Mit dieser Form einer Radiografie gesellschaftlichen Wandels «von unten» folgt das skizzierte Forschungsvorhaben einer Vorläuferstudie, die im Jahr 2006 unter dem Titel *Gesellschaft mit begrenzter Haftung* erschienen ist. Ein guter Teil der damals rund 30 beteiligten WissenschaftlerInnen und AutorInnen war bei *Ein halbes Leben* weiterhin mit dabei und brachte so die gemeinsamen Forschungserfahrungen mit ein. Auch die gewählte Methode des verstehenden Interviews wurde in der Vorgängerstudie kollektiv erarbeitet, erprobt und kritisch reflektiert zur Anwendung gebracht.

In dieser Vorläuferstudie ging es darum, spezifische Formen von Verwundbarkeit, Not und Leiden in unseren Gegenwartsgesellschaften mittels Zeugnissen Betroffener zu dokumentieren und sie zugleich als gesellschaftlich hervorgebrachte zu diagnostizieren und zu rekonstruieren. Auch wenn es sich hier also offenkundig um eine Form engagierter Wissenschaft handelt, kann diese nicht umhin, sich ständig davor zu hüten, in die Falle einer gut meinenden, spontanen Identifikation und Solidarisierung mit den «Erniedrigten und Beleidigten» zu gehen. Neben dem Engagement musste auch hier permanent reflexive Distanz zum Gegenstand gewahrt bleiben, und bei aller Sympathie für die angetroffenen Menschen und ihre Lebensgeschichten musste ständig eine Strategie der kritischen Objektivierung zum Zuge kommen, die deren Zeugnisse nicht einfach für bare Münze nimmt, sondern kritisch hinterfragt. Distanz und Engagement standen dabei, wie es schon Norbert Elias immer wieder betonte, in einem stets labilen Gleichgewicht miteinander und mussten in der Forschergruppe in zum Teil kontroversen Diskussionen vielfach geprüft, ausgehandelt und neu justiert werden.

Die befragten Mitmenschen sollten, so die gemeinsame forschungspolitische und forschungsethische Position, immer als Akteure ihrer eigenen kleinen und grossen Dramen wahrgenommen und ernst genommen werden, anstatt schlicht zu passiven Opfern ihrer sozialen Verhältnisse gemacht beziehungsweise degradiert zu werden. Unsere Zeitzeugen traten hierbei immer bedingt und «in Grenzen» als Konstrukteure ihrer biografischen Flugbahnen auf: gemäss dem sie als konkrete Individuen kennzeichnenden Ensemble kognitiver, moralischer, ästhetischer und handlungspraktischer Dispositionen, genannt «Habitus», sind sie die Autoren ihrer den Gesprächspartnern erzählten Lebensgeschichten und Situationsschilderungen. In der hier angelegten Perspektive, die beim Nachfolgeprojekt weiterverfolgt werden sollte, «schreiben» und machen sie ihre Geschichte selbst, wenn auch nicht aus freien Stücken, sondern je nach den gegebenen materiellen Lebensbedingungen und Handlungsressourcen und in den Grenzen des ihnen vorstellbar und realistisch Erscheinenden. Bei diesem kollektiven Forschungsprojekt stand offenkundig Pierre Bourdieu mit der von ihm initiierten und geleiteten Studie *Das Elend der Welt* Pate, ja die deutsche Forschung verstand sich explizit als deren Replikation beziehungsweise Pendant, nachdem in einem ersten Schritt eine deutschsprachige Übertragung dieses umfangreichen Werks geleistet worden war. Pierre Bourdieu und Mitarbeiter präsentieren in diesem Gemeinschaftswerk Geschichten «von unten», erzählt von Menschen, die sonst nicht zu Wort kommen, geschweige denn gehört werden. Es sind Zeugnisse von Menschen, die über ihre kleinen und grossen Nöte, ihren Alltag und dessen konkrete Umstände, ihre Hoffnungen und Frustrationen, Verletzungen und Leiden berichten. Alle diese kleinen Dinge des Lebens werden in einfühlsamer Weise zu greifbaren Lebensbildern verdichtet, die in einem Vorspann mit den Mitteln soziologischer Objektivierung und Distanzierung jeweils «gerahmt», das heisst in ihren sozialstrukturellen Kontexten präsentiert werden und hierdurch dem Leser trotz ihrer offensichtlichen Subjektivität und Einmaligkeit in ihrer sozialen Typik und Bedingtheit transparent gemacht werden. Die geschilderten Lebensumstände stellen sich dank dieser Rahmung als Manifestationen von tiefer liegenden, meist nur indirekt und vermittelt durch subjektive Handlungsmuster und Strategien zur Geltung kommenden makrostrukturellen gesellschaftlichen Bedingungen dar beziehungsweise als Effekte vorausgehender Ereignisse und Umstände.

«Nicht bemitleiden, nicht auslachen, nicht verabscheuen, sondern verstehen!» So lautet das an Spinozas Ethik angelehnte Credo dieser soziologischen Studie über Formen und Ursachen des Leidens in und an der heutigen Gesellschaft. Das ihr zugrunde liegende Forschungsprogramm ist so einfach wie bestechend und verdient es, auch diesseits des Rheins angesichts sich vervielfältigender und vertiefender gesellschaftlicher Brüche und Klüfte zu Wort und zur Geltung zu kommen: sich gerade dank der durch die Erkenntnismittel und -wege der Soziologie ermöglichten selbstreflexiven Distanz so kontrolliert wie möglich an die Stelle der Befragten versetzen, die Sozialwelt von ihren Standpunkten aus zu sehen und zu verstehen versuchen und von dieser (mit)geteilten Erfahrung vorbehaltlos Zeugnis ablegen. «Nicht verhören, sondern zuhören, nicht instrumentalisieren, sondern zur Verfügung stehen», so könnte das forschungsethische wie auch methodologische Leitmotiv dieser Untersuchung lauten.

In ihrer Zusammenschau ergeben die auf diesem Weg gewonnenen Lebens- und Gesellschaftsbilder «von unten» eine schonungslose Darstellung der französischen – und nicht nur der französischen – Gegenwartsgesellschaft, geprägt von zunehmendem Konkurrenzdruck in allen Lebensbereichen, struktureller Massenarbeitslosigkeit und gesellschaftlicher Marginalisierung beziehungsweise Ausgrenzung immer breiterer Bevölkerungsgruppen, Verschärfung des Konfliktpotenzials insbesondere im Verhältnis zwischen «Einheimischen» und «Zugewanderten» wie auch zwischen verschiedenen Klientelen des Wohlfahrtsstaats, von Kindern und Jugendlichen, die in der Trost- und Aussichtslosigkeit unwirtlicher Vorstädte aufwachsen; weiterhin gekennzeichnet durch eine wachsende Gefährdung des Lebensstandards der sogenannten Mittelschichten und ganz allgemein durch den sich in vielfältiger Form präsentierenden, schleichenden Rückzug des Staats aus seiner Verantwortung für das Gemeinwohl – von der sozialen Sicherung und der Durchsetzung von Verteilungsgerechtigkeit bis hin zu seiner Schiedsrichter- und Regelungsfunktion in der Arbeitswelt.

Diese zunehmenden und sich verschärfenden gesellschaftlichen Brüche und Klüfte werden in dieser Studie aus den oft entgegengesetzten Blickwinkeln von Hausfrauen, Lehrern, Jugendlichen, Sozialarbeitern, Hausmeistern, Schichtarbeitern, Richtern, Bauern, Studenten oder Rentnern beleuchtet, deren kleine und grosse, gewöhnliche und ungewöhnliche Miseren, Nöte und Leiden in zwei klar zu unterscheidenden, wenn auch oft komplementären Gestalten identifiziert und thematisiert werden. Zum einen handelt es sich um die in materiellen Mangellagen wurzelnden Formen des Elends spezifischer Soziallagen, im Extremfall also schlicht um Armut und die aus ihr folgenden diversen Formen sozialer Ausgrenzung, zum anderen um die von den einschlägigen sozialwissenschaftlichen Forschungen bislang stark vernachlässigten Formen positionsspezifischen Elends, das heisst um die mit der konkreten Stellung eines Individuums im Sozialraum verbundenen und demnach stets relativen (im Sinn von «relationalen») Erfahrungen gesellschaftlicher Macht- und Herrschaftsbeziehungen und um deren Niederschlag in unterschiedlichen Ausdrucksformen symbolischer Gewalt und sozialer Schliessungen und Ausschliessungen.

«Sich an die Stelle des anderen versetzen» heisst hier nicht, eine Identifikation qua Projektion zu bewerkstelligen. Eine noch so mitleidsvolle Anteilnahme reicht bei Weitem nicht aus, zu einem verstehenden Nachvollzug der Arten und Weisen, in denen der Andere denkt und handelt, zu gelangen. Hierzu bedarf es der Kenntnis seiner wesentlichen sozialen Merkmale, das heisst seiner Position im Sozialraum. Denn ebenso wie sich die objektiven gesellschaftlichen Bedingungen nur in der Form als Produkte ihrer Einverleibung im System der «subjektiven» Dispositionen – als «Habitus» – der gesellschaftlichen Akteure erfassen lassen, lässt sich das Subjektive jenseits personalistischer Metaphysik nur über das Ensemble der in die individuellen biografischen Flugbahnen eingeschriebenen gesellschaftlichen Bestimmungen und Bedingungen adäquat erfassen. Pierre Bourdieu spricht in diesem Zusammenhang von *necessité,* sogar von *necessiter quelqu'un,* ein auch im Französischen sehr ungebräuchlicher und schier unübersetzbarer Ausdruck. Hierunter versteht Bourdieu die Absicht, eine Person «in ihrer inneren Notwendigkeit» zu begreifen beziehungsweise die «intellektuelle Freude» *(jouissance intellectuelle)* an einem so tief wie möglich gehenden Verstehen beziehungsweise Ergründen einer anderen Person und einem Nachvollzug der Gründe ihres Andersseins, angelegt im Ensemble der mit ihrem im Sozialraum eingenommenen Ort und der dort hinführenden Flugbahn verknüpften gesellschaftlichen Bedingungen und Bestimmungen.

Schon im Fall der französischen Vorläuferstudie war ein kollektiver Forschungszusammenhang unabdingbar für die praktische Realisierung und den Erfolg des gewählten Forschungsansatzes. Hören wir hierzu Bourdieu: «Der Erfolg unserer Studie Das Elend der Welt beruht nicht zuletzt auf dem Privileg, es in dem durch und durch «kollektiven» Arbeitszusammenhang an diesem Werk mit Kolleginnen und Kollegen zu tun gehabt zu haben, die […] die Objektivität der von ihnen analysierten gesellschaftlichen Situationen […] dank ihrer vielfältigen Vorarbeiten so weitgehend wie möglich begriffen hatten und hierdurch die Fähigkeit an den Tag legten, auch ohne Zuhilfenahme von Fragebögen und ohne grosse Umwege gleich eine geeignete Formulierung für eine treffende Frage zu finden. […] Wir hatten während unserer langwierigen und intensiven Zusammenarbeit am Elend der Welt bestimmte Arbeitsformen entwickelt, bei denen wir einander die Transkripte unserer Interviews zur ausführlichen kritischen Diskussion vorlegten, nachdem ich selbst in einem ersten Schritt einige eigene Vorstudien präsentiert und zur kritischen Auseinandersetzung angeboten hatte. Bestimmte Interviewpassagen wurden immer wieder aufs Neue en détail gelesen und ausführlich diskutiert. Auch bei den Vorspännen zu den publizierten Interviews handelt es sich um die durch intensive und kontinuierliche Gruppendiskussionen immer wieder kritisch reflektierten und angereicherten Endprodukte dieser Form eines kollektiven Arbeitsprozesses […].»[4]

Nun könnte man versucht sein, die oben behauptete Kontinuität der aktuellen

---

4 Das Gespräch zwischen Pierre Bourdieu und Franz Schultheis fand am 22. Dezember 1997 im Collège de France in Paris statt. Abgedruckt in: Bourdieu 2010, S. 439–443.

Forschungen rund um die Transformationen der Arbeitswelt mit diesem Rekurs auf Bourdieus *Das Elend der Welt* auf sich beruhen zu lassen und damit zugleich den Sonderstatus dieser Studie im Gesamtwerk Bourdieus hervorzuheben. Allerdings würde dies einen Kurzschluss bedeuten, der viele Interpreten dieses Werks dazu verführt hat, erst gar nicht nach transversalen werkgeschichtlichen Elementen beziehungsweise Kontinuitäten zu suchen und hierbei vor allem nicht die für unser eigenes Anliegen so wichtige innige Verknüpfung von soziologischen und ethnologischen Perspektiven und Methoden zu berücksichtigen, die von Anfang an weichenstellend wirkten.

Hören wir nochmals Pierre Bourdieu:

«Frage: Tatsächlich scheint diese Studie mit einer ganzen Reihe akademischer Routinen zu brechen und sowohl auf der Ebene der theoretischen Anlage wie auch auf jener des methodologischen Zuganges die gewohnten Bahnen zu verlassen. Können Sie uns erläutern, wie sich Das Elend der Welt im Kontext Ihrer bisherigen Arbeiten – von den frühen ethnografischen Forschungen in Nordafrika bis hin zu ihrer 1992 erschienenen literatursoziologischen Studie *Les Règles de l'Art* – verorten lässt?»

Bourdieu: «Es gibt eine ganze Reihe von Leuten, die gerne von einer methodologischen Kehrtwende meinerseits sprechen, während ich selbst im Gegensatz dazu eine sehr klare Kontinuität im Hinblick auf meine vorausgehenden Arbeiten sehe. Schon in meinen allerersten ethnologischen Studien, ich denke etwa an das Buch *Travail et travailleurs en Algérie (Arbeit und Arbeiter in Algerien)* aus dem Jahre 1963, waren für mich qualitative Interviews als Formen der Feldforschung eine Selbstverständlichkeit. Neben standardisierten Befragungen von rund 2000 Personen führte ich damals bereits eine beachtliche Zahl an Tiefeninterviews durch. Ich erinnere mich noch sehr genau an ein Gespräch, das ich damals mit einem algerischen Koch geführt habe, der mir mit einer unglaublichen analytischen Klarsicht den gesellschaftlichen Hintergrund des Algeriens dieser Epoche vor Augen führte und zu ganz ähnlichen Einsichten gelangte wie ich in meiner Rolle als soziologischer Beobachter. Dieses Gespräch brachte mir sehr nachhaltig zu Bewusstsein, dass bestimmte gesellschaftliche Akteure dank ihrer spezifischen Position im Sozialraum über eine Spontansoziologie verfügen, die der wissenschaftlichen Soziologie sehr nahe kommen kann.»[5]

Anders formuliert findet sich die Ausgangslage für die von uns postulierte Tradition qualitativer Gesellschaftsdiagnose «von unten» in den ersten autodidaktischen Forschungen Bourdieus in Algerien, wo er zunächst eine Konversion vom phänomenologisch orientierten Philosophen zum ethnologischen Feldforscher und dann hin zum empirischen Sozialforscher erfuhr. Wie nachfolgend skizziert,

5 Ebd.

situiert sich diese Konversion im Kontext der Erfahrung rasanter sozioökonomischer Umbrüche im Allgemeinen und tief greifender Transformationen von Arbeit, die später auch als Hintergrundsfolie für die Studie *Das Elend der Welt* wirken sollte.

Genese und Dynamik eines Forschungsansatzes: Pierre Bourdieus algerische Studien

In den späten 1950er Jahren wurde der Wehrpflichtige Pierre Bourdieu in das von den Befreiungskämpfen gegen die französischen Kolonialherrn gezeichnete Algerien verschickt, fünf Jahre danach kehrte er als «gestandener» Ethnologe und Soziologe nach Paris zurück. Dazwischen liegen mehrere Jahre intensivster Feldforschung, teilnehmender Beobachtungen, umfassender statistischer Erhebungen und zahlloser Tiefeninterviews und Expertenbefragungen unter oft schwierigen, ja dramatischen Bedingungen. Mit der französischen Kolonisation erlebte Algerien, bis dahin geprägt durch eine vorkapitalistische Wirtschaftsweise und -ethik, eine dramatische Umgestaltung: brutale Durchsetzung zutiefst fremder ökonomischer Prinzipien, rapider Verfall der traditionellen landwirtschaftlichen Produktionsweise, Entstehung eines neuen Subproletariats, ökonomische Prekarisierung und gesellschaftliche Entwurzelung als Los breiter Bevölkerungsschichten. Dem soziologischen Beobachter eröffnete sich hier ein breites Feld der Beobachtung und Analyse der Folgewirkungen eines forcierten sozialen Wandels, welcher Konzepte wie Entfremdung oder Anomie in geradezu idealtypischer Ausprägung manifest werden liess und grundlegende soziologische Fragen aufwarf: Was wird aus einer Gesellschaft, wenn sie sich einer neuen ökonomischen Verkehrsweise und Handlungslogik ausgesetzt sieht, die im Widerspruch zu sämtlichen, seit Generationen gültigen sozialen Spielregeln (Bruder-Ethik, Reziprozität der Gabe et cetera) steht? Inwieweit beschränkt der traditionelle ökonomische Habitus die Handlungsspielräume der sozialen Akteure und in welchem Mass strukturiert er Vorstellbares und Unvorstellbares, begrenzt er das Feld des Möglichen? Welche Formen des Leidens und Elends gehen mit diesem Zustand sozialer Entwurzelung und Anomie einher? Bourdieu selbst drückt dies folgendermassen aus: «In den frühen 60er Jahren erlebte ich in Algerien ein, wie mir im Rückblick erscheint, regelrechtes gesellschaftliches Experiment. Dieses Land, in welchem sich bestimmte isolierte und abgelegene Bergvölker wie diejenigen, die ich in der Kabylei erforschen konnte, noch mehr oder minder intakte Traditionen einer vorkapitalistischen Ökonomie bewahrt hatten, denen die Marktlogik völlig fremd war, hat mit dem Befreiungskrieg eine enorme historische Beschleunigung erfahren. Diese historische Beschleunigung, zu der auch bestimmte repressive militärische Massnahmen wie die von der französischen Armee bewerkstelligte Zusammenführung ganzer Bevölkerungsgruppen in Sammellagern einen Beitrag leisteten, brachte vor meinen Augen zwei Typen von Wirtschaftssystemen mit völlig konträren Anforderungen zur Koexistenz, die gewöhnlich durch einen Zeitraum von mehreren hundert Jahren voneinander getrennt sind.» Und weiter: «Ich konnte bei meinen Arbeiten z. B. feststellen, dass die Befragten in der südlichen Kabylei ganz andere Antworten gaben als im Norden. Der Süden war weniger kolonisiert, stärker in traditionellen Strukturen und Lebensweisen verhaftet, und hier sagten die Befragten viel häufiger von sich, sie seien erwerbstätig, selbst wenn sie nur wenige Stunden effektiv gearbeitet hatten, während jene im Norden tendenziell viel eher sagten, sie seien ‹arbeitslos›. Solche Befunde haben mich dazu gebracht, die Vorstellung von Arbeit selbst radikal zu hinterfragen. Für Menschen, die weiter in traditionellen Wirtschafts- und Gesellschaftsstrukturen lebten, hiess ‹Arbeit› morgens aufstehen, Kindern und Frau die Arbeit zuweisen, aus dem Haus gehen, Freunde auf der Strasse treffen oder im Café mit ihn diskutieren etc. Für die Befragten der nördlichen Kabylei hingegen schien ‹Arbeit› darin aufzugehen, Geld nach Hause zu bringen, und die, denen dies nicht gelang, definierten sich im modernen Sinne als ‹ohne Arbeit›. Kurzum: ich begann, scheinbar evidente ökonomische Kategorien wie Arbeit, Freizeit, Gewinn etc. kritisch zu durchleuchten. […] Die Forschungen dieser Zeit haben mich sehr früh dazu gebracht, in einer oft naiven Weise über das Leben in unseren westlichen Gesellschaften nachzudenken: Was heisst eigentlich ‹Arbeit›? Und was bedeutet Freizeit? Was meint man mit Karriere und was heisst Lebensplanung? Was bedeutet Kalkül?»[6]

Bourdieu nutzte angesichts solch grundlegender gesellschaftstheoretischer Fragestellungen die Methode verstehender Interviews, um den subjektiven «Befindlichkeiten» (Weber) und Verarbeitungsstrategien der betroffenen Menschen so gut wie möglich auf die Spur zu kommen, und erhob hier eine grosse Zahl von Zeugnissen subjektiver Erfahrung gesellschaftlichen Umbruchs, in denen Entwurzelung, Verwundbarkeit und Prekarisierung auf sehr beredte Weise zum Ausdruck kommen.

Wahlverwandtschaften: von Djebabra nach Marienthal

Interessanterweise wusste Bourdieu zu dieser Zeit nicht von den engen Wahlverwandtschaften, die seine eigenen Forschungsansätze und -strategien, seine Erkenntnisinteressen und methodologischen Prinzipien qualitativer Sozialforschung mit jenen einer bereits vor dem Zweiten Weltkrieg in Österreich

---

6 Pierre Bourdieu im Gespräch mit Franz Schultheis, 26. 9. 1999, Collège de France, Paris.

durchgeführten Studie[7] verband, und als er diese Entdeckung machte, ging er konsequenterweise hin, liess die Studie übersetzen und gab sie, mit einem Nachwort aus eigener Feder, in seiner Reihe *Le sens commun* heraus: «[...] ich habe Marienthal erst nach diesen Studien kennengelernt und war sehr froh. Ich sagte zu mir: ‹Diese Leute haben es begriffen!›, und ich wusste damals gar nicht, wer dieser Lazarsfeld war. Das war nur so ein Name, und erst später habe ich begriffen, dass aus ihm dieser positivistische Terrorist geworden war.»[8]

Begann Bourdieus wichtigste Publikation aus dieser Zeit, *Algérie '60,* mit einem Kapitel zu «Wirtschaftsstrukturen – Zeitstrukturen» und beschäftigten ihn bei seinen Untersuchungen zu den Konsequenzen einer «Ökonomie des Elends» insbesondere die Auswirkung von Prekarität auf das Zeit-Verhältnis der Betroffenen, so war dies gewissermassen eine empirische Wende der zuvor gehegten philosophischen Fragestellung seiner nie vollendeten Dissertation zu den *Zeitstrukturen des Gefühlslebens in der Phänomenologie Husserls.* Und mit der Entdeckung der Marienthal-Studie bot sich ihm eine geradezu idealtypische forschungspraktische Umsetzung seiner eigenen theoretischen Standpunkte und Hypothesen, die seinen Schlussfolgerungen aus den algerischen Feldforschungen voll und ganz Recht zu geben schienen. Die Marienthal-Studie bot mit ihren beeindruckenden Analysen der zerstörerischen Wirkungen von Arbeitslosigkeit auf Zeitgefühl und Strukturen des Alltagslebens, Zukunftserwartungen und biografische Entwürfe, Aktivitäten aller Art und Sozialkontakt bis hin zu den Träumen und Wünschen von Kindern betroffener Familien einen überzeugenden Einblick in die von Bourdieu sowohl in den Algerien-Studien wie auch in *Das Elend der Welt* verfolgten soziologischen Zusammenhänge. Dies reicht bis hin zu fast gleichlautenden Fragen betreffs der Erinnerung an konkrete Aktivitäten des Vortags, die in beiden Forschungen als wichtige Indikatoren für die desorientierenden und lähmenden Auswirkungen von Arbeitslosigkeit fungierten.

Für Bourdieu hatte die Marienthal-Studien etwas Weiteres geleistet, was auch er anstrebte und auf seine eigene Weise realisierte: die Integration ethnologischer und soziologischer Forschungspraxis, die in der Figur Marcel Mauss' ihren exemplarischen Vorreiter findet und die er selbst zeitlebens pflegen sollte.

Aber kehren wir nach dieser Tour d'Horizon rund um die anfangs postulierte Tradition qualitativer Gesellschaftsdiagnose zurück zur aktuellen Fragestellung unseres Forschungskollektivs.

7 Jahoda 1992.
8 Interview mit Franz Schultheis, 26. Juni 2001, Collège de France, Paris.

Arbeitsweltlicher Wandel im neuen Geist des Kapitalismus

Die zeitgenössische Sozialforschung liefert dem Betrachter ein komplexes Bild aktueller Transformationsprozesse der Arbeitswelt. Zu den gebräuchlichen Indikatoren aktuellen Wandels der Arbeitsgesellschaft zählen unter anderem:
– die Verknappung von Arbeit und die wachsende Konkurrenz um dieses zunehmend knappe «Gut»,
– eine zunehmend tiefe gesellschaftliche Spaltung zwischen jenen, die (noch) über mehr oder minder gesicherte, qualifizierte und angemessen entlohnte Arbeitsplätze verfügen und sozialversicherungsrechtlich abgesichert sind, und jenen, die davon ausgeschlossen sind und dies oft dauerhaft bleiben,
– eine Durchsetzung von zuvor als «atypisch» angesehenen Arbeiten beziehungsweise Jobs, schlecht bezahlt, ohne nennenswerte soziale Sicherung, unqualifiziert beziehungsweise disqualifizierend für diejenigen, die diese Funktionen trotz oft gegebener schulischer und/oder beruflicher Qualifikation mangels Alternativen anzunehmen gezwungen sind,
– die immer häufiger zu beobachtende Bastel-Erwerbsarbeit, bei der Menschen oft mehrere solcher «Junk-Jobs» oder «Mc-Jobs» kombinieren müssen, um das Lebensnotwendige erwerben zu können,
– die Zunahme befristeter Arbeitsverhältnisse, insbesondere Zeitarbeit, mit extrem geringer sozialer Sicherung,
– die durch Outplacement und Outsourcing zwecks Einsparung von Lohnnebenkosten geschaffene Scheinselbständigkeit einer zunehmenden Zahl von Arbeitskraftunternehmern,
– eine zunehmende Zahl von Arbeitnehmern in nicht frei gewählten Teilzeitarbeitsverhältnissen,
– die Spaltung der Arbeitnehmerschaft konkreter Unternehmen entlang der Scheidelinie Stammarbeiter – Interimsarbeiter,
– das rapide Anwachsen einer als *working poor* klassifizierten Erwerbspopulation am Rand der offiziellen Armutsgrenze,
– eine zunehmende Inflation von Bildungstiteln, für die junge Leute beim Einstieg ins Erwerbsleben heute deutlich geringere Chancen auf dem Arbeitsmarkt erhalten als eine Generation zuvor,
– vielfältige Formen der Verschlechterung von Arbeitsbedingungen unter den oben skizzierten Bedingungen wachsender Konkurrenz (zunehmender Zeitdruck, körperliche Belastung, unregelmässige Arbeitsbedingungen und deren Konsequenzen für die alltägliche Lebensführung der Betroffenen bis hinein ins Privatleben. Et cetera.
Doch wie nimmt sich dieser Wandel, gängigerweise auch als «Krise der Arbeitsgesellschaft» beziehungsweise ihrer fordistischen Variante postuliert, aus der

Perspektive der Betroffenen und ihrer subjektiven Erfahrung konkret aus? Im Unterschied zu den Projekten *Das Elend der Welt* und *Gesellschaft mit begrenzter Haftung* entschied sich unser Forscherkollektiv bei *Ein halbes Leben* für die spezifische strategische Vorgabe, nur Zeugnisse von ZeitgenossInnen mit einer langjährigen persönlichen Erfahrung in und mit einer spezifischen Arbeitswelt einzubeziehen. Diese Langfristperspektive war zugleich von gemeinsamen theoretischen Diskussionen und Vorüberlegungen und von Anknüpfungen an wahlverwandte aktuelle Diagnosen zum Wandel der Arbeitswelt mit bestimmt, allen voran die von Luc Boltanski, einem langjährigen engen Mitarbeiter Bourdieus, und Eve Chiapello vorgelegte Studie *Der neue Geist des Kapitalismus,* in der schon einmal eine empirisch fundierte Gesellschaftsdiagnose in genau dem gleichen soziohistorischen Zeitraum vorgelegt wurde, in dem sich unsere Gesellschaftsanalyse bewegte. Während sich jedoch die Autoren jener bahnbrechenden Untersuchung auf Diskurse in der einschlägigen Managementliteratur stützten und dementsprechend *top-down* grundlegende Veränderungen der normativen Erwartungen an die Arbeitswelt herausarbeiteten, ging es in unserem Fall darum, gesellschaftlichen Wandel in der Praxis, also *bottom-up,* aus dem Blick der betroffenen Subjekte und ihrer konkreten Erfahrung, zu betrachten und zu analysieren.

Nach dem in zahlreichen sozialwissenschaftlichen Publikationen dokumentierten gegenwärtigen Stand der Forschung lassen sich seit den 1980er Jahren einige grundlegende Veränderungen der normativen Anforderungen an den Arbeitnehmer beziehungsweise, um es zeitgemäss auszudrücken, an das Humankapital beobachten. Zu den von Luc Boltanski und Eve Chiapello anhand einer Langfristanalyse von Managementdiskursen der letzten Jahrzehnte identifizierten Schlüsselbegriffen zur idealtypischen Beschreibung des normativen Anforderungsprofils eines marktgerechten Arbeitnehmers zählen in unvollständiger alphabetischer Folge: Autonomie, Employability, flexible Einsatzfähigkeit, Impulse geben können, innovatorisch sein, Kommunikationsfähigkeit, Kompromissfähigkeit, Kreativität, lebenslanges Lernen, andere mitreissen können, Mobilität, Plurikompetenz, Projektmanagement, Risikobereitschaft, Selbstmanagement, Selbstsicherheit, Selbstevaluation, soziales Kapital schöpfen, Spontaneität, Verfügbarkeit, Vermittlerfunktion, Vernetzung, Vielfalt der verfolgten Projekte, visionär sein et cetera.

Kleinster gemeinsamer Nenner dieses Steckbriefs des idealen Arbeitnehmers scheint zu sein: er arbeitet stetig und lebenslang an der Perfektionierung oder zumindest Bewahrung seines Humankapitals in Gestalt seines inkorporierten kulturellen und sozialen Kapitals, denkt und handelt im Rahmen von befristeten und begrenzten Projekten statt in Dimensionen lebenslanger beruflicher Karrierevorstellungen, situiert sich im Kontext personengebundener sozialer

Netzwerke (seinem sozialen Kapital an aktivierbaren Ressourcen von Unterstützung), statt auf institutionalisierte Netzwerke zu bauen. Der *employable man* orientiert sich an seinem eigenen, in Gestalt von konkreter Nachfrage messbaren Marktwert, statt nach einem dauerhaften Status zu streben, und begnügt sich mit einer konjunktur- und situationsabhängigen Lebensführung, anstatt sich an einen langfristigen Lebensentwurf zu klammern. Der marktgängige Arbeitnehmer ist geografisch mobil und beruflich flexibel und weiss dies mit seinen privaten Lebensarrangements in Einklang zu bringen, welche dadurch tendenziell ebenfalls den Charakter von zeitlich begrenzten Projekten annehmen.

So weit die aus der Analyse von Managementdiskursen gewonnenen Einblicke in das normative Anforderungsprofil zeitgenössischen Humankapitals. Doch wie stellt sich ein solcher Prozess aus der Sicht konkreter Akteure, aus der subjektiven Erfahrung der Betroffenen heraus, dar? Inwieweit handelt es sich um realitätsferne Kopfgeburten von Personalmanagement-Broschüren auf Hochglanzpapier oder im Gegenteil um eine bereits in vielfältiger Form in die unternehmerische Politik und Praxis integrierte und realisierte Form radikalisierter «Vermarktgesellschaftung» von Arbeit? Welche widerständigen, ja möglicherweise auch gegenläufigen Tendenzen, welche Kräfte der Beharrung lassen sich feststellen? Handelt es sich um durchgängige Entwicklungsdynamiken der gesamten zeitgenössischen Arbeitswelt, oder gibt es mehr oder minder deutliche Ungleichzeitigkeiten und Eigendynamiken je nach Wirtschaftssektor und Berufswelt?

Diese und noch viele weitere Forschungsfragen lagen dem Projekt *Ein halbes Leben* zugrunde, hier im Kontext der für dieses wichtigen Traditionslinien kritischer Gesellschaftsanalyse präsentiert, zugrunde. Die hier anvisierten Transformationsprozesse kommen in den vorgestellten soziologischen Porträts auf sehr vielfältige, oft divergierende, wenn nicht gar widersprüchliche Weise zur Geltung. Diese Gegensätze, die aus den lichten Höhen theoretischer Zeitdiagnostik verblassen, bleiben bei dem von unserem Forscherkollektiv gewählten Zugang als Paradoxien des Wandels von Arbeitswelten bestehen, selbst wenn sich, wie oben skizziert, mehr oder minder deutlich abzeichnende transversale Entwicklungsdynamiken identifizieren lassen, die durchaus als empirische Plausibilisierung der Thesen von Boltanski und Chiapello angesehen werden können.

Bibliografie

Boltanski L., Chiapello E. (2003): Der neue Geist des Kapitalismus. Konstanz, UVK Verlag.

Bourdieu P. (1997): Das Elend der Welt. Zeugnisse und Diagnosen alltäglichen Leidens an der Gesellschaft. Konstanz, UVK Verlag.

Bourdieu P. (2000): Die zwei Gesichter der Arbeit. Interdependenzen von Zeit- und Wirtschaftsstrukturen am Beispiel einer Ethnologie der algerischen Übergangsgesellschaft, Konstanz: UVK Verlag.

Castel R. (2000): Die Metamorphosen der sozialen Frage. Eine Chronik der Lohnarbeit. Konstanz, UVK Verlag.

Jahoda M. et al. (1992): Die Arbeitslosen von Marienthal. Frankfurt a. M., Suhrkamp.

Keller C., Schultheis F. (Hg.) (2008): Urban Riots and Youth Violence. German and French Perspectives. Zürich, Seismo Press.

Schultheis F. (2004): «Der Arbeiter: eine verdrängte gesellschaftliche Realität». In: S. Beaud, M. Pialoux (Hg.): Die verlorene Zukunft der Arbeiter. Die Peugeot-Werke von Sochaux-Montbéliard. Konstanz, UVK Verlag, S. 8–15.

Schultheis F., Schulz K. (Hg.) (2005): Gesellschaft mit begrenzter Haftung. Zumutungen und Leiden im deutschen Alltag. Konstanz, UVK Verlag.

Schultheis F., Vuille M. (Hg.) (2007): Entre flexibilité et précarité. Regards croisés sur la jeunesse. Paris, L'Harmattan.

Ce que le stress fait au travail

Marc Loriol

Zusammenfassung:
Was Stress am Arbeitsplatz bewirkt

Auch wenn Stress zuweilen als überstrapazierter Allerweltsbegriff erscheint, bietet er eine gemeinsame Bezeichnung für das Unbehagen der Arbeitnehmenden, vor allem jener, die im Kontakt zur Öffentlichkeit stehen.

Der Begriff wird auch in zunehmendem Mass von einer Gruppe politischer, wissenschaftlicher und wirtschaftlicher Akteure besetzt, die unterschiedliche Ziele verfolgen. Welche Folgen ergeben sich aus diesen sozialen Anwendungsformen? Wie sind die Fragen, welche die Diskurse über Stress strukturieren, mit den Erfahrungen verknüpft, die am Arbeitsplatz, bei der konkreten Gestaltung der Tätigkeiten gemacht werden? Im Artikel wird eine konstruktivistische Sichtweise des Begriffs Stress vorgeschlagen, die sich nicht auf eine Beschreibung der Arbeitssituationen stützt, die Stress auslösen können, sondern auf die Bedeutung des Klagens über Stress für die Akteure. Entsprechend dem Verhältnis zwischen Druck und Spielräumen, entsprechend der Art der Anerkennung am Arbeitsplatz führt die Arbeit zu akzeptiertem, gemeinsam durchgestandenem oder aber unerträglichem Stress. Anders gesagt, geht es darum, die verschiedenen Konfigurationen herauszuarbeiten, die zu einer spezifischen Konstruktion der psychischen Beschwerlichkeit der Arbeit führen können.

Si l'on étudie habituellement l'impact des transformations du travail sur le stress vécu par les salariés, l'inverse est rarement envisagé. Or, se représenter les difficultés vécues dans l'activité comme un problème d'adaptation individuelle – ce que désigne le stress – peut également changer notre vision même du travail. Si le stress fait l'objet de multiples approches et définitions, celle qui est le plus souvent retenue, notamment dans les dispositifs officiels et réglementaires est l'approche transactionnelle du stress qui part de l'hypothèse selon laquelle l'individu va réaliser une double évaluation à la fois des difficultés qu'il doit surmonter et des moyens dont il dispose pour y faire face. S'il perçoit que les demandes excèdent ses capacités, il en résultera du stress. Cette approche postule que les capacités d'adaptation et de perception sont des caractéristiques individuelles, indépendantes de l'environnement social. S'il est jugé difficile d'agir sur l'organisation et les conditions de travail, la prévention portera alors essentiellement sur un travail psychologique visant à modifier les perceptions. Cette distinction suppose que l'on pourrait opposer organisation et individu, comme si les deux étaient cloisonnés, étanches.

C'est le cas dans la définition classique du stress de l'accord européen de 2004: «Un état de stress survient lorsqu'il y a déséquilibre entre la perception qu'une personne a des contraintes que lui impose son environnement et la perception qu'elle a de ses propres ressources pour y faire face.» Les capacités d'adaptation et les variations dans la perception des stresseurs sont comprises comme des caractéristiques individuelles, liées à la personnalité et indépendantes de l'environnement social. S'il est jugé difficile d'agir sur l'organisation et les conditions de travail, la prévention portera alors essentiellement sur un accompagnement psychologique visant à modifier les perceptions et la stratégie de *coping* (c'est-à-dire les façons de faire face). Cette définition ignore largement la réalité du travail, notamment la nécessité de la coopération collective pour produire n'importe quel bien ou service. Le *coping*, tout comme les capacités de résilience, sont largement collectifs.

Marek Korczynski propose de parler de «communauté de *coping*» pour rendre compte de la façon dont les salariés de quatre centrales d'appel de banques américaines et australiennes font face collectivement aux clients agressifs et désagréables.[1] Dans trois de ces centres, le rapport au client est vécu comme la source principale de satisfaction au travail. Dès lors, répondre sèchement à un client désagréable (pour se protéger) risque de réduire l'estime professionnelle des agents. C'est pourquoi, à chaque fois que les conseillers clientèle sont amenés à le faire, ils ressentent le besoin d'en parler avec leurs collègues pour trouver une réassurance quant à la légitimité de leur réaction. Dans le quatrième

---

1 Korczynski 2003.

centre, le collectif de travail a développé de façon précoce l'idée que les clients étaient tous des fraudeurs ou des manipulateurs en puissance et qu'il n'y avait rien à en attendre de bon; les salariés sont alors moins affectés personnellement par les clients désagréables. Dans les deux cas, les directions se méfient de ces pratiques collectives qui favorisent un front de résistance face aux injonctions commerciales et préfèrent une gestion individuelle de la souffrance. Au-delà de cet exemple, la division du travail, le soutien entre collègue, la conjugaison des efforts et des motivations, la mise en œuvre de routines collectives, l'échange d'informations, etc. constituent autant de moyens pour le groupe de travail de faire face aux difficultés. Or, concevoir les problèmes en termes de stress revient bien souvent à ignorer ou à minorer cette dimension collective du travail.

Pourquoi les salariés se plaignent du stress si cette notion individualise les problèmes? Que signifie cette plainte et quel est son effet sur les représentations du travail? L'évolution des conditions de travail ne suffit pas à elle seule à expliquer la subite augmentation, selon des calendriers d'ailleurs variables d'un pays à l'autre,[2] des plaintes de stress. D'ailleurs, il existait, avant que le mot de stress ne soit généralisé, d'autres catégories pour décrire des phénomènes proches: fatigue nerveuse ou neurasthénie au XIXe siècle, fatigue industrielle dans les années 1920–1960, psychopathologie du travail et charge mentale dans les années 1950–1970, insatisfaction ou allergie au travail dans les années 1970, psychodynamique du travail et souffrance dans les années 1980, etc. Mais la représentation implicite contenue dans ces formes de description du travail étaient différentes. Le stress, comme discours et représentation, est à la fois une cause et une conséquence des transformations du travail et des manières de le concevoir, de l'organiser.

La plainte de stress ne fait pas qu'exprimer l'inadaptation ou les difficultés d'un travailleur, elle a également une dimension culturelle. Chaque société, chaque groupe social autorise ou, au contraire, proscrit certaines formes d'expression de la souffrance. Or, ces formes d'étiquetage ont un effet en retour sur la façon dont le travail et les problèmes qu'il génère seront perçus et donc gérés. Comme l'a montré le philosophe Ian Hacking,[3] la construction sociale peut être lue à travers les phénomènes de «boucles interactives»: une situation sociale favorise l'apparition d'un diagnostic ou d'une étiquette qui, à son tour, va contraindre les acteurs de cette situation sociale à interpréter la réalité, à la cadrer, à la mettre en forme dans des termes culturellement autorisés. Toute classification interagit avec les phénomènes qui se trouvent ainsi catégorisés.[4]

---

2 Dans le milieu des années 1970 pour les Etats-Unis, le début des années 1980 pour la Grande-Bretagne et le début des années 1990 en France.
3 Hacking 2001.
4 Bowker/Star 1999.

Dans une étude comparative sur la Chine et les Etats-Unis, le psychiatre et anthropologue Arthur Kleinmann explique ainsi comment, alors que l'entité «neurasthénie» n'est pratiquement plus utilisée par les médecins américains, elle reste d'usage courant en Chine où les troubles d'ordre strictement psychologique sont mal acceptés; notamment parce qu'ils peuvent constituer une critique implicite du régime et une forme de désengagement politique.[5] Le patient chinois, qui, aux Etats-Unis, serait qualifié de dépressif, est plutôt étiqueté «neurasthénique». Mais la différence ne porte pas seulement sur les termes, car le neurasthénique chinois présente un nombre plus important de symptômes physiques (troubles de l'appétit, du sommeil, des rythmes cardiaques, maux de tête, etc.) que le dépressif américain dont la symptomatologie est surtout d'ordre psychique. Dans ce cas, l'expression même de la maladie, y compris dans ses aspects somatiques, se trouve, pour une part, conditionnée par le savoir médical; ce dernier s'inscrivant lui aussi dans une forme spécifique de régulation sociale. Il ne s'agit pas seulement d'une question de termes, mais de la façon dont sera façonné et encadré le vécu de la maladie, le tableau clinique que le malade peut exprimer. Cet effet de l'étiquetage (ou *labelling effect*) peut être observé y compris pour des troubles organiques. Par exemple, l'étiquetage à tort ou à raison des patients en tant «qu'hypertendus» présente des conséquences pour la santé des individus. Des études épidémiologiques ont montré que, toutes choses égales par ailleurs (notamment en l'absence de traitements médicamenteux), un patient qui se sait «hypertendu» aura plus de risques d'avoir un accident vasculaire cérébral qu'un autre ayant les mêmes problèmes de tension, mais les ignorants.[6]

Les métiers où l'on se plaint du stress et ceux où l'on ne s'en plaint pas

Mes recherches et différents travaux sociologiques ont montré que la notion de stress avait été particulièrement associée à un certain nombre de métiers ou de catégories professionnelles, notamment les infirmières ou d'autres professions d'aide (travailleurs sociaux, etc.) et les cadres. A l'inverse, certains groupes, comme les ouvriers ou les policiers, se reconnaissent moins dans le terme de stress, même s'ils peuvent exprimer d'autres façons leurs insatisfactions et leur malaise.[7] Les seules contraintes dans le travail ou les difficultés objectives ne

---

5 Kleinmann 1986.
6 Postel-Vinay/Corvol 2000.
7 Leurs conditions de travail ne sont pas moins dures, au contraire, pour les ouvriers qui cumulent de fortes contraintes et de faibles marges de manœuvre (job strain au sens de Karasek). Leur travail donne également lieu à moins de reconnaissance que d'autres.

suffisent pas pour expliquer ces différences. Je discuterai rapidement de ces deux métiers (infirmières et policiers) et de ces deux catégories professionnelles (cadres et ouvriers) afin de poser quelques hypothèses quant au lien entre le succès de la notion de stress et les représentations du travail dans certains milieux professionnels.

Les infirmières

Dans leur étude sur le succès aux Etats-Unis de la notion de stress à partir de 1976, Barley et Knight insistent sur l'usage plus symbolique que référentiel qui est fait de ce terme dans certains groupes professionnels.[8] C'est notamment le cas, selon eux, des métiers intermédiaires à la recherche de légitimité (parfois qualifiés de «semi-professions»). Mettre en avant son stress, c'est souligner la difficulté de l'activité prise en charge, l'engagement personnel important des professionnels concernés et enfin la compétence particulière qu'il faut savoir mettre en œuvre pour tenir malgré tout. Pour étayer cette hypothèse, les deux auteurs montrent comment, dans les journaux destinés aux infirmières, le nombre d'articles sur le stress augmente de façon exponentielle à partir de 1976, alors qu'il reste stable dans ceux destinés aux médecins. Les professionnels dont la légitimité est mieux établie auraient plus tendance à exprimer leurs problèmes en termes «d'insatisfaction au travail» qu'à travers la plainte de stress.

Pour les infirmières, parler de leur stress, mais aussi du *burn out*, comme étant des risques propres à une profession pas comme les autres («on travaille sur des êtres humains, tout de même, pas sur des boîtes de conserve») est à la fois une façon d'exprimer un malaise et une forme de distinction d'autres catégories (médecins, aides-soignantes…). Les discours sur le stress ou le *burn out* se caractérisent à la fois par des références psychologiques au contrôle de la relation avec le patient et la réflexion sur la place des infirmières dans la division du travail hospitalier. Cela se manifeste à travers les questions du rapport à la souffrance des patients, de la «bonne distance» entre trop ou pas assez d'implication, du rôle propre par rapport au médecin, etc. La théorie du *burn out* apparaît parfois comme une parabole de la position de l'infirmière dans la division du travail hospitalier: plus proche du malade que le médecin, mais avec une maîtrise de la relation plus professionnelle la distinguant des personnels hospitaliers moins qualifiés (aides-soignantes et surtout agents de service hospitaliers, ASH). Dans les entretiens, en effet, les infirmières interrogées tenaient à se démarquer à la fois du médecin (accusé de déshumaniser le malade, ce qui est un des symptômes du *burn out*) et des ASH, soupçonnés de ne pas savoir trouver la «bonne distance». D'une certaine façon, la reconnaissance du *burn out* est constitutive de l'identité

---

8 Barley/Knight 1992.

professionnelle de certaines infirmières.[9] Les plaintes de stress ou de *burn out* permettent aux infirmières de se reconnaître en tant que communauté spécifique, revendiquant une place propre dans la division du travail, mais disposant d'une faible autonomie collective face au pouvoir des médecins et des administrations.[10] Les infirmières utilisent largement le terme de stress pour rendre compte à la fois des difficultés individuelles d'un métier très prenant psychologiquement et des problèmes liées à l'organisation et au manque de moyens.[11] Cette contradiction potentielle amène toutefois assez peu les infirmières à critiquer l'explication psychologisante de leurs problèmes: compétences relationnelles, soutien psychologique et recherche de la bonne distance au malade sont vus comme des moyens appropriés pour lutter contre le stress, malgré les conflits sociaux autour des conditions de travail à l'hôpital. La culture professionnelle des infirmières (pour qui «le psychologique représente 50% de la guérison»), leur position intermédiaire qui les pousse à mettre en avant une maîtrise relationnelle les distinguant des médecins, la fragilité des collectifs de travail (parfois mis à mal par la diminution des temps de coprésence et de transmission, par des relations souvent tendues avec l'encadrement, des conflits professionnels entre infirmières relationnelles et techniciennes, etc.) et la syndicalisation faible et dispersée pourraient expliquer cette situation paradoxale. L'enquête NEXT-PREST[12] auprès de 7000 soignants français a montré que l'insuffisance du travail d'équipe était une plainte importante à l'hôpital et qu'elle était corrélée à la plainte d'épuisement nerveux et émotionnel. Quand le collectif fait défaut, la médicalisation des problèmes devient une forme alternative de régulation sociale. Présent depuis les années 1970 dans la littérature internationale, le thème du stress des soignants se répand après les mouvements infirmiers de 1988 et de 1991, sur fond d'une crainte de remise en cause de la compétence et du métier et d'interrogation sur la fonction soignante avec l'accession à la profession de personnes de plus en plus diplômées et l'influence des sciences infirmières venues d'Amérique du Nord (dont les théories du stress et du *burn out* font partie). Directions d'établissement, cadres infirmiers, infirmières, formatrices en écoles reconnaissent, pour des raisons différentes, dans le stress, un moyen de

9 Dans une recherche sur les volontaires de AIDES (association de soutien aux malades du sida, dont plusieurs membres fondateurs sont issus de la communauté gay), Jean-Marc Weller avait montré comment la formation à l'accompagnement et la connaissance du risque de burn out marquait le passage au statut de bénévole accompli, ayant pris conscience du caractère complexe et spécifique du travail relationnel. Une boutade circulait ainsi parmi les bénévoles expérimentés: «J'ai fait mon burning out!»

10 Turner 1986.

11 Bouffartigue 2009.

12 Nurses Early Exit Study – Promouvoir en Europe la Santé des Soignants au Travail, enquête dirigée pour le volet français par Madeleine Estryn-Béhar et à laquelle j'ai participé (pour les résultats, voir Estryn-Béhar 2008).

parler du métier, des difficultés qu'il implique, des compétences qu'il faut pour les gérer, etc.[13]

En retour, la prégnance des discours sur le stress et le *burn out* dans le monde soignant conforte une lecture psychologisante et individualisante des problèmes rencontrés dans le travail. Nombre de conflits et de difficultés à l'hôpital sont lus sous le registre personnel plutôt que collectif. Josette Hart et Alex Mucchielli parlent ainsi de «management hyper affectif».[14] Lors d'une enquête menée avec des médecins du travail auprès de 7000 soignants (enquête NEXT-PREST), 11% se sont dits victimes «au moins une fois par mois» de «harcèlement moral». Or, la lecture des réponses à une question ouverte sur la pénibilité montre qu'une part non négligeable de ces plaintes est liée à un problème bien particulier: le fait d'être rappelé, en dehors de son service, par la surveillante pour combler les absences ou le manque de personnel. Obligée de gérer une situation où les congés maladie ou maternité ne sont (le plus souvent) pas remplacés, où certains postes ne sont pas pourvus, la cadre en vient parfois à relancer plusieurs fois à leur domicile les soignants de son service pour les convaincre de venir. Source de tensions, cette situation est souvent vécue comme la preuve de l'incompétence et de l'indifférence, voire du sadisme, de la surveillante, accusée de ne pas vouloir tenir compte des besoins et des impératifs personnels des soignants. Certaines infirmières en viennent, pendant leur repos, à redouter le téléphone, tout en ignorant les difficultés de la cadre, obligée de «quémander» leur aide. Si la source de ce problème est clairement organisationnelle, comme de nombreux autres conflits entre soignants et surveillants, il est vécu sur le registre individuel et «moral» («les cadres sont autoritaires, voire perverses»; «ce sont des vieilles filles qui ne connaissent pas les contraintes familiales», se plaignent les soignants; «les soignants n'ont plus le sens du devoir ou le goût du travail», répondent certains cadres).

Les libres réponses de l'enquête NEXT-PREST ont bien montré comment beaucoup de soignants, malgré le constat de problèmes organisationnels (manque d'effectifs, charge de travail élevée, mauvais management de la hiérarchie soignante et médicale, etc.) et sociaux (agressivité des malades), en venaient finalement à considérer que le salut était à chercher dans le soutien psychologique: «Manque de soutien psychologique. Notre temps de relève a été diminué (35 heures), les problèmes des résidents, du personnel, du service, sont de moins en moins résolus, ce qui entraîne du stress, chaque soignant se trouve en souffrance. Il faudrait donner du temps pour avoir la possibilité de mettre en place des groupes de parole. Il faudrait aussi donner la possibilité de mettre en place certaines

13 Loriol 2003.
14 Hart/Mucchielli 2002.

formations (stress, accompagnement, etc.)» (aide-soignante, hôpital local). «Le plus pénible est le comportement des patients. Ils n'ont plus toujours le respect des professionnels de santé. Une aide psychologique pour les patients et le personnel devrait être développée» (infirmière, clinique privée). «Le problème est que nous n'avons pas le temps de dialoguer, de parler un moment avec les patients, ce qui est bien dommage, voire regrettable, car le côté relationnel a une part très importante dans notre profession, c'est une des clés de la guérison. Personnellement, je pense qu'il serait bien, pour moi comme pour d'autres collègues, d'avoir un soutien psychologique régulièrement, environ une fois par mois, avec une personne confirmée, pour me permettre d'avoir une meilleure approche du patient et de sa pathologie, pour pouvoir l'aider dans sa souffrance morale et ainsi obtenir des résultats satisfaisants pour lui comme pour moi, car j'ai parfois un sentiment d'insatisfaction» (aide-soignante, clinique privée). «L'intervention d'un psychologue extérieur à l'établissement pour assurer une régulation d'équipe, pluridisciplinaire si possible. En milieu judiciaire, cette aide a permis de baisser l'absentéisme de façon conséquente (statistiques à l'appui). De plus, elle revaloriserait chacun dans sa fonction et améliorerait une collaboration horizontale, alors que, depuis quatre ou cinq ans, la hiérarchisation devient prépondérante» (infirmière, hôpital psychiatrique). Face à une dégradation des conditions de travail dont la dimension collective est bien perçue, les soignants de l'enquête NEXT-PREST réclament néanmoins plus de soutien psychologique, le soutien psychologique reçu au travail étant considéré comme «insatisfaisant» ou «très insatisfaisant» par 66,2% des soignantes et des soignants (et 70% pour les infirmières). L'expression des difficultés sous le vocable du stress et du *burn out*, l'insuffisance du travail d'équipe et du soutien entre collègues, la personnalisation des problèmes et des conflits, la demande d'une plus grande aide psychologique, etc., forment donc un système cohérent dans la perception du travail qui se développe parmi les soignants hospitaliers.

Les cadres

Depuis longtemps, le stress ou, avant que ce terme ne soit à la mode, les tensions nerveuses sont considérés comme l'apanage des classes supérieures. A la fin du XIXe siècle, les médecins expliquaient que les hommes d'affaires étaient soumis à un fort accroissement des exigences sociales responsable d'une tension et d'un épuisement nerveux que certains ont qualifié de neurasthénie.[15] Dans les années 1960, on parlait de la «maladie des dirigeants» que leurs lourdes responsabilités pouvaient conduire à la crise cardiaque. Aujourd'hui, les cadres se plaignent plus souvent du stress, lors des sondages sur la question, que les ouvriers. D'après

15   Loriol 2006.

une enquête IFOP de 1998, 69% des cadres interrogés se disent «stressés» contre 47% des ouvriers. Onze ans plus tard, le sondage Réseau ANACT/CSA 2009 «Le stress au travail» montre que 57% des cadres supérieurs se déclarent «stressés» contre 41% pour l'ensemble des salariés. Le thème du stress reste donc un vecteur de distinction, d'affirmation d'un fort engagement, d'une lourde charge de travail. Un cadre qui ne serait pas stressés pourrait sembler suspect. S'implique-t-il suffisamment? Fait-il assez d'heures de travail? etc. Beaucoup de managers évoquent alors le «bon stress», stimulant nécessaire à leurs yeux dans un monde hyperconcurrentiel.

Mais le stress des cadres s'est vu, depuis les années 1990, attribuer une valeur de plus en plus négative, alors que le «malaise des cadres» entrait dans l'agenda médiatique. Le succès du thème du stress des cadres s'explique à la fois par une forte campagne de sensibilisation sur ce thème par la CFE-CGC depuis les années 1990 et le désarroi devant la peur de perdre son statut, voire son emploi, le sentiment d'être éloigné des centres de décision, la loi sur les 35 heures qui révèle et accentue les écarts de temps de travail avec les autres salariés et accroît les pressions sur les objectifs, etc. Les cadres se sentent de plus en plus devenir des salariés comme les autres,[16] tout en conservant un certain nombre de contraintes et d'obligations non compensées par des avantages en voie de réduction.

Dès lors, mettre en avant son «stress» est un moyen de revendiquer et de justifier la défense des anciens «privilèges», contrepartie d'un engagement non critique envers l'entreprise. «D'autres facteurs expliquent sans doute cette mobilisation de la CFE-CGC sur la question du stress: le succès d'un thème souvent considéré comme le mal du siècle (idée véhiculée par nombre d'ouvrages généraux sur le sujet), qui est d'abord une catégorie du sens commun, les fondements philosophiques et paradigmatiques des théories du stress marquées plus souvent du sceau du positivisme, du behaviorisme et du scientisme, faisant appel largement aux méthodes quantitatives (questionnaires…) et à des batteries de mesures, congruentes à l'approche des spécialistes de la question au sein de la CFE-CGC, etc.»[17] Il faut aussi ajouter la concurrence avec la CFDT qui incite à se présenter comme le meilleur défenseur des cadres. Le syndicalisme des cadres, tout en étant non négligeable, reste, plus encore que celui des infirmières, divisé entre syndicats confédéraux, syndicats corporatifs, associations professionnelles ou d'anciens élèves;[18] il est donc peu tourné vers la contestation collective de l'exploitation de classe et se focalise plutôt sur les injustices et les malheurs individuels.[19]

---

16 Bouffartigue 2001.
17 Delmas 2006.
18 Bensoussan 2010.
19 Courpasson/Thoenig 2008.

La critique de la situation faite au cadre à travers la plainte de stress participe également d'une critique des nouveaux modes de management. L'idée d'un bon stress comme stimulant nécessaire à l'engagement des cadres dans un monde concurrentiel avait été théorisée par certains gestionnaires ou chefs d'entreprise. Ces discours étaient associés à l'idée de mise en concurrence des cadres, de renvoi des moins performants. L'ancienne carrière, où la fidélité à l'entreprise et les sacrifices réalisés pour elle étaient récompensés par la garantie d'emploi et de promotion interne, n'a plus cours. La remise en cause de ce contrat moral au nom d'une autonomie imposée à un cadre catapulté entrepreneur de soi est vécu comme une perte de confiance et un marché de dupes (exigence d'engagement sans contrepartie): Le cadre mobile et nomade, sans attaches est censé augmenter son employabilité par la multiplication d'expériences et la succession des postes. Ce n'est plus auprès de ses collègues ou de ses supérieurs proches que le cadre doit faire ses preuves, mais auprès d'un marché impersonnel et insaisissable. Pourtant, les belles carrières demeurent encore souvent celles des cadres qui font la majeure partie de leur parcours pour le même employeur.[20]

Les discours sur le stress des cadres et les solutions qui y sont proposées, comme par exemple les techniques de gestion du stress ou le développement du coaching, contribuent à la fois à renforcer l'image d'un monde professionnel compétitif où règne le darwinisme social, la survie du plus fort et l'idée que chacun doit être individuellement responsable de son stress comme de son employabilité. C'est ainsi que Patrick Légeron, responsable d'un important cabinet conseil en gestion du stress, écrit: «Ce sont nos pensées qui produisent le stress [...]. Apprendre à raisonner différemment, c'est modifier une habitude ancienne. Ce n'est ni plus ni moins facile que d'effectuer d'autres changements dans notre vie, comme arrêter de fumer ou suivre un régime alimentaire.» De même, Eric Albert, responsable d'un autre cabinet important (l'IFAS) aime à répéter: «Il n'y a pas de performance sans stress et, comme l'entreprise est, par essence, le lieu de la performance, il y en aura toujours.»[21]

Dans plusieurs grandes entreprises, des logiciels d'auto-évaluation du stress ont été mis en place, principalement à destination des cadres. Ceux-ci se sont alors vus enjoints de contrôler leur niveau de stress, un peu comme s'ils devaient surveiller leur poids ou leur taux de cholestérol; ce nouvel objectif s'ajoutant aux nombreux autres qu'ils avaient à atteindre. En outre, ces «indicateurs» n'ont pas permis d'anticiper l'augmentation du mal-être et la montée en puissance de suicides liés au travail comme au technocentre de l'entreprise Renault. Dans son étude sur la pratique du coaching pour les cadres de haut niveau, Scarlett

20 Falcoz 2001.
21 Légeron 2001.

Salman montre comment le recours à ce dispositif contribue à faire intérioriser par le cadre la responsabilité de ses problèmes (défaillance du «savoir-être», des compétences relationnelles), à le conduire à revoir à la baisse ses prétentions («faire le deuil»), mais tout en l'aidant à sauver la face, à avoir le sentiment d'avoir repris l'initiative et d'être considéré par son entreprise.[22] Le coaching agit comme un lubrifiant social aidant à faire accepter un monde du travail de plus en plus compétitif et inégalitaire.

Les policiers

Dans la police, à l'inverse, le stress est moins souvent revendiqué, car il est perçu comme un double échec. Celui du groupe de travail tout d'abord, qui n'a pas su détecter et gérer les problèmes en interne et celui d'un individu qui, en avouant sa faiblesse, risque de perdre la confiance de ses collègues (saura-t-il me protéger en cas de danger?) et de sa hiérarchie (peut-on le laisser armé sur la voie publique?). Dans les commissariats où nous avons mené notre étude sur le stress, une des premières choses qui nous était dite, à notre arrivée, était: «Vous n'êtes pas au bon endroit, vous devriez aller voir ailleurs.» Et on nous conseillait d'aller voir «les stressés dans les étages» (c'est-à-dire dans les bureaux où étaient envoyés les policiers retirés de la voie publique) ou d'autres commissariats réputés plus difficiles. Mais même lorsque nous sommes allés voir un de ces commissariats difficiles, nous avons entendu le même discours!

Cette attitude ne doit pas être réduite à un déni viril de la réalité, mais correspond effectivement, dans les brigades où les policiers se plaignent le moins du stress, à tout un travail collectif de partage des connaissances sur les difficultés du terrain, d'élaboration collective du sens des activités réalisées, de mise en place de routines d'action, de retour d'expérience sur les interventions passées, de gestion précoce des conflits avec les usagers, de soutien mutuel, de répartition des tâches et des interactions avec les différentes catégories de publics, etc. Les équipages de police-secours offrent généralement un bon exemple du *coping* collectif. Cette référence partagée à des règles et des valeurs de métier permet de surmonter un certain nombre de difficultés potentielles. Le flou dans la définition des missions et les fréquentes interruptions d'activité sont, par exemple, l'occasion de se consacrer à des tâches plus valorisées; la prise de risque est assumée comme un moyen de faire «le vrai métier» de policier, etc.

Ce *coping* collectif est rendu possible par l'organisation. L'impossibilité de rationaliser le temps de travail des policiers (il y aura toujours des moments creux entre deux interventions) et la distance avec la hiérarchie (qui ne contrôle que de loin le travail sur le terrain) permettent la discussion de solutions entre

22 Salman 2008.

soi. Les brigades où règne une bonne entente sont marquées par d'incessantes discussions sur le travail, les expériences vécues en commun, les populations et les quartiers pris en charge, le sens du travail policier, les problèmes rencontrés, etc. Des «communautés de *coping*», similaires à celles étudiées par Marek Korczynski, 2003, sont clairement observables.[23] Par exemple, l'usage de la violence physique est perçu par les policiers comme le signe de l'échec à imposer leur autorité autrement. Les rares fois où nous avons vu des policiers recourir à la force (par exemple en mettant une claque à un prévenu agité), cet épisode a été suivi de la recherche d'approbation («Vous avez vu, je ne pouvais pas faire autrement») de la part du policier impliqué auprès de ses collègues et incidemment du sociologue.

Malgré une littérature anglo-saxonne abondante sur le stress policier et l'introduction du soutien psychologique en 1995, l'usage du mot stress (et plus encore celui de *burn out*) reste rare dans la police française et aucun acteur (syndicats, psychologues, etc.) n'entreprend d'en diffuser l'usage. Le malaise policier prend d'autres formes pour s'exprimer: sentiment d'être mal aimé de la population, de voir son travail entravé par des lois donnant trop de droits aux délinquants ou l'action d'autres professionnels (avocats ou juges), etc. Le renforcement de l'identité collective autour de valeurs et de représentations partagées contre un monde extérieur perçu comme hostile ou ignorant des problèmes du terrain est un élément clé de la culture policière.[24] Le mécontentement policier est donc plus collectif qu'individuel, il se structure largement dans l'opposition entre «nous», les policiers de terrain qui connaissent la réalité de la rue, et «eux», les autres, dont font partie les psychologues qui parlent de stress. Comme le dit un des policiers rencontrés: «Pour moi, personnellement, une psychologue n'est pas là pour aider. Je ne vois pas comment une personne étrangère, qui ne me connaît pas, pourrait m'aider, enfin c'est comme ça que je vois les choses. Si un jour j'ai vraiment besoin de parler de mes problèmes, j'irais plutôt le faire avec ma famille, ma femme, même mes collègues. S'il y a une bonne entente entre collègues, de toute façon, quand une intervention s'est mal passée, on va faire un remake, en reparler entre nous. C'est pas une thérapie, mais ça fait du bien d'en parler. Pour régler les problèmes. Il y a toujours des situations stressantes, il faut en parler. Par exemple, ici, dans la brigade, il y a un collègue qui est très mauvais conducteur. Quand il est au volant, le danger est toujours là. Pas seulement quand on est en chasse ou quand on met les deux tons, avec cette personne, même quand on fait une ronde, on a toujours peur de l'accident. Il est très distrait. ‹Oh, j'avais pas vu le feu rouge, j'avais

---

23 Korczynski 2003.
24 Monjardet 1986.

240

pas vu le passage piéton…› J'ai parlé de ce problème, j'ai dit que je ne voulais plus être en équipage quand il conduisait et ça va mieux» (gardien de la paix, commissariat de la petite couronne parisienne).

Dans les brigades de police, la façon de parler des problèmes est relativement codifiée, cadrée, car elle doit renforcer la cohésion du groupe et non le diviser en individualités exprimant leur propre subjectivité. La pression du groupe est donc forte. Ne pas adhérer à la culture et au style relationnel de la brigade, c'est s'exclure. Ainsi, dans une brigade où la plainte de stress est inexistante, une jeune policière supportait mal l'humour grivois qui y était pratiqué. Ne pouvant ou ne voulant répliquer dans les formes adaptées (par exemple par une surenchère inversant les stéréotypes sexistes comme le faisaient certaines policières), elle quitte cette brigade pour une brigade où les relations sociales sont moins chaleureuses mais plus neutres au motif de «harcèlement sexuel», terme formel et juridique qui pouvait difficilement faire sens dans la brigade quittée, mais également dans les autres.

Ainsi, pour le chef de la brigade d'accueil, la plainte de stress ou de harcèlement ne peut s'apparenter qu'à une instrumentalisation individuelle du système, comportement à des fins personnelles au détriment du groupe: «Vous savez, moi, le stress, j'y crois pas beaucoup. Je vais vous dire, le stress c'est un moyen d'obtenir des postes aménagés. Les jeunes qui ne veulent pas aller sur la voie publique, qui veulent des horaires plus confortables, ils disent qu'ils sont stressés, qu'ils ont peur avec leur arme et hop, on les retire de la voie publique! Ces gens-là, ils ne devraient rien avoir à faire dans la police. Moi je suis syndiqué, je ne vous dirais pas où parce que ça me regarde… je suis un ancien militaire, donc je dis les choses comme je le pense. Ceux qui disent qu'ils sont stressés, le problème, c'est qu'on les écoute et ils le savent! Il y a des psychologues pour les écouter, faire des recherches sur la question et on les retire de la voie publique, on leur retire leur arme et on les met dans des bureaux avec des postes aménagés. Ici, il y a cinq ou six gars dans les bureaux, ils se disent ‹stressés›. Moi, quand j'ai entendu que vous alliez faire cette étude dans le commissariat, j'ai doucement rigolé. Je l'ai dit à la patronne d'ailleurs, mais bon, il faut que les gens le sachent à l'extérieur, aussi! Les postes aménagés dès qu'on parle de stress, ça se sait! C'est comme le harcèlement sexuel. Il y a une gardienne, ici, qui voulait changer de brigade, pour avoir des horaires compatibles avec ceux de son mari, elle a dit qu'elle était victime de harcèlement sexuel, et hop, elle est ici et moi j'ai trop de femmes dans ma brigade!» (chef de brigade d'un commissariat de la petite couronne de Paris).

Cette «résistance»[25] du groupe professionnel à la thématique du stress et à la

25 Loriol/Boussard/Caroly 2006.

psychologisation des difficultés au travail se retrouve dans d'autres métiers proches sociologiquement, comme les surveillants de prison chez qui peuvent être observées «des formes de résistance des personnels qui refusent d'aller voir un psychologue, du fait de leur non-familiarité avec l'approche psychologique, mais également du fait de la féminisation de cette profession. Ces personnels majoritairement masculins sont moins enclins à se confier à des femmes et ils élaborent de multiples résistances à cette présence féminine dans un univers majoritairement masculin. Il y a aussi le refus de certains personnels d'aller voir un psychologue sur leur lieu de travail. Les psychologues font part de la stratégie défensive des surveillants face au caractère jugé ‹intrusif› de leur présence, soit par le refus d'aller les voir (‹Ils ne viennent pas jusqu'à mon bureau, même quand ils vont très mal›), soit même par l'acceptation de rencontres informelles, devant un café, dans un couloir qui limitera de fait la profondeur des entretiens. Des surveillants doutent de l'efficacité de cette aide psychologique qui ne constitue, selon eux, qu'un soutien ponctuel.»[26]

Les ouvriers

Dans tous les sondages et toutes les enquêtes sur le stress perçu, les ouvriers se déclarent moins stressés que les cadres ou les professions intermédiaires, malgré une situation de *job strain* (concomitance d'un travail exigeant et de faibles marges de manœuvre) plus fréquente. Cette situation peut tout d'abord être expliquée par les représentations habituellement associées au stress comme problème des emplois à responsabilité. Beaucoup d'ouvriers auraient intériorisé l'idée que leur travail est peu prenant psychiquement, malgré les nombreuses études sur les effets néfastes du travail répétitif sous contrainte de temps et l'écart entre le travail prescrit et le travail réel qui suppose un investissement personnel. «Mon travail est source de fatigue surtout les jours de câblage où il faut tirer des câbles longs et lourds pour alimenter les alarmes ou les interphones. Sinon c'est relativement calme. Il me faut programmer les interphones qui sont aujourd'hui à code secret et là, beaucoup moins de force physique est nécessaire, il me suffit d'appliquer mes connaissances que j'ai acquises dans ce domaine. Le mot stress est un mot que je connais pas» (ouvrier électricien, 23 ans). «Dans mon travail je ne ressens aucun stress, ni avant, ni pendant, ni après. C'est un travail purement manuel. On n'a pas besoin de préparer ou de penser à ce qu'on aura à faire le lendemain, on n'a pas de responsabilités, notre forme ou notre humeur ne rentre pas en compte dans nos tâches, c'est-à-dire qu'on exécute bêtement notre travail. En revanche, c'est bien une source de fatigue à cause des horaires, de la répétition, de la chaleur… On est fatigué parce qu'à la fin de la journée, on a

26 Rostaing 2008.

l'impression de n'avoir rien accompli de bien intéressant» (ouvrière emballeuse dans une usine de chips, 22 ans).

Toutefois, cette explication est insuffisante, car les travailleurs manuels savent que leur activité exige aussi un investissement de soi et de l'inventivité pour s'adapter aux imprévus du travail. Mais cet effort est largement ignoré de la hiérarchie qui pense à tort les emplois peu qualifiés comme interchangeables. Se plaindre de stress ne serait alors pas forcément compris. Si les ouvriers résistent plus que d'autres, malgré les contraintes objectives de leur travail, au vocabulaire du stress, c'est aussi qu'ils perçoivent de façon plus aiguë qu'au jeu de l'autonomie et de l'employabilité, ils partent avec un handicap, que leur destin est celui de la fragilisation collective d'un groupe mis à mal par les évolutions de l'économie. Les travailleurs les moins qualifiés, plus que les cadres, savent bien par expérience que les plus «mobiles» sont en fait les plus précaires et non les plus employables, contrairement à ce que voudrait faire croire la mythologie du «travailleur nomade». Hors de la solidarité collective, point de salut ou presque! Traditionnellement, les ouvriers étaient parvenus à se préserver une relative autonomie grâce à l'action collective. Par le freinage pour lutter contre les cadences infernales ou la révision à la baisse des tarifs du travail à la pièce;[27] par l'entraide des plus expérimentés vers les moins rapides pour grappiller quelques secondes sur la chaîne;[28] par la lutte collective pour tenter d'obtenir de moins mauvaises conditions de travail; par la tentative d'imposer les critères de qualité (le beau travail) et de pénibilité (les postes durs) du groupe de pairs, des gens du métier contre la hiérarchie, etc.[29] Dans ce cadre, la plainte ne peut relever de la simple subjectivité individuelle, mais doit au contraire s'inscrire dans une construction collective. Dans ses recherches sur la construction de la pénibilité par les ouvriers d'usine,[30] Nicolas Dodier remarque: «Une pénibilité particulièrement élevée peut être un outil puissant pour la constitution de liens entre les ouvriers qui y sont confrontés [...]. Le problème posé par les différences individuelles est particulièrement net lorsqu'un événement biologique individuel (fatigue, maladie, faiblesse, etc.) appelle l'aide momentanée d'un des membres de l'équipe [...]. L'équipe de travail qui prend [ces événements] en compte se heurte alors à la difficulté d'objectiver les pénibilités ressenties par chacun.»[31] Pour ne pas mettre en péril la cohésion du groupe et risquer d'exclure ceux qui se plaignent trop, la réputation de tel ou tel poste se fait en fonction du degré d'usure qu'il génère. Cette hiérarchisation des postes de travail et des ateliers,

27 Roy 2006; Linhart 1978.
28 Linhart 1978.
29 Ibid.
30 Dodier 1985; Dodier 1986.
31 Dodier 1985.

qui s'appuie sur une mise en balance du niveau sonore, de la saleté, du poids des charges à porter, etc., permet des comparaisons acceptées par tous.

Plutôt que d'exprimer leur malaise sous le vocable du stress, les ouvriers parlent de fatigue, d'usure, de douleurs. Même la fatigue intellectuelle est somatisée: ce sont les nerfs qui, à force d'être «tendus», finissent par «craquer».[32] Dans un travail sur l'expression de la souffrance par des ouvrières dans les années 1960–1970, Fanny Gallot explique: «De manifestation individuelle, la crise de nerfs devient un élément significatif de l'exaspération en cours. L'arrêt de travail consécutif le montre, tout comme la façon dont la dénomination ‹crise de nerfs› est utilisée par les ouvrières. Ce n'est plus ‹une› ouvrière qui fait une ‹crise de nerfs› mais une manifestation qui relève du ‹on›, du ‹nous›. Le langage est ici révélateur du fait qu'il existe une représentation collective de la contrainte corporelle qui provoque la ‹crise de nerfs›.»[33]

Cette attitude peut se comprendre comme faisant partie d'une lecture collective de la pénibilité. Se plaindre de la dureté du travail sans passer pour un feignant ou un tire-au-flanc n'est possible que pour ceux qui travaillent sur un poste reconnu par tous comme difficile ou pour ceux dont l'avancée en âge et les marques visibles d'une usure due aux efforts passés, tels les troubles musculosquelettiques (TMS), attestent de la pénibilité endurée. Travailler sur un poste reconnu par tous comme difficile ou avoir atteint un certain âge marqué par l'usure du temps sont les deux conditions auxquelles une plainte individuelle est acceptable sans remettre en cause l'effort et la cohésion collective.

Jusqu'à la fin des années 1980, dans beaucoup d'entreprises françaises, une sorte de règle implicite voulait que les salariés vieillissants soient affectés à des postes moins durs (hors chaîne, de surveillance ou d'entretien), ce qui a été rendu plus difficile par la sous-traitance de ces postes, le vieillissement de la main-d'œuvre ou l'emploi de jeunes formés sur la programmation des machines à commandes numériques. Cette situation a pu produire à la fois une augmentation des TMS et leur mise en avant pour dénoncer ce qui était vécu comme une injustice. Le langage du stress, du psychisme, des émotions apparaît, dans ce cadre, moins pertinent que celui du corps. Celui ou celle qui se plaint et réclame de pouvoir souffler un peu montre que sa bonne volonté n'est pas en cause, mais que c'est sa force de travail qui a été mise à mal.

Une femme, dans une usine de meubles aux conditions de travail particulièrement difficiles, explique ainsi à propos de ses problèmes de santé: «C'est pas que je suis fainéante, mais vous savez, ça fait 18 ans, vous savez, depuis l'âge de 16 ans que je travaille» (femme, 35 ans). En revanche, les jeunes, embauchés pour travailler sur

---

32 Aballéa 1987.
33 Gallot 2009.

les nouvelles machines à commandes numériques, moins pénibles physiquement, sont l'objet d'incompréhension de la part des ouvrières plus âgées quand ils se plaignent de stress ou de fatigue: «Ils sont plutôt paresseux, parce que moi, j'aurais jamais osé, quand je suis arrivée dans l'usine, au contraire, j'essayais de courir partout, que tout le monde soit bien content» (femme, 47 ans). Se plaindre ainsi, c'est remettre en cause le collectif, ne pas tenir compte des autres, de l'avis du groupe. La plainte de stress est vécue comme un jaillissement non maîtrisé de la subjectivité et de l'individualisme au travail.

Malgré les dures conditions de travail, nombreux sont les ouvriers à exprimer la nostalgie d'un passé idéalisé.[34] «C'est vrai que le travail c'était dur, mais quand une personne avait terminé, elle venait aider les autres. Même les gars de la maintenance, ils venaient nous donner un coup de main quand ils avaient le temps»; «En améliorant les conditions de travail, on a perdu tout le côté entraide qu'on avait entre nous», déplorent ainsi des ouvrières d'une usine de biscottes citées par Danièle Lihnart.[35] «Ce qui comptait, c'était l'enthousiasme collectif ou le sentiment de donner de sa personne, la fierté donnée par l'engagement syndical, l'opposition entre nous, les ouvriers, et eux, les patrons.» Ce sentiment de maîtrise collective a été affaibli par la modernisation des entreprises, les machines qui dévalorisent les savoir-faire, la peur du chômage. «C'est bien l'orientation vers les autres qui est menacée, la conscience partagée d'un certain type de bien commun qui s'effrite, dans un monde ouvrier qui avait pourtant trouvé des parades aux effets désocialisants de la pensée organisatrice taylorienne.»[36]

Le travail au temps du stress

Le travail, jusque dans les années 1970–1980, était pensé comme une œuvre collective, dont la valeur dépendait de son utilité pour autrui. Avec la montée du chômage, le travailleur est de moins en moins célébré pour le don de soi qu'il fait à son entreprise et à la collectivité[37] et de plus en plus perçu comme un privilégié qui se doit de faire profil bas. Les efforts fournis, l'usure du corps qui en découlait étaient le signe, la preuve du don de soi pour la société et l'entreprise. La fierté de participer à l'effort collectif et de ne pas dépendre d'autrui donnait du sens aux efforts qui, tant qu'ils ne dépassaient pas un certain seuil préjudiciable pour la santé, devenaient acceptables dans le cadre d'une sorte de contrat moral entre l'employeur et le salarié (engagement de soi et sacrifices au début de la vie active

34 Hodebourg 1993; Oury 2005.
35 Lihnart 2008.
36 Ibid.
37 Alter 2009.

contre la garantie d'une carrière relativement prévisible et ascendante). Les postes les moins pénibles étant réservés aux salariés vieillissants en reconnaissance de leurs efforts passés. Les problèmes de salaire et de conditions de travail étaient perçus comme collectifs et se réglaient collectivement. Le thème du stress, pensé comme un problème d'adaptation et de compétences individuelles, suscitait la méfiance des syndicats.

Or, depuis les années 1980–1990, cette forme de régulation sociale du travail est remise en cause. Sous l'effet du chômage, le travail apparaît de moins en moins comme un don du travailleur, mais comme un privilège dont il faut se montrer digne, les salariés dont les statuts se diversifient se retrouvent mis en concurrence, les syndicats peinent à structurer les conflits et les revendications et finissent par recourir au thème de la souffrance au travail pour tenter de coller aux plaintes des salariés. L'individualisation des salaires, des statuts (CDI, CDD, intérimaires, stagiaires, etc.), des congés, la mise en concurrence des salariés détruisent les collectifs de travail[38] et leur capacité de résistance. Comment est-on passé d'une représentation fière du travailleur contrôlant collectivement ses conditions de travail à une représentation du salarié comme victime potentielle qu'il faut défendre, accompagner psychologiquement et former individuellement? Que signifie le passage d'une lecture du travail en termes d'usure, de fatigue, de conditions de travail à une approche en termes de stress, de gestion des risques psychosociaux, de harcèlement, d'accompagnement psychologique?

Les discours du stress comme forme particulière de régulation des difficultés vécues dans le travail

Les études de cas sur les quatre groupes de métier ont montré que la plainte de stress se développe dans un milieu professionnel à deux conditions: que certains acteurs (syndicats, employeurs, formateurs, presse professionnelle, etc.) se fassent les porte-parole de l'entreprise de morale visant à faire connaître le stress et que les problèmes et les difficultés rencontrés dans le métier soient perçus comme une question d'adaptation à une organisation non régulée par les relations de travail, les règles de métier négociées et valorisées par le groupe. Si une catégorie sociale se reconnaît dans le stress, c'est que, d'une part, la résolution des problèmes en amont, par des actions collectives, n'est pas considérée comme une option probable et que, d'autre part, la difficulté ou la pénibilité de la tâche ou de la fonction semblent ne pas être reconnues. La mobilisation collective ne peut se faire qu'autour de la dénonciation de l'agrégation des souffrances individuelles qui appellent la compassion ou la réparation plus que la révolte contre les conditions sociales qui en sont à l'origine.

---

38 Linhart 2008.

C'est pourquoi, la montée en puissance des discours sur le stress trouve d'autant plus d'écho auprès des travailleurs que l'on passe de la coopération à la coordination. La première, basée sur des règles, des valeurs et des expériences partagées au sein des groupes de travail, une culture transmise localement et renforcée par de nombreux micro-arrangements, est menacée par l'expression du stress comme jaillissement de la subjectivité individuelle et démonstration de l'impossibilité du collectif à contrôler l'organisation. La seconde est fondée sur des règles formelles et impersonnelles, un contrôle a posteriori sur des critères standardisés, souvent vécus comme extérieurs au groupe de travail, elle est cohérente avec l'idée que l'individu compétent doit être, jusqu'à un certain point, la variable d'ajustement. L'informatisation donne faussement l'impression qu'il est possible de tout coordonner sans coopération.[39] Pour reprendre le vocabulaire de Jean-Daniel Reynaud,[40] le passage de la coopération à la coordination est marqué par le déclin des régulations autonomes, laissant ainsi la place à des régulations de contrôle et une régulation conjointe de plus en plus éloignée des réalités de l'atelier. Avec les troubles de la coopération, la transmission d'informations à tous pour se couvrir, laisser une trace, transmettre le problème en aval produit une augmentation pour tous de la charge de travail[41] et de la capacité à distinguer l'accessoire de l'essentiel. En outre, chacun à intérêt à mettre en évidence son stress pour exprimer la sensation d'être dépassé par des demandes excessives, pour mettre en avant sa charge de travail élevée, etc. Parler de son stress est à la fois l'occasion de valoriser une compétence, un engagement personnel, son autonomie, mais aussi d'exprimer des craintes si l'organisation déborde les capacités d'adaptation.

Se représenter les contraintes au travail sous le registre du stress participe donc d'une forme de régulation du travail plus formelle et individualisée, voire une fausse personnalisation, même si dans de rares cas, comme les conducteurs de bus, l'action syndicale a permis de rejeter une approche trop individualisante et psychologisante du stress en en faisant la responsabilité de l'entreprise. Les salariés qui expriment leurs difficultés sous le vocable du stress ne sont pas dupes et ont bien conscience de la dégradation de leurs conditions de travail,[42] mais ils se sentent plus, que ceux qui résistent au stress et à la psychologisation de leurs problèmes, pris dans une organisation et des situations qui échappent au contrôle du groupe. Dès lors, il ne reste que l'alternative entre rejeter le travail et son organisation ou s'y adapter individuellement par l'amélioration des compétences personnelles ou le repli sur la vie privée. La notion de stress

---

39 Ginsburger 2010.
40 Reynaud 1989.
41 Dejours 2009.
42 Bouffartigue 2009.

polarise ainsi les débats entre l'individu et l'organisation tout en négligeant les interactions entre les deux.

Les syndicats sont alors souvent méfiants quand le terme de stress est introduit dans les négociations par les directions. L'étude, par Marie Buscatto, de l'historique d'une négociation à La Poste illustre bien cette situation.[43] La direction ayant réussi à définir le stress essentiellement comme une question de difficultés relationnelles, principalement dans les quartiers à problèmes, les syndicats délaissent le terme dans la suite de la négociation pour mieux mettre l'accent sur la pénibilité physique dont l'origine serait à chercher du côté des questions d'effectifs et d'organisation du travail.

Mais les syndicats ne sont pas voués à rejeter le thème du stress pour contrer les tentatives d'individualisation du problème par les directions. Ils peuvent parfois chercher à imposer leur propre lecture du stress. A la RATP, face au problème des agressions de machinistes, la régie a, dans un premier temps (en 1991), fait appel à une société de consultants en psychologie (Stimulus-conseil en changement comportemental). Partant de l'idée que «le stress est une variable très personnelle et particulièrement subjective qui ne se laisse pas facilement circonscrire», l'objectif est «d'aider le machiniste à s'impliquer dans une démarche de qualité de service. La solution, face au stress, serait de développer les qualités du machiniste, son self-control.» La vigilance critique de psychologues bien intégrés au milieu professionnel de la conduite des bus et la lutte syndicale sur les conditions de travail ont permis de rejeter cette lecture culpabilisante et de concilier prise en charge psychologique et analyse globale des causes du malaise et des problèmes. Un travail important est réalisé, notamment par la CGT, pour objectiver le stress comme problème d'organisation et de moyens. Il s'agit de faire du stress une responsabilité collective qui implique la régie dans son ensemble et non une simple question d'adaptation individuelle. L'agression d'un machiniste, notamment, si elle peut être traitée par l'outil de la mise en inaptitude en cas de traumatisme psychologique (démarche protectrice, mais aussi stigmatisante), va également donner lieu à un traitement plus collectif: dépôt de plainte systématique avec accompagnement par un représentant de la direction, menace de conflit social si l'agression peut être comprise comme le résultat d'un défaut organisationnel… Il s'agit d'affirmer clairement que ce n'est pas l'affaire d'une personne particulière, mais de toute l'entreprise.

Les formes de résistance à la réduction du stress à un simple problème d'adaptation individuelle sont donc variables. Elles peuvent prendre la forme d'un rejet du terme de stress (tel le cas des postiers étudiés par Marie Buscatto) ou, plus largement, d'un rejet du psychologue et la valorisation du soutien par

43 Buscatto 2008.

les collègues (comme cela peut être observé dans les brigades de police-secours). Plus rarement, l'action syndicale peut aller jusqu'à changer le sens même du terme de stress (comme dans l'exemple des conducteurs de bus).

Le stress et les paradoxes de l'autonomie

Les salariés qui se plaignent le moins du stress sont donc généralement ceux qui conservent une vision collective (même si elle est négative) de leur destin plutôt qu'une vision individuelle de leur capacité à s'en sortir; la définition du poste et du travail, de sa pénibilité, est l'objet d'un accord reconnu par tous (on parle alors de qualification plutôt que de compétence) ou qui fait consensus dans le groupe de travail et dont les difficultés, à l'instar des policiers, peuvent être gérées en amont par la coopération. Ainsi, les salariés des très petites entreprises se déclarent moins affectés par le stress que les autres (sondage CSA-ANACT de 2009).

En revanche, les travailleurs pris dans des contraintes qui ne font pas l'objet d'une définition collective ou échappent au contrôle du groupe sont plus à même de ressentir et d'exprimer les difficultés sous la forme du stress. Ainsi, les travailleurs indépendants, qui doivent de plus en plus gérer les problèmes de coordination avec les clients (entreprises ou particuliers), les administrations, les fournisseurs, tout en souhaitant se distinguer des salariés, se plaignent plus du stress que le reste des travailleurs. Le management actuel cherche à transformer tout salarié en quasi-indépendant; à substituer les relations clients-fournisseurs aux relations entre collègues. Enfin, de plus en plus de salariés, tout en étant formellement plus autonomes, se plaignent que leurs rythmes de travail, les délais, la qualité (ou plutôt l'absence de qualité) leur sont imposés de l'extérieur par les clients, une hiérarchie aux objectifs gestionnaires, des dispositifs techniques (logiciels, protocoles, évaluation par objectif, etc.); cette difficulté est exprimée en termes de stress.

Le travail contemporain est marqué à la fois par plus d'autonomie individuelle et plus de contraintes. «En forçant le trait, les évolutions enregistrées depuis les années 1980 tendent à transformer chaque salarié en entrepreneur, individuellement responsable des missions qui lui sont confiées.»[44] Donner des responsabilités sans donner totalement les moyens de les assumer de façon convenable ne confère pas une véritable autonomie.[45] Le paradoxe de l'autonomie contemporaine est qu'elle incite à l'investissement et à l'effort personnel tout en garantissant un mode de reconnaissance et de gratification lié à des arrangements collectifs (les hiérarchies professionnelles, les mondes sociaux de la création).

44 Lallement 2010, p. 55.
45 Boisard 2009.

Un besoin de reconnaissance est créé alors qu'il ne peut être satisfait pour tous. Dans les services et l'économie créative, l'incertitude et la difficulté à apprécier la valeur de ce qui est produit expliquent la peine à reconnaître le travail. L'ouvrier taylorisé ou l'artisan n'ont pas les mêmes attentes, car leur identité est assurée par un cadre communautaire fort. Le management post-taylorien est pris dans un ensemble de contradictions entre la liberté et le contrôle, la créativité et l'efficacité, la reconnaissance et l'exploitation. L'injonction à l'autonomie elle-même est paradoxale. D'où l'invention de formes artificielles de reconnaissance («tableau du meilleur vendeur»; «salarié du mois»; etc.)

L'exigence d'autonomie dans le travail s'accompagne en fait d'une interdépendance croissante. Plus d'autonomie ne signifie donc pas forcément moins de contraintes. Le travail contemporain est justement marqué par la montée des contraintes extérieures aux règles de métier traditionnelles, aux valeurs et aux pratiques légitimées et validées par le groupe de travail, les collègues et la hiérarchie de proximité. Ces contraintes, imposées par les pressions marchandes, les impératifs techniques, une hiérarchie qui est de moins en moins issue du rang, empêchent les salariés de mettre en œuvre leur idéal professionnel. D'après les enquêtes «conditions de travail», entre 1991 et 2005, la part des salariés qui déclarent ne pas pouvoir effectuer correctement leur travail à cause d'un manque de temps est passée de 23% à 25%; de 27% à 30% du fait d'un nombre insuffisant de collaborateurs et de 19% à 24% en raison de l'usage de logiciels informatiques inadaptés. La contrainte vient de l'extérieur et non du métier: la part des salariés dont le rythme de travail est imposé par les collègues est ainsi passée de 11% en 1984 à 27% en 2005, et la proportion de ceux dont le rythme de travail est imposé par une demande extérieure exigeant une réponse immédiate est passée de 28% à 53%; enfin, la part de ceux soumis à «un contrôle hiérarchique permanent» est passée de 17% à 30%.

Les rapports entre individus ne sont plus codifiés par des règles imposées par le groupe, des chefs issus du métier, mais par les nécessités de la coordination de plus en plus complexe et étendue entre les individus. L'individu «adapté» est celui qui sait interagir avec les autres sans le support des normes sociales, mais à partir de sa conscience personnelle, de son outillage et de ses compétences individuelles. C'est pourquoi le stress est défini comme un équilibre entre la capacité de l'individu et ce qui lui est demandé. Le modèle de la compétence, contrairement à celui de la qualification, correspond à un univers professionnel moins stable où l'individu doit savoir valoriser son savoir, son savoir-faire et, de plus en plus, son savoir-être (gérer le stress, coordonner ses actions avec des inconnus, s'adapter individuellement aux changements et aux imprévus, etc.).

Cela peut toutefois générer un certain nombre de problèmes qui seront alors subsumés et réduits sous le terme de stress: tout d'abord de la souffrance, pour celui qui se voit imposer des actes ou des valeurs qui vont à l'encontre de sa conscience. Ensuite, du fait d'un système complexe dans lequel les centres de décision sont de plus en plus déconnectés du réel, ont des logiques et des exigences propres, l'individu est sommé d'être la variable d'ajustement; qu'il en ait les moyens ou non. Les difficultés de reconnaissance des efforts réalisés pour combler les écarts entre travail prescrit et travail réel s'accroissent également, car le salarié peut de moins en moins s'identifier à son entreprise (qui le traite comme un pion interchangeable) ou à son métier (dont les normes et les exigences ne sont pas reconnues par le management). Il doit tirer sa fierté professionnelle de ses compétences personnelles, de sa créativité individuelle, même si la reconnaissance de ces dernières dépend de la participation à des réseaux sociaux, dont certains sont exclus. Enfin, la compétence n'est plus liée à un long apprentissage au sein d'un métier auprès des anciens, mais au contraire à la multiplication des expériences diverses. La règle implicite, pour les cadres du privé comme du public, de mobilité tous les trois ans s'inscrit dans cette logique:[46] on ne voit que les inconvénients de la stabilité (risque de s'encroûter, de ne plus prendre de recul, de n'être plus adaptable, etc.) et non les avantages (maintien des collectifs de travail, approfondissement d'une expertise technique reconnue par les pairs, etc.). Le problème de la reconnaissance se pose donc au niveau des nouveaux métiers ou des professions intermédiaires.

Le désir de métier comme révélateur des difficultés vécues

Depuis quelques années, les sociologues Piotet, Osty et Linhart ont diagnostiqué parmi les salariés, une nostalgie des métiers, parés de toutes les vertus: redonner du sens et de la reconnaissance au travail, protéger contre le chômage et les abus du management gestionnaire, etc.[47] De leurs côtés, les employeurs et, en France récemment, les pouvoirs publics ont également encouragé les «démarches métier» (notamment par des listes de compétences supposées nécessaires pour accomplir telle fonction) dans l'espoir d'augmenter l'efficacité du travail tout en luttant, à moindre coût, contre la souffrance au travail. Mais il n'est pas certain que cette démarche patronale volontariste (plutôt une vision en termes de compétences individuelles, d'employabilité), même si elle renforce le «désir de métier» chez les salariés, ait le même sens que pour leurs employés.

Ceux qui font le même métier sont les mieux placés pour en connaître les difficultés, pour apprécier le savoir-faire et la créativité mis en œuvre. Ceux qui sont extérieurs au métier risquent de n'en percevoir que les aspects les plus visibles, mais parfois secondaires. De plus, la reconnaissance interne renforce

---

46 Ginsburger 2010.
47 Piotet 2002; Osty 2005; Linhart 2008.

la solidarité du groupe, l'entraide, le partage des «ficelles du métier». Le métier permet une régulation collective des difficultés rencontrées dans le travail. Par exemple en fournissant un cadre d'exercice clair et valorisé en l'absence de consignes précises. Traditionnellement, chaque métier se caractérise par un savoir-faire reconnu, des règles et des valeurs qui définissent le travail et les efforts nécessaires pour y parvenir. Pour les ouvriers qualifiés, le «beau travail», c'est réaliser une certaine qualité (fiabilité, robustesse, esthétique, etc.); pour les conducteurs de bus, c'est assurer une conduite souple, sans freinage ou accélération ni risque d'accident; pour les infirmières, il s'agit de pouvoir soigner et réconforter un malade très mal en point; pour le policier arrêter un délinquant dangereux, etc. Le beau travail justifie les efforts réalisés. Ainsi, s'il est toujours éprouvant de travailler avec des usagers gravement malades ou des clients agressifs, cette pénibilité peut être mieux supportée quand elle s'inscrit dans une action qui fait sens pour les professionnels concernés. Ce qui est perçu comme un risque inhérent au métier est mieux toléré que ce qui apparaît comme une simple conséquence de la subordination, une contrainte imposée par les autres et non justifiée de l'intérieur par ce qui fonde la beauté du travail.

Renforcer les métiers ou le sentiment d'appartenance à un métier ne se décrète pas, et de nombreuses pratiques de management ont au contraire limité les occasions, parmi les salariés, d'échanger et de se reconnaître autour d'un savoir-faire et d'une conception partagée du travail. Quand la hiérarchie de proximité n'est pas issue du métier ou n'y a pas été sensibilisée et se contente d'utiliser des indicateurs de gestion standardisés, le sentiment d'être reconnu dans son métier s'estompe. La focalisation sur les résultats financiers au détriment de l'appréciation du travail bien fait donne à beaucoup de salariés le sentiment que leur professionnalisme n'est pas pris en compte. Il en est de même pour les salariés déplacés d'une fonction à l'autre sans formation adaptée, comme si n'importe qui pouvait faire le travail, ce qui est rarement vrai.

Une des fonctions du métier est de garantir à ses membres une protection contre les contraintes extérieures, qu'elles viennent du marché, de la concurrence, des clients ou de la hiérarchie. Dans les petites entreprises notamment, ce type de stratégie peut prendre plusieurs formes: échange de clients (surtout entre métiers complémentaires, comme carreleurs et plombiers), échange temporaire de matériel ou de main-d'œuvre, accords locaux sur les prix ou les horaires d'ouverture pour limiter la concurrence, mise en commun des achats pour mieux négocier avec les fournisseurs, etc. Le métier, ou l'accord entre professionnels sur ce que doit être le travail, peut aussi offrir une protection et des marges de manœuvre face à l'environnement. Par exemple, les infirmières ou les policiers se réfèrent à une définition partagée de ce qu'est leur mission pour justifier à leurs yeux le fait de prendre en charge certains besoins et pas d'autres. Quand une démarche collective et volontaire est mise en œuvre, le marché, les clients, les usagers peuvent être «éduqués» ou «cadrés» de manière à partager une plus grande communauté de vue, à mieux correspondre aux capacités et à l'offre de l'entreprise.

Conclusion

Définir et gérer les difficultés au travail en termes de stress implique une vision du travail qui sépare les individus de l'organisation. Le stress est le problème de celui qui ne sait pas s'adapter ou faire face aux défis ou, plus exceptionnellement, le signe d'une organisation du travail excédant les capacités individuelles. Cette vision suppose des salariés ou des travailleurs autonomes qui s'adaptent à l'organisation du travail ou ont les ressources pour changer d'emploi.

Cependant, les salariés les plus autonomes sont en fait ceux qui peuvent le mieux profiter des marges de manœuvre obtenues collectivement au nom d'une compétence ou d'un mandat exclusif, c'est-à-dire finalement ceux qui appartiennent à des métiers ou à des professions établis et reconnus. Les médecins, par exemple, bénéficient d'un monopole d'exercice et d'expertise qui a longtemps pu être opposé aux différentes tentatives de contrôle extérieur. Pour être réelle et effective, l'autonomie individuelle doit être permise et étayée par une autonomie collective. Les plaintes sont alors exprimées en termes de revendications, de demandes de moyens, mais non en termes de stress ou de *burn out*.

D'où l'usage du vocable du stress dans les métiers qui à la fois aspirent à plus d'autonomie et de reconnaissance, mais se sentent insuffisamment soutenus. La vision en termes de stress favorise pourtant l'oubli, voire la dissimulation, de l'importance des ancrages collectifs, des soutiens organisationnels nécessaires à la construction des compétences et de la coopération; elle n'aide pas à penser les enjeux contemporains du travail. Malgré cela, le terme de stress est bien celui qui s'impose aujourd'hui, signe de la crise actuelle de représentation du travail.[48] D'après un sondage TNS-Sofres de 2007, 78% des actifs déclarent que le mot «stress» est celui qui décrit le mieux leur travail, contre 30% pour «corvée», 19% pour «ennui» et 16% pour «souffrance».

---

48 Boisard 2009; Ginsburger 2010.

Bibliographie

Aballéa F. (1987): Le besoin de santé. Les déterminants sociaux de la consommation. Paris, CTNER (diffusion Presses Universitaires de France).

Alter N. (2009): Donner et prendre. La coopération en entreprise. Paris, La Découverte.

Barley S., Knight D. (1992): «Toward a Cultural Theory of Stress Complaints», Research in Organizational Behavior 14, p. 1–48.

Bensoussan M. (2010): L'engagement des cadres. Pratiques collectives et offres de représentation. Paris, L'Harmattan (Collection Logiques Sociales).

Boisard P., (2010): Le nouvel âge du travail. Paris, Hachette Littératures (Collection Tapage).

Bouffartigue P. (2001): Les cadres. Fin d'une figure sociale. Paris, La Dispute.

Bouffartigue P. (2009): Le stress au travail, entre psychologisation et critique des conditions travail. Document de travail du LEST.

Bowker G. C., Star L. (1999): Sorting Things Out. Classification and its Consequences. Cambridge (MA), MIT Press.

Buscatto M. (2008): «Le stress se négocie-t-il? Les ressorts d'une impossible mise sur agenda». In: M. Buscatto, M. Loriol, J. M. Weller (dir.): Au-delà du stress au travail. Une sociologie des agents publics au contact des usagers. Ramonville-Saint-Agne, Erès, p. 39–56.

Courpasson D., Thoenig J. C. (2008): Quand les cadres se rebellent. Paris, Vuibert.

Delmas C. (2008): «L'articulation des savoirs experts et profanes dans l'émergence de la thématique du malaise des cadres», Congrès de l'Association Belge de Science Politique, Louvain-la-Neuve, 24–25 avril 2008, atelier: «Savoirs experts, savoirs profanes: vers de nouveaux modes de construction de l'actualité politique?».

Dejours C. (2009): Travail vivant. Travail et émancipation. Paris, Payot.

Dodier N. (1985): «La construction pratique des conditions de travail: Préservation de la santé et vie quotidienne des ouvriers dans les ateliers», Sciences Sociales et Santé 3 (2), p. 5–39.

Dodier N. (1986): «Corps fragiles: La construction sociale des événements corporels dans les activités quotidiennes de travail», Revue Française de Sociologie 27, p. 603–628.

Estryn-Béhar M. (2008): Santé et satisfaction des soignants au travail en France et en Europe. Rennes, Presses de l'Ecole des Hautes Etudes en Santé Publique.

Falcoz C. (2001): «La carrière ‹classique› existe encore: le cas des cadres à haut potentiel», Gérer et Comprendre / Annales des Mines 64 (juin), p. 4–17.

Gallot F. (2009): «La ‹crise de nerfs›, de la souffrance à la résistance?», Clio 29 (1), p. 153–164.

Ginsburger F. (2010): Ce qui tue le travail. Paris, Editions Michalon.

Hacking I. (2001): Entre science et réalité. La construction sociale de quoi?, Paris, La Découverte.

Hart J., Mucchielli A. (2002): Soigner l'hôpital. Diagnostics de crise et traitements de choc. Paris, Lamarre.

Hodebourg J. (1993): Le travail c'est la santé? Perspectives d'un syndicaliste. Paris, Editions Sociales / VO Editions.

Kleinmann A. (1986): Social Origins of Distress and Disease: Depression, Neurasthenia, and Pain in Modern China. New Haven, Yale University Press.

Korczynski M. (2003): «Communities of Coping: Collective Emotional Labour in Service Work», Organisation 10 (1), p. 55–79.

Lallement M. (2010): Le travail sous tensions. Paris, Editions Sciences Humaines.

Légeron P. (2001): Le stress au travail. Paris, Odile Jacob.

Linhart D. (2009): Travailler sans les autres? Paris, Le Seuil.

Linhart R. (1978): L'établi. Paris, Les Editions de Minuit.

Loriol M. (2000): Le temps de la fatigue. La gestion sociale du mal-être au travail. Paris, Anthropos (Collection Sociologiques).

Loriol M. (2002): «Fatigue des riches et fatigue des pauvres en Europe au XIXᵉ siècle», Histoire et société. Revue européenne d'histoire sociale 4, p. 82–93.

Loriol M. (2003): «La construction sociale de la fatigue au travail: L'exemple du burn out des infirmières hospitalières», Travail et Emploi 94 (avril), p. 65–74.

Loriol M. (2006): Je stresse donc je suis. Comment bien dire son mal-être. Paris, Mango (Collection Mots et Cᶦᵉ).

Loriol M., Boussard B., Caroly S. (2006): «La résistance à la psychologisation des difficultés au travail. Le cas des policiers de voie publique», Actes de la recherche en sciences sociales 166, p. 92–101.

Osty F. (2005): Le désir de métier. Engagement, identité et reconnaissance au travail. Rennes, Presses Universitaires de Rennes.

Oury L. (2005): Les prolos. Nantes, Editions du Temps.

Piotet F. (dir.) (2002): La révolution des métiers. Paris, Presses Universitaires de France.

Postel-Vinay N., Corvol P. (2000): Le retour du Dr Knock. Essai sur le risque cardiovasculaire. Paris, Odile Jacob.

Reynaud J. D. (1989): Les règles du jeu. L'action collective et la régulation sociale. Paris, A. Colin.

Rostaing C. (2008): «A chacun son psy. La diffusion des pratiques psychologiques en prison», Sociologies pratiques 17 (2), p. 81–94.

Roy D. (2006): Un sociologue à l'usine. Paris, La Découverte.

Salman S. (2008): «La fonction palliative du coaching en entreprise», Sociologies Pratiques 17 (2), p. 43–54.

Turner B. S. (1986): «The Vocabulary of Complaints: Nursing, Professionalism and Job Context», Journal of Sociology 22 (3), p. 368–386.

Identités et travail: la preuve par le corps

Ilario Rossi

Zusammenfassung:
Identität und Arbeit: der Beweis durch den Körper

In einer anthropologischen Analyse wird aufgezeigt, dass sich im Gesundheitsbereich und damit auch in unserem Verständnis von Gesundheit und Krankheit die Transformationen der Arbeit zuspitzen und sich in einem individuellen, körperlichen wie auch sozialen Leiden ausdrücken.

Zuerst wird gefragt, ob Gesundheit zur Ware geworden ist. Die Grundbedingungen des neuen Krankenversicherungsgesetzgebung werden hinterfragt und ihr Anspruch, effizient, kostengünstig, solidarisch und gleichbehandelnd zugleich zu sein, auf die Probe gestellt. Das Gesundheitssystem «reagiert» mit dem Aufbau von neuen, nichtmedizinischen Managementfunktionen und von Netzwerken, die Krankheiten «managen» oder bestimmte Gruppen (Migranten, Drogenabhängiger etc.). Durch den Effizienzzwang werden die Finalitäten *(outcomes)* vordefiniert und die Arbeit wird in Aufgaben zerstückelt. Es findet eine Art transversale Taylorisierung von Arbeitsaufteilungen statt.

Daraus resultiert, dass arbeiten im Gesundheitsbereich sich immer mehr als ein Machen *(faire)* darstellt, als ein Ausführen, und nicht mehr als ein Handeln, das immer eine Finalität *(finalité)* voraussetzt: es werden Funktionen und Ausführungsbestimmungen gemanagt und nicht Individuen. Dabei sieht sich das Gesundheitssystem vor neue Probleme gestellt: Infektionsgefahren, chronische Krankheiten und Gebrechen sowie eine Zunahme der psychischen Leiden. Die komplexe Situation überfordert das heutige System und erschwert seine Planung. Die Spannung unserer postmodernen Arbeit wird nirgends deutlicher sichtbar als im Gesundheitssystem, wo es gilt, die Management- und Führungslogik mit der therapeutischen Praxis in komplizierten Situationen zusammenzubringen.

Was bedeutet das für ein Individuum, das eigenverantwortlich leben will, sich aber konfrontiert sieht mit einer verschärften Konkurrenz im Rahmen eines Salärsystems, mit der zunehmenden Kontrolle der Tätigkeit durch Informationstechnologie und Evaluation und das infolgedessen seinen Handlungsspielraum als immer eingeschränkter erlebt? Arbeit ist ein wesentlicher Ort für die Konstruktion des Selbst, und gerade diese ist in der heutigen Arbeitswelt bedroht. Dies drückt sich in individuellem wie auch sozialem Leiden aus. Das Individuum, das Akteur sein will, ist zum Adressaten eines sozialen Imperativs geworden, welcher schwierig zu übernehmen ist. Wenn dies nicht gelingt, kann es zur Konstruktion einer Identität durch die körperliche Einschreibung eines sozialen Leidens kommen.

Introduction

Les transformations contemporaines qui touchent le monde du travail ne sont pas sans avoir de fortes incidences sur la construction des identités singulières et collectives. En effet, l'évolution relative à ses conceptions et à ses pratiques reconfigure les niveaux organisationnel, professionnel, relationnel ou encore expérientiel, modifiant les institutions et leurs dispositifs, les interactions professionnelles et leurs finalités ainsi que les engagements singuliers et leurs implications.[1] Par exemple, l'introduction progressive des nouvelles technologies de l'information et de la communication débouche sur de nouvelles contraintes physiques, émotionnelles et cognitives. Celles-ci procèdent de l'intensification du travail et de ses nouveaux modes de gestion et de production, de communication et d'information; ce qui augmente, dans une nouvelle culture de la compétition, les rythmes et les contraintes du travail. En ce sens, les conclusions de plusieurs experts convergent: les besoins fondamentaux de l'être humain, tels que le sentiment d'appartenance à une communauté ou la conscience de disposer d'un soutien social disparaissent progressivement, ébranlant largement identité, estime de soi et sens de maîtrise et d'efficacité, autant d'éléments que le travail devrait être en mesure de procurer, et dont tout sujet a besoin pour se construire.[2]

Cet état de fait a une influence non seulement sur les protagonistes actuels mais aussi sur la relève à venir et sa vision de la vie et du travail, sa perception des parcours professionnels et des trajectoires existentielles. Entre manque de perspectives, compétition professionnelle et difficulté de se projeter de manière constructive et positive dans un projet de vie, le futur se noircit et le processus d'élaboration de soi se complexifie, accroissant ces passions tristes, à caractère diffus et à fondement non psychopathologique, qui sont les signes emblématiques de notre époque: la perception de plus en plus importante d'un malaise et d'un malheur existentiel.[3]

La santé de chacun – La santé comme système de gouvernance

De ces enjeux, la santé constitue un domaine des plus révélateurs. La santé se définit avant tout par et avec les modalités de la vie sociale: la satisfaction que l'on éprouve dans la vie, la manière de la mener et de la réaliser, la volonté de partager et d'interagir avec les autres, la possibilité d'élaborer et de réussir des projets, la propension à cultiver les plaisirs, le besoin de reconnaissance

1 Cabanes 2000.
2 Santé, société, solidarité 2006.
3 Benasayag 2003.

émotionnelle, relationnelle, professionnelle ou citoyenne font partie de ce que nous nommons le bien-être. La santé se construit ainsi par les rapports familiers et communautaires que nous créons, mais aussi par la capacité que nous avons à comprendre et à gérer les défaillances du bonheur existentiel: la douleur, la souffrance, la détresse, la vieillesse, sans oublier la relation avec cette certitude incontournable qu'est la mort. Mais la santé c'est aussi un système de gouvernance des collectivités.[4] Paradoxes de notre époque, les politiques et les systèmes de santé sont aujourd'hui malades, souffrant des réformes qui touchent son organisation et demandant toujours plus à celles et à ceux qui s'y engagent professionnellement.[5]

Et pour cause. Objet d'une attention toute particulière au sein de nos cultures, l'aspiration à la santé est désormais érigée au rang d'idéal suprême, de valeur unanime, dans une société où les dynamiques de construction du rapport à soi, aux autres et au monde se forgent de plus en plus dans l'appréhension du corps. Si cet état de fait n'est pas nouveau, les enjeux qui le sous-tendent actuellement contribuent à redéfinir l'humain, en transformant la structure globale de notre expérience existentielle, morale et corporelle ainsi que nos jugements et nos actions. De fait, la gestion de la maladie subit également des transformations au sein du champ médical, confronté à un contexte social et culturel en forte évolution. Il suffit pour s'en convaincre de considérer l'inversion du processus séculaire de concentration des compétences relatives aux politiques de la santé dans les mains du monde médical, processus qui s'infléchit désormais au profit de l'économie, des conflits d'intérêt politiques ou du droit, notamment. Ou encore les changements épidémiologiques en cours, qui conduisent à une modification des savoirs, des pratiques et des finalités médicales: troubles psychosomatiques, troubles d'adaptation, troubles gériatriques, dépression, souffrance psychique, ou encore maladies dégénératives ou maladies chroniques. Ces maladies dites «de civilisations»,[6] prolongent la temporalité du lien et complexifie le suivi thérapeutique.

En ce sens, par les découvertes scientifiques et pharmaceutiques qui se succèdent et l'instauration des stratégies cliniques qui s'ensuivent, tout semble concourir aujourd'hui à une intensification de l'idéologie du progrès médical, ainsi que de son corollaire, la médicalisation de nos sociétés.[7] Dans le cadre de la médecine donc, à une ouverture interne obligée correspond un défi externe imposé.

Ces prémisses sont indispensables pour comprendre d'une part les interactions

---

4 Rossi 2002.
5 Pauchant 2002.
6 Junod 2001.
7 Rossi 2005.

entre offre et demande dans le domaine de la santé, d'autre part le contexte qui nous permet de penser le travail des professionnels de la santé.

Perspective anthropologique

Pour cela, l'anthropologie assure une posture qui semble appropriée pour mettre en perspective ces niveaux fort différents; en effet, son regard adopte une approche singulière, un angle de vue particulier pour décoder les enjeux contemporains liés à la pratique professionnelle soignante et médicale et aux problématiques de travail dans le domaine de la santé. Il place au premier plan la perception et le discours de l'acteur, son cheminement dans un système social, qu'elle décrypte avec lui et selon ses codes. Mais cette discipline ne s'arrête pas à la valorisation des pratiques, des savoirs et des logiques; elle se sensibilise davantage aujourd'hui à la façon dont les signifiants de la santé et de la maladie – dans un contexte de transformations importantes – sont repris, modifiés et élaborés, au plan de l'expérience tant personnelle que collective.[8] Relier le global au local et plus particulièrement les transformations sociétales et culturelles du monde du travail au sein de la santé aux identités de ses acteurs devient alors nécessaire; cette perspective valorise une connaissance synthétique plutôt que l'exhaustivité d'un savoir.

Dans cette optique, le développement de cet article s'articulera en trois étapes. La première étant une mise en contexte du monde de la santé contemporain qui, marqué par une complexification progressive, est aujourd'hui indissociable du monde économique et politique. La deuxième, une réflexion sur les dispositifs et les conditions qui caractérisent le travail dans le domaine de la santé. La troisième enfin, une lecture des renouvellements identitaires à la lumière d'un vécu corporel et d'une expérience de la souffrance respectivement sociosomatique et sociale.

La santé est-elle devenue une marchandise?

De nos jours, les compétences médicales, caractérisées par la rigueur du travail relationnel, technique et clinique, se trouvent dans la nécessité de s'élargir progressivement afin d'intégrer dans leurs stratégies d'intervention les dynamiques des mutations sociales, au nombre desquelles figurent les mutations du monde du travail.

En ce sens, la globalisation économique ne se limite pas à une globalisation de

---

8 Genest/Saillant 2005.

la production et des échanges. Elle est surtout créatrice d'une scission complète entre l'économie et les autres champs, en particulier social et politique, auxquels le contrôle de l'économie échappe désormais. L'ampleur des modifications, marquées par des clivages économiques et sociaux toujours plus accusés – générés notamment par l'impératif de performance, la compétition professionnelle, la rupture du contrat social, la désagrégation des réseaux collectifs de solidarité, l'exclusion et la précarité – redéfinit le rapport de chacun au travail. De plus, la mobilité croissante des personnes, des connaissances, des expériences et des techniques provoque l'accélération de la production du savoir et la quête permanente de nouvelles pratiques. S'adapter en se renouvelant constamment devient la règle, ce qui confirme les hiatus profonds qui peuvent s'instaurer entre valeurs individuelles et orientation du marché. Dans le champ de la santé, face aux innovations d'une économie arrimée aux lois du marché, les motivations et les implications diffèrent, les conflits d'intérêt augmentent. Attachons-nous à en comprendre les raisons.

Toute pratique médicale est indissociable des réponses qu'elle est censée fournir. En ce sens, la recherche d'efficacité thérapeutique s'accompagne d'une nouvelle exigence, celle de l'efficience de la pratique médicale, pour laquelle chaque stratégie d'intervention se voit aussi assigner une valeur financière.[9] A partir de cette logique se redéfinissent et se réactualisent les rapports entre monde de la santé et monde économique. En ce sens, et depuis les années 1980, les pays occidentaux et leurs gouvernements ont entrepris de réformer leurs systèmes de santé, dans le but de promouvoir un changement structurel passant par le réexamen des efforts et des stratégies politiques et économiques en matière de soins. En Europe, ces programmes se sont traduits par l'application progressive à l'ensemble des institutions de soins d'un nouveau mode d'organisation – *le management care* et le *management disease* –, conduisant à réglementer plus strictement les comportements des principaux acteurs des secteurs de la santé.[10] En même temps, ces mêmes secteurs se prêtent à la restructuration et à la concurrence.

En Suisse, l'obligation de maîtriser globalement les ressources et de garantir la qualité des prestations par l'équité du traitement a été établie par la Loi fédérale sur l'assurance maladie du 18 mars 1994 (LAMal), assurance obligatoire qui est dite également «sociale» ou «de base». Cette réforme repose toutefois sur un agencement complexe qui doit essayer de concilier efficacité, liberté et solidarité.[11] De fait, les principaux objectifs de ces réformes sont clairs. Tout d'abord, le réalisme macro-économique impose au nom du respect des équilibres financiers,

---

9 Rossi 2002.
10 Castro/Singer 2004.
11 Junod 2001; Rossi 2002.

d'assurer la couverture des dépenses par les recettes à long terme. C'est pourquoi le système de santé ne doit pas engendrer des contraintes financières lourdes pour l'ensemble de la collectivité. Ensuite, il est désormais nécessaire de prendre en considération les aspirations de la population en procédant à une élimination des gaspillages tout en œuvrant à une amélioration de l'efficience. En dernier lieu, il s'agit de garantir l'équité sociale en matière de santé et de bannir toute mesure économique susceptible d'accroître les inégalités sociales. Ce qui signifie que, face aux coûts de la santé, nous nous trouvons confrontés à l'obligation de faire des choix mais aussi de nous référer à des valeurs à préserver.[12] Le contrôle des ressources financières doit ainsi respecter un certain nombre de conditions définies par la société – satisfaction des besoins, accessibilité, solidarité, équité, règles éthiques – sans lesquelles il serait impensable de conjuguer médecine, soins, économie et politique.

La LAMal se présente donc comme un cadre de cohabitation «forcée» entre marché économique et planification politique, dont la finalité est la sauvegarde de l'équité du système de santé et le respect des valeurs qui lui sont assignées par la collectivité. Ce qu'on peut lire comme un «choix de société» doit pourtant tenir compte des impératifs induits par la globalisation des économies. Ainsi, la nouvelle loi sur l'assurance maladie a renouvelé les principes et promu les pratiques de concurrence, de compétitivité et de rationalisation économique sur le marché de l'assurance maladie et entre les prestataires de soins, aussi bien publics que privés.

La vision développée par la nouvelle loi se veut une conciliation possible entre rationalité économique – gestion des coûts – et rationalité médicale – efficacité éprouvée à travers des interventions standardisées. Depuis l'émergence de cette politique de santé, nous assistons à une prolifération des réseaux dans le système de santé. Qu'ils soient locaux, nationaux ou internationaux, partout leur création semble être une réponse aux visions imposées par l'évolution des systèmes de santé. Chacune de ces nouvelles formes d'organisation implique d'une part une forme d'expertise ou d'intelligence collective du système et d'autre part un choix limité de fournisseurs de prestations. Les objectifs sont explicites: coordonner les prestations pour mieux contrôler les dépenses et créer de nouvelles références en matière de droits et de devoirs des professionnels et des patients.[13] Les réseaux se profilent ainsi comme une solution possible à la crise des systèmes de santé mais aussi aux défis induits par les changements épidémiologiques, mentionnés précédemment. Ils se nomment «réseaux de soins» quand ils assurent la prise en charge d'une pathologie et réseaux de santé quand ils ont comme finalité la prise

---

12 Junod 2001.
13 Rossi 2002.

en charge de communautés spécifiques – notamment migrants, personnes âgées, toxicomanes, jeunes.

L'avènement des réseaux redessine donc la nature et la direction des pratiques biomédicales, au niveau relationnel et clinique, ainsi que la culture organisationnelle. Il dévoile des paradoxes et soulève une pléthore de questions idéologiques, épistémologiques et pratiques. Parmi celles-ci, le changement de la définition et de statut du professionnel de la santé. En effet, les réformes de «rationalisation» de la pratique médicale substituent progressivement aux propriétés qualitatives – notamment les compétences des individus, les relations humaines, la proximité et la durée qui permettent de saisir la complexité des patients et de leur demande, les modalités de coopération et de collaboration entre disciplines et entre professionnels – une démarche essentiellement quantitative, qui englobe aussi bien une médecine basée sur les épreuves que l'extrême formalisation des actes de soins, leur calibrage et leur légitimité thérapeutique.[14] Cette manière d'œuvrer contribue inéluctablement au fractionnement des actions de soins.[15] La démarche quantitative partage «le faire» des infirmiers, des collaborateurs paramédicaux, des laborantins, des médecins, des spécialistes, des psychiatres en une série d'opérations partielles, ayant chacune sa spécificité mais répondant dans leur ensemble à une même finalité. Les outils des nouvelles technologies de l'information et de la communication (NTIC), les réuniront pour les légitimer comme une prestation optimale définie par un modèle d'efficience, la meilleure convergence entre rationalité médicale et rationalité économique. La technique informatique appliquée à la médecine dicte désormais les pratiques et fixe les objectifs. Cette même technique, d'outil et de moyen indispensables à la pratique médicale, se mue en milieu dans lequel cette dernière s'inscrit. Selon cette optique, le tout dernier outil de tarification des hôpitaux prévu en Suisse à partir de 2012, les Swiss Diagnosis Related Groups (DRG) mettra définitivement un terme à l'indemnisation par cas singulier en promulguant une tarification par «Groupe de cas» tenant compte du diagnostic et des traitements les plus efficients pour y répondre. Les Swiss DRG révèle donc le système qui lui a donné naissance.

Les choix politiques, les pressions économiques et les avancées technologiques font désormais système avec la médecine; ce système dessine en même temps les contours du pathologique. Il tend à annuler les spécificités d'une médecine plurielle – dont l'écart entre une médecine de premier recours et la chirurgie cardiovasculaire donne la mesure de la diversité – en faveur d'une vision transversale, légitimée par des présupposés scientifiques et une rationalisation

---

14 Demailly 2008; Broom et al. 2009.
15 Rossi 2002.

des coûts. Cet état de fait ne peut dissimuler au moins un grand paradoxe, qui touche à la logique de l'offre et de la demande de soins et donc le monde du travail. Si ce n'est plus l'identité professionnelle mais le rôle et la fonction de prestations qui sont déterminants, la médecine et les politiques de santé n'auront plus pour finalité de gouverner des êtres humains mais des actions, des interactions, des structures.[16]

De fait, comment réformer les systèmes de santé sans œuvrer à en réformer les acteurs? Comment concrétiser des aspirations aussi nécessaires – contrôler l'explosion des coûts de la santé – sans modifier les perceptions d'une conception du travail renouvelée? La réponse est loin d'être simple. Et l'on ne se réfère pas simplement, ici, aux différentes positions, normes et manières de travailler. Il s'agit bien de promouvoir une analyse des conséquences de ces transformations: la quête de compétence et de coopération influence le processus de la relation à l'autre, de l'altérité que tout sujet doit reconnaître pour aménager sa propre identité. Le facteur humain – le plus impondérable, le plus aléatoire, le moins rationnel – s'il reste le plus fondamental dans la mise en œuvre d'un réseau, est aussi le moins quantifiable. Dans une société où nous dépendons non seulement des techniques de production, mais aussi des techniques de consommation et de communication, voire d'un impératif de responsabilisation de soi, c'est d'abord notre existence individuelle, singulière que nous cherchons à sauvegarder.

Travail: de l'agir au faire

Pour les soignants et les médecins, ces réformes sont souvent perçues comme un changement imposé et dramatique. Ils voient leur autonomie considérablement réduite, étant désormais concurrencés et souvent évincés aussi bien dans leurs choix de planification que dans leurs activités de gestion par les professionnels de la nouvelle culture du management. L'introduction désormais incontournable et irréversible des nouvelles technologies comme outils de pratique professionnelle passe notamment par la maîtrise de l'informatique: gestion des dossiers, administration du travail, opérations chirurgicales et *last but not least*, instrument de diagnostic.[17] Le travail se modifie, l'acte médical et soignant se double d'une saisie de données, la relation intègre l'ordinateur. L'espace de liberté est restreint, les contraintes de plus en plus importantes, le sens et l'éthique professionnelle souvent en déroute. En même temps, le domaine de la crise psycho-sociale et des maladies chroniques explose et les demandes deviennent de plus en

16 Ibid.
17 Barona Vilar 2005.

plus complexes; dans les situations de crise, face à l'obligation de dénouer des situations souvent inextricables, de clarifier des rôles et des fonctions, on demande aux professionnels des investissements considérables.

Louables par les finalités qu'ils poursuivent, les modalités du travail en réseau tendent à se dégonfler à l'épreuve des faits. Les réformes du travail, qui ambitionnent de renouveler positivement les identités des professionnels de la santé, contribuent à leur propre effritement, risquant de devenir les responsables d'une dissolution du sens de l'activité professionnelle. De fait, derrière le pluralisme professionnel convoqué au nom de la coopération, derrière la pluralité des savoir-faire qu'on ne manque pas de valoriser, resurgissent souvent les traditions, les distinctions et les dispositifs idéologiques qui permettent de délimiter des territoires, de s'enfermer dans des rôles prédéfinis. Toute différence professionnelle est porteuse de différence hiérarchique. Or, l'appel au changement et à la participation active s'est fait sur la base de l'escamotage des distinctions sociales et professionnelles, des cultures spécifiques.

Les procédés stratégiques déployés par les réseaux véhiculent ainsi des ambivalences importantes: ils proposent l'innovation et le renouvellement professionnel d'une part, tandis qu'ils introduisent la norme et l'instrument technologique comme opérateurs de l'efficience d'autre part. En ce sens, ils sont autant l'incarnation d'une véritable politique culturelle de la santé – les réseaux comme solution possible à la crise du système et aux défis épidémiologiques –, que d'une norme politique collective qui transforme, au sein de la logique de l'offre et de la demande, les professionnels et les individus en individus rationnels et normalisés. Les réseaux s'inscrivent ainsi dans une approche utilitariste de la santé; les pratiques réelles qui les traverse – résistances, inadaptation et conflits d'intérêt –, comme les propositions qu'ils énoncent, s'intègrent dans un rapport à la fois symbolique et matériel au monde social, ce qui constitue leur véritable socle culturel.

Cette culture tend à transformer les professionnels impliqués dans un travail médical et de soins en instruments de cet utilitarisme: la technique qui gère l'efficience devient l'auteur et le professionnel l'acteur. Désormais, ce ne sont plus les individus qui accomplissent des actions compétentes mais le monde de la compétence établie qui génère les actions des individus. Cette articulation des compétences détermine en même temps le sens des pratiques: soigner des pathologies, établies par un diagnostic, signifie reformuler a priori – au nom de l'efficience – les éléments du projet thérapeutique, les interventions et leurs articulations, les médicaments à prescrire, la durée du traitement. Tout acte de soins en vient à dépendre non plus d'une relation mais des résultats prescrits:

l'agir comme choix de finalités est remplacé par le faire comme production de résultats.[18]

Les implications en termes d'économie politique de la santé sont évidentes, notamment pour les professionnels. L'identité du travailleur change et l'on est en train de substituer progressivement la question du «faire» comme production de résultats à l'«agir» comme choix de finalité.[19] Alors que l'«agir» relève de la proactivité, le «faire» revient à se plier à des prescriptions prédéfinies. Si le premier implique une action tendue vers un but, le second se limite à la réalisation d'une tâche. Dès lors, la relation entre travail professionnel et responsabilité personnelle change radicalement. Toute modification des actions soignantes et médicales étant soumise au calcul rationnel de l'apparat technique et managérial, les professionnels qui opèrent comme «techniciens» dans ce système ne peuvent désormais modifier le système mais seulement le refléter. Selon cette optique, la technologie s'affirme comme une entrave à la liberté de tout professionnel. Plus particulièrement, elle s'oppose à une émergence propre à notre société, celle d'une configuration complexe que nous appelons le sujet. Le sujet se traduit par la volonté de l'individu d'être l'acteur de sa propre existence, par l'intensité par laquelle il mène sa quête de soi et lui confère une importance centrale.[20] Un sujet, responsable de lui-même et de ses activités. Mais en même temps, un sujet confronté à une logique du travail qui le soumet à l'impossibilité «technique» d'être désormais véritablement autonome, de décider personnellement sa propre action.

Les réformes en cours dans le domaine de la santé conditionnent la constructions du sujet et modifient le statut des professionnels. En même temps, elles véhiculent aussi d'autres paradoxes au niveau de la pratique. Plus particulièrement, la planification n'est possible que lorsque les variables et les enjeux à planifier sont relativement connus, mesurables et prévisibles. Dès lors, les objectifs à atteindre sont clairs et les étapes à suivre strictement définies. Dans le domaine de la santé, plusieurs secteurs de la médecine se prêtent avec pertinence et légitimité à cette organisation. Mais lorsque l'on est confronté à des situations délicates qui requièrent des stratégies différenciées, moins systématiques que systémiques, l'incertitude refait surface et la complexité demande à être réintégrée dans la réflexion et dans l'action. Tension importante révélatrice du travail dans le monde contemporain: rendre compatible les logiques de gouvernance et la pratique thérapeutique des situations complexes. Pour le praticien, il s'agit dès lors d'assurer un défi majeur, soit concilier dans sa clinique l'opposition entre implication professionnelle et pressions structurelles de l'efficience.

18 Galimberti 1999.
19 Galimberti 2008.
20 Touraine 2005.

L'identité par le corps

Cette évolution a contribué à compromettre certaines formes de préservation de soi. L'intensité du travail a conduit les salariés à «prendre sur eux» pour réaliser leur tâche, d'autant plus qu'en cas de défaillance, ils se vivent souvent comme principaux responsables. C'est indéniable: dans le contexte des réformes actuelles, pour de nombreux professionnels de la santé, leur propre la santé est devenue l'ultime ressource dans laquelle puiser pour «tenir» au travail.

Evoquons des exemples. Certaines des nouvelles méthodes de management ont misé notamment sur la concurrence entre individus via les systèmes de rémunération et d'évaluations personnalisées. Elles ont accentué l'isolement des salariés, vis-à-vis desquels le recours à l'informatique et à l'automatisation a développé les possibilités de contrôle et de pression. Ce constat, abondamment documenté par la littérature scientifique,[21] dévoile la manière à travers laquelle le travail se construit autour de la notion d'utilité, d'optimisation du rapport entre moyen et finalité. En même temps, ce lien montre que le travail, en tant qu'activité sociale, est un des champs où se joue la «construction de soi».[22] et que ce processus visant au meilleur équilibre entre les fonctions psychique et physiques de la personne est aujourd'hui menacé. C'est pourquoi un nombre croissant de personnes sont affectées dans leur être psychique par leur être en société et, en ce sens, le travail a un impact important. Il convient alors de parler non plus seulement de psychosomatique mais aussi de sociomatique – le social crée la souffrance et la pathologie – non plus seulement de souffrance individuelle mais aussi de souffrance sociale.[23] Ce dernier concept renvoie aux contradictions qui traversent l'identité des êtres humains dans une position donnée: la souffrance surgit lorsque le sujet ne peut plus se réaliser socialement, lorsque l'individu ne parvient pas à être ce qu'il voudrait être. Ce qui est le cas lorsqu'il est contraint d'occuper une place qui l'invalide, le disqualifie, l'instrumentalise ou encore le déconsidère.[24] Ces contradictions engendrent une tension qui est intériorisée à partir du moment où l'individu reconnaît qu'il n'a pas les moyens de sortir de cette position. Celui-ci se retrouve confronté à un conflit interne dont la genèse est externe, générateur d'une fragilité mentale et souvent somatique qui ne peut être atténuée que par un changement de situation. La souffrance sociale englobe ainsi les variables concomitantes du somatique et du psychique, de l'expérientiel et du relationnel, du singulier et du social, de l'humain et du politique.

Dans les sociétés contemporaines, l'émergence du sujet transforme chaque

21 Santé, solidarité, société 2006.
22 Touraine 2005.
23 Kleinmann 1997.
24 De Gaulejac 1996.

être en seul dépositaire de ses repères et seul gestionnaire de son existence. La responsabilité accrue qu'il assume dans le déroulement de son parcours existentiel amène, outre l'autonomie et le sentiment de liberté, l'impératif de la réussite et l'atomisation de l'existence. Un des grands enjeux contemporains réside donc dans la nécessité de se réapproprier son être dans un changement de paradigme social et culturel. Cet impératif devient une norme sociale souvent difficile à assumer. Il produit un rapport qui peut être fortement conflictuel avec le monde du travail, une violence qui freine la quête de soi et la construction d'une identité par l'inscription corporelle d'une souffrance sociale. Le corps détermine ainsi des attitudes réactives à une situation donnée – surcharge de travail, stress, conflits, etc. – chaque fois que le malheur et la maladie le touchent; mais il nourrit en même temps, par l'expérience du sujet, un paradoxe et une tension: la perception que les conditions du travail produites par la société vont à l'encontre des nouvelles normes sociales axées sur la valorisation de l'autonomie. Les paradoxes auxquels se heurte un tel idéal, autrement dit les enjeux du social, se transcrivent sur le corps, façonné à la fois par et pour la société.[25]

Dès lors, une éducation du regard s'impose, qui passe par la reconnaissance du constat suivant: le travail est un bien moins individuel que collectif, pour la simple raison qu'il ne peut être produit, pour l'essentiel, que socialement. Pour penser le travail, un changement est souhaitable, d'une part pour éviter qu'émergent une société malade de son progrès et un système de santé lui-même victime de souffrance sociale, d'autre part pour construire de nouvelles articulations entre travail et politiques de santé ainsi que promouvoir une véritable culture humaniste de la santé. Car les questions auxquelles le travail nous confronte touchent désormais à ce que nous sommes et non plus exclusivement à ce que nous pouvons faire.

Bibliographie

Barona Vilar J. (2005): Salud, tecnologìa y saber medico. Madrid, Editorial Universitaria Areces.

Benasayag M., en collaboration avec Schmit G. (2003): Les passions tristes. Souffrance psychique et crise sociale. Paris, La Découverte.

Broom A., Adams J., Tovey P. (2009): «Evidence-Based Healthcare in Practice: A Study of Clinician Resistance, Professional De-Skilling, and Inter-Specialty Differentiation in Oncology», Social Science & Medicine 68 (1), p. 192–200.

25 Détrez 2002.

Cabanes R., (2000): «L'anthropologie du travail au 21e siècle», Anthropologie et Sociétés 24 (1), p. 79–94.

Castro A., Singer M. (éd.) (2004): Unhealthy Health Policy: A Critical Anthropological Examination. Walnut Creek (CA), AltaMira Press.

De Gaulejac V. (1996): Les sources de la honte. Paris, Sociologie clinique.

Demailly Lise (2008): Politiques de la relation. Approche sociologique des métiers et activités professionnelles relationnelles. Villeneuve d'Ascq, Presses Universitaires du Septentrion.

Détrez C. (2002): La construction sociale du corps. Paris, Le Seuil.

Galimberti U. (1999): Psiche e techne: l'uomo nell'età della tecnica. Milan, Feltrinelli.

Galimberti U. (2008): La morte dell'agire e il primato del fare nell'età della tecnica. Milan, Edizioni Albo Versorio.

Junod A. F. (dir.) (2001): Les coûts de la santé: des choix à faire, des valeurs à préserver. Genève, Georg.

Kleinmann A., Das V., Lock M. (éd.) (1997): Social Suffering. Berkeley, University of California Press.

Pauchant C. (2002): Guérir la santé. Québec, Editions Fides.

Rossi I. (2002): «Réseaux de santé, réseaux de soins. Culture prométhéenne ou liberté de l'impuissance?», Tsantsa 7, p. 12–21.

Rossi I. (2005): «Médicalisation de la vie, enjeux de société». In: Collectif: Eloge de l'altérité, Fribourg, Editions de l'Hèbe, p. 19–31.

Saillant F., Genest S. (2005): Anthropologie médicale. Ancrages locaux, défis globaux. Québec, PUL, Economica, Anthropos.

Santé, société, solidarité (Revue) (2006): numéro thématique «Santé et travail», Montréal.

Touraine A. (2005): Un nouveau paradigme. Pour comprendre le monde d'aujourd'hui. Paris, Fayard.

Herausgeberinnen / Editrices

Brigitta Danuser ist Arbeitsmedizinerin und leitet das Institut universitaire romand de Santé au Travail (IST) in Lausanne. Ihre Forschungsthemen sind respiratorische arbeitsbedingte Krankheiten, Psychophysiologie von Emotionen sowie «Zurück zur Arbeit» und die Transformationen von Arbeit und Gesundheit.

Viviane Gonik wandte sich nach dem Studium der Biologie als Mitarbeiterin des IST der Analyse von Arbeitssituationen zu. Sie interessiert sich für die Beziehungen zwischen Gesundheit und den neuen Formen der Arbeitsorganisation, mit speziellem Fokus auf *gender*-Fragen.

Brigitta Danuser est professeure de médecine du travail à l'Université de Lausanne et dirige l'Institut universitaire romand de Santé au Travail. Ses recherches principales portent sur les maladies respiratoires liées aux conditions de travail, la psychophysiologie de performance et des émotions et le retour au travail.

Viviane Gonik, après des études de biologie, s'est orientée vers l'analyse des situations de travail en rejoignant l'Institut universitaire romand de Santé au Travail. Ses intérêts portent sur les relations entre santé et nouvelles formes d'organisation du travail, avec une attention particulière aux relations de genre dans le milieu professionnel et extra-professionnel.

Übersetzung / Traduction

Ariane Geiser

Monica Doessegger

Autorinnen und Autoren / Auteurs

Marie-Claire Caloz-Tschopp a fait une thèse sur l'œuvre de Hannah Arendt, intitulée *Les sans-Etat dans la philosophie de Hannah Arendt. Les humains superflus, le droit d'avoir des droits et la citoyenneté,* publiée aux éditions Payot à Lausanne en 2000. Elle a dirigé des recherches sur la théorie politique du XXᵉ siècle, sur l'action et les dilemmes des professionnels du Service public pour le Conseil d'Etat du canton de Genève et d'autres recherches sur les politiques migratoires et du droit d'asile en Suisse et en Europe dans les Universités publiques de Lausanne, de Genève, de Louvain, de Bogota, de Paris. Depuis juin 2010, elle assume une Direction de programme au Collège international de Philosophie à Paris. Le thème du programme itinérant, basé à Genève est «Exil / Création *philosophique et politique* / Philosophie et citoyenneté contemporaine» (2010–2016).

Brigitta Danuser ist Professorin für Arbeitsmedizin an der Universität Lausanne und leitet das Institut universitaire romand de Santé au Travail. Ihre Forschungsschwerpunkte sind arbeitsbedingte respiratorische Erkrankungen, Psychophysiologie von Emotionen und Performance sowie Zurück zur Arbeit. Sie präsidierte acht Jahre die Schweizerische Gesellschaft für Arbeitsmedizin, ist Präsidentin des Vereins fit for work swiss und Mitorganisatorin der schweizerischen Kongresse *Gesundheit in der Arbeitswelt* (*Inclure/Exclure* 2006, *Heureux et fatiguées* 2008, *Peur et espoir* 2010).

Thomas Geiser ist seit 1995 Professor für Privat- und Handelsrecht an der Universität St. Gallen und nebenamtlicher Richter am Schweizerischen Bundesgericht. Seine Forschungsschwerpunkte sind das Arbeitsrecht und das Familienrecht. Er ist Mitherausgeber eines Kommentars zum Arbeitsgesetz und Autor einer Vielzahl von wissenschaftlichen Publikationen im Bereich des Arbeitsrechts.

Viviane Gonik, après des études de biologie et chimie a bifurqué vers l'ergonomie en intégrant le laboratoire d'ergonomie dirigé par la Prof. Paule Rey, de l'Université de Genève pour rejoindre ensuite l'Institut universitaire Romand de santé au travail, lors de sa création en 1994. S'intéressant tout d'abord à la physiologie dans le travail, elle s'est progressivement orientée vers la compréhension des facteurs psychosociaux en lien avec l'organisation du travail: burnout, harcèlement psychologique, troubles musculo-squelettiques, souffrance au travail, échanges par le mécanisme du don – contre-don, sujets qui ont fait l'objet de nombreuses publications. La question du genre au travail est également au centre de ces intérêts. Elle a conduit sur ce sujet une recherche pour le FNRS qui a donné lieu à la publication de deux livres: *Construire l'égalité. Femmes et Hommes dans l'entreprise* (George, 1998) et *Hommes/Femmes. Métamorphoses d'un rapport social* (Georg, 1998). Parallèlement elle mène une activité de médiatrice pour les problèmes de mobbing au travail.

Stefan T. Güntert, Dr. sc. ETH, Dipl.-Psych., ist Oberassistent in der Forschungsgruppe «Psychologie der Arbeit in Organisation und Gesellschaft» (Professur Theo Wehner) am Zentrum für Organisations- und Arbeitswissenschaften (ZOA) der ETH Zürich. Seit Herbst 2010 verbringt er als Stipendiat des Schweizerischen Nationalfonds einen Forschungsaufenthalt bei Prof. Edward Deci an der University of Rochester (New York). Seine Forschungsschwerpunkte sind Tätigsein jenseits der Erwerbsarbeit: Freiwilligenarbeit, Miliztätigkeit, freiwilliges Arbeitsengagement, Extra-Rollen-Verhalten, Aufgabengestaltung und Arbeitsmotivation und Selbstbestimmungstheorie des Handelns in Organisationen.

Frigga Haug, Dr. phil. habil., war bis 2001 Professorin für Soziologie an der Hamburger Universität für Wirtschaft und Politik und hatte verschiedenste Gastprofessuren in Kopenhagen, Innsbruck, Klagenfurt, Sydney, Toronto, Durham (USA) inne. Sie ist Mitbegründerin der Berliner Volksuniversität und Vorsitzende des Berliner Instituts für Kritische Theorie (InkriT). Über fünfzehn Jahre leitete sie das Projekt «Automation und Qualifikation». Sie entwickelte die Erinnerungsarbeit als kritische Überschreitung von Selbsterfahrungsgruppen, eine Methode, die international bekannt wurde. Frigga Haug ist Mitherausgeberin des *Historisch-kritischen Wörterbuchs des Marxismus,* Mitherausgeberin der Zeitschrift *Das Argument* und Geschäftsführerin des Argument-Verlags. Ihre Arbeitsgebiete waren und sind: Arbeit und Automation, Frauenvergesellschaftung und -politik, sozialwissenschaftliche Methoden, Lernen.

Nicky Le Feuvre est Professeure ordinaire de sociologie du travail à l'Institut des sciences sociales (ISS) de l'Université de Lausanne (UNIL). Elle travaille principalement sur les transformations contemporaines de la division sexuelle du travail et s'intéresse plus particulièrement aux enjeux de l'accès des femmes aux professions supérieures et au développement des métiers du *care,* dans une perspective comparative européenne. Entre 2007 et 2011, elle a participé au programme *FEMCIT – Gendered Citizenship in Multicultural Europe,* financé par le 6ᵉ PCRD de la Commission européenne. Dans le cadre du PNR60 du FNS, elle mène une recherche sur les inégalités de carrière chez les «seniors» en Suisse. Elle a coédité (avec J. Falquet, H. Hirata, D. Kergoat, B. Labari et F. Sow) l'ouvrage collectif *Le sexe de la mondialisation: Genre, classe, race et nouvelle division du travail* (Editions de Sciences Po, 2010).

Sascha Liebermann, Dr. phil. (Soziologie) M. A. (Philosophie), ist seit Juni 2010 wissenschaftlicher Mitarbeiter (Projektleitung) an der Ruhr-Universität Bochum. Zurzeit ist er Gastwissenschaftler an der ETH Zürich. Promotion an der Goethe-Universität in Frankfurt am Main 2001. Mitbegründer (2001) und Vorstand (2001–2007) des Instituts für hermeneutische Sozial- und Kulturforschung in Frankfurt. Seine Forschungsschwerpunkte und -methoden sind politische Soziologie, Professionssoziologie, Arbeitssoziologie, Sozialisationstheorie sowie fallrekonstruktive Forschung nach objektiver Hermeneutik.

Marc Loriol, sociologue, est chargé de recherche au CNRS (IDHE, Université de Paris I – Panthéon-Sorbonne), Ses recherches portent la fatigue, le stress et les contraintes psychosociales au travail (dans les métiers des services notamment); la construction sociale de la maladie et des problèmes de santé et le rapport au métier, le sens du travail, la reconnaissance au travail. Il a publié: *Au-delà du stress au travail* (Erès, 2008), *Je stresse donc je suis* (Mango, 2006), *L'impossible politique de santé* (Erès, 2002), *Le temps de la fatigue* (Anthropos, 2000) et *Qu'est-ce que l'insertion?* (L'Harmattan, 1999). Il a travaillé pour une grande part sur les métiers des services et de la fonction publique (médecins, infirmières, aides-soignantes, travailleurs sociaux, conducteurs de bus, policiers, diplomates…) avec une interrogation sur les activités non routinières et le travail collectif.

Dominique Méda est sociologue, Directrice de recherches au Centre d'études de l'emploi. Ancienne élève de l'Ecole normale supérieure et de l'Ecole nationale d'administration, agrégée de philosophie, Inspectrice générale des affaires sociales (IGAS), elle a publié de nombreux ouvrages sur le travail (*Le Travail. Une valeur en voie de disparition?,* rééd. Flammarion, 2010), les indicateurs de richesse (*Au-delà du PIB. Pour une autre mesure de la richesse,* Flammarion, 2008), les femmes (*Le temps des femmes. Pour un nouveau partage des rôles,* Flammarion, 2008), les politiques sociales, etc. Derniers articles parus sur le sujet: «Comment mesurer la valeur accordée au travail?», Sociologie, 2010. Dernier ouvrage paru: *Travail. La révolution nécessaire,* Les Editions de l'Aube, 2010.

Ilario Rossi, licencié ès Lettres et docteur en anthropologie et sociologie, est professeur associé à l'Institut des Sciences Sociales, Faculté des Sciences Sociales et Politiques de l'Université de Lausanne où il enseigne l'anthropologie médicale et de la santé. Ses intérêts académiques se construisent autour des relations entre mondialisation et santé et médecines et sociétés. Il est l'auteur et/ou le co-auteur de plusieurs publications scientifiques, notamment *Corps et Chamanisme. Essai sur le pluralisme médical* (A. Colin, 1997), *Quêtes de santé. Entre soins médicaux et guérisons spirituelles* (Labor et Fides, 2007) et *Prévoir et prédire la maladie. De la divination au pronostic* (Aux lieux d'être, 2007).

Urs Stahel, geboren 1953 in Zürich, studierte Germanistik, Geschichte und Philosophie. Nach Abschluss des Studiums arbeitet er als Redaktor bei *Der Alltag* und bei *du,* als Kunstkritiker für die *Weltwoche* sowie als freier Publizist und

Kurator. 1986–1992 Dozent an der Höheren Schule für Gestaltung in Zürich. Seit 1993 Direktor und Kurator des Fotomuseums Winterthur. Zahlreiche Publikationen.

Franz Schultheis studierte Soziologie an den Universitäten Freiburg im Breisgau und Nancy, promovierte an der Universität Konstanz und habilitierte sich bei Pierre Bourdieu an der EHESS in Paris. Er forschte und lehrte an den Universitäten Konstanz, Paris, Neuenburg, Montreal und Genf und ist als Professor für Soziologie an der Universität St. Gallen tätig. Er war die letzten zehn Jahre Mitglied des Forschungsrates und ist Vizepräsident des Schweizer Wissenschafts- und Technologierates. Daneben gibt er die Reihen *Edition discours* (UVK) und *Questions sociologiques* (L'Harmattan) heraus, ist Mitglied des Redaktionskomitees von *Actes de la Recherche en Sciences Sociales*, Paris. Er leitete mehrere europäische Forschungsnetzwerke und ist Präsident der Fondation Pierre Bourdieu, St. Gallen. Seine Forschungsgebiete sind: Wandel der Arbeitswelt, Armut, Wohlfahrtsstaatsvergleich, Sozialstrukturanalyse und Kunstsoziologie.

Philip Ursprung, geb. 1963 in Baltimore (MD), ist Professor für Kunst- und Architekturgeschichte an der ETH Zürich. Er studierte in Genf, Wien und Berlin und unterrichtete an der Hochschule der Künste Berlin, der Universität Zürich und der Columbia University New York. Er ist Autor von *Grenzen der Kunst. Allan Kaprow und das Happening, Robert Smithson und die Land Art* (Schreiber, 2003) und *Die Kunst der Gegenwart: 1960 bis heute* (C. H. Beck, 2010).

Theo Wehner, Prof. Dr. phil. habil., Dipl.-Psych., ist seit Oktober 1997 ordentlicher Professor für Arbeits- und Organisationspsychologie an der ETH Zürich und Leiter des Zentrums für Organisations- und Arbeitswissenschaften (ZOA). Seine Forschungsschwerpunkte sind: Handeln in komplexen Systemen und Organisationen (Spital, Schule), freiwilliges Tätigsein in der Gesellschaft und in Organisationen (in der Schweiz auch Miliztätigkeit, in der Kirchen-, Schulpflege und der politischen Gemeinde), psychologische Risiko-, Sicherheits- und Fehlerforschung in hochkomplexen Systemen, die Differenz und das Verhältnis von Erfahrung und Wissen sowie Besonderheiten innovativen und kooperativen Handelns. In seiner Forschung ist ein sowohl quantitatives als auch qualitatives empirisches Vorgehen zentral, jedoch immer eingebettet in die betriebliche Lebenswelt und in enger Kooperation mit den Vertretern der Arbeitgeber- und der Arbeitnehmerseite.